岩波講座　東アジア近現代通史　第1巻

東アジア世界の近代　19世紀

岩波講座

東アジア近現代通史

1 東アジア世界の近代

19世紀

岩波書店

刊行にあたって

「韓国併合」一〇〇年(二〇一〇年)と辛亥革命一〇〇年(二〇一一年)を迎える東アジアは、今新しい時代に突入しようとしている。かつて中国は、清帝国崩壊後の混迷に乗じた日本の侵略によって亡国の危機にあった。しかし、今や驚異的な発展をとげ、日本が東アジアにおいて第一の経済大国であった時代は終わりを告げた。そして、世界経済の相互依存関係が強まるなかで、国民国家を超えたネットワークが東アジア各地の社会や文化を急速に変貌させつつある。

その一方、ソ連崩壊と冷戦構造の解体が地域統合を加速させたヨーロッパとは異なり、分断国家さえ存在する東アジアでは、植民地主義や戦争・冷戦の傷跡がなお癒えず、かえって歴史認識問題や領土問題が発生し、対立感情がかきたてられている。各国の歴史学は自国史の枠組みにとらわれ、「和解と協力の未来」を構想し得るような歴史認識を構築することは、依然として困難な課題であり続けている。グローバリゼーションの進展が、皮肉にも「閉ざす力」として機能し、ナショナリズムを鼓吹している状況もある。

そのような政治的・知的状況にある今だからこそ、侵略と闘争、支配と抵抗の局面を見すえつつも、和解と協力を展望しうる、一国史をこえた東アジア地域史の視座が求められている。本講座は、このような問題意識の上に立ち、新時代の歴史認識に向かって開かれた、二一世紀における東アジア近現代史のアカデミック・スタンダードを示すことを目指す、東アジア通史の初めての試みである。

本講座では、東アジア諸国が盛期を過ぎ動揺を見せはじめる一八世紀末頃を起点とし、冷戦構造が揺らぎ共同体構想が模索される現代にいたるまでの東アジア世界を追う。ここでいう東アジアとは、東北アジアや東南アジアはもとより、極東シベリアや南アジアなども包摂している。各巻は、通史・通空間論題・個別史／地域史の三部から構成され、現時点における研究の到達点を、全体と個別の両面にわたって読者に分かりやすく示してゆく。別巻では、アジア研究の来歴と展望を語り、通史ではカバーできない主題や新たに浮かび上がってきた課題などを考究する。

本講座が、未来に向けた歴史認識と国境や民族を超えた対話の可能性を切り開く出発点となることを願っている。

二〇一〇年八月

和田春樹
後藤乾一
木畑洋一
山室信一
趙　景達
中野　聡
川島　真

目　次

目　次

個別史/地域史

Ⅱ　近代という秩序・規範

個別史／地域史

Ⅲ　地域社会から見る変容過程

通史

東アジア世界の近代

一九世紀

川島　真

東アジアの一九世紀は、近世から近代への移行期にあたる。一八世紀、土地が希少で人口が多く、資本節約的、かつ労働集約的な発展形態をとった東北アジアでは、銀が流入して繁栄期を迎えた。人口が少なく、社会の流動性の高かった大陸部東南アジアでは、一八世紀後半から一九世紀にかけて新たな国家が形成され、東北アジアと同様に現在の諸国家の基礎となった。一九世紀を迎えると、たとえば清でのアヘンの流行のように、東アジアでは社会変容が際立つようになる。また、西洋の代表的工業国で貿易拡大を求めるイギリスは、中国市場を視野に入れつつ、海峡植民地など東南アジアでの拠点を築き、一八四〇年代初頭に清とのアヘン戦争に勝利した。またイギリスが提供していた交通や通信、貿易管理、疫病管理、決済機能など、国際公共財は東アジアでも提供された。一九世紀中ごろ以後、特に東南アジアでは、西洋諸国が植民地を設定して領域支配をはじめた。一九世紀後半には、日本やシャムが西洋的な近代国家建設を開始し、とりわけ日本は軍事力を強化して、東アジアで最初の植民地保有国となり、また近代モデルを提供するようになった。だが、宗教的な要素をはじめとする価値観や世界観を有する基層社会の磁場や、越境していく人の移動などによって、東アジアの共通体験としての近代は、それぞれの基層社会に包み込まれ、また域内で相互に影響しあいながら、多様で、複雑な様相を呈することになったのである。

年表

一七八二	タイでチャクリ朝（バンコク朝）成立。
一七九三	イギリスの使節マカートニーが熱河で乾隆帝に謁見。貿易拡大要求。
一七九六	このころ白蓮教徒の乱が始まる。
一七九九	清の最盛期を築いた乾隆帝（位一七三五―九五）逝去。オランダ東インド会社解散。
一八〇一	朝鮮にてキリスト教に対する弾圧（辛酉の獄）。
一八〇二	阮福映がベトナムを統一し、阮朝を開く。
一八〇四	ロシア使節のレザノフが長崎に。漂流民を送還して日本に通商を求める。
一八一〇	このころフランスがオランダを併合。イギリスがオランダ領東インドを併合。
一八一六	イギリスの使節アマーストが清を訪問。三跪九叩頭の儀礼を拒否。ビルマ軍、アッサム遠征。
一八一九	ラッフルズがシンガポール建設。
一八二〇	ベトナムで明命帝即位。
一八二一	メキシコ独立。この頃、銀の生産減少。
一八二四	第一次ビルマ戦争。イギリスのマラッカ領有、オランダの東インド領有確定。
一八二五	江戸幕府、異国船打ち払い令を出す。ジャワ戦争（―三一）。
一八二六	イギリス海峡植民地形成。

一八二八	シーボルト事件。
一八三〇	オランダ領東インドにて強制栽培制度の構想が提起される。
一八三二	琉球にて旱魃。ソテツ栽培で危機を凌ごうとする。
一八三三	イギリス東インド会社の対中貿易独占権廃止。
一八三六	許乃済、アヘン弛禁を上奏。イギリス領事エリオット広州着任。
一八三八	黄爵滋、アヘン厳禁を上奏。第一次アフガン戦争(—四二)。林則徐、欽差大臣に任命される。
一八三九	この年、林則徐、アヘン提出を命じ焼却。イギリス、中国出兵を決定。朝鮮にてキリスト教禁止。
一八四〇	アヘン戦争。
一八四二	日本では無二念打払令撤回、薪水給与令発する。中英南京条約。
一八四三	魏源『海国図志』完成する。
一八四四	中米望厦条約、中仏黄埔条約。
一八四五	第一次シーク戦争。カシュガルでムスリムの反乱。
一八四六	アメリカ東インド艦隊司令官ビッドル、浦賀来航。通商を求める。
一八四七	このころ、朝鮮で安東金氏の世道政治が強化される。
一八四八	一九世紀なかごろ、世界的に奴隷制廃止の傾向。中国人労働者への需要高まる。この年、マラヤで錫の大鉱脈が発見され、中国人労働者が移民。
一八五一	洪秀全、広西省金田村で挙兵。太平天国を称する。

一八五二	第二次ビルマ戦争。イギリス軍、ラングーン占領。
一八五三	太平天国南京を占領。その鎮圧のため、曾国藩の湘勇などが組織される。アメリカのペリー、浦賀に来航。
一八五四	日米和親条約締結(五五年までに英露仏蘭とも)。米琉和親条約締結。
一八五五	シャム—英間にボウリング条約締結(翌年、仏米とも条約締結)。
一八五六	清と英・仏間にアロー戦争(第二次アヘン戦争)勃発。雲南イスラム蜂起。イギリス・イラン戦争。
一八五七	インド大反乱。インド兵がデリー占領。
一八五八	中露・米・英・仏天津条約締結。中露アイグン条約で、清はウスリー江東部を事実上割譲。日米・蘭・露・英・仏修好通商条約締結。日本で安政の大獄。インド統治法により、イギリス東インド会社によるインド統治終結。イギリス政府によるインド直接支配開始。ムガル朝滅亡。
一八五九	スエズ運河工事開始。
一八六〇	英仏連合国、北京占領。円明園破壊。アロー戦争終結。北京条約締結。朝鮮で崔済愚が東学を創始。このころから、ジャワでの強制栽培制度が次第に縮小しプランテーションに転換。中国人労働者が流入。
一八六一	北京に総理各国事務衙門設置。清で西太后が実権を掌握し、同治帝擁立。ロシア海軍対馬占領。この頃、アメリカ南北戦争の影響もあり、インドで綿花栽培が盛んに。
一八六二	陝西、甘粛などでムスリム蜂起。日本で生麦事件発生、翌年に報復として薩英戦争発生。フランス、コーチシナの一部領有。
一八六三	朝鮮で高宗即位(位—一九〇七)。
一八六四	洪秀全死亡、清が南京占領。太平天国消滅。英仏米蘭艦隊が下関攻撃。

一八六五	東トルキスタン、カシュガルにて、ヤークブ・ベクが独立政権樹立。この頃から、朝鮮半島で民謡〝アリラン〟が歌われ始める。インドでは、カルカッタからロンドン間に電信開通。
一八六六	朝鮮でキリスト教弾圧(丙寅の邪獄)。アメリカのシャーマン号が平壌攻撃(シャーマン号事件)。またフランス艦隊が江華島攻撃。
一八六七	徳川慶喜大政奉還。王政復古の大号令。ベトナム、コーチシナ総督、西部三省をフランス領に併合。
一八六八	明治維新。清米バーリンゲーム条約。シャムでチュラロンコーン王(ラーマ五世)即位。
一八七〇	カルカッタ・ボンベイ間に鉄道開通。
一八七一	香港・上海間の海底ケーブル開通。ロシア、イリ地方を占領。日清修好条規締結。台湾南部のパイワン族が宮古島からの漂流民を殺害。
一八七二	上海で『申報』刊行。横浜でマリア・ルス号事件発生。横浜・新橋間の鉄道開通。
一八七三	シャムでチャクリ改革。スマトラでアチェー戦争はじまる。朝鮮で大院君政権が倒れ閔氏政権成立。
一八七五	日本の艦船が江華島を攻撃(江華島事件)。千島樺太交換協定。イギリス人マーガリー雲南で殺害される。
一八七六	日朝修好条規締結。ロシアが、コーカンド・ハン国を併合。
一八七七	日本で西南戦争。ヴィクトリア女王がインド皇帝即位、インド帝国の成立。カンボジアのノロドム王による行政改革、国家の近代化などに関する王令発布。
一八七九	琉球藩を廃し沖縄県設置。中露間でイリ条約(リヴァディア条約)締結。
一八八〇	清の駐日公使館の黄遵憲が『朝鮮策略』を朝鮮の使臣に手交。ルソン・スペイン間の海底電信開設。
一八八一	清露間に第二次イリ条約(ペテルブルグ条約)。日本の天皇、国会開設の勅諭。

一八八二	朝米、朝英修好条規締結。壬午軍乱発生。中朝商民水陸貿易章程調印。清軍ベトナムの国境地帯でフランス軍と衝突。ジャワで人頭税導入される。
一八八三	ベトナム、清に出兵要請。ベトナムで清仏両軍が衝突。東京で鹿鳴館開館。カルカッタでインド国民協議会開催。
一八八四	朝鮮で甲申事変。ベトナムで清仏軍再衝突。ドイツ、北東ニューギニアを併合。
一八八五	イギリス軍巨文島占領。日清天津条約。朝鮮総理交渉通商事宜として袁世凱がソウルに着任。福沢諭吉が『脱亜論』を発表。日本では松方デフレが深刻化。清では、このころ新疆や台湾に省制施行。第三次ビルマ戦争、コンバウン朝滅亡。第一回インド国民会議開催。
一八八六	イギリス、上ビルマを占領。
一八八七	フランス領インドシナ連邦成立。
一八八八	唐山・天津間に鉄道開通。
一八八九	大日本帝国憲法発布。朝鮮で防穀令。
一八九二	ホセ・リサール、フィリピン連盟結成。
一八九三	ラオス、フランスの保護国となる。
一八九四	東学党の乱。清、日本とともに派兵。日清戦争。フィリピンで独立運動。
一八九五	下関条約締結。三国干渉。日本の台湾領有。
一八九六	露清密約。

はじめに——東アジアの「近世」

「商業の時代」の終焉と東アジア社会・経済の変容

一五世紀からはじまった世界的な大交易時代には、欧州商人が東アジアの交易圏に参入し、マカオやマラッカなどの拠点を築きつつ、交易をおこなった。彼らは、胡椒や陶磁器などの東アジア産品を欧州へと運ぶべく、多額のアメリカ大陸や日本の銀を、中国をはじめとするアジア交易圏に持ち込んだ。東アジアは、「商業の時代」を迎えたのである[Reid 1988, 1993]。だが、一七世紀には中国で明清交代がおき、日本や朝鮮などでもきびしい貿易統制がなされただけでなく、日本の銀生産が減少に転じた上、胡椒価格が暴落して、その商業の時代は一七世紀末から一八世紀初頭には収束した。また大陸部に目を転じれば、従来は中国に吸収された銀が北方の辺境地域に転送されていたが、一七世紀半ばの明清交代によってそれが不要になったという背景も商業の時代の収束にはあった[岸本 一九九八a]。

この大交易時代の収束により、東アジアは新しい時代を迎えた。まず、東北アジアでは人口増にともなう小農経済化が進展し、そうした農業経済に基本的に依存した王朝、王権が力をもった。人口が一七世紀に増加し一八世紀にはほぼ三千万で安定した日本では、大量の家畜や大型農具を用いて生産性を向上させることにより農業人口を低下させて発展したイギリスとは異なり、家畜の効能を人力で補てんして労働比率を上げて高い生産性と一人当たりの生産性を向上させ、生活水準をあげた。これは所謂「勤勉革命」であり[速水 二〇〇三]、このような小農経済を支えたのは、世帯主の経営能力や家族間の協力、副業への従事などであった。朝鮮でも小農経済化が進行し、商品作物の栽培が盛んになって、各地に定期市があらわれ、褓負商《ほふしょう》と呼ばれる行商人が全国を巡回していた。

このような、資本節約的で労働集約的な発展形態が、土地が希少で人口が多い東北アジアに共通する形態だと考えられている[杉原 二〇〇四]。確かに、中国でも一八世紀には人口が(少なくとも)三億人へと増加したが、インヴォリユーションとして特徴づけられるように[Huang 1990]、人口密度が増す中で、土地の開発とともに一人当たりの耕地面積が限界線まで極小化していった。だが、それでも中国経済の先進地たる江南地域の生活水準は、西欧や日本とも変わらなかったとされる[Pomeranz 2000]。

東北アジアに比べて人口が圧倒的に少なかった上に、流動性の高かった東南アジア農村部では、東北アジアと異なり、所与の環境に沿うかたちで焼畑や低地の水田などが見られ、それぞれ世帯の構成者が農作から狩猟採集、織物、あるいはプランテーションで扱われがちなコーヒーやゴムなどなどに至るまで多様な営みを家族経営でおこない、リーダーたちは必要に応じて上級者や王権からの信認を得た。また、生産力の向上にともなって、人口が増加すれば人口希薄地域への人口移動が東北アジアよりは容易になされていたであろう。

他方、従来交易を独占して巨利を得ていたオランダ東インド会社などは、商業の時代の収束を受けて、砂糖、コーヒー、タバコなど需要の拡大した物資の生産地を領域支配する方針を採るようになった。同社は、一八世紀半ばにはジャワ島の大部分を征服して、会社の直轄領とし、サトウキビの義務供出制度を導入して、農民から低価格で買い上げた。その後、同社の領土経営を継承したオランダ政庁は、義務供出制度をさらに厳格にした強制栽培制度を一九世紀前半に導入し、サトウキビだけでなく、コーヒーや藍などを農民に栽培させた。だが、ヨーロッパでナポレオン戦争が起きていた時期には、ジャワの支配者はオランダからイギリス、そして再びオランダへと切り替わり、一八二五年から三〇年にかけて、ジャワの王族がオランダ側に抵抗するジャワ戦争が発生した。この戦争終了後、オランダは強制栽培制度などによって支配を強化したのであった。

東北アジアの繁栄と平和

中国史では、商業の時代の収束後の一八世紀の乾隆帝の時代がしばしば最盛期だとされる。上述のように一八世紀の中国の人口は三億にまで増加した[岸本 一九九八b]。昨今、少なくとも一八世紀半ばまではアジアがヨーロッパに対して経済的に発展していたのであり、西欧のその後の発展も自立的なものというよりも、アジア経済の収縮を利用した結果だとし、現在はまた世界経済の中心がアジアに回帰してきている、という指摘もある[フランク 二〇〇〇]。イギリスの使節マカートニーらが清に来て貿易の拡大を求めた際の、清の〝横柄な〟態度には相応の根拠があったということになるかもしれないし、またそのような繁栄を切り崩していったものがまさにアヘンという麻薬であったということにも留意しておく必要があろう[川島・服部編 二〇〇七]。

一八世紀の東北アジアを鎖国の時代とする向きもあるが、清に限ってみた場合、それは正しくない。清は確かに厳しい海禁を実施して、自由な交易を禁止し、朝貢ベースの交易のみを認めていたが、それは一六八三年に台湾を版図に組み込む以前のことである。以後は、互市と言われる商業ベースの交易が内陸でも沿岸部でもおこなわれていたのである。清は対外交易に消極的であったわけではない。だが、たとえば一七五七年に欧米諸国との交易を広州に限定したように、交易に対する管理はおこなおうとしていた。交易全体から見れば、互市は朝貢よりも量的に多く、内陸よりも沿岸部での帆船交易や欧米との交易が中心であったと推測されるが判然としない。また一八世紀後半には茶などの対欧米貿易を中心に交易量が激増したが、清の圧倒的な出超であり、多量の銀が中国に流入した。乾隆期の繁栄を支えた背景のひとつがこの対外交易の活発化であったのである。

清以外の国々、たとえば東北アジアの日本・朝鮮・琉球などは、強い海禁政策を採用して対外貿易を独占した。これは清と大きく異なる。他方で、東南アジアに眼を転じれば、清の互市のように一定の規則と納税だけを課しておこなう交易をみとめる王権もあったであろう。だが、東シナ海と南シナ海の双方を含めた海域では、華人を中心とした商人らが一定の商慣習に基づき、銀による交易をおこなっていた。銀は秤量貨幣であるが、含有量の安定した八レアル銀貨などのメキシコ銀が重用され、当初は鋳つぶして利用していたものが、中国の沿岸部では次第にそのままメキシコ銀が計数貨幣として流通するようになった。円形の銀貨に与えられた信用は、現在でも東北アジアで、円、元、ウォンなど、いずれも「円(形)」につながる単位が用いられる背景となった[岸本 一九九八a]。

なお、この一八世紀という時代は、軍縮に裏打ちされた平和な時代でもあった。もちろん、清の内陸部への侵攻などもあったが、一七世紀に比べれば、総じて戦闘行為は減少していたと見てよかろう。また、沿岸部に海賊がいたものの、貿易が自由化されていた以上、いわゆる〝倭寇〟のような強力な武装集団には成長せず、清の側も取締に熱心ではなかった[村上 二〇〇九]。また、東北アジアでは武器の生産が続けられていたものの、技術革新は鈍化し、生産量も増加せず、火器の使用は抑制され、騎馬や弓矢、あるいは刀のほうが重視された。無論、尚武の気風はあったにしても、それは実用的な軍事力というよりも、より精神的、あるいは儀礼的なものとなっていたと考えられる。

一 一九世紀前半の秩序変容

清の沿岸支配の動揺

ナポレオンの侵略に対するスペイン独立戦争やスペインでの近代憲法の制定などの過程で、中南米での独立運動が高まり、一八二一年にメキシコがスペインから独立した。そのため、銀貨のデザインが鷹とサボテンに代わった。この新銀貨は清などでも鷹洋として流通した。だが、世界的に見れば一九世紀初頭にはラテンアメリカでの銀生産は減産傾向となり、銀の供給不足となった。

一八世紀中ごろからイギリスなどが広州でおこなっていた茶などの交易は、その量を激増させていた。そして、その担い手も多様になり、東インド会社だけでなく、民間業者も加わり、清の側でも徴税を代行していた一部の商人だけでなく、各地のさまざまな商人が交易に従事するようになった。清は、欧米諸国との交易を一八世紀半ば以降、広州一港に限定していた。イギリスはマカートニーやアマーストを清に派遣し、貿易港の拡大、減税などを求めた。清は、（少なくとも清の側から見れば）冊封や朝貢などの臣下の礼をともなう対外関係を周辺国と有していたが、対外交易に際して朝貢を必要としたわけではなく、朝貢を必要としない互市という交易がおこなわれていた。イギリスなど欧米諸国は、朝貢に反発したのではなく、互市を広州に限定されていたことに反発したということになる。

他方、清では、一八世紀の人口増加にともなって辺地などでの開発が進んでいたが、経済成長が鈍化するにともない、一八世紀末にはそうした新開発区域や沿海地域にしわ寄せが行き、社会秩序や治安が不安定となった。いわば成長の限界線が訪れていたということでもあろう。貿易をめぐる情勢の変容と、清自身の統治能力の減退によって、一九世紀前半の沿岸の状況は大きく変容することになった［村上 二〇〇九］。

このような状況であらわれたのがアヘンである。アヘンは銀不足のおり、イギリスがインドでそれを栽培し、対中貿易に利用したもので、各地の中国商人も交易に応じることで大量のアヘンが清にはいり、そして清からは大量の銀が外に流れ出すことになった。そしてその銀はインドからイギリスへと流れ、イギリスからは綿織物がインドに輸出された。これが一般に英印中の三角貿易と言われるものである。経済が不況となった清は、沿岸の交易をめぐる秩序の再編を企図し、アヘンも取り締まろうとする。だが、アヘンはもともと交易禁止品であり、徴税を代行する中国側の商人を通じて取り締まることは難しく、結局は外国商人の責任に帰し、それがアヘン戦争の原因となった。つまり、一八四〇年のアヘン戦争は、中国と西洋との戦争、西洋の中国における利権の獲得などの嚆矢としての側面もあるのだが、実際には一八世紀末から始まっていた中国の沿岸部の交易をめぐる秩序変容のひとつの帰結としての側面をもっているのである［村上 二〇〇九］。

そして、アヘン戦争の終結後も中国沿海の秩序は回復されず、外国商人の進出によって海賊となる者が増えた。この混乱は一八五〇年代にピークを迎えた。清の権威は大きく揺らぎ、日本など周辺諸国でも「時代の変化」を感じ取る向きが強く、シャムは清との冊封・朝貢関係を停止するに至った。

東南アジア大陸部における国家形成

東南アジアの大陸部では、一八世紀後半から一九世紀にかけて現在のタイ、ベトナム、ミャンマーの土台ともなる国家が形成された。

一八世紀中ごろ、ビルマでは内陸のビルマ人が南下してコンバウン(アラウンパヤー)朝が成立し、現在のミャンマーとほぼ重なる領域を統治した。また、シンビューシンの治世下でタイに攻め込んでアユタヤ王国を滅ぼしただけでなく、ボードパヤーの治世ではインドのアッサム地方にも勢力を伸ばした。だが、このような拡大政策は、インドに拠点を形成しつつあったイギリスと衝突することになった。イギリスは一八二四年にビルマに宣戦布告し、以後、一九世紀を通じてイギリスと三度にわたるイギリス・ビルマ戦争をおこした。

ベトナムでは、一八世紀末の農民反乱を経て、中部に勢力を有していた阮氏の阮福暎が全ベトナムを統一して、嘉隆帝としてフエを首都とするベトナムを建国した。阮は、清に対して南越を自称することを認めるよう求めたが、清は両広(広東・広西)を含む地名だとして、これを認めず越南とさせたとされる。二代目の明命《ミンマン》帝は中央集権政策を推し進め、ベトナム北部や中部だけでなく南部も統治空間に組み込んで支配体制を確立し、「南の中華」として「大南国」と自称した。他方、キリスト教布教に対しては厳しい姿勢をとり、それがフランスなどの干渉の口実を与えることにもなり、その死後にはフランスの侵出が顕著となった。

タイでは、コンバウン朝によって、それまで対外交易で繁栄してきたアユタヤ朝が滅亡した。この後、トンブリー朝のタークシンによる支配を経て、一七八二年にバンコクを首都とするラタナコーシン朝が成立し、ほぼ現在のタイに均しい領域を支配した。シャムでは一八世紀以来、清との南シナ海交易が盛んであったが、この王朝も一八三〇年代初頭まで清との交易を特に重視した。

このように、大陸部東南アジアでは一八世紀後半から一九世紀初頭に、空間的にほぼ現在の国家の原型をなす国家が形成された。東北アジアにおいても、一七世紀以来の近世国家がさまざまな問題に直面しながらも二〇世紀初頭まで存続した。東南アジア島嶼部を除き、東アジアでは一九世紀初頭までに形成されていた諸国家が、ほぼ近代国家や現在の国家の原型をなしている点に特徴がある。

イギリスとロシア

一八世紀にイギリスに訪れた技術革新により、生産の中心が農業から工業へと移行した。このような工業化はイギリスに次いで、一八三〇年代のフランスやベルギー、そしてアメリカ、ドイツ、日本などへと広がり、その社会生活を変化させた。また、一部地域での工業化の進展は、アジアなどの多くの地域を原料や食糧の供給地、または市場として位置づけようとした。イギリスでも、日常生活の面で、中国の茶をカリブ海の砂糖とともに飲み、アルゼンチン小麦で作ったパンを味わうようになっていった[水島 二〇一〇]。

軽工業の代表的製品である綿織物では、綿花をアメリカ大陸から買い付け、綿製品をアフリカに売り、アフリカとアメリカとの間には奴隷貿易があるという、大西洋三角貿易が形成された。そして、ロンドンのシティから振りだされた手形は、アメリカと中国との茶貿易でも用いられ、それが上述の英印中三角貿易に乗り、中国からインド経由でロンドンへと還流した。二つの三角貿易は接点をもち、それがロンドンのシティの持つプレゼンスを高めた面がある[川島・服部編 二〇〇七]。

重工業の面では、鉄鋼業や蒸気機関による交通輸送手段の変容が生じた。これは、イギリスの商船を世界各地に送りだすとともに、強力な軍事力の背景となった。一八世紀を通じて戦争をおこない、また一九世紀初頭にはナポレオン戦争を体験した欧州の軍事技術は、平和な一八世紀を過ごした東アジアに対して圧倒的に優位であった。アヘン戦争に際しては、イギリス海軍には蒸気船が含まれ、砲の射程距離や精確さにも格段の差があったと思われる。また日本を訪れたペリーの艦隊も艦船の半数が蒸気船であった。蒸気船は一九世紀後半にいっそう一般的になっていく。

イギリスをはじめとする欧州諸国は、その軍事力を背景として、貿易のルールや、条約などの主権国家の外交の技法を用いながら、非キリスト教世界と新たな関係を築いていった。それまで繁栄を背景に自立的な交易圏を育んできた東アジアもまた、(西欧から見た)〝周辺〟として西欧中心の近代世界システムに関連づけられるようになったのである。イギリスは、中国市場を視野に入れつつ、東南アジアでの拠点建設を模索し、オランダとの間でマラッカ方面での抗争の末、一八一九年にシンガポールを領有し、ここに近代的な港市を建設した。そして、一八二四年には英蘭条約を締結してマラッカ海峡を境界とする勢力圏を設定した。これによってイギリスのマラッカ領有が確定し、一八三二年にはシンガポール、マラッカ、ペナンなどからなる海峡植民地が形成された。とりわけシンガポールは、アヘン戦争の結果イギリスが領有した香港とともに東アジアにおける重要な拠点となった。その後、イギリスは、マレー半島では領域支配を進め、錫鉱山などを開発した。だが、イギリスは、東北アジアでは植民地を拡大させたわけではなく、基本的に現地政権を維持して、それへの影響力を行使しつつ、通商的利益を最大化しようとした。

イギリスは西欧の工業国の代表的存在であり、交通や通信、貿易管理、疫病管理、あるいはシティでの決済機能など、国際公共財を提供し、まさに世界帝国となった。だが、東アジアでは、イギリスのほか、フランス、オランダ、アメリカ、ポルトガル、スペインなども、強力な軍事力を背景に原料供給地と市場を求める〝列強〟であった。

他方、ロシアは陸路と海路の双方から東アジアに迫り、清との間に一七世紀末のネルチンスク条約、一八世紀のキャフタ条約などを締結し、境界と交易のルールを定めた。ロシアは、一八世紀後半のエカチェリーナ二世の治世には、ベーリング海峡を越えてアラスカに進出し、日本にも使節としてラクスマンを派遣した。また、一九世紀半ばには黒龍江から沿海州へと進出し、中央アジアではウズベク系のブハラ、ヒヴァ、コーカンドの三ハン国を支配下におき、タシュケントに置かれたトルキスタン総督府を通じてロシア人の入植を進め、東西トルキスタンへの浸透をはかった[小松 二〇〇〇]。ロシアの東漸は、東北アジア諸国にとっては、領土の危機を喚起させる契機となり、そこから満洲問題という国際政治の焦点が生み出されただけでなく、イギリスがそのロシアの南下に対抗するという国際政治の基本的枠組みが次第に形成された。このロシア要素の有無は、東北アジアと東南アジアの大きな相異である。

二　不平等条約の同時代的意味

互市と通商

清と周辺諸国の冊封・朝貢と互市との関係は前述のとおりであるが、一八世紀後半に対清貿易を増加させ、出超の続くイギリスは、貿易港を広州以外にも広げること、また諸規制を撤廃することなどを求めた。これは言わば、清の「互市」をめぐる英清間の問題であって、少なくともこの段階では、冊封や朝貢をめぐる欧米とアジアの国際秩序間の衝突を意味していたとはいいがたい。アヘン戦争の結果として締結された南京条約および一連の協定は、後に不平等条約として列強の侵略の象徴のように位置づけられるが、果たして同時代人にとって不平等だと思われていたのだろうか。これらの条約や協定はあくまでも互市をめぐる問題の中で生まれたものであった。従って、この条約などにおいてイギリスが要求したものは、通商上およびそれに関連する権利が中心であった。

開港場を五港にまでに拡大したこと、また香港島の割譲などは、従来ポルトガルに租借されていた澳門《マカオ》に居住し、定められた方法で広州に赴いて交易することしかできなかったイギリス商人には大きな成果であった。だが、新たに開港した寧波、福州、厦門、上海、澳門のうち、澳門は広州貿易に関連付けられた外国人居住地であり、寧波、厦門(漳州)は(西洋人には認められていなかった)互市の交易港でもあった。

治外法権については、清における外国人の法的問題処理を属人主義でおこなうことはそれまでの通例にかなうことであった。また、アヘン戦争前にイギリス人を清の律令で裁いたことが問題となった経緯もあり、この治外法権が強調された面もあろう。他方、清の人びとの海外渡航が認められていないことから、イギリスやその植民地での清の人びとの法的地位は考慮する必要がなかった。そのため、当時、清の側が不平等性を強く感じたわけではなかろう。

協定関税についても、当時の価格の五分程度を目安として額が設定され、それを固定した上で基本的に量に応じて徴収されることとなった。そして、清は単独で関税率の変更をおこなえず、イギリスと調整することが義務付けられた。だが、もともとアヘン戦争以前の広州貿易においても、関税(船鈔・貨税)は二分また四分で、このほかに付加税や手数料がかけられていた。この付加税や手数料を考慮すれば五分という税率は低いが、関税だけで比べれば決して低すぎるわけではなかった[坂野 一九七三]。無論、税率の変更が自由にできないということは不自由であった。

最恵国待遇については、皇帝から与えられる恩恵を「夷狄」が均霑すると考えれば、王朝の論理から考えても矛盾はなかった。清以外の国々でも、その手法や考え方に相違があるにせよ、それぞれの既存の秩序観や対外貿易のあり方に即しながら、西洋諸国と締結した条約を位置づけた面があるであろう。

中国や朝鮮に見られた租界については、治外法権を有する外国人を言わば現地人社会と隔離するために設けられた居住地と見ることができる。横浜の居留地の絵図面が長崎の出島に類似しているように、外国人居住区をつくるということも、条約締結当初は、近世以来の対外関係の中にその前例を見出し得ることであったと考えられる。また、租界には、現地国の司法権は及ばなかった。上海や天津の租界は西洋近代の発信地として知られるが、実は設定された租界のうち、発展、繁栄したところは決して多くなく、放置されて廃れていったところも少なくない。そして、上海などの繁栄した租界は、西洋の建設したインフラや、西洋との結びつきもさることながら、実のところ現地人たちがそこに住み込み、その土地をめぐる借地権を担保として資金を調達し経済活動をおこなったことや、現地国の司法権から逃れるべく、多くの中国の人材が集まったなども、成長の要因であった。

このように、アヘン戦争によって結ばれた諸条約・協定は、それまでおこなわれていた広州貿易に変更を迫るものであったが、新たな交易の諸ルールは、それまでの規則の延長上で理解できるものも少なくなかった。また、アヘン戦争における清の敗北は日本も含めて周辺諸国に大きな衝撃を与えるなど、清の威信に大きな打撃となったことは確かであるが、イギリスと問題になったのはあくまでも互市の枠内のことだったので、冊封・朝貢について直ちに大きな変革が加えられることにはならなかった。こうした点で、アヘン戦争以来の一連のできごとを、近代条約システムと伝統的な朝貢システムの衝突と摩擦と見る従来の観点は、一定の修正を迫られることになる。

不平等条約

イギリスなど列強は、非キリスト教世界との往来や交渉、戦争の過程で、主権国家間の平等原則には馴染まない、一定の型に基づく条約を締結するようになった。それは戦争における勝敗だけでなく、(西洋型)文明国家と非文明国家間に成立しうるものとして正当化された。具体的には、治外法権(および領事裁判権)、協定関税、最恵国待遇を片務的に西洋側に与えるというものであった。このような条約の型は、理由が戦争であれ交渉であれ、西アジア諸国だけでなく、シャム(タイ)、清、日本、朝鮮などに共通して適用されることとなった。治外法権は、アジア諸国の司法への不信や制度的な相違に裏付けられ、また協定関税は通商上の権利を維持拡大するために設けられ、最恵国待遇は欧米諸国間の制度的特権の均質化と衝突回避などとともに、条約改正を困難にするものであった。

これらの不平等条約が改正せねばならない対象として認識されるようになる過程は国ごとに異なる。清のように、冊封・朝貢と互市を分けているところでは条約締結は対外関係全般の変容には結びつかなかった。儀礼に基づく冊封・朝貢という関係と、互市の延長上の想定された条約に基づく西洋との関係という二つのスタンダードが並立しえたのである。だが、日本などのように比較的厳格な海禁を実施していた国では、西洋諸国との条約締結が直ちに対外関係全体の変化をともなった。それだけに、条約に基づく関係が、対外関係全体の中心をなすようになり、その条約の改正が強く課題として認識された可能性もある。

改正の手法については、大枠から見れば西洋側の論理に対応して文明国化すること、また戦争に勝利できるように強国となることなどが想定されていた。また、革命によって前政権の締結していた諸条約をすべて破棄するという手法もあった。日本、中国、シャムなどの国々は、それぞれの手法に応じて条約改正を実現した。日本やシャムは文明国化と強国化であり、中国は革命を志向しつつ、強国化と文明国化により改正を実現することになった。また、交渉に際しては、条約そのものを司法権の観点から修正しようとする司法権回収と、条約を背景にして成立していた慣習を含めた諸特権を回収しようとする行政権回収という側面があった。他方、東アジアでは、欧米諸国や日本の植民地となることで、結果的に不平等条約が破棄されることもあった。その植民地の人びとが海外に出る場合、植民地臣民として欧米諸国民と同等の特権が(中国などで)享受できることがあった[川島・服部編 二〇〇七]。

なお、一九世紀に締結された欧米諸国と東アジア諸国の諸条約については、そもそも正文とされた欧文の条約と、現地語に訳され国内向けに示された約定との間に大きな乖離があることがしばしばであった。欧米側の〝外交〟史としての理解と、現地社会における理解や認識、また記憶の形成は異なることがあったであろう[早瀬 二〇〇三]。だが、近代国家建設を進めたり、植民地統治下での独立運動などが生じると、そうした条約は欧米的な理解に即しながら改正させていったり、または克服すべき対象となった。そうした意味では、不平等条約改正や、独立運動は、欧米への抵抗でありながら、その抵抗もまた欧米的な価値観や論理をとらねばならない、〝近代〟の受容のひとつの所作であったと見ることもできよう。

砲艦外交《ガンボートディプロマシー》

イギリスをはじめとする欧州列強は、東アジア諸国に条約の内容を守らせようとした。そのために、相手国の対外交渉権利が分散している状況を批判的に捉えて、中央で一元的な外交権を担うように求めたり、また砲艦《ガンボート》を用いて開港場の領事たちが地方の官憲に威圧的に条約履行を迫ったりした。たとえば、清では一八四六年に各開港場にそれぞれ一隻の砲艦を配する権利を獲得していたイギリスが、一八四八年に上海郊外の青浦県で三名の宣教師が失業していた水夫らに襲撃された事件に関し、この砲艦外交を用いて事態を処理したことが知られている。イギリスの上海領事は日本にも駐在したオールコックであった。このように各開港場で個別的に領事が砲艦を用いて問題を解決した一つの背景には、一九世紀中ごろの交通通信手段の不便があった。電報往来の電線が開通していなかった当時、上海と香港の通信に片道六日かかっていた。香港からロンドンともなれば、片道二カ月弱かかった。これでは、上司や本国の意向を尋ねたり、軍艦の派遣を依頼したりする余裕はない。いま一つの背景として、イギリス側の軍事力の圧倒的優位と、それを証明して見せたアヘン戦争などの記憶が清の側にあったことがある。だからこそ、(最低限の)軍事力たる砲艦一隻によって威圧効果が得られたのである。この砲艦外交を、より広い意味でとれば、ペリーが軍艦を背景に条約締結を迫ったことも、その一例だと見ることもできるだろう[坂野 一九七三]。

しかし、イギリスの砲艦をとりまく環境を単純に領事の用いる威圧という側面だけから捉えることはできない。清では、地方官憲が一面で砲艦からの威圧を受けつつ、一面でその砲艦を利用して海賊討伐をおこなったのである。一九世紀の中ごろの沿岸部では、福建、広東系だけでなく、香港開港後に急速に交易拠点としての地位を失った澳門のポルトガル商人たちが海賊行為をおこなったため、沿岸貿易、とりわけ開港場貿易の秩序に問題が生じていたのである。そこで、清の側も開港場に停泊しているイギリスの砲艦に海賊の鎮圧を求めた。そしてジャンク船を操る福建や広東の商人の中にも、武装した西洋人に護送を依頼する者もいた。砲艦の存在を単に「侵略」という論点だけで捉えるのは一面的であろう。当時、〝安全〟のための軍事を極東にまで展開できたのはイギリスであり、そのイギリスの提供する軍事力という国際公共財を、清が「無償」で調達したと見ることもできる。無論、清の側も次第に海軍力を強化し、自力で海の安全を確保しようとしていくが、交通・通信などをはじめ、イギリスの提供するさまざまな国際公共財を清の側が利用するという側面があった［村上 二〇〇四］。

ミッショナリー

一九世紀になると、キリスト教の宣教師が東アジアで布教活動をおこなった。条約で布教権を獲得する前から布教活動をおこない、開港場での布教権を得てからはむしろ、現地の服装をし、現地語を操りながら内地での布教をおこなおうとした。「宣教師は帝国主義の先兵」とされることもあるが、イギリスやフランスの領事たちにとって、宣教師は現地国、地域のさまざまな情報をもたらし、また時には戦争などの口実をつくってくれる肯定的存在でありながら、同時に面倒を引き起こして仕事を増やすだけでなく、現地社会からの排外運動を引き起こし、通商を妨げる否定的存在でもあった。

キリスト教布教の過程で、現地社会とのさまざまなトラブルが発生した。清ではこれを教案と呼んでいるが、そのトラブルの背景は、反帝国主義とか反西洋という単純な言葉で括れるものではない［佐藤 二〇一〇］。たとえば、現地社会では、その庇護下に入ることで不平等条約特権を享受できると考えられることがあった。そのような場合、農村などの基層社会が、教会の側に属そうとする人々と、既存の信仰や秩序の下に残る人びとに引き裂かれた。教会を破壊したり、宣教師を襲う行為には、そうした在地社会の秩序再編の問題が背景にあった。そして、キリスト教布教をめぐるトラブルをいぶかしく思っていた欧米諸国の内、たとえばドイツやアメリカが強硬外交を展開して現地国を屈服させることもあった。これは単に現地国の威信を貶めるだけでなく、基層社会にも大きなストレスを残すことになる。清での義和団事件は、宣教師の活動を保護しようとするドイツの強硬外交に清が有効に対抗できない過程で蓄積された現地社会のストレスが露呈したものだとも言える。

他方、宣教師たちは辞書の作成、翻訳活動などをおこなったり、ミッション・スクールを設けたりするなど、さまざまな文化活動をおこなった。西洋の知識が翻訳されて東アジアにもたらされる過程でも、またアジアの諸情報が西洋言語で欧米にもたらされる過程においても、宣教師は大きな役割を果たした。こうした宣教師たちの中には、帰国後も執筆活動をおこなったり、大学の研究者になるなど、一九世紀の欧米のアジア学を支える存在でもあった。

三　開港場ネットワークの形成

東アジア諸国間関係の変容

東アジア諸国が西洋と条約を締結すると東アジア諸国間の関係や、東アジアの域内の交易秩序にも変容が見られた。アヘン戦争での清の敗北は、東アジア各国に西洋に対する軍事技術の立ち遅れを認識させ、日本でも西洋的砲術の採用が決まり、また世界認識を広げるべく魏源の『海国図志』などの地理書が各国の知識人に広まった。

一九世紀半ばには、冊封・朝貢関係にあった国々と清の関係に大きな変化は見られなかった。シャムは清への朝貢使節派遣を停止したものの、琉球が一八六六年に尚泰を冊封する冊封使の乗る冠船を那覇に迎えたように、朝鮮などの国々も清との関係を崩してはいない。だが、たとえば日本のように欧米との条約締結によって、従来の対外関係に大きな変容が加えられると、日本と清の間の交易などについては、新たな秩序が十分に形成される前に、むしろ清の商人が長崎から神戸、横浜、あるいは海産物を求めて函館に拠点を築くようになった。しばしば用いられる「開港」についても、それは条約を締結した西洋諸国に向けた開港だけではなく、東アジア域内の国々や無条約諸国に対する開港をも意味することがあったのである。日本も一八六〇年代になって、長崎奉行や函館奉行が使節を上海に派遣し、日本側が欧米諸国や清の商人を介さずに、直接に日本の産品を上海に持ち込むことを模索していた(千歳丸、健順丸)。これもまた、開港場の設置に伴う、東アジア域内の交易の再編過程の一コマであろう[川島 二〇〇四]。

他方、欧米諸国の対アジア貿易も、不平等条約を締結すれば順調に伸びるというものではなかった。マルクスの中国観に大きな影響を与えたとして知られる、一八五二年のミッチェル報告書(一八五九年に公表)が指摘したように、四億人の民の市場として期待された中国市場も、決して簡単にイギリス綿布の市場とはならなかった。イギリスの福州領事であったシンクレアは、一八五〇年の本国への報告の中で、中国市場での販路が伸び悩んでいることを前提とした上で、琉球からの朝貢船に注目し、琉球が朝貢にともなう貿易を拡大させ、イギリス商人が産品を琉球商人に売りつければ販路拡大になるとしている[岡本 二〇〇八a]。この事例は、イギリス商品の販売の不調とともに、儀礼に基づく冊封・朝貢と条約に基づく通商関係の二つのスタンダードが、まったく別個に接点をもちえず存在するのではなく、接点を持ちながら交錯する国際関係が育まれる契機があったことを示している。

日本が明治維新を迎えると、一八七一年に日本は清と日清修好条規を締結した。これは両国にとって最初に締結した平等な条約とされる。だが、交渉過程は清が主導し、以後の往来や交渉なども中国語でおこなわれることになっていた[岡本・川島編 二〇〇九]。また、一八七六年に日本は朝鮮と不平等条約である日朝修好条規を締結、清も一八八二年に朝鮮と(実質的に)不平等条約である中国朝鮮商民水陸貿易章程を締結した(冊封関係は維持継続)。これにより、東北アジア諸国の関係は、条約ではなく「条規」と「章程」によって再編されることになった。

開港場ネットワーク

東アジアには、東南アジアの欧米の貿易拠点(シンガポール、香港など)や東北アジアの開港場(広州、上海、横浜、神戸など)などの間に経済活動を中心とするネットワークが形成され始めた。これらの港は、既存の交易ネットワークと重なりつつ、比較的遠浅の海を好むジャンク船の利用する港湾と異なり、次第に普及し始めた蒸気船向けの比較的深い港湾であることが多かった。そのため、たとえば澳門よりも香港、台南よりも高雄といったように、交易拠点の変動がおこった地域もあった。こうした開港場間では、蒸気船などによって物流が保たれていただけでなく、イギリスの海軍力によって安全が確保され、駐在している領事らによって現地国との交渉のチャネルが保たれていた。一九世紀後半になると、長崎と上海間に電線が開かれたように、郵便だけでなく、電線網が開港場間の通信を支えるようになった。こうした通信網に支えられて、欧米と東アジアの間での情報伝達が次第に迅速になされるようになり、新聞や雑誌など開港場メディアが出現した。これらにおける言論は欧米諸国の対東アジア政策に影響を与えることもあり、日本や清などは、そこでの言論を自国に有利に進めるようにさまざまな宣伝活動をおこなったほどだった。

また、こうした開港場での取引はロンドンのシティでの決済網に結び付けられていた。二つの三角貿易とシティの手形の流通については前述の通りである。イギリスをはじめとする欧米商人たちは、東南アジアでは植民地としての貿易拠点において、また東北アジアでは租界などの居留地において、治外法権を得るなどして、通商をおこなうように有利な条件を獲得していた。また、「清潔」な環境を保ち、通商を安定的におこなうため衛生管理も徹底された。とりわけ、税関(海関)が貿易管理に果たした役割は大きく、関税徴収や衛生・防疫管理だけでなく、海図の作成、気象情報、郵便などの通信など、幅広い分野で貿易をめぐる秩序維持機能を果たしていた。

開港場知識人と翻訳

それぞれの開港場には一定の後背地があり、やがて敷設される鉄道などの交通網によって物資とともに、現地の人びともその開港場に関連付けられることになった。東アジア全体でも、次第に近代国家の首都や植民地政庁の間で、公式な「外交」がおこなわれるようになるが、経済・社会における情報伝達や、新たな時代の人材養成は開港場を通じてなされていた面がある。

まず、開港場は現地社会と西洋社会、そして東アジア域内の情報伝達の窓口になった。そこでは、たとえば日本側が中国情報を漢文と欧文の双方で把握するのに対して、中国側は日本情報を欧文でしか得(ようとし)ないという「格差」は存在したものの、従来よりもはるかに多くの知的情報が東アジア域内で「流通」することになった。とりわけ、中国で漢訳された世界地理書などの海外情報は、一八世紀から既に翻訳されつつあった地理書などと相まって、漢字文化圏の知識人の世界観の変容に大きな影響を与えた。また、宣教師の開設したミッション・スクールや、欧米への留学などによって、言語能力や知識を身に付けた東アジアの知識人は、西洋の書籍を翻訳し始めた。東北アジアでは明治維新後の日本が、ある意味での誤解も含みながら、また既存の社会通念や理念を土台としながら、大量の西洋の書籍を翻訳した。そこでの概念規定や訳語は現在に至るまで漢字文化圏に影響を与えている。

清では、開港場知識人は、科挙官僚というよりも、李鴻章らの幕僚としてその専門的知識を生かして活動した。彼らは軍事改革、教育改革、実業振興などとともに政治改革も提唱したが、「天朝の定制」を維持しようとする勢力も官界では強く、結局、軍事面や工業面での変革が先に実行された。これが後世になって洋務運動などと呼ばれるものである。また、一九世紀末の変法運動についても、それはそうした知識人や一部の官僚によってすでに提唱されていた政治改革論が、一定のコンセンサスを得つつ政策にのせられていく過程として見るのが妥当だと考えられる。

このようにして、ある意味で共通の知的空間を共有する知識人が漢字文化圏にあらわれ、新聞や雑誌で空間を超えて議論を戦わせることになった。また、植民地となった地域では、宗主国の知的制度の下で、そうした翻訳などがなされ、宗主国に留学した知識人がその視線で自らの出身地社会をとらえたり、あるいはそこに伝統を再発見したりするなど、さまざまな反応を引き起こした。このような、西洋に接した東アジアの知識人に内在するオリエンタリズム的な思考の問題は、東アジアの近代にも共通する問題であった。

四　東南アジア諸国の植民地化

大陸部の植民地化

一九世紀の中ごろから、西洋諸国は貿易拠点だけでなく、植民地を設定して領域支配をはじめた。それは、軍事力を背景とした西洋諸国が、清や現地国と交渉して条約を締結して進められた。これらの条約は、多くの場合、欧文を正文としながらも、漢文や現地語の表現は欧文のものとは必ずしも合致していなかった。しかし、それでも植民地化は進行し、それまでの国家の境界を一定程度踏襲しつつも新たな境界がしかれ、プランテーションをはじめとして、宗主国の経済構造の一部に組み込まれることになった。また、政治的に自立するには、(近代)国家として独立しなければならないことになった。東南アジア諸国もまた、植民地(的)近代を体験することになった。

ビルマは、第一次イギリス＝ビルマ戦争で敗れ、アラカン、テナセリムをイギリスに割譲していた。一八五〇年代初頭、ラングーンのイギリス人が殺人等でビルマ側に逮捕されたことを原因として、インド総督ダルフージー伯がビルマに遠征軍を派遣し、沿岸部を占領した。そして、ペグー地方の併合を宣言し、アラカンなどとあわせてイギリス領ビルマとした。これによって、イギリスはインドから海峡植民地に至る海岸線を領有することとなり、ベンガル湾を内海化した。沿岸部を喪失したコンバウン朝は、ミンドン王が改革を実施し、雲南経由での清との貿易を承認するなど、内陸国家としての存続を目指した。しかし、次のティーボー王は雲南侵出をねらうフランスと結んでイギリスに対抗しようとし、それをきらうイギリスは一八八五年に第三次戦争をおこしてコンバウン朝を滅ぼし、ビルマを併合してインド帝国の一州とした。だが、以後一〇年に亘り、さまざまな集団がイギリスの支配への抵抗運動をおこすが、結局「平定」されることになった。

ベトナムでは、明命帝の死後、フランスの圧力が強まり、とりわけナポレオン三世の時代になると、フランスはメコン川下流域を占領し、二度にわたるサイゴン条約でコーチシナ全土がフランスの直轄植民地となった。一八八〇年代になると、フランスは、サイゴンからカンボジア、ラオスへと進出して保護国化し、二度にわたるフエ条約でベトナムも保護国化しようとした。ベトナムは清に救援を求め、清は軍隊を派遣した。この戦争じたいは、ランソンでのフランスの敗北のように、決してフランスの圧勝というわけではなかったが、戦争後の天津条約でベトナムの保護国化が決まった。フランスは、保護国化していたカンボジアをあわせて仏領インドシナ連邦を形成し、九九年にラオスを加えた。これに対してベトナム知識人の反対運動がおきたが、一九世紀末までにほぼ鎮圧された。

シャムのチャクリ改革

イギリスとフランスによる大陸部東南アジア植民地化が進む中、両者の勢力圏の中間に位置するシャムは植民地化されなかった。また、モンクット王は一八五〇年代に英仏などと不平等条約である修好通商条約を締結した。また、アヘン戦争以後に威信の低下していた清との冊封・朝貢関係を停止した。だが、それ以前も、シャムとしては、漢文史料にあるように自らが清に臣下の礼をとっていると認識していたわけではなかろう。

植民地化の危機の下、チュラロンコーン王は、外国人顧問を積極的に登用して、軍事、行政、財政、司法などの面での改革(チャクリ改革)を実施し、文明国、近代主権国家となることによって独立を維持しようとした。この路線は、明治日本と類似している面もあり、実際に日本とシャムは比較的良好な関係を維持したが、シャムにおける立憲君主制度の採用は一九三二年の立憲革命を待たねばならなかった。なお、一九世紀後半にアメリカ南北戦争の影響などもあって米価が高騰すると、チャオプラヤ川、メコン川などの下流域では水田開発が進み、米作プランテーションがつくられて、タイは世界のコメ生産の中心となった。米の流通や貿易などには華人商人が多くかかわった。また、南部の錫鉱山などでも華人企業家が活躍した。シャムは、中国との国交を樹立せず、国内の華人をシャム国民として同化、統合していくことに成功した。タイと中国が国交を成立させるのは、第二次世界大戦終結以後のことである。

島嶼部の植民地化

オランダ領インドでは、強制栽培制度が実施されるなど、いち早く領域的支配が確立していたが、その空間がジャワから次第に拡大していった。その過程で、植民地から経済的な利益を得るだけでなく、キリスト教的な倫理を重視し、教育や衛生の面に適用する「倫理的な」植民地政策が採用された。西洋教育を受けたジャワ人女性であるカルティニが注目されたのもこの時期である［斎藤 二〇〇八］。しかし、強制栽培制度をはじめとした経済政策に大きな変更が加えられたわけではない。また、オランダの領域支配が空間的に拡大を示す中で、マラッカ海峡におけるイギリスとオランダの支配を嫌う商人の拠点となっていた、スマトラ北端のアチェが争点となった。英蘭両国は、一八七二年にスマトラ条約を締結して、アチェをオランダの管轄下に置くこととしたが、アチェはこれに反発した。オランダは、一八七三年にアチェ王国に宣戦布告し、翌年には首都バンダアチェを占領した。だが、それ以後も「聖戦《ジハード》」としてのムスリムらの抵抗運動が続き、オランダの支配が最終的に確立したのは二〇世紀初頭であった。

マレー半島では、ベンガル湾と南シナ海の結節点としての海峡植民地がイギリスにより形成されていたが、半島のムラユ人の諸政権に対しては不干渉主義をとっていた。ところが、一八七四年のパンコール条約で、ペラクのムラユ人の首長八名はイギリスの派遣する行政官を受け入れることとした。これは、この地域がイギリスの保護領となることを認めたものであった。以後、マレー半島の領域的植民地支配が進行した。イギリスが不干渉主義を転換させた背景には、マレー半島で錫などの鉱山が生産量を増し、人口希薄であったこの地域に多くの華人労働者が入り込むことで、現地の社会秩序が動揺していたということがあった。だが、イギリス人行政官の派遣は、ムラユ人社会からの反発を受けた。特に、徴税権をめぐってムラユ人首長らがイギリス人行政官を殺害するという事件が起き、イギリスは既存のスルタンを頂点とするムラユ人の秩序を維持して統治する方針へと転換した。マレー半島における植民地は、既存の秩序を組み込んだ、いわば間接統治の形態をとったのである。

フィリピンでは、一六世紀以来スペインの植民地支配の下にあった。一九世紀後半には、フィリピン人知識人の間からプロパガンダ運動といわれる、植民地体制に対する平和的改革、啓蒙運動がおきた。ホセ・リサールは、マドリード中央大学で学ぶ過程で多くの留学生や亡命者と交流し、次第にプロパガンダ運動のリーダーへと成長した。リサールは、スペインの植民地政策およびカトリック教会の問題を糾弾した。その後、フィリピン革命が起きると、一八九六年にリサールは首謀者として逮捕され処刑された。フィリピン革命はアメリカの介入もあって挫折したが、カティプナンなどの運動が継続した。一八九八年の米西戦争でスペインが敗北すると、フィリピンはアメリカに譲渡され、アメリカは種々の抵抗を鎮圧し、南部のムスリムの居住地域にまで統治を拡大し、一八九九年にはスールー島にまでその主権を認めさせた[早瀬 二〇〇九]。

清の宗主権問題

東南アジア諸国が欧米諸国に植民地化されていく過程で、清の冊封・朝貢関係は変容を迫られた。それは、冊封関係にある(と清が考えている)国が減少したことだけではない。欧米諸国が、東南アジア諸国を植民地化するに際して、清を宗主国として交渉相手と見做したため、従来は内政不干渉を原則とし、冊封や朝貢関係にあった国と他の国との関係に、それほど立ち入らなかった状態に変化が生じたのである。すなわち、冊封や朝貢関係にある国との関係を、国際法的な保護国や属国などの論理を用いつつ、再定位、あるいは強化する契機がそこに生まれたのである。

清は、すでに冊封や朝貢などの従来の儀礼に基づく関係と、条約に基づく欧米諸国との関係の二つのスタンダードに基づいて対外関係を築いていたが、その両者はまったく別個に存在していたわけではなく、冊封などの関係を強化するために、万国公法の論理を援用したりした。一八八〇年代になると、清と冊封・朝貢関係を維持している国がいっそう減少し、最終的には主要国では朝鮮を残すのみとなった。清は朝鮮半島に対し、清との冊封関係を維持したまま欧米諸国と条約を締結するように勧め、朝鮮は実際にアメリカと条約を締結した。そして、一八八二年には中国朝鮮商民水陸貿易章程を締結して、朝貢にともなう貿易や国境地帯での互市だけに限定されていた交易をいわば自由化した。だが、清の商務委員に領事裁判権が認められるなど、事実上清に有利な不平等条約であった。また、清は朝鮮半島に三カ所の専管租界を有していたのである。このほか、朝鮮半島に駐兵しただけでなく、袁世凱を総理交渉通商事宜として派遣し、政治や外交全般に対する影響力を強化した。袁は、自らの立場を英語で公使 Minister などの外交官ではなく、Resident と名乗った。これは、インド帝国においてインド総督が藩王国に派遣した官吏の名称であった[岡本 二〇〇八b]。

一八九五年の下関条約で清は朝鮮との冊封関係を解消することとし、清は以後、条約に基づく諸関係へと対外関係を一本化していくことになった。朝鮮は、日清戦争以前から中立化を目指し、様々な改革を実施するが、清、露、日本の侵出の中でそれを実現できなかった。

五　一九世紀の社会変容——移民・宗教・軍事化

移民の時代

一八世紀には清の人口は二倍近くに増加し、辺縁部の開発が進められた。一九世紀前半になっても、人口増加率は低下したものの人口圧力は依然として高かった。そのころ、世界的に奴隷貿易や奴隷制度が次第に廃止されたために、東南アジアや中南米のプランテーション農場や、世界各地の鉱山において、黒人奴隷の代わりになる労働力が期待された。それに応じたのが中国人とインド人であった。

中国では、以前から存在した華南から東南アジアへの移民がいっそう活発になったが、一九世紀として特徴的だったのは欧米商人が香港や澳門、また開港場において労働者を募集し、ハワイ経由でアメリカ大陸に送りだしたことである。太平洋航路が開かれたことは一九世紀の東アジアにとっては大きな変化であったろう。その東アジアを横断した中国人労働者たちは「苦力《クーリー》」などと言われたが、この苦力貿易においては、募集条件と現実のギャップをめぐるトラブルや移送条件の劣悪さなどが、中国の開港場や香港で次第に問題視されるようになった。そのひとつの現れが、一八七〇年代初頭に横浜でおきたマリア・ルス号事件である。これは、澳門からペルーに向かう途中に修理のために横浜に寄港した同船に二百人を超える苦力がいたところ、イギリスからの要請もあって、人道的見地から日本政府が彼らを解放させた事件である。だが、一八七四年には最後の拠点であった澳門でも苦力貿易が「制度的には」禁止されるに至った。

その後、一八八〇年代になり、アメリカで中国人移民を禁じる法律ができると、移民先としては東南アジアが中心になった。清は、元来海外への移民を禁じていたが、一八六〇年の北京条約でそれを認め、一八九〇年代前半には国内法的にもそれを容認した。清は一八七〇年代半ばから東南アジアなどで華人保護のための領事館設置を検討し始める。これは、近代国家における国民保護の論理に基づく側面もあるが、同時に皇帝の徳威が拡大していくと捉えられた面もあった。移民の面でも、西洋近代的な論理が、既存の論理に接合するかたちで受容されていったのである[岡本・川島編 二〇〇九]。

東南アジアなどに移民した中国人たちは、労働に従事しながら、本国に対して送金をおこなった(僑滙《きょうわい》)。それは、華南地域の経済を支えるほどの額になっていたが、その外にも東南アジアの植民地(的)近代の産物たる建築様式や食生活など生活習慣も中国の沿岸部に流入した。そのため、中国の沿岸部には、上海などの西洋による近代や、中国の中央・地方政府が直接推進した近代建設とは異なる意味でのコロニアルな「近代」的な光景が見られたのである。

また、移民たちは当初は出稼ぎ的な短期居住者であったが、定住する者も現れ、やがて彼らは同郷・同姓組織を作るなどして本国からの移民を斡旋するようになった。東南アジアが人口希薄地域であるとはいえ、移住者の激増により、社会秩序の再調整がおこなわれた。そこには、中国人を排斥する動きもあれば、取り込もうとする動きもあった。他方、東南アジア社会各地に華人社会が形成されると、中国本国の政治状況が東南アジアに波及する側面もあり、シンガポール華僑で、プランテーションなどで成功した陳嘉庚《タンカーキー》のように本国の革命運動を支援する者もいた。他方、東南アジアの華僑たちの中には、現地の植民地臣民の資格を得たり、登録民となったりして、本国に帰国して不平等条約の条約特権を享受する者もあらわれた。治外法権を外国に与えつつも、外国人を租界などに居住させて自由な移動を禁じる清の外国人管理体制に対して、彼らの存在は大きな打撃を与えた。

なお、漢族の移民の流れは太平洋方面や東南アジアに限定されたことではなかった。一九世紀には内モンゴルなどへの移住が進んだだけでなく、山東など華北から満洲、朝鮮半島、シベリアへの移民も多く見られたのだった。

宗教と信仰

一九世紀の東アジア史を考える時、宗教や民間信仰について考慮しないわけにはいかない。現在では「迷信」とされるようなことが数多く信じられ、それが人びとを突き動かす面があったのである。宗教や信仰という西洋近代伝来の用語の訳語を使用することで説明することが相応しいかわからないが、中国であれ、イスラーム圏であれ、そのような傾向がみられた。キリスト教の浸透も、そうした社会的風潮を前提にして、既存の宗教に関連付けられることによって生じたことであると考えられる。

ジャワ中部では、一八八〇年代からある農民が始め、その名にちなんで名づけられたサミン運動と呼ばれる運動が生まれていた。文盲のサミンは、苦行を重ねてアダム教を説き始め、「うそをつくな」などといった日常的な生活規範を説いたが、納税や労役の拒否を主張した点で、植民地支配に対する非暴力的な抵抗という側面を有していたので、植民地政庁もこれに注目して取り締った［歴史学研究会編 二〇〇八］。

中国では、一九世紀後半には世界が破滅に向かっているという末劫論が流行し、それは個々人が善行を積むことによって回避できるという言説とともに、救世主が降臨して危機を救うという期待論もまた存在した。また、中秋節にその末劫が到来し、その日に救世主が降臨するという考え方も見られた。そのため、革命運動などを起こす側は中秋節に合わせてその活動をし、官憲側も中秋節前後は特に警戒したのであった［飯島・久保・村田編 二〇〇九］。

朝鮮でも、一八世紀末に清への朝貢使節に随行していた李承薫が北京でカトリックの洗礼を受けて帰国してから、南人時派を中心にカトリックが広まった。朝鮮王朝の態度は硬軟一定ではなかったが、最終的には衛正斥邪の観点からカトリックが朱子学にそぐわないとされて、李はもとより、中国人の神父であった周文謨も処刑された。このような「異端」はキリスト教だけではなく、一九世紀中ごろに崔済愚によって立てられた東学も同様であった。だが、東学も「開化」や「西学」などによる社会秩序の動揺に対して、あるべき日常生活の規範をあらためて説くことで、南部農民の間に急速に広まっていった[歴史学研究会編 二〇〇八]。

基層社会の武装化と反乱

東アジア各地では一九世紀を通じて統治が弛緩し、キリスト教の布教の影響などもあって、各地で反乱が起きていた。そのため、たとえば清などでは、治安維持のために基層社会において武装化が見られ、王朝もまたそうした基層社会の軍事力を統率する指導者に反乱の鎮圧などを委託するようになった。軍事力は指導者となる上での必要条件のひとつとなっていった。このような地域の軍事勢力は、一九世紀の後半に近代的な軍隊が育成される過程で、一部は正規軍に編入されたが、基層社会の武装化の傾向に変化はなく、清末に至って中央政府がそうした地域社会への委託方式から強力な中央集権政策へと転換すると、むしろ武装化した集団が中央政府に反発するようになった。これが辛亥革命へと至るひとつの流れとなった。

他方、台湾のような移民社会での武装化は顕著で、械闘《かいとう》という武器を手にしたさまざまな社会紛争が生じていた。その台湾では、一八七四年に日本軍が南部に上陸して現地のパイワン族と交戦して日本側がかろうじて勝利をおさめたが、以後、清の内部で海防論が起き、清が積極的に台湾経営に乗り出した。一八八〇年代には劉銘伝が鉄道敷設など積極的な開発をおこない、台湾にも省がおかれた。そして、日清戦争の結果、台湾は日本に割譲されたのだが、日本軍は台湾に上陸してから約半年をかけてようやく西部の平野部を平定した。日本統治を避けるための張之洞らの意向により、清から派遣されていた官僚が台湾社会の実力者を巻き込んで建てた台湾民主国が日本に反発したこともあるが、台湾の地域社会内部で武器をとって日本の統治開始に抵抗しようとする動きがあった。実際に清から台湾にそれほど多くの武器が送られていたわけではなく、台湾社会内部に日本軍への抵抗を試みるだけの武器があったと見ることができる。一八九五年に統治を始めた日本軍は、台湾社会の武装解除をおこなっていったが、山間部まで「平定」するにはなお一〇年前後の時間を要したのであった。

一九世紀の朝鮮半島でも、安東金氏の世道政治の下で、田政(地税)、軍政(軍役)、還政(国家による穀物貸し付けと利息回収)の三政をめぐる負担に反発した人びとがさまざまな反乱をおこしていた。

清では、白蓮教徒の反乱、太平天国の乱等が起き、それへの自衛などから基層社会の武装化が見られたが、義和団事件の後には、引き続き「正義」のための暴力は肯定され、暗殺などのテロリズムなども増加したが、他方で武器を用いない「文明的な」運動が模索され、ボイコット運動などが見られるようになった。

六　内陸アジアの変容

露清によるトルキスタン分割

東西トルキスタンをはじめとする内陸アジアは、一九世紀初頭まで多様な人的集団がそれぞれの宗教や社会規範を育みつつ、定住農耕や遊牧、あるいは商業活動をおこなった。そこは、言語的、文化的な多様な空間であったろう。清は、一八世紀に乾隆帝がジュンガル遠征をおこなって、新たな版図としての新疆を築いたが、そこには省は置かれず、現地のムスリムやモンゴル人、チベット人の有力者に統治をゆだねていた。そのため、この地域の多様性は維持されたものと思われる。

だが、ロシアが東漸し、またイギリスがインド支配を確固たるものにしてロシアの南下を警戒し、清の統治が弛緩し始めると、内陸アジアは国際政治の焦点となった。一八六二年、陝西で回民(漢人ムスリム)の反乱がおき、それが新疆のトルコ系ムスリムにも拡大した。コーカンド・ハン国の実力者であるヤークブ・ベグは、これに乗じてカシュガル方面に攻め込み、イリを除く新疆全域をほぼ支配し、東トルキスタンにおけるムスリムによる統治が回復された。

この政権は、ロシアやイギリスと外交関係を樹立したが、太平天国の乱も含めて内政に多くの問題を抱える清は直ちに対応できなかった。その後、内政が比較的安定した清であったが、一八七四年の日本の台湾出兵への対応として海防を固めるべきだとする議論に対して、ロシアの脅威を説く左宗棠が反対して塞防論を唱え、その主導の下に清は大軍を東トルキスタンに派遣して、一八七七年にヤークブ・ベグは死亡した。財政難に直面していた清は、ロシアの脅威への対応とともに、現地収入に基づく統治をおこなおうとして一八八四年に新疆省を設置した。左らは、漢族農民の移民を奨励して財政基盤としようとしたが、これには成功しなかった〔歴史学研究会編 二〇〇八〕。

西トルキスタンでは、一八七六年にコーカンド・ハン国が滅亡してフェルガナもロシア領に編入された。ロシアは西トルキスタン全域を支配下に入れたが、この地域のムスリムの統治が課題となった。ロシアの支配に対する反対運動も少なからず見られたが、クリミア・タタール出身のガスプリンスキーは、ムスリム知識人として教育改革などをとなえ、トルコ系のムスリムの共通言語であったクリミア・タタール語による新聞なども刊行して、改革運動をおこなった(ジャーディッド運動)。この運動は、ロシア人とムスリムの共存をはかろうとする側面とともに、ロシア統治下のムスリムの民族運動の基礎をなす側面もあった〔歴史学研究会編 二〇〇八〕。

なお、一八八一年のイリ条約により、東西トルキスタンの境界が露清間で確定されたが、これによってロシアが東トルキスタンにおける免税特権を獲得したので、西トルキスタンのムスリムたちも多く「東」を訪れるようになり、また「東」のムスリムも「西」の居住民たる資格を得て、特権を享受しようとした。このような交流の中で、ジャーディッド運動も東トルキスタンに伝えられるようになった。

モンゴル・チベットと清

内陸アジアでは西がムスリム、東はチベット仏教が優勢であり、清は一七世紀の形成期に大ハーン直系のモンゴルのチャハル部を従えたので、清の皇帝がモンゴルの大ハーン位を継承した。また、パミール高原の東側に広まっていたチベット仏教の指導者たるチベットのダライ・ラマの宗教権威についても、清は一七世紀後半にジュンガルと争ってその最大の庇護者となり、一八世紀にはラサに軍隊を派遣していた。だが、清の統治は比較的緩やかなものであり、とりわけモンゴル人は八旗制にも組み込まれ、さまざまな優遇措置がとられていた。また、漢人とモンゴル人の通婚やモンゴル地域への漢族の入植は禁じられていた。

一九世紀になると、モンゴルはロシアの、チベットはイギリスの侵出に直面することになった。また、一八世紀に人口が激増した清では、各省の辺縁や、内モンゴルなど藩部での開墾が実質的に進行した。清は、二〇世紀初頭になると移民政策を奨励するようになり、また光緒新政をモンゴルなどにも適用して、実質的な内地化を図ろうとした。先の清による新疆省の設置をはじめ、このような藩部への直接統治の展開は、主権国家形成という観点から見れば肯定的に評価されがちであるが、現地の側から見れば、従来認められていた統治の緩やかな部分、認められていた現地社会・文化に対する寛容さが次第に失われ、(たとえ満人の王朝とはいえ)漢人の論理がモンゴルやチベットにも適用されていく側面があった。弱肉強食のような社会進化論の議論も中国の危機感をあおった半面、漢人知識人や官僚は版図内では自らを「優者」として、国内のモンゴルやチベットなどに「劣者」を見出していった面があろう。これが、チベットやモンゴルなどを「辺境」化させ、彼らを「少数民族」と位置づけていったのである。

七　近代国家と万国公法

国境画定と近代国家

東北アジアや東南アジア大陸部の、現在の諸国家の輪郭が近世に形成されたとはいえ、明確な国境線は一九世紀に欧米との交渉の過程で引かれた。元来、東アジアの各国家間では、軍事境界線や道路管理、徴税対象の確定などのために、必要に応じて国境線が引かれてきたが、欧米との交渉の過程で、国境はひとつの線として引かれることになった。日本は、江戸時代の幕府の統治領域から拡大するかたちで、オホーツク海方面(樺太・千島)や琉球、さらに小笠原諸島なども国境線内に含みこもうとしたが、清などではロシアにより沿海州などが奪われた結果、従来の版図よりも縮小したかたちで国境線を画定することになった。東南アジア諸国でも、シャムが条約改正の過程で国境線を縮小させた。植民地となった地域では、近世国家の領域を基礎としているとはいえ、統治の必要性から境界線が引かれなおし、その境界により囲まれた地域が独立運動の単位ともなり、またその境界により居住空間を分断された民族は、そうした境界そのものを否定する運動を起こすことになった。

国境線で囲まれた領域に居住する人びとは、近代国家建設において国民として認識されるようになった。無論、ヒトの移動が活発な当時、国民の確定は困難であった。また、不平等条約が存在していたことから、東アジアに生きるひとびとは自らに有利な立場を入手すべく、多重国籍や登録などをおこなうなど、様々な地位を購入することも稀ではなかったのである。ナショナリズムは、国家への忠誠心を強調し、こうした状況に一定程度の歯止めをかけようとする動きでもあり、一九世紀末から二〇世紀初頭には国民の確定と、自国民保護のために国籍法を定める国もあったが、日本が台湾や朝鮮を植民地化し、台湾や朝鮮半島の人びとが日本国臣民となると、台湾籍民や満洲の朝鮮系住民の国籍問題などが発生し、情勢はいっそう流動的になった。

東南アジアの植民地で植民地臣民とされた人々は、宗主国本国の国民とは異なる地位に置かれつつも、中国などでは条約特権を享受でき、また同じ宗主国をもつ植民地間での移動や宗主国への留学など、地域を超える新たな関係が育まれる機会を得た面もあった。

伝統から近代へ？

このような国境や国民の確定に伴なって、各国は従来「緩やかな」統治がおこなわれていた辺縁地域に対する統治を強化し、直轄地にしていった。日本も沖縄県や北海道を設け、小笠原諸島を東京都に編入した。また、対馬や長崎、鹿児島などの対外交渉権を奪い中央政府に一元化させた。清でも、新疆や台湾に省を設けて、従来の統治の濃淡をなくし、制度的に同一色で塗っていくような、まさに国土をひとしなみに統治する主権国家原則が適用されたかのようであった。また、近代的な学校制度を設け国語教育をはじめとして国民養成をおこない、また徴兵制を施行するなどして国民としての一体感を涵養したり、あるいは海外の自国民を保護したりする姿は、まさに近世国家から近代主権国家への転換であると映るであろう。

だが、たとえば清では辺縁部への省の建設は、皇帝の徳威が版図にくまなく及ぶという解釈も可能であったし、華人の海外移民の拡大とその保護も同様であった。すなわち、前述の冊封・朝貢が万国公法の論理をかりながら補強されたように、既存の秩序観の下で現状が説明されうる状態であった。日本も外交の現場で天皇に皇帝称号を用いようとしたように、近世の漢字文化圏の論理を援用する面もあったが、基本的に自らが万国公法を理解、援用できる近代的な文明国家であることを強調しようとしていた。一八七〇年代の台湾出兵に際しての説明や、日清戦争後の陸奥宗光の『蹇蹇録《けんけんろく》』のように、清を頑迷固陋な伝統王朝として批判することもあわせて見られた。無論、清が万国公法を理解していないわけではないが、清としては、それは欧米などと交渉のための、あるいは自国の主張に根拠を与えるための論理の一つと看做しているにすぎなかった。日本は、日清戦争に際して、清と朝鮮の間の冊封関係を批判し、朝鮮が独立国となることを求める、という論理を用いた。その結果、下関条約第一条は、清が朝鮮を完全無欠の独立国家であることを認めるという内容となった。日本は自らを近代、清を伝統と位置づけることで、自己正当化をはかったのである。下関条約後の一八九七年、朝鮮は国号を大韓帝国と改め、国王は皇帝を名乗るようになった。漢字文化圏における帝国は、まさに清と対等であることを示す語であった。一八九九年、清と朝鮮は条約を締結して基本的に平等な関係となるが、清の朝鮮での租界などは維持されたのであった。

なお、辺縁への統治の強化も、国民の保護も、社会の側から見れば、国家あるいは中央政府からの干渉が強化され、裁量が失われることを示す面があった。近代国家建設にしても徳威の強化にしても、それは新たな反発を生みだす契機となる可能性を孕んでいた。

八　日本の台頭と東アジア

明治維新

一九世紀にロシアをはじめ欧米諸国から「開国」の圧力を受けていた日本であったが、一八五三年にアメリカのペリー艦隊が江戸湾に現れると、条約締結へと向かい、五〇年代の諸条約で長崎、神戸、横浜など五港を開港することとした。このような対外関係の転換は、国内政治における江戸幕府の影響力の低下とも相まって、政権の交代をうながし、一八六八年に天皇をいただく新政権が成立した(明治維新)。

明治政府は、一八七〇年代初頭に琉球に琉球藩を設置し、清との冊封関係を断絶させた上で、一八七九年に沖縄県を置いて国土に編入した。また、一八七五年にロシアと千島樺太交換条約を締結して北の国境線を画定した。国内では、富国強兵・殖産興業を掲げ、学制や徴兵制を施行して、近代的な統一国家を樹立しようとした。また、清や朝鮮とも上述のような条約を締結して、関係を再定義した。一八八九年、日本は大日本帝国憲法を発布し、その後に議会を開設した。議会開設は、条約特権を有する欧米諸国にとって圧力となり、一八九四年には治外法権が撤廃されることになった。

明治維新はアジアの成功例として後に評価されるようになるが、それは日本が日清・日露戦争に勝利して世界の大国になってからのことで、一八八〇年代などには、果たして日本のように西洋的な国家建設を進めることが正しいのか、まだ決着がついていない感があった。特に一八七〇年代の後半の西南戦争など国内の各方面からの反発や、その鎮圧のための戦費支出で財政が厳しい状態になると、清や朝鮮からも明治維新への疑義が呈されるようになった。だが、日本が日清戦争に勝利すると、清の若手官僚の中には日本モデルの立憲君主制の採用を唱える向きも強くなった。やがてアジアからの多くの留学生や視察団が日本を訪れるようになる。だが、彼らが学ぼうとしたのは「日本」というよりも、日本の接収した「西洋近代」であり、また清などでは皇帝制を維持して強国化するためのモデルとして天皇制のある立憲君主制の日本が参考にされるという側面もあった。だが、それでも日本が「アジアの近代」の一つのモデルを提供したことは確かであろう。

「アジア」の輪郭

一九世紀後半、一八六九年にスエズ運河が開通し、一八九一年にシベリア鉄道の建設が開始されるなど、東アジアは急速に世界との結びつきを強めていった。もともと、東アジア諸国がアジアという地域枠組みを意識していたわけではない。これはあくまでも欧米から与えられたものであり、一九世紀の地理書などで「亜細亜」「亜洲」などが漸く紹介されたところであった。

だが、一九世紀後半には東アジア内部からも「亜細亜」を論じる向きが出てくる。一八八一年、ハワイのカラカウア国王は世界一周旅行の途上、清と日本を訪れた。国王は、李鴻章らに対して、一八七九年の沖縄県設置で悪化していた日清関係の修復を求め、ハワイも含めたアジア諸国の団結を唱えたのであった。ハワイに対する東のアメリカからの圧力が強まる中で、西の日清に頼ろうとした行為と思われるが、アジア人の連帯を唱える点で一種のアジア主義であったと見ることもできる[歴史学研究会編 二〇〇八]。

日本でも、一九世紀後半にさまざまなアジア連帯論が現れた。興亜会、玄洋社の活動や、樽井藤吉の『大東合邦論』(一八九三年)、一八九八年に発足した東亜同文会の活動などがその例である。西洋からの圧迫観を前提としつつ、琉球をめぐる日清対立を解消しようとする試みなどを契機とする初期アジア主義は、後のアジア主義に比べれば、日本・清・朝鮮のあいだの関係を比較的対等にしようとする点で特徴がある。だが、そのアジアの範囲については、日清韓である場合と、より広い空間を想定する場合もあり、一定でなかった。

清でも、社会進化論や、白色人種と黄色人種の対決論や黄禍論を背景に、日本との連帯論などが見られた。たとえば章炳麟は、ロシアからの脅威を前提として、興亜会の活動に言及しながら日本との連帯を唱えていたのだった。

九 日清戦争と東アジア

日清戦争の意義

一八九四年から九五年に発生した日清戦争は、東アジアの国が清という大国に勝利したという点で、清の威信に大きな影響を与えた。内政面では、清の内部で「救国」への意識が高まり、戊戌変法や光緒新政につながる立憲君主制度採用への模索が始まる。康有為もまた、敗北に刺激されて政治改革(変法)のための意見書を提出したのだった。そして、対外関係の面でも、列強による租借地獲得、勢力範囲設定などにより、所謂「分割」が進行した。これは、社会進化論もあいまって、清の官僚や知識人に「瓜分《かぶん》の危機」存亡の危機を強く感じさせるようになった。清と朝鮮の間の冊封関係も、下関条約で事実上消滅することになり、清の対外関係は条約に基づく関係に一元化されることになり、以後、清は条約改正などに取り組むことになる。そして、たとえ三国干渉によって遼東半島を返還したとはいえ、下関条約によって日本が、清において列強と同様の特権を享受するようになり、東北アジアの日清韓三国間に成立していた条規や章程に基づく関係が終焉を迎えたことは、東アジア国際関係史にとって大きな変化だった。一八九七年に大韓帝国となった朝鮮と清も、一八九九年に通商条約を締結したのであった。

だが、このような結果を招来した清の敗北を、前述の陸奥の『蹇蹇録』のように、単に近代的な日本が伝統的な中国に〝当然の帰結として〟勝利したと考えることには慎重であるべきだろう。確かに日本は清と朝鮮の宗藩関係に反対し、その独立を求めてはいたが、情勢はそれほど単純ではなかった。一八八〇年代以来の朝鮮をめぐる日清対立の経緯を見れば、中立化を志向する朝鮮の意向をよそに、清は前述のように中朝商民水陸貿易章程を締結し、また総理交渉通商事宜を派遣するなどして朝鮮の内外政への影響力を行使していた。軍事面でも、清は一八七〇―八〇年代に陸海軍を増強し、東洋一の北洋艦隊を保有するに至った。一八八六年の長崎清国水兵事件に見られるように、軍事的に日本は清に対して優勢ではなかった。日本が軍備増強のために大型予算を組むのは、一八九〇年代に入ってからである。

だが、北京にいたアメリカ公使のデンビーが述べているように、日清戦争は同時代人にとっても必至とは思われていなかったようである[歴史学研究会編 二〇〇八]。実際、一八九四年に朝鮮半島で発生した東学党の乱にともなう両国の出兵をきっかけに戦争が起きるが、両国の兵が朝鮮に到着した段階では乱は収まっており、朝鮮から撤兵を要求されていた。この後、日本が朝鮮政府に内政改革を要求し、それを朝鮮政府が断ると、軍事力を用いて朝鮮政府に迫って清との水陸貿易章程などを破棄させると同時に、豊島沖などで清と戦争状態に入ったのであった。これは清にとっても予期せざる戦争であったかもしれない。

植民地帝国日本

下関条約で台湾を領有した日本は東アジアで最初の植民地を有する植民地帝国となった。琉球を一八七〇年代に国土に編入した上、下関条約締結交渉開始直前に尖閣列島の領有を事実上宣言し、また澎湖諸島を占領するなどして、日本は台湾・澎湖領有を条約締結の条件としたのだった。清は、遼東半島については三国干渉を予期しながら条約を締結したが、台湾については万国公法に基づいた現地住民による統治拒否を表現するために、台湾の士紳をまじえた台湾民主国を建てた。日本軍が台湾に上陸してからは、武器を手にした住民の抵抗が強かったものの、ほぼ半年で収束した。治外法権を撤廃しつつあった日本は、台湾を憲法が適用されない特殊な法域として本土と切り離して統治し、台湾総督に大きな権限を与えることとした。これ以後、台湾は中国本土とは異なる近代史を歩むことになる。

清で不平等条約に基づく特権を享受するようになった日本は清に対して優勢となるが、それでもなお清は「救国」意識に基づく諸改革を実施し、強国化を進めようとした。一九世紀末の段階での日本の優勢はそれほど確定的なものではなかったと考えていいだろう。清は、一八九六年にロシアと日本を仮想的とする露清密約を締結したのであった。

おわりに——東アジアの「近代」

共通体験としての近代

一九世紀後半には、交通・通信の技術革新があり、世界の一体化が急速に進んだとされている。確かに、一九世紀中ごろから普及した鋼鉄製の蒸気船が世界各地を結び、原料や製品を運び、イギリスやフランス、ドイツなどから海外への投資が活発になされた。世界各地の取引は世界の銀行となったイギリスの首都ロンドンのシティに主に集約された。また、各地で鉄道の敷設が進み、アメリカは西部のフロンティアに、ロシアは東部のシベリアへと鉄道を通じて開発を進めた。東アジアは、イギリスだけでなく、このロシアとアメリカの膨張にも直面したのである。通信の面では、一九世紀後半に電信網が世界的に整備された。中国もまた、海外とだけでなく国内各省から北京を結ぶ電信網を一九世紀末までに整備した。このような交通と通信の革新、また金融や貿易などの経済活動の活発化により、世界はいっそう強く結び付けられていた。

また、イギリスの海軍をはじめとする欧米の強力な軍事力に直面し敗北を喫したこと、そして近代的軍隊の建設が急務として認識されたこともまた、東アジアに共通した体験であったと言えるかもしれない。欧米諸国が軍事力を用いておこなった侵略や植民地支配は、多くの国が侵略され、植民地化された東アジア史にとって重要な論点である。だが、他方でイギリスの砲艦が清の開港場の安全維持に貢献したように、軍事力もまた国際公共財のひとつであった。軍事力のみならず、交通・通信、金融など、多くの分野でイギリスは国際公共財を提供したのであった。

そして、社会現象として「断髪」や「洋装化」が起きるなど、身体の西洋化が図られたことも一九世紀の特徴である。朝鮮でも一八九一年に断髪令が発布されていた。また、纏足などの習慣もまた、西洋人の眼線をかりて、「奇習」などと見做されるようになった。だが、多くの中国人留学生が中国人女性の纏足に違和感をもったのは西洋人女性を見てからではないのかもしれない。二〇世紀に留学生として日本に来た留学生たちは、若い日本人女性が、時に裸足で活発に働いているのを見て衝撃を覚えたという。東アジアの近代には、西洋と東アジアという二項対立的な関係だけでなく、東アジア域内の交流の活発化と諸関係の再編をもともない、それぞれが共通性とともに差異を見出していく過程でもあったのである。そのうち、共通性を強調する場合に、しばしば「亜細亜」が強調されたのであった。

それぞれの近代／複数の近代

東アジアでは、都市部や開港場を中心に「近代」というモード、ファッション、価値観が拡まり、共有されていった。しかし、東アジアの近代は相当に多様であった。それぞれの歴史的背景、具体的なプロセスなどに応じて、状況は多様であったのである。興味深いことに、本来なら欧米の近代自身も多様であるのだが、そちらは比較的一元化されて認識されやすかった。東北アジアでは、日本がその「欧米」から思想や制度を受容する主たるフィルターになり、主に漢字文化圏に提供したが、東南アジアでは、シャムを除いて、それぞれの宗主国の影響が大きかったものと考えられる。一元化されがちな西洋近代であっても、制度や思想、あるいは軍事であれ、東アジアの受容の仕方は多元的であった。また、その受容に際しては基層社会の価値観や言説が動員されたために、さらに複雑化することになった。そして、その東アジアの多様な近代が、域内の相互交流の中で、更に多元化したのであった。

中国の場合、それぞれの租界や租借地では、列強のそれぞれがそのスタイルを持ち込んで近代都市建設を試みた。だが、上海租界が、中国人たちが居住して発展したように、都市を活用するのは西洋人だけではなかった。また、中国の中央政府や地方政府が主導しておこなった事業や都市建設では租界や租借地とは異なる姿を呈したであろう。そして、東南の沿岸部では、華僑からの送金と東南アジアなどからもたらされる情報で、コロニアル・モダン風の意匠をこらした建築に住みながら、コーヒーを飲んで、比較的辛いものを食べるような食生活が次第に定着していった。このような、それぞれの近代が基層社会の土台の上に育まれ始めたのが一九世紀であった。

【文献一覧】

飯島渉・久保亨・村田雄二郎編 二〇〇九 『シリーズ 二〇世紀中国史 一 中華世界と近代』東京大学出版会
池端雪浦編 一九九九 『東南アジア史Ⅱ 島嶼部』山川出版社
岡本隆司 一九九九 『近代中国と海関』名古屋大学出版会
岡本隆司 二〇〇七 『馬建忠の中国近代』京都大学学術出版会
岡本隆司 二〇〇八ａ 「琉球朝貢貿易の変容(一九世紀中葉)」歴史学研究会編『世界史史料 九 帝国主義と各地の抵抗Ⅱ』岩波書店

岡本隆司 二〇〇八b 『世界のなかの日清韓関係史――交隣と属国、自主と独立』講談社
岡本隆司・川島真編 二〇〇九 『中国近代外交の胎動』東京大学出版会
川島真 二〇〇四 『中国近代外交の形成』名古屋大学出版会
川島真・服部龍二編 二〇〇七 『東アジア国際政治史』名古屋大学出版会
岸本美緒 一九九八a 『東アジアの「近世」』山川出版社(世界史リブレット一三)
岸本美緒 一九九八b 「中華帝国の繁栄」尾形勇・岸本美緒編著『中国史』山川出版社
小松久男編 二〇〇〇 『中央ユーラシア史』山川出版社
斎藤修 二〇〇八 『比較経済発展論――歴史的アプローチ』岩波書店
斎藤照子 二〇〇八 『東南アジアの農村社会』山川出版社(世界史リブレット八四)
佐藤公彦 二〇一〇 『清末のキリスト教と国際関係――太平天国から義和団・露清戦争、国民革命へ』汲古書院
信夫清三郎 一九六八 『ラッフルズ伝――イギリス近代的植民政策の形成と東洋社会』平凡社(東洋文庫)
杉原薫 一九九六 『アジア間貿易の形成と構造』ミネルヴァ書房
杉原薫 二〇〇四 「東アジアにおける勤勉革命径路の成立」『大阪大学経済学』五四―三
濱下武志 一九九〇 『近代中国の国際的契機――朝貢貿易システムと近代アジア』東京大学出版会
速水融 二〇〇三 『近世日本の経済社会』麗澤大学出版会
フランク、A・G・ 二〇〇〇 『リオリエント――アジア時代のグローバル・エコノミー』山下範久訳、藤原書店
早瀬晋三 二〇〇三 『海域イスラーム社会の歴史――ミンダナオ・エスノヒストリー』岩波書店
早瀬晋三 二〇〇九 『未完のフィリピン革命と植民地化』山川出版社(世界史リブレット一二三)
坂野正高 一九七三 『近代中国政治外交史――ヴァスコ・ダ・ガマから五四運動まで』東京大学出版会
水島司 二〇一〇 『グローバル・ヒストリー入門』山川出版社(世界史リブレット一二七)
村上衛 二〇〇九 「沿海社会と経済秩序の変容」飯島・久保・村田編『シリーズ 二〇世紀中国史 一 中華世界と近代』東京大学出版会
村上衛 二〇〇四 「一九世紀中葉、華南沿海秩序の再編――イギリス海軍と閩粤海盜」『東洋史研究』六三巻三号
吉澤誠一郎 二〇一〇 『清朝と近代世界 一九世紀』岩波書店(岩波新書)

歴史学研究会編 二〇〇八『世界史史料 九 帝国主義と各地の抵抗Ⅱ』岩波書店

Huang, Philip C. C. 1990, *The Peasant Family and Rural Development in the Yangzi Delta, 1350–1988*. Stanford, Calif: Stanford University Press.

Lin, Man-houng 2006, *China Upside Down: Currency Society, and Ideologies, 1808–1856*, Cambridge, Mass. and London: Harvard University Asia Center.

Pomeranz, Kenneth L. 2000, *The Great Divergence: China, Europe, and the Making of the Modern World Economy*, Princeton University Press.

Reid, Anthony 1988, *Southeast Asia in the Age of Commerce, 1450–1680. Vol.I: The Lands below the Winds*. New Haven: Yale University Press.

Reid, Anthony 1993, *Southeast Asia in the Age of Commerce, 1450 1680. Vol.II: Expansion and Crisis*, New Haven: Yale University Press.

トピック・コラム

アメリカと太平洋
——マシュー・モーリーとマシュー・ペリー

遠藤泰生

一九世紀におけるアメリカ合衆国(以下アメリカと略記)と太平洋の交わりを振り返るとき、探検や経済活動を通して得たこの広大な水の空間に関する断片的知識が、より体系的あるいは科学的知識へと整理されていく過程が強く印象に残る。それは、大西洋をはさんだヨーロッパを意識しながら独立建国を果たしたアメリカが、東アジアと相対する太平洋国家というもう一つの自国像を創出する過程でもあった。

アメリカにおいて太平洋に関する情報を最初に集積し始めたのは、英国からの独立で東インド会社や南海会社の規制を受けずに中国と交易ができるようになった、北東部の貿易商人たちであった。フランス革命が引き起こした社会的混乱のため英仏両国が太平洋への進出を一時的に控えたことも幸いした。一九世紀初頭には、ボストンやニューヨークを出帆したのちホーン岬経由で北米太平洋岸に到達し、周辺で取得したラッコ等の毛皮を広東で茶や磁器と交換したのち今度は喜望峰経由で帰国する、周回航路を用いた貿易が盛んになった。しかし、事大物博の中国と交易するのに足る物産が一九世紀前半のアメリカには十分になかった。そこで、中国人が興味を示す白檀や燕の巣などを求めてアメリカ船は太平洋を経めぐることとなった。これらの交易に従事した商人たちが太平洋に関する情報をアメリカに蓄積し始めたのである。

一九世紀前半に太平洋に関する情報を集積させたもう一つの集団は捕鯨業に携わる人々であった。アメリカの捕鯨船が太平洋で操業を開始したのは一九世紀転換期のことである。その後、南米沖、北米太平洋岸沖、アリューシャン列島、日本近海と操業海域を拡大し、同世紀半ばには太平洋の全域で活動を展開するようになった。太平洋を通り道として利用したに過ぎない貿易商人とは異なり、捕鯨業に携わった人々は同じ海洋を東西南北縦横に駆け巡り二次平面的にその存在を掌握していった。一八三〇年代以降、日本の東沿岸を航行中に太平洋に漂出する日本船の数が急増した。音吉や中浜万次郎、浜田彦蔵の例を思い出せばよい。そのほとんどが米国捕鯨船に救出されていた事実が同時期のアメリカ太平洋捕鯨の繁栄を物語る。

商船や捕鯨船が太平洋を行き交うようになった時代、その船と船員の安全を守る責任は海軍が担った。アメリカに正規の海軍が誕生したのは一七九四年である。ただ創設時のアメリカ海軍の規模はきわめて小さく、軍艦の総数も六隻にすぎなかった。その海軍が体系だった艦隊活動を世界に展開し始めたのは一八二〇年代のことで、二一年には西インド艦隊と太平洋艦隊が生まれている。興味深いのは、太平洋艦隊の管轄が北米太平洋岸からハワイに至る東太平洋に当初限られていたことであろう。東アジアとの交易はまだその過半が喜望峰インド洋経由で行われ、その安全を確保するのは三五年に誕生した東インド艦隊の任務とされた。後年東インド艦隊司令長官としてペリーが浦賀に入った理由はそこにある。アメリカ海軍はこのほか、太平洋海域全般に関する情報を収集する目的で大規模な探検航海を組織した。一八三八年から四二年にかけて行われた科学技術将校チャールズ・ウィルクスの率いた探検航海がその代表例となる。

　こうして蓄積された情報が一つの視点から統合されたとき、アメリカの太平洋理解は新たな段階を迎える。一八四四年から海軍の水路観測測量局長に就任したマシュー・モーリーがその扉を開いた。潮流、水深、島々の形、環礁や浅瀬の位置、観察される鯨の数など、古今東西の海に関するあらゆる情報をモーリーは収集した。古い航海記録の記載と実際に航海中の船舶から寄せられる情報をすり合わせ、世界中の海洋に関する知識の体系化を図るためである。彼が一八五五年に公刊した『海洋自然地理学』や四七年から六〇年にかけて発行した六〇種類以上のテーマ別海図にその成果が凝縮されている。商船、捕鯨船、軍艦がもたらす太平洋に関する局地的情報を他の海域に関する情報と照らし合わせながら、モーリーは相対化あるいは数値化し、著書や地図に書きつけた。このことは非常に重要な意味を持つ。世界の海洋を一続きの体系として捉え、そこに占める太平洋の自然地理学上の位置と社会地理学上の価値を把握する力をアメリカが手に入れつつあったことを、それは示唆するからである。

マシュー・モーリー(1806-1873)

　モーリーに見る海洋意識の成熟とペリー艦隊の来航とは決して無縁ではなかった。ペリーが日本の開国を渇望した理由の一つは蒸気船による太平洋貿易の開拓であった。その蒸気船を用いた貿易の経済効率を測るには、洋上の社会経済的距離を正確に把握する視点が必要となる。その点でペリーはモーリーと海を見る目を共有していた。南北戦争後アメリカは太平洋での活動をいっとき鈍らせる。しかしモーリーやペリーが獲得していた海洋意識を下地に、新興の太平洋国家として東アジア世界での存在をその後着実に拡大していくのである。

人物コラム

福沢諭吉とアジア

酒井哲哉

福沢諭吉(一八三四―一九〇一)とアジアといえば今日ほとんどの人は反射的に脱亜論を想起するだろう。福沢は一八八五年三月一六日「脱亜論」と題する『時事新報』論説において、「今日の謀を為すに、我国は隣国の開明を待《まち》て共に亜細亜を興すの猶予ある可らず、寧ろ其伍を脱して西洋の文明国と進退を共にし、其支那朝鮮に接するの法も、隣国なるが故にとて特別の会釈に及ばず、正に西洋人が之に接するの風に従て処分す可きのみ」と主張した。これを素直に読めば、福沢はここでアジア連帯を放棄して脱亜入欧路線を採ったと思うだろう。実際、条約改正によって西欧国家体系の十全な構成員となると同時にアジアの帝国主義国家として周辺地域に君臨したのが、近代日本の外交であった。従って福沢の脱亜論は、近代日本外交におけるアジア蔑視の象徴とされてきたのである。

しかし「脱亜論」の内実は見かけほど単純ではない。まず右の論説の背景には、日清間の朝鮮をめぐる権力政治的抗争がある。「脱亜論」が発表された頃には、前年の甲申事変の善後処理交渉が行われていた。この事変において福沢および福沢の門弟達が深く関与した朝鮮開化派によるクーデターは袁世凱の率いる清国軍隊によってただちに鎮圧された。「脱亜論」で示された清国への侮蔑的態度とは裏腹に、福沢が直面している現実は清国に対する完膚無き敗北であり、「脱亜論」は勝気な福沢らしい負け惜しみの表現なのである。優れた先行研究はこの点を強調してきた(坂野潤治『明治・思想の実像』創文社、一九七七年)。

さらに複雑なのは、福沢のアジア論には文明概念の位相という根本問題が横たわっていることである。西欧産の文明概念を受容したその瞬間に、西欧産の「オリエンタリズム」の負荷がかかることに明治期の知識人は敏感だった。福沢は主著『文明論之概略』(一八七五)を記すにあたって西欧の文明史を参照したが、その際アジア停滞論に陥りがちな地理決定論を極力回避し、歴史的条件の可変性を強調する理論構成を採ろうとした。福沢は西欧文明論のオリエンタリズムに敏感であったが故に西欧文明論への同化に警戒的であり、日本が国民国家として独立するための国産の文明論を「始造」したわけである。この意味で福沢の関心は、西欧的社会理論をくぐったうえで「欧化」に批判的になった陸羯南・三宅雪嶺等「国民論派」の知識人に近かったといえる(松沢弘陽『近代日本の形成と西洋経験』岩波書店、一九九三年)。

このように考えてみるならば、通常は対立するものと考えられがちな「脱亜」と「アジア主義」は、実はコインの表裏のような関係にあることがわかるだろう。アジア主義はしばしば「土着」の思想とされるが、この発想はいささか安易である。明治期のアジア主義の代表的論客とされる岡倉天心の論考が英文で発表されたことが象徴するように、アジア主義は日本の文化的自立性を主張するために西欧的教養を積んだ知識人が西欧に向けて発信した一面があるからである。現代でいえば、これは比較文学者の持つ文化ナショナリズムに感性的には近い。従って、「脱亜」と「アジア主義」を単純に対置させるのではなく、両者が共振するようなアイデンティティー構築のありかたを分析するほうが、実りある議論になるように思われる。事実近代日本外交においては、端的に「アジア主義」の主張がなされるよりも、「東西文明調和論」のように折衷的な形で「国民的使命」が語られることが遥かに多かったのである。「アジア主義」が端的に主張され始めるのは、寧ろ満州事変以降のことである。

福沢諭吉(1887年)

「脱亜論」が著名になったのは、そもそも比較的最近のことである。一九五〇年代初頭に刊行された全八巻の『福澤諭吉選集』には「脱亜論」は採録されておらず、この時点では特に重要な著作と看做されていなかったことがうかがわれる。すなわち福沢の「脱亜論」は、サンフランシスコ講和後に新たなアジアと日本の関係を模索しようとしていた当時の知識人たちによって「発見」されたテキストだったのである(『橋川文三著作集』第七巻、筑摩書房、一九八六年)。

誰もが知っているはずの「脱亜論」は戦後になって「発見」されたものであり、その「発見」は戦後日本の自己了解と密接に関連していた。このように、「伝統」に関する解釈の重層性を知ることは、歴史的思考を磨く一助となるはずである。単純な構図に収まらない系譜を探り出してくることこそが歴史を学ぶ醍醐味だからである。近代日本のアジア論のような論争的主題に対しては、とりわけそのような距離をおいた姿勢が望まれる。

通空間論題

儒教的近代としての東アジア「近世」

宮嶋博史

これまで「近世」という時代概念で理解されてきた一九世紀以前の東アジア社会を、儒教的近代という概念でとらえるべきであることを主張するのが本稿の目的である。従来の「近世」という時代区分は西欧近代を中心とした歴史像の枠内のものであることを批判したうえで、朱熹の思想の近代性、朱熹の思想ヴィジョンと中国社会との相応関係を論じる。そして明代に確立された中国社会の基本構造が現在まで持続していること、西欧的近代と儒教的近代を対等に比較する条件が近年になってはじめて成熟しはじめていること、儒教的近代のモデルを受容した一五世紀以降の朝鮮やヴェトナムも、儒教的近代という概念で理解することが必要であること、などを論じる。

はじめに

本稿の題目についてまず説明しておきたい。

本講座の編集委員会から依頼を受けたテーマは「東アジアの近世」というものであった。しかし、通常「近世」といわれる東アジアの一六世紀から一九世紀半ばまでの時期に関して、「初期近代」という概念でとらえることを主張したことがある私としては[宮嶋 二〇〇四]、与えられたテーマに関して少し躊躇するところもあったが、「東アジア近世論」を批判的に検討することで責を果たせるかと考え執筆を了承した。しかし執筆を了承して以降、私自身の考えが大きく変わり、「近世」でも「初期近代」でもなく、近代＝「儒教的近代」としてこの時期の東アジアをとらえるべきであると考えるようになった。なぜそのように考えるようになったのかは、本稿の全体を通して明らかにしていくが、最初に奇妙な題目となったことに関して、読者の了解を求めたいと思う。

一 「東アジア近世論」の問題点

一六世紀から一九世紀半ばまでの東アジアを近世という時代区分概念でとらえることが、近年の学界の傾向であるということができる。周知のように、中国史においては早くから近世という時代を設定しようとする主張が存在していた。宋代以降を近世ととらえる内藤湖南、およびそれを受け継いだ宮崎市定の議論や、唐代中期以降を early modern とするフェアバンクの主張などが、その代表的なものである[内藤 一九一四／宮崎 一九五〇／Fairbank and Reischauer 1960]。また、日本史においてもこれまた周知のように、豊臣・徳川政権期を近世とする時代区分が通説的地位を占めてきた。近年の「東アジア近世論」は、こうした中国史や日本史の時代区分の影響を受けながらも、一国史的な時代区分ではまったくないという意味において、従来の近世論とは区別される独自のものである。「東アジア近世論」をもっともまとまった形で主張し、学界に大きな影響力を与えているのは岸本美緒であると思われるので、ここでも岸本の議論を主に取りあげる。

岸本の議論は、おおよそ次のような内容から成っている〔岸本 一九九八〕。

① 一五―一六世紀を始期とし、一八―一九世紀を終末とする三〇〇年あまりの時期を一つのまとまりとしてとらえる見方が、東アジア・東南アジア史学において有力であること、そしてこの時期は、交易の急激な活発化、社会の流動化によって開幕し、ヨーロッパの本格的進出とともに幕を閉じる一サイクルの動きととらえることができること

② 一六世紀前後の変動期に台頭した諸勢力によって作り上げられた支配体制が、今日にもつながる国家の地理的・民族的枠組をつくり出したこと、そしてその中で、今日、各地域の「伝統」と考えられている生活様式や社会編成が形成されること

③ この時期は、明代初期に形成された朝貢秩序が解体しはじめる時期(一五七〇年代まで)、新興軍事勢力が成長し、朝貢秩序に挑戦する時期(一六三〇年代まで)、中国において明清交替が生じるとともに、それまでの流動的な社会状況が終息するに至る時期(一六八〇年代)、安定的な社会状況の中で、各地域に伝統社会が形成されてくる時期(一八世紀末まで)という四つの時期に小区分することができるが、東アジア・東南アジア地域はこうした膨張と収縮のリズムを共有していたこと、

以上のようにまとめることができる。そして岸本は、この時代を「近世」と呼ぶかどうかはさほど重要な問題ではない、とも述べている。こうした岸本の立場は、かつて華やかだった時代区分論のように、既知の発展コースのなかの

どこかに位置づけたり、必然的な法則を確認することによって未来を予測するのではなく、さまざまな社会の個性的なあり方を理解することによってわれわれの視野を広げ、不確実な未来に向けての構想力のヒントを得ることに歴史研究の目的があるとするスタンスによるものである。そして特に「近世」に注目するのは、世界史的衝撃を共通して受けながら、そこで取り組まれた秩序や共同性についての原理的な思考が、現在にもなお意味のある問題提起力を有しているとの判断にもとづくものであることが明言されている。

「東アジア近世論」が一国史的な時代区分を排し、しかも西欧の歴史経験を基準に東アジアを理解しようとする方法を自覚的に批判するものであることは、高く評価しなければならない。しかし同時に、従来の世界史認識に関わるパラダイム批判という面においては、大きな限界をもっていると思われる。そのことを象徴しているのが、「近世」という時代呼称である。近世という時代を設定する理由は、上にも指摘したごとく、中世とも近代とも区別される独自の個性をもった時代という認識のゆえである。このことは、古代、中世、近代という歴史の三分法に立脚しながらも、三分法ではうまく収まらないために、近世という時代を独自に設けた結果生み出されたのが近世論であることを物語っている。さらに、宮崎や岸本に見られるように西欧史にも近世という時代を設定する場合、近世は世界史的な時代区分であるということになるので、従来の世界史のとらえ方と基本的な差異がなくなってしまうのである。

近世論のさらに根本的な問題点は、近世は近代ではないというその前提にあると考えられる。つまり近世東アジアにおけるさまざまな変化を積極的に評価し、それを世界史的同時性(岸本)、あるいは世界史的先進性(宮崎)の表れと理解するとしても、それは結局は前近代なのであり、近代はやはり西欧の衝撃によって始まった、とする従来の枠組そのものは揺るがないのである。したがって東アジア近世論は現在のところ、一九世紀中葉までしか射程に入っておらず、それ以降の時期については、「伝統」が西欧近代受容の受け皿になったというだけで、近代史像そのものの再検討までには至っていないといわざるをえない。本稿は、東アジア近世論の成果を受け入れながらも、以上の問題点を克服するための方法として、これまで東アジア近世ととらえられてきた時代を近代ととらえるべきことを提唱しようとするものである。

なお私は、以前に「東アジア初期近代論」を主張したことがあるが、この点についてもひとこと言及しておかなければならない。初期近代論は、通常いわれる東アジアの「近世」と「近代」の連続性を強調することに力点をおいたものであったが、「初期近代」という言葉も、英語で表現すれば近世と同様に early modern となるしかない。さらに初期近代論を提唱した時点では、その近代である根拠、内実についてきわめて不十分なところがあったと反省している。本稿はかくして、初期近代論に対する自己批判としての意味をも有するものである。

以下、本稿で主張したいことをあらかじめまとめておくと、次の五点となる。①近代という概念は本来、現在に直結する時代という意味であり、時代区分においてもっとも核心的な意義を有するのは近代以前と近代の区分であること、②これまでのパラダイムによって中国の歴史と現在をとらえることは不可能であり、儒教的近代という新たなパラダイムによってとらえ直すべきこと、③儒教的近代の核心にある中国的近代を典型的に示すものとして、朱熹の思想の近代性を理解すべきこと、また、朱熹の思想と中国社会の諸現実が見事な対応関係を有していること、④中国的近代は明代に確立するが、その基本的構造は一九世紀以降現在にいたるまで維持されていること、⑤中国的近代の影響を深く受けた東アジア諸地域の歴史も儒教的近代という概念にもとづいて根本的に再検討しなければならないこと、以上である。そしてこうした五点を論じることによって従来の東アジア歴史像の根本的なパラダイム転換を促すことが、本稿の目的である。

二　儒教的近代について

近代という概念とその核心的意味

従来「近世」ととらえられてきた時代をなぜ近代と理解すべきなのかを論じる前に、近代というものについて予備的な考察を行っておきたい。そのことが、以下に主張する儒教的近代という概念提唱の意味を理解するうえで、助けとなると考えるからである。

今日使われている「近代」という言葉は、一九世紀末から二〇世紀にかけて、英語の modern 等の翻訳語として作られた言葉である。英語の modern という言葉はラテン語の modernus を語源としているが、modernus という言葉がはじめて登場するのは西紀五世紀の最後の一〇年間で、その意味はかつてのローマ帝国時代と区別して、キリスト教が国教化されて以降の時代、すなわち「今の時代」を指す言葉であったという[ヤウス 一九九九]。つまり modern、近代という言葉は現在、あるいは現在と直接つながる時代という意味を本来もっているのであるが、本稿の儒教的近代という概念でいう近代も、この意味で使っている。

周知のように、西欧ではルネサンス以降を新しい時代＝modern と認識するとともに、その近代は輝かしい古代＝古典古代の復活であるという歴史意識が生まれ、そこから古代、中世、近代という、歴史を三つの時代に区分して認識しようとする時代区分が成立した。したがって古代、中世、近代という三区分法は、当時の西欧の現在認識と不可分のものとして成立したのである。本稿で西欧由来の近代という概念を用いるのは、この現在に直結する時代として近代をとらえるという立場が、歴史学のもっとも根底的な存在意義を示してくれるからである。すなわち、およそ歴史という知的営みは、現在を過去からの時間ののっぺらぼうな流れの中でとらえるのでなく、現在が過去のある時点で生まれたと認識することによってはじめて成り立ちうるものである。そうでなくて、現在を過去の単なる延長ととらえるのであれば、歴史というものが存在する必要はなくなるわけである。換言すれば、歴史研究においてもっとも重要なのは、近代と近代以前を区別することであるということになる。

こうした立場に立つとき、古代、中世、近代という三分法、あるいは近世を加えた四分法を東アジアの歴史に適用するという今日の一般的な時代区分法は、根本的に再検討されなければならない。なぜならば、三分法は西欧においては現在に対する認識と不可分のものであったが、それと同じ意味で、東アジアの歴史を三つ(近世論の立場では四つ)に分けることは、どのような現在認識にもとづいているのかが改めて問われなければならないからである。しかし現在に至るまでの時代区分論は、東アジア近世論も含めて、西欧の三分法に依拠したものに過ぎないのではないのか、そうした疑問を払拭できないのである。

以下に述べる儒教的近代という概念は、単に近代と近代以前の境界に関係するだけでなく、東アジアの歴史全体をどのような現在的観点からとらえるのかという、歴史全体に関する再検討を要求する概念であることを、あらかじめ明言しておきたい。

中国理解の問題

儒教的近代という概念をここで提出するもっとも大きな動機は、中国の歴史と現在をいかにとらえることができるのかという問題と関わってである。現在の中国は経済的にも、政治・軍事的にも大国への道を進んでおり、遠くない将来、世界第一の経済大国になることが確実視されている。このこと自体は、一八世紀末までの事態への復帰として、それほど驚くべきことではない。問題は、こうした経済的飛躍にもかかわらず、中国の政治や社会のあり方がいわゆる先進諸国のそれとはきわめて異質なものであるというところにある。

これまでの理解（「近代化」論、「世界システム」論、マルクス主義等々による理解）では、近代化が進めば基本的にどの社会でも収斂現象＝同質化が生じるものとされてきた。もちろん収斂だけでなく、近代化自体が分岐＝異質化をも生み出すこと（複数の近代）についても注意が払われてきたが、現在の中国をこうした収斂と分岐という枠の中で理解することは不可能ではないのだろうか。中国自身も「現代化」のスローガンのもとに、先進諸国の制度などを受け入れることに努めているが、容易なことではないように見える。

それどころか、いわゆるグローバリゼーションが叫ばれている今日、むしろ世界の「中国化」という現象について云々される事態まで生じている。この現象は、グローバル・スタンダードの名のもとに、あらゆる中間団体（国民国家までも含めて）を解体しようとする動きが進行する中で、中間団体の不存在という特徴を一千年以上保持してきた中国的現象（この点に関しては後述）がむしろ普遍化しつつあることの反映であると考えられる。與那覇潤はこうした事態を指して、「世界がやっと中国に追いついた」とまで表現しているが〔與那覇 二〇〇八、二五頁〕、いずれにせよ、今日の中国を理解する枠組みとして、従来の諸理論では決定的に不十分であることだけは確かである。儒教的近代という概念は、何よりも、こうした中国の現状と、現在に至る歴史的過程をとらえ直すことに、最大の眼目を置いたものである。

朱熹思想の近代性

儒教的近代という概念において、そのもっとも基底的な部分に該当するものは、朱熹思想の近代的性格である。改めていうまでもなく、朱熹あるいは朱子学に関してはこれまで膨大な研究が蓄積されてきた。にもかかわらず率直にいって、私自身はこれまでの朱熹、朱子学研究に対して何か隔靴掻痒のような感じを抱き続けてきた。私がこれまで提唱してきた「小農社会論」やそれをふまえた「東アジア初期近代論」において、朱子学を、小農社会にきわめて適合的なイデオロギーであるという側面で位置づけることしかできなかったのも、朱子学に対してもうひとつ「腑におちない」ところがあったためであると、今にして反省している。

思想史を専門としない私が従来の研究に対して云々できる立場にないことは十分承知しているが、この感じの原因を突きつめると、次のような研究史の問題点が浮かび上がってくる。すなわち、従来の研究のほとんどが朱熹の思想そのものの研究というより、朱子学に関する研究であったということ、換言すれば、後の時代になって朱子学という壮大な思想体系としてまとめられたものをもって、朱熹の思想ととらえ、それを分析する方法が取られてきたことがその問題点である。しかし垣内景子や木下鉄矢が述べているように〔垣内 二〇〇五、一五五頁／木下 一九九九、九頁〕朱熹は決して朱子学者ではなかったのであり、朱熹自身の思想的営みを、彼が生きた現実との関わりの中で把握するという努力は、意外なほど行われてこなかったのではないだろうか。

こうした中にあって私がここで注目したいのは、木下鉄矢の研究である。木下の朱熹研究は『朱熹再読』と『朱子学の位置』などにまとめられているが、その主張の核心的部分と私が考えるのは、社倉運営の経験に関する分析と、その経験が朱熹思想の画期的転換と密接に結びついているという部分である。少し長くなるが重要であるので、木下自身の文章を引用する。

魏元履の線に沿う限り、そこに備蓄される穀実は「里の名士」が「常平使者」に掛け合って得た「官米」であり、その限り、その施設はあくまでも「国家・皇帝」という保護者からの一方的な「恵み」配分の施設として機能し、したがって民の中に自立的なその運用に応じる倫理的意志があることを前提とはしないし、またそのような意志を育てもしない。すなわち「民間」という公共空間を魏元履の施設は切り開かないのである。

ここでは古来の言説に見る如く、民は「恵み」を文字通り有り難い僥倖として消費するだけの存在である。一方、朱熹の「社倉」では、一年単位、夏・冬のリズムで、貸し出し・償還が行われる。飢饉に備える収蔵・

備蓄の施設としてではなく、それはむしろ当地の生計を底支えする「協同融資組合」システムとして機能する。朱熹の言に、「社倉」は「市井惰游の輩」ではなく、「深山長谷に力穡・遠輸するの民」にかかる施設だと云い、また「山谷の細民、蓋蔵の積む無ければ」とも云うから、まさに当地の、たびたび襲い来る凶年にも耐え、投げ出すことなく稼穡に当たり、その生計を維持しようと日々に辛苦している「細民」こそが「社倉」の行う貸し出し・償還の宛てであった。「細民」の側から見るなら、自分たちの借り出し、そして償還が、この施設を支え、逆に翌年の自分たちの生計を支える「もとで」にもなって行くのであるから、きちんと償還するということは、自身の生計を含む地域諸世帯の生計への相互扶助的な責務でもあると意識されることになろう。このような経路を通じて、当地の世間に、日常的な、生活現場に直結した相互信頼、その相互信頼に応えんとする倫理的意志を育て、そこに「民間」という公共空間が実をもって息づき始めるのである。〔中略〕

　逆しまに言うならば、「社倉」が成功するのは、そのような倫理的意志が当地の世間にすでに潜在し発露する限りにおいてであろう。乾道戊子（四年。一一六八）の冬、「民、粟を以て官に償わんと願い、里中の民家に貯え、将に輦載して以て有司に帰さんと議す」なる事件に出会う中で、朱熹は眼前の具体として生起し示されたその「民」にある潜在的可能性に触れ、「社倉」創設の基礎となる手応えを得たのではないだろうか〔木下 二〇〇七、五四三―四四頁〕。

朱熹の社倉がもつ画期的な意義をこのようにとらえたうえで、木下はその画期性を、「物権」意識の世界に対置して現れる「債権」意識の世界の新しさである、と解釈している。そしてこうした社倉運営の中で朱熹が感じた「手応え」が、朱熹のいわゆる「定論確立」の時期と重なっていることに注目しながら、次のような理解が示される。

　「債権」のセンスは、貸し方、借り方、双方に、みずからの物権のうちにある物資を他方へ「動かす」ことを義務として課す。物権のうちに取り込んで固着してしまうのではなく、その物権意識を打破して物資を双務的に他方に「動かす」という意志の励起にこそ債権意識のキーポイントがある。その限り、空間的にも、時間的にも、物資の物権的所在が端的に動的である意識世界を展開していく。〔中略〕「社倉」について以上の如くまとめるならば、その経営ヴィジョンが、「天理流行」を基底事実と観じ、「感応（自己感応・対他感応）」を基礎に、世界を、そして人の「心」を「変易（化）の場」として捉え切る朱熹の哲学的ヴィジョン、また「私欲」への取り込みを打破する意志を励起し続けよと説く朱熹の倫理ヴィジョンと通底することは明らかであろう。〔中略〕

興味深いのは、崇安県における朱熹の「社倉」創設に到る経験の進行時期が、所謂「定論確立」なる語でよく知られる朱熹の思想の画期的な転轍の時期と重なっていることである。〔中略〕〔「定論確立」以前の〕「旧説」では「動き」の世界は「已発」に限られ、「未発」は「動き」の世界からは隔絶した、「未だ嘗て発したことのない」、つまり「動き」の世界へと開いたことのない、こちらには窺うことが遮断されている、いわば聖別されているテリトリーである。「新説」は、この「未発」という閉ざされていた聖域を「生生流行・一動一静」という止まらざる「感応」進行の「動き」へと組み入れ、開くのである〔木下 二〇〇七、五四六―四九頁〕。

木下は、以上のような社倉創設に至る中で朱熹が感じた「手応え」と、「已発」「未発」に関する理解の変更とが密接に結びついていることを指摘しながら、「朱子学はここに胚胎したと覚しい」と述べて、この時点を「朱子学」形成へと結果する朱熹思想の画期的転換点であるとしている。以上のような木下の朱子理解は、これまでの理解、たとえば丸山眞男のそれなどとは一八〇度異なるものであり、動態的世界を前提にして、そこに強靭な意志をもって立ち向かう朱熹の像である。

それでは、朱熹のこうした思想的転換は、どのような現実認識にもとづいていたのであろうか。木下はそれを、中国の現実に対するきわめて深刻な危機意識であったと見ている。すなわち、元豊四年（一〇八一）の対西夏戦での敗北を受けての程氏兄弟のうちのどちらかの発言を引きながら〔木下　一九九九、三四九―五〇頁〕、そうした現実に対して程伊川、さらには朱熹がどのように立ち向かおうとしたのかについて、木下は次のように述べている。

自らの属する集団、「夷狄」に対する「中国」なる集団が、嘗てのタガをはめられた各単位集団の集体としての堅固さを失い、渺茫と広がり制御不可能に揺れ動く得体の知れないものとなり、人々も自らの属する集団＝「中国」の命運に関与する気もなく傍観者を決め込んでいるような状態に対し、「祖を知る」という人の人たるレーゾン・デートルを根底において「家族」という単位集団のタガを改めて立て直し、人々に「義理」「礼儀」を知らしめる、という方策である。その具体的な作業として伊川は「家礼」を作ろうとしているのである。

この「家礼」を作ろうという方向がやがて朱熹の「家礼」につながって行くことは言うまでもないが、その朱熹も含めて、〔中略〕自身の属する「中国」なる集団の現状についての深刻な認識がその作業の基礎を為す危機意識となっていることを見逃すわけには行かない〔木下　一九九九、三五一―五二頁〕。

このような木下の理解を私なりに解釈すると、「タガを締めてあった」かつての封建制の時代が、「タガがはずれた」郡県制に変わったことが危機の根本的原因であり、それを立て直すことが、程氏兄弟や朱熹の課題であったこと、その立て直しの一歩として「家礼」の編纂とその実践が位置づけられていた、ということであろう。そしてここで注意しなければならないのは、朱熹のその「立て直し」の方向が、かつての封建の時代に復帰することによって果たそうとするものでは決してなかったことである。

周知のように、中国ではその体制のあり方が議論されるとき、「郡県」と「封建」という枠組みの中で議論することが永く行われてきた。秦漢帝国以後の「郡県制」とそれ以前の「封建制」のどちらが優れているかという議論であるが、儒教では理想的な時代とされる三代が「封建制」の時代であったにもかかわらず、朱熹も含めて、「郡県制」

を肯定したうえでの議論が圧倒的に優勢であった[張・園田 二〇〇六]。これは「封建」時代のように共同体を基礎とした社会編成に対する根深い拒否感にもとづくものであったと考えられる。朱熹は「家礼」を編纂して、社会秩序の根幹に家のまとまりを据えようとしたが、しかし「家礼」で想定されている家は、高祖を共有する小さな集団であり、明代以降に形成されはじめる宗族のような大規模な父系血縁集団が想定されていたわけではなかった。

程伊川や朱熹が家礼を重視するもうひとつの要因として木下が重視しているのは、母権的な意識による政治の混乱という問題である。すなわち彼らは、唐代から宋代にかけて中央政界でひき起こされた政争の多くが皇帝位をめぐるものであり、その原因が女性の政治関与にあったとみて、そうした母権的な意識を打破して、父権的な意識の楔を打ち込もうとしたのであり、その現われが父系血縁の重視であったということである(1)。母—子という自然的な関係にもたれかかる意識を打破して、父—子という意志的な関係を基礎に社会秩序を構想しようとしたわけであるが、こうした木下の理解も、これまでの儒教や朱子学に対する通説的理解を根本から覆すものである。

従来は、儒教、朱子学が父子関係をあらゆる人間関係の基礎においていることに対して、父と子の関係を自然なものとみなす理解が支配的であった。しかしそうではなく、母と子の関係こそが自然なものであり、父と子の関係は意志的な関係であること、したがって朱熹たちが父—子の関係を基礎に社会秩序を構想したのは、社倉の場合と同様に強い意志的関係の基点と考えたからである、というのが木下の理解である。私なりに換言すれば、従来儒教や朱子学の前近代性の象徴のようにみなされてきた父系血縁の重視、女性の軽視という性格は、儒教的近代そのものの産物であるというべきであろう。

以上述べたように、朱熹が目指した方向は木下が明確に指摘しているように、「債権」的な感覚を基礎に民間に「公共空間」を生み出すことを志向するものであり、社会の動的ダイナミズムを受け入れた上で秩序形成を行おうとするものであった。そしてここにこそ、朱熹思想の近代性のポイントがあると考えられる。

朱熹の思想ヴィジョンと中国社会の共鳴関係

朱熹の思想を近代的なものと見ようとする本稿の立場は、その思想ヴィジョンにある近代性によるものであるだけでなく、彼の描く社会のイメージが、明清時代中国社会の現実ときわめて相即的であることにもよる。これまで明清代の中国について膨大な研究が蓄積されてきたが、そこで描かれているのは、西欧の近代を基準とした場合、前近代的とも近代的とも判断することのできない独特の社会と国家のあり方である。こうした中国社会のありかたは、一九世紀以降西欧に関する知識が流入するなかで、西欧社会と対比される中国社会の独特の性格として自覚されるようになる。その端的な例として、費孝通と梁漱溟の中国社会理解をあげることができる。

中国における社会人類学の開拓者である費孝通は、西洋の社会が団体構造(団体格局)であるのに対して中国の社会は序列構造(差序格局)であるとしている[岸本・宮嶋 二〇〇八、四六九―七二頁]。団体構造というのは、明確に範囲が区切られた各層の団体から構成される社会で、そこでは家族から国家に至るまで、同じ構造をもった団体の集積体として社会が成り立っている。それに対して中国では、家族からしてその範囲と構成員は伸縮自在であり、自己を中心としたネットワークのつながりとして、社会が存在している。

団体の中の大概の構成分子が平面の上に立っているようではなく、あたかも水の波紋のように一度推し広がると、ますます遠くへと推し広がり、薄くなっていくようなものである。ここでわれわれは中国における社会構造の基本的特性に出会うのである。人倫は我が儒家が最も重んじているものであるが、倫とは何であろうか。わたしの解釈では、即ち、自分から推し広げていったものと自分が結んだ社会関係とが一群の人の間に生まれ巡ってゆく波紋の序列のことである[費 二〇〇一、二三頁]。

また、一九三〇年代に郷村建設運動を展開した梁漱溟も、中国郷村の実態にふれるなかで、西欧を集団社会、中国を倫理社会とする、費と似通った理解を提示している。梁のいう倫理社会とは、海部岳裕によれば、「社会を構成する各人が四方に伸びる雑多な倫理関係に対して義務を負い、彼と倫理関係を持つ人々も同様の義務を彼に対して負うという、互いに尽くすべき義務の関係のネットワーク」である[海部 二〇一〇、二〇〇頁]。費や梁が中国社会の中に見てとっている秩序のありかたは、朱熹が民間社会に対して抱いた可能性を現実化したものと見られるのであり、朱熹の時代にはまだ端緒的なものであった社会の秩序化が、朱熹以降進展していったものということができよう。

西欧社会と対比した中国社会の独自性を端的に示すものとして、「法」のありかたの問題を指摘することができる。中国明清代の法制史研究者である寺田浩明は、主に清代を念頭におきながら、中国における「法」というもののあり方を論じているが、その内容を要約すると以下のようにまとめることができる[寺田 二〇〇八]。「伝統」中国の民事裁判は当事者に「情理にかなった解決」を与えることを目的として営まれていたが、個別の紛争ごとに事情は千差万別であるので、何が「情理にかなった解決」であるのかは、事案ごとに無限に異ならざるをえない。それは裁く主体によってその都度考え出され、また語られるほかはないが、だからといってその解決が裁く主体の恣意にまかせられていたわけではない。人々はどの事案に対しても「誰もが認める一つの正しさ」＝天下の公論というものがあるはずだと考えていたようであり、裁判で求められるのはそうした天下の公論であって、裁定者の恣意ではなかった。

つまりここでは、なるほど対象の扱い方・判断の内容に即して言えば無限に「個別主義的」な考え方が取られるが、その判断の社会的共有の側面について言えば、今度は、個別の事案それぞれ毎に天下の誰もが認める一つの正しさ＝公論が存在し、正しい裁きではそれが語られる、というとてつもなく「普遍主義的」な想定が懐かれているのである。そして、こうした普遍主義的な要素こそが、現実には単なる一個人の口から無前提的に出て来る個別主義的な判断を、社会全体が共通して懐く当否正義に関する判断、即ち「法」たらしめているのだと言うこともできる[寺田 二〇〇八、五八四―八五頁]。

寺田が述べている普遍主義的な公論と個別主義的な事案ごとの情理にかなった解決という構図は、伊川、あるいはそれを継承した朱熹の「理一分殊」を彷彿とさせるものであるが、寺田はさらに次のように論じている。すなわち、こうした公論願望の受け皿として地方官から皇帝にまでいたる官僚機構が存在したのであり、まずはその地方に一人しかいない科挙官僚に打官司(裁判に訴えること)する。地方官の判決に不服があればさらに上級の官に訴えるが、こうした官僚機構の最上位に皇帝が位置している。しかし皇帝に関しても公論を語り損ねてばかりいると、別の主体が現れて現皇帝に代わって天命を受けるという「革命」の論理までが準備されているので、皇帝の地位といえどもそこでは天然自明の所与ではない、と。

ここに描かれている「法」のあり方は、西欧的な「法」とは異質な、したがって西欧的な観点を基準にして前近代的とか近代的と判断すること自体が不可能なものである〔季 一九九九〕。したがって一九世紀末以降、現在に至るまで、中国においても西欧的な法の導入がはかられてはきたが、十分な成果をいまだにあげることができていない、という状況も、ある意味では当然のことであると思われる。そして西欧的な「法」のあり方自体の限界が強く意識されるようになったポストモダン的状況の中で、(2) むしろ中国的な「法」のあり方が注目されるようになっているのが現状であるといえよう。

同様のことは、たとえば黒田明伸が描く中国貨幣のあり方にもよく現れている。中国の貨幣制度に作用している基本的力学を、「空間的画一性と時系列的一貫性を維持しようとする王朝側の動機と、地域的多様性と状況に依存した可変性を志向する社会の側の動機との引き合い」と見て、「自律的な個別性と他律的な統一性、この一見矛盾する二つのベクトルの妙なる統合」に中国貨幣の特質を求めようとする黒田の理解は、寺田が描く中国「法」のあり方ときわめて相即的である。ここで黒田がいっている社会の側の「自律的な個別性」とは、地域流動性(ある空間的まとまりにおける在庫の販売可能性を実現するものの総体、黒田はこの地域流動性こそ、あらゆる貨幣制度の基底にあるものとしている)を、「自律的な秩序にまかせながら現地通貨を創出」することで確保しようとした事態のことである。これに対して、西欧では地域流動性が「他律的な秩序に依りながら、貨幣使用を信用取引などに代替して節約」することで確保されたというのが黒田の主張であるが、こうした理解は、費孝通や梁漱冥の中国社会理解と通底するものである[黒田 二〇〇三]。

明清代中国社会のポストモダン的な状況をよく示すもうひとつの例として、土地所有のあり方をあげることができる。明清時代の「所有」のあり方について、岸本美緒は次のように論じている[岸本 二〇〇四]。明清代の中国において人々が所有するのは対象物そのものであるのか、それともそれとは別の観念で表すべきものなのかと問うとき、参照すべき議論として寺田浩明の「業」論がある。寺田によれば、明清代の土地法秩序において取引の対象となっているのは、実体としての土地ではなく経営収益の対象としての土地(「業」)であり、同じ土地の上に複数の単位化した収益行為が安定的に成立し、それぞれが独自に取引されると、一田に複数の「業主」が存在しうる。

一つの土地の上に様々な「所有」の重なり合う、こうした状態は、近代的な一元的所有権の成立する以前の封建制度下の「重層的所有権」といったものを想起させるかもしれない。固定的身分制度と結合したこうした「重層的所有権」は、上級所有権をもつ領主と下級所有権をもつ農民との双方にとって、自由な経済活動を阻害する桎梏となったと考えられているといってよいだろう。しかし留意すべきは、中国におけるこのような所有権の重層性は、所有者の自由な経済活動に規制を加えるというよりはむしろ、「人民ハ自由ニ如何ナル内容ヲ有スル契約ト雖モ之ヲ締結スルヲ得タルガ故ニ種々ナル私法的関係ノ存在スルヲ見ル」(『台湾私法』)と言われる如き「自由」な民間慣行の中で展開してきたものだ、ということである。土地そのものに対する排他的な所有権観念の不存在は、土地の上に成立する様々な収益行為が処分可能な単位として転々と売買される、流動的な土地市場を生み出す。そしてその流動性が特に社会問題を起こさない限りは、人々の「自由」な契約関係は政府によっておお

むね容認されていたのである。〔中略〕

所有とは、人と物との関係であると同時に、人―物関係をどのように相互に調整するか、という人―人関係の問題であるが、中国におけるそうした人―人関係は、自己所有する平等な諸個人間の関係というよりは、開放的に広がる人倫関係の網の目のなかの人間相互の関係である。誰もがその網から自由ではありえない。あるいは強く、あるいは弱く他者からの制約を受けながら、同時にその範囲内で相当に自由な活動が行われ、その活動は「よき秩序」をめざして「全面的な視野から人間関係を調整する」官・民の営みによって支えられていた〔岸本二〇〇四、二九―三〇頁〕。

ここで描かれている「所有」のあり方は、木下が指摘する「債権」的意識と通底するものである。すなわち、所有対象を「物権」として取り込んでしまうのではなくて、土地から得られる収益をできるだけ多くの人が享有できるようにするために、一つの土地に対して複数の「業主」が存在し、それらは基本的に対等な立場に立つのである。

中国におけるこうした土地に対する権利のあり方は、一九世紀末以降、日本が中国の領域内にあった地域を支配するようになり、そこで「近代的」土地所有の制度を導入する際に大きな問題となった。つまり、「近代的」土地制度が確立するためには一物一主の原則に従って、一つの土地の所有者は一人と決めなければならないわけであるが、「業」という存在がそれと抵触したのである。岸本が引用している『台湾私法』は、日本が台湾を植民地として支配することになったことをふまえて、台湾における旧慣、法のあり方などを調査した結果をまとめたものであるが、そこでもこうした「業」のあり方が問題とされたのである〔西 二〇〇九〕。そして以後も、「関東洲」や「満洲国」など、日本の支配地域が拡大する中で、同様の問題に直面したのであるが、日本の基本的な方針は、「業」的な土地関係を前近代的で不合理なものととらえ、一地一主の原則にもとづいて所有者を決定し、それに排他的な所有権を認めるというものであった。

こうした方針にもとづいて日本は、「近代的」土地所有制度を強引に確立しようとしたのであるが、そこではさまざまな問題が惹起された[江夏 一九八七・一九九六]。「業」のあり方が希少な土地をできる限り多くの人が利用できるようにすることを目的として形成されたものであったから、「近代的」土地所有制度はそれを阻害し、土地資源の利用という面ではむしろマイナスの要因として作用したからであった。

こうした現象は、西欧的近代というものに対する認識の再検討を要請するものである。すなわち、西欧の近代は、通常イメージされているように、共同体を解体して個人を析出する過程として理解されるべきではなく、むしろ共同体を基礎にして構築されたものと理解されなければならないということである。それに対して中国は宋代以来、共同体に依拠することなしに社会をいかに構成しうるかという課題に千年以上取り組んできた経験を有しており、「業」のあり方はこうした課題に対する優れた対応策だったのである。むしろ、西欧や日本においては「近代的」土地所有権がその所有権の排他性(木下がいう物権的意識の産物である)ゆえに多くの社会的問題を惹き起こす中で、所有権に対する社会的制約を課すようになる過程で形成されてくる「現代的」土地所有制度を先取りしていたものとして「業」をとらえることができるのであり、もともとポストモダンだったということになる。

中国理解の新しいパラダイムと「近代」中国理解

これまで「伝統」時代と理解されてきたアヘン戦争以前の中国を、近代という概念で理解すべきであるという本稿の主張は、以上に述べたような中国社会のあり方の問題とともに、もう一つ、中国を取り巻く国際関係の面に関する問題をも含むものであるが、ここでは紙数の関係上、この問題に関しては捨象せざるをえない。私の理解の基本的な部分だけを述べておけば、南宋末における朱熹の登場、モンゴル帝国という超広域的かつ超開放的な体制の成立を経て、その超開放性に対する反動として成立する明王朝の成立を中国における近代の成立ととらえる、ということであり、国際関係においても、ポストモンゴル時代は、それ以前とは質的に異なるものになったと理解している[杉山 二〇〇八]。これらのことについては、別の機会に論じることにしたいが、中国近代に関する以上の理解を前提にして、従来の時代区分による「近代」以降の中国に対して、ひとこと言及しておきたい。

アヘン戦争以後の中国では、洋務運動にはじまって、現在の改革・開放政策に至るまで、西欧の思想や科学・技術、国家と社会の体制を受容して自身を変革しようとする動きが絶えることなく続いてきた。しかし一五〇年に近い努力にもかかわらず、それはいまだに未完のものと認識されている。こうした認識は、アヘン戦争以前の中国を、前近代、伝統時代、封建専制時代、等々のさまざまな名称の違いこそあれ、西欧よりも遅れた社会とする認識にもとづくものであった。

しかし、本稿の立場のように、明代以降を近代ととらえ、西欧の近代と対等のものと理解するならば、「近代」中国に関してもまったく異なる像を描くことができる。中国における西欧近代の受容がかくも困難であったのは、中国が遅れていたからでは決してなく、中国には別の近代がすでに存在していたのであり、共同体等の中間団体の存在を否定した中国の近代が、共同体を基礎とした西欧近代を受け入れることができなかったのだということになる。そして、西欧近代がグローバリゼーションの理念のもと、一切の中間団体、さらには国民国家さえもが否定されようとする事態が進展する中で、裸の個人を基礎として社会秩序をいかに形成するかが課題として意識されるようになるにつれて、実はこの課題が、中国が千年以上格闘してきた課題であったことが気づかれるに至ったと見ることができる。もちろん、中国がこの課題を解決したということはできないのであり、西欧起源の制度、法など、多方面にわたる西欧受容の努力が必要であることは言をまたないが、他方、欧米や日本などの諸国も中国の歴史経験から学ぶことが切実な現代的課題として提起されているわけである。そうした意味において、近年になってはじめて、中国的な近代と西欧的な近代の間に対等な議論が成り立つ状況が形成されつつあるのではないだろうか。

三　東アジアの儒教的近代

以上のように中国を理解するとき、従来「近世」ととらえられてきた時代の東アジアについても、やはり近代という立場からとらえ直すことが必要になる。なぜならば、中国で近代が成立する明代初期は、朝鮮やベトナムでも朱子学を理念とする国家体制の確立が目指されたからである。東アジアの儒教的近代に関しては、これまた紙数の関係で、ここでは概略的に述べざるをえない。

東アジアの儒教的近代という問題を考える際には、二つの観点から考察する必要があると思われる。その一つは、先に木下の議論によりながら述べた朱熹の思想が、中国以外の地域でどのような思想として受容されたかという問題である。朱熹が目撃していた現実は、あくまでも中国の現実であり、したがって、中国でない地域の人間が朱熹の思想、あるいは朱子学を受容しようとするとき、中国の現実との関係の中でその思想を理解することは、最初から不可能なことであった。特に、朱熹思想の根底にある「債権」的な社会関係に関する感覚が現実的なものでなかった社会に生きる人が、朱熹のこの感覚を理解しうるのは無理であったといわねばならない。

このことは、朝鮮やベトナムのごとく、朱子学を外来思想として受容した場合に限られる問題ではなく、もしかすると、中国においても同様の問題があった可能性がある。朱熹の思想が朱子学として体系化されていく過程において、朱熹の現実感覚が後世の人たちにどこまで共有されたのかは、別に吟味しなければならない問題であるからである。むしろ、きわめて動態的なものであった朱熹の思想ヴィジョンが、朱子学という体系的な思想として整理されるなかで静態的なものと変じ、そのゆえに明代になって国家理念としての地位を獲得することが可能になった、とも考えられるのではないだろうか。そういう意味では、朱熹以降の中国思想史は、朱子学を批判することで実は朱熹が本来主張していたことを再確認していく過程であったともみることができよう(3)。

そのことはさておき、中国のように市場経済の高度な発達という条件を欠いていた他の東アジア地域において、朱熹思想の動態的側面が気づかれず、その朱子学としての体系性が主として注目されるとしたら、そこから構想される社会のイメージはまったく異なるものとなるであろう。それは過去の問題であるだけでなく、たとえば丸山眞男の朱子学理解にその典型的な例をみることができる(4)。したがって、東アジアの儒教的近代の問題を考える際には、朱熹、あるいは朱子学のどういう側面が受容されたのかということを基準にして、中国も含めて比較検討することが必要であろう。「債権」的意識の問題は、その比較においてポイントとなるであろう。

この問題が、朱熹思想の受容されにくい部分であったとすれば、もう一つの問題は、それにもかかわらず朱子学が受容されることによって、近代として理解されなければならない現象が東アジア規模で生じることになった、という問題である。特に、科挙制度の導入と、科挙官僚による官僚制的国家体制をとった朝鮮やベトナムにおいてこうした現象が顕著に現れた。

このような二つの側面から東アジアの儒教的近代をとらえる場合にどのような歴史像を描くことができるのかに関しては別の機会に譲らざるをえないが、朝鮮時代の科挙のあり方、それと深く結びついた両班の存在様式、さらには身分制の独特の様相、土地所有と身分との分離などに関しては、これまでにもある程度私の見解を述べたことがある[宮嶋 二〇〇三・二〇〇六・二〇〇七・二〇〇八]。また、木下のいう「債権」的意識の問題と関わっては、朝鮮時代、特にその後期になって無数といっていいほどに結成された多様な「契」という組織の存在などが、とても気にかかるところである。

科挙制度や官僚制的な支配体制の受容は行われなかった日本ではあるが、やはり日本に関しても東アジアの儒教的近代という視点から検討されるべき課題が多数存在するものと思われる。つとに宮崎市定が指摘したことがあるように、「日本中世における近世的要素」、あるいは「中世的近世」という問題がそれである〔宮崎 一九八七〕。私は宮崎のように、日本の一国史的時代区分には賛成しないが、この指摘はその後の日本史研究において本格的に検討されてこなかったのではないだろうか。

儒教的近代という立場から東アジアの歴史をとらえるとすれば、一九世紀以降の従来の「近現代史」に関しても、中国の場合と同様に再検討しなければならない。たとえば朝鮮史に関していえば、その「近現代史」は儒教的近代という歴史的土台の上に、日本を通じた西欧的近代の深い影響を受け、さらに一九四五年以後、西欧的近代の変型(あるいは新たな段階?)としての米国的近代の影響を受けた歴史であると理解されなければならないことになる(そこに北朝鮮を含めれば、ソ連型近代の影響をも受けたというべきか)。同様のことは、ベトナムや琉球・沖縄についてもいえることである。従来は否定的に評価されてきたこうした歴史的経験が、二一世紀の今日においてはむしろ積極的な意味をもちうる経験と見直すことが必要であろうし、そうした経験をもたない、あるいは部分的にしか経験しなかった日本の困難さをもあわせて考えなければならないであろう。

おわりに

本稿で試論的に提示した儒教的近代という概念と同様に、イスラーム的近代という概念も成立しうると私は考えている。さらにインド的等々、他の近代概念も成立するかも知れないが、いずれにせよそうした多様な近代概念を検討するなかで、西欧的近代というものが相対化されなければならない。そうした多様な近代概念が並存しているのが現在の状況であるとすれば、そこから近代を超える新たな理念と、その理念にもとづく社会を構想しうるのか否かに人類の未来はかかっているのではないか。

本稿が『東アジア近現代通史』と銘うった講座の論稿としてはきわめて居座りの悪い論文であることは十分に自覚しているが、もしも近い将来に同様の企画が立てられるとすれば、その時には一四、一五世紀までさかのぼって東アジアの近現代史が描かれるであろうことを希望して、本稿を終えることにしたい。

(1) 木下は孔子における父系重視の立場と、なぜそうしなければならなかったのかという問題について、牟潤孫(明清史研究家)の研究を引きながら論じている[木下 二〇〇七、二八五—八八頁]。孔子や朱熹における父系重視の問題、さらには儒教、東アジアにおけるジェンダー問題を考えるうえで、きわめて重要な指摘であると考える。

(2) 村上淳一はポストモダンの法秩序について次のように述べている。「いまや、社会秩序は、一時的に、多様化する価値と生活スタイルの混沌のなかからの析出物として成り立ちうるにすぎない。平衡状態は、達成されたと見えても直ちに崩れ、新たな析出を待つほかはない。安定した生活世界の倫理性に立ち返ることは、欧米諸国では——とくに、さまざまのエスニックな要素を抱えることによって——すでに不可能になっている」[村上 一九九七、一八〇頁]、と。この言葉と、寺田が描く「伝統」中国における法のあり方は、きわめて近いものがある。

(3) その一例として木下は、王陽明の場合をあげている。すなわち、陽明は『大学』の「格物致知」という言葉について、この「物」は「事」の意味であるとしている朱熹の理解を無視したまま、朱熹を批判したが、その誤解のゆえにかえって朱熹の思索の継承者としての意味をもちえたのではないかとしている[木下 二〇〇九a、第七章]。

(4) 日本の朱子学理解に大きな影響を与えたと思われる丸山と司馬遼太郎について、木下はこの二人が朱熹の「社倉記」を一度も読んだことがないのだろうか、と疑問を呈している[木下 二〇〇九b、二—三頁]。

【文献一覧】

江夏由樹 一九八七 「関東都督府、及び関東庁の土地調査事業について——伝統的土地慣習法を廃棄する試みとその失敗」『一橋論叢』九七—三

江夏由樹 一九九六 「満州国の地籍整理事業について——「満蒙」と「皇産」の問題からみる」『一橋大学研究年報経済学研究』三七号

海部岳裕 二〇一〇 「梁漱溟の理」東京大学東洋文化研究所『東洋文化』九〇号
垣内景子 二〇〇五 『「心」と「理」をめぐる朱熹思想構造の研究』汲古書院
季衛東 一九九九 『超近代の法――中国法秩序の深層構造』ミネルヴァ書房
岸本美緒 一九九八 「東アジア・東南アジア伝統社会の形成」『岩波講座世界歴史 一三』岩波書店
岸本美緒 二〇〇四 「土地を売ること、人を売ること――「所有」をめぐる比較の試み」三浦徹・岸本美緒・関本照夫編『比較史のアジア――所有・契約・市場・公正』東京大学出版会
岸本美緒・宮嶋博史 二〇〇八 『世界の歴史 一二 明清と李朝の時代』中公文庫
木下鉄矢 一九九九 『朱熹再読――朱子学理解への一序説』研文出版
木下鉄矢 二〇〇七 『朱子学の位置』知泉書館
木下鉄矢 二〇〇九a 『朱熹哲学の視軸――続朱熹再読』研文出版
木下鉄矢 二〇〇九b 『朱子――〈はたらき〉と〈つとめ〉の哲学』岩波書店
黒田明伸 二〇〇三 『貨幣システムの世界史――〈非対称性〉をよむ』岩波書店
杉山正明 二〇〇八 『モンゴル帝国と長いその後』講談社
張翔・園田英弘 二〇〇六 『「封建」・「郡県」再考――東アジア社会体制論の深層』思文閣出版
寺田浩明 二〇〇八 「伝統中国法の全体像――「非ルール的な法」というコンセプト」早稲田大学比較法研究所『比較と歴史のなかの日本法学――比較法学への日本からの発信』
内藤虎次郎 一九一四 『支那論』文會堂書店
西英昭 二〇〇九 『『臺灣私法』の成立過程――テキストの層位学的研究を中心に』九州大学出版会
費孝通 二〇〇一 『郷土中国』鶴間和幸ほか訳、学習院大学東洋文化研究所調査研究報告四九
宮崎市定 一九五〇 『東洋的近世』教育タイムス社
宮崎市定 一九八七 『アジア史概説』中央公論社
宮嶋博史 二〇〇三 「朝鮮時代の身分、身分制概念について」成均館大学校大東文化研究院『大東文化研究』四二・ソウル
宮嶋博史 二〇〇四 「東アジアにおける近代化、植民地化をどう捉えるか」宮嶋ほか『植民地近代の視座』岩波書店
宮嶋博史 二〇〇六 「土地台帳の比較史――量案・検地帳・魚鱗図冊」韓国古文書学会『東アジア近世社会の比較――身分・

村落・土地所有関係』ヘアン・ソウル
宮嶋博史 二〇〇七 「朝鮮時代の科挙——全体像とその特徴」中国社会文化学会『中国——社会と文化』二二号
宮嶋博史 二〇〇八 「朝鮮後期支配階層の再生産構造——比較研究のための初歩的探求」高麗史学会『韓国史学報』三二号
村上淳一 一九九七 『〈法〉の歴史』東京大学出版会
ヤウス、H・R 一九九九 『挑発としての文学史』轡田収訳、岩波書店
與那覇潤 二〇〇八 「中国化論序説——日本近現代史への一解釈」『愛知県立大学文学部論集』五七号
Fairbank, John K. and Edwin O. Reischauer 1960, *East Asia: the great tradition*, Houghton Mifflin.

〈追記〉

本稿の脱稿後、伊藤正彦『宋元郷村社会史論——明初里甲制体制の形成過程』(二〇一〇、汲古書院)を読む機会を得た。伊藤はこの著作において、明初に形成される里甲制体制が、「唐宋変革期」に登場してくるさまざまな動きを全面化、体制化したものとして、中国史のひとつの画期をなすものととらえていて、本稿の議論にとっても示唆されるところが大きい。ただ伊藤においても、この時期中国の社会的結合に関しては現象面での指摘にとどまっていて、その結合原理の解明にまでは至っていない。この課題はきわめて重要かつ困難なものであるが、私としては、「市場関係も共同体関係も何か空間的な領域性を維持して構造化されるのではなく、両者ともに微分的に人間関係の網の目の中に立ち現れうる、という新しい認識の枠組の必要性」を主張している安富歩の見解(安富・深尾葉子『「満洲」の成立——森林の消尽と近代的空間の成立』四九七ページ、二〇〇九、名古屋大学出版会)、および、現在の中国社会に対する調査をもとに、中国社会を人間関係優先主義が支える人治社会ととらえ、その中で「包」的構造に注目している首藤明和の見解(首藤『中国の人治社会——もうひとつの文明として』二〇〇三、日本経済評論社)などが重要な論点を示している、と考えている。

通空間論題

ロシアの東漸と東アジア——一九世紀後半における露清関係の転換

柳澤　明

一九世紀後半、ロシアはアジアにおいて全般的な拡張政策をとったが、その主な標的は、中国(清朝)と中央アジアであった。もちろん、当時のロシアは日本や朝鮮とも一定の関わりをもったが、少なくとも一九世紀末までは、ロシアにとって両国のもつ意味、逆に両国にとってロシアのもつ意味は、相対的に見れば小さかった。従って、本稿では、露清関係の変動を中心に扱うことにし、特にロシア極東／満洲と東トルキスタン(新疆)における国境画定に焦点を当てる。清朝がそれまで帝国最外縁の人々に対して及ぼしていた緩やかな統治ないし影響力は、対ロシア国境の画定にともなって、一定の時間をかけつつも確実に断ち切られていくが、そのことは、残された領域に対するより強力かつ均質な統治への指向を生み、多元的・前近代的帝国であった清朝が、近代国家としての中国へと変容していく重要な契機となった。

一　東部国境の再画定

序曲――ロシアの積極姿勢への転換

一九世紀を迎えるころ、ロシアと清朝の関係は全般に静穏で、とりたてて重大な問題は存在しないかのように見えた。[1]両国間の国境は、ネルチンスク条約(一六八九年)とキャフタ条約(一七二八年交換)によって、東はオホーツク海岸近くから西はサヤン山脈に至るまで画定されていた。国境線は、ネルチンスク条約締結時に実地踏査が行われなかったために、特に東半分において曖昧さを残しており、また海に近い東端部は未画定のままであったが、[2]少なくとも象徴的な線としては十分な意味をもち、双方ともあえて組織的に侵犯することはなかった。また、キャフタ条約に基づいて国境上に設置されたキャフタ貿易場では、一八世紀には清側の主導によって貿易がしばしば中断したが、一七九二年に「国際議定書」(キャフタ市約)が結ばれてからは中断もなくなり、貿易額は不断に増加した[吉田 一九六三]。

当時の両国関係に関して注意しなくてはならないのは、それが清朝と他の西洋諸国との関係とは異なる性質を帯びていたということである。清朝は、西洋諸国からまれに公式の使節が派遣されてきた場合は、朝貢使として待遇する一方、広州(カントン)で営まれている対西洋貿易については、あくまで民間レベルのものと位置づけ、官が表に出て外国人と接触することを回避した。これに対して、ロシアに関しては、使節が来訪したときに朝貢使扱いするという点は同じであったが、それとは別に、中央・地方当局間での文書往復、キャフタ等での官員同士の接触という形で、恒常的な外交のチャンネルが確保されていた。ただし、このことは、清朝の対外関係のシステムの中で、ロシアの位置づけが他の西洋諸国よりも上位であったという意味ではなく、むしろ対ロシア関係と対西洋諸国関係とが、互いに異なる独自のシステムを形成していたと理解すべきであろう。

しかし、ロシア側に、こうした現状に満足せず、対清関係の転換をはかる機運が存在しなかったわけではない。一八〇三年に商務大臣ルミャンツェフがアレクサンドル一世に対して、カントン貿易への参入を提言したことは、その表れである。これを受けて、ロシア船ネヴァ号がロシア領アメリカから広州に回航し、イギリス人の仲介で広州の買弁と取り引きして一定の利益をあげた［森永 二〇〇八、一五五—一六〇頁］。しかし、清朝は、ロシアに対してはキャフタ以外での貿易を認めていないとして、以後はロシア船の広州来航を禁ずると声明した。また、一八〇五年には、対清関係の諸懸案に関する包括的交渉のために、大使としてゴロフキンが派遣された。しかし、彼はモンゴルのフレー（庫倫、現在のウラーンバートル）に到達したところで、儀礼上の紛糾から北京への通行を断念し、帰国してしまった［吉田 一九七四、一八九—一九〇頁］。対清関係のあらたな枠組み構築をめざしたロシア側の試みは実を結ばず、その後まもなく、対ナポレオン戦争、一八二〇年代のペルシアやトルコとの戦争のために、ロシアの極東での活動は低調となる。

一八四〇—四二年のアヘン戦争以降、ロシア極東に対する西欧諸国——特にイギリス——の接近が現実味を帯びてきたことから、この地域に対する関心がふたたび高まり、対清政策をより積極的なものに転換する動きが現れた。こうした動きの先頭に立ったのは、中央政府よりも、むしろ現地の官僚・軍人たちである。一八四七年に東シベリア総督に就任したムラヴィヨフ Н. Н. Муравьёв は、アムール流域の確保と中国への影響力拡大をしばしば中央に進言した。また、一八四九年、カムチャツカのペトロパヴロフスクへの補給任務を与えられたネヴェリスコイ Г. И. Невельской は、正式の訓令を受けないままにアムール河口部の探査を試み、大型船が河口に進入可能であること、清朝が何の警備も行っていないことを報告した。彼は翌年にもアムール下流域を航行し、ニコラエフスク哨所（現在のニコラエフスク・ナ・アムーレ）を設置した［Невельской 1947, pp. 82–123］。当時の中央政府——特に外相ネッセリローデ К. В. Нессельроде を中心とする外務省——には、安定している対清関係の現状を変更することへの危惧がなお強かったが、ムラヴィヨフは一八五三年に上奏して、カムチャツカとアムール河口に対するイギリスの脅威を強調するとともに、清側と直接交渉する許可を求めた。これに対して、ニコライ一世は、現にロシアが実効支配している土地からは撤退しないという原則を示し、アムール下流左岸と河口部一帯をロシア領とすることを承認した[Барсуков 1891, pp. 320-326; Мясников 2001, p. 239]。ただし、この時点ではまだ、中流域を含むアムール左岸全体とウスリ以東の沿海地方を確保するという方針が定まっていたわけではない。実際、一八五三年六月にロシア政府が清朝の理藩院に送った公文は、ネルチンスク条約に基づく国境の有効性を確認しつつ、一方で未確定の東端部分に関する交渉の必要を提起する内容であった[故宮博物院明清檔案部編 一九七九、上冊七九—八〇頁/Paine 1996, p. 39]。

ロシア船団のアムール航行と条約締結交渉

ロシアが自重政策を明確に転換する契機となったのは、クリミア戦争(一八五三—五六)である。一八五三年一〇月の開戦後まもなく、カムチャツカやアムール河口に対する英仏の脅威が現実のものとなったことを受けて、ムラヴィヨフはふたたび露清国境の再画定を具申した。一八五四年一月、ニコライ一世はロシア船団のアムール航行を承認し、ムラヴィヨフに対清交渉の権限を付与した。ムラヴィヨフは自ら乗船してアムールを下り、アムール北岸とウスリ東岸における軍事拠点の構築、コサックの植民を推進する一方、清の地方当局に国境画定交渉を申し入れた。

上述のロシア外務省からの公文を受け取ったばかりの清側にとっては、ムラヴィヨフの行動は不意打ちの形となった。黒龍江や吉林からの報告を受けた咸豊帝は、ロシアの動きを厳重に監視するよう命じたが、戦端を開くことは禁じたため、現地当局は具体的な阻止行動はとらなかった。その結果、一八五五年から五七年にかけて、ロシア船団は毎年アムールを航行して拠点建設を進めた。こうして既成事実を作り上げる一方、一八五五年九月にマリインスク(アムール河口近くのキジ湖畔に設置された哨所)で清側官員と会談したムラヴィヨフは、アムール河口部をイギリスから防衛する必要性を強調した上で、アムール左岸とウスリ右岸の沿海地方をロシア領とするという要求を、はじめて公式に提起した[Барсуков 1891, pp. 427–429]。報告を受けた咸豊帝は、領土要求に関してロシア側に反駁するよう現地当局に指示したが、アムール河口部に設けられたロシア拠点については、暫時容認する態度をとった[故宮博物院明清檔案部編 一九七九、上冊一九六—一九七頁]。

クリミア戦争での敗北の結果、ヨーロッパにおける影響力を大きく低下させたロシアは、失われた威信の回復を希求し、極東と中央アジアでの積極政策をさらに推進する。一八五七年には、清朝との包括的な交渉のための全権としてプチャーチン Е. В. Путятин を送ることが決定されたが、これには、イギリスの対清開戦が必至となったことから、清朝がイギリスの影響下に置かれる前に、諸問題をロシアに有利に解決しておくねらいがあったという[Российская Академия наук: Институт Российской истории 1999, p. 134]。清側の硬い拒否にあって、プチャーチンはしばらく交渉に入れなかったが、一八五八年四—五月に英仏軍が大沽砲台を占領して清側に圧力をかけ、天津で条約交渉を開始すると、彼もそれに参加した。彼は英仏との交渉を仲介する姿勢を見せて清側の関心を引きつつ自らの交渉を進め、六月一三日に天津条約の締結に成功した。その内容は、上海など七港の開港、条約港への領事駐在、最恵国待遇の適用などからなっており、全体として、アヘン戦争後に成立した条約港システムへのロシアの参入を認めるものであった。国境については、実地調査の上であらためて画定することが規定されただけであったが、これは、プチャーチンの交渉開始が遅れたことから、ロシア政府が国境問題に関する全権付与を撤回し、再度ムラヴィヨフに任せる方針をとったからである[Paine 1996, pp. 64–66; Мясников 2001, p. 245]。

一方、ムラヴィヨフは、天津条約締結の少し前に、自ら愛琿(黒龍江城)に乗り込んで、黒龍江将軍奕山《えきざん》との間で集中的な交渉を行い、五月二八日に愛琿条約を成立させていた。条約は短いものであったが、アムール左岸全域をロシア領とし、ウスリ右岸の沿海地方については両国の共管地とすることを骨子としていた。さらに、ロシアと清朝以外の船舶にアムール、スンガリ(松花江)およびウスリの航行を認めないこと、国境一帯での貿易、アムール左岸に居住する清側属民の地位保全といった事項が盛り込まれた。(3)

清朝の中央政府が愛琿条約を一時的にせよ承認したかどうかについては、見解が分かれているが[坂野 一九七三、二四一頁／Paine 1996, pp. 79-80]、『籌辦夷務始末』巻二五所載の、条約締結を報ずる奕山の奏摺《そうしょう》に対する上諭(廷寄《ていき》)を見る限り、咸豊帝は基本的に条約の趣旨を了解していたと思われる。ところが、翌一八五九年になると、ロシアが沿海地方での探査活動を強化したこともあり、清朝は愛琿条約の有効性を否認する態度に転じた。

こうした中で、一八五九年六月、イグナティエフ Н. П. Игнатьев がロシアの外交代表として北京に到着した。イグナティエフの本来の任務は、沿海地方の国境画定、天津条約で取り決められた対清軍事援助の履行などであったが、上述のような清側の姿勢の変化に遭遇して、彼は愛琿条約の再確認というところから仕事を始めなければならなくなった。当初、清側の対応はきわめて冷淡で、交渉を軌道に乗せるのは望み薄に見えたが、翌一八六〇年、天津条約の批准を拒否された英仏軍が天津を突破して北京に迫ると、事態は彼にとって有利に展開しはじめた。彼は清側に対して、英仏との交渉を仲介する用意があると言明し、代償として、愛琿条約の確認に加え、ウスリ右岸の沿海地方を共管地ではなく完全なロシア領とすることを要求した。同年一〇月、英仏軍が円明園を破壊して清側に最後通牒を突きつけると、熱河に「蒙塵」した咸豊帝に代わって全権を委ねられていた恭親王奕訢は、ついにイグナティエフの提案を受け入れることに決した。かくして、一八六〇年一一月一四日、一五箇条からなる北京条約が締結されたのである。条約には、東部国境にかかわる上記の内容以外に、国境貿易の無税原則、ウルガ(庫倫)とカシュガルへの領事駐在、西北(新疆)方面の国境画定などが盛り込まれた。

なお、北京条約に基づいて、一八六一年にウスリから豆満江に至る一帯で、双方の委員による国境標識(界牌)の設置が行われた。また、一八六二年には北京で「中俄陸路通商章程」(Правила сухопутной торговли между Россией и

Китаем)が取り交わされ、両国国境から一〇〇里以内を免税貿易地帯とすること、ロシア商人はモンゴルにおいて免税で貿易を行いうること、またキャフター張家口ー天津(北京条約による開港場)というルートで商品を運搬し、途中の張家口で一定の貿易を行いうることなどが定められた。

条約に対する清側の姿勢——対人支配の問題

愛琿条約から北京条約に至る一連の条約締結交渉を通観したとき、まず浮かぶ疑問は、広大な領域の喪失を、清側が真剣な抵抗を見せずに容認したのはなぜかということであろう。もちろん、太平天国と第二次アヘン戦争(アロー戦争)という国内外の情勢が、ロシアとの対決を困難にしたという事情はあるだろうが、それだけですべてを説明しつくせるかどうか。ペインは、清側はロシアの軍事力を過大評価しており、また、条約というもののもつ重みを十分に理解せず、条約への調印はあくまでロシアの強硬姿勢をかわすための一時的な便法であり、画定された国境は永続的なものではないと見なしていたと指摘する[Paine 1996, pp. 52-53, 69, 79-84]。この説には傾聴すべき点もあるが、清朝が条約の拘束力を軽視していたという見方には、にわかに賛同しがたい。というのは、一八世紀に清朝がロシアに送った公文には、清朝自身のキャフタ条約遵守の姿勢を強調する一方、ロシアに対しても同様の遵守を求める文脈がしばしば見られるからである。また、アヘン戦争後の諸条約に関しても、坂野正高は、「条約というものは契約であって、契約としての拘束力を持つものであることは、はっきりと当時の中国当局者によって認識されていた」と述べている[坂野 一九七三、一八五頁]。

清朝を愛琿・北京両条約の容認に踏み切らせた要因として無視しえないのは、むしろ国境外に住む清側属民に関する例外規定の存在ではなかろうか。愛琿条約は、「ゼーヤ川との合流点から下流のホルモルジン屯に至るまでのアムール左岸に住む満洲人は、満洲政府の管轄の下に従来の居住地に永住させる」と規定している[Академия наук СССР:

Институт китаеведения, 1958, p. 29]。これは、愛琿での交渉の際に奕山らが提起し、ムラヴィヨフが譲歩して盛り込まれた文言である。一八世紀のキャフタ条約の場合も、清側は、国境画定によっていかに多くの土地を獲得するかということよりも、むしろ辺境の住民に対する支配の確保を重視していたことが、当時の史料から窺われるが、土地よりも人を上位におくこうした考え方が、愛琿条約の文言にも表れていると見るべきであろう。そのことは、上述した咸豊帝の廷寄に、「黒龍江左岸の旧来から屯戸が住んでいるところ以外の空虚な土地は、該夷〔ロシア人〕に給与して平穏に居住させる……ことにつき、奕山は紛争を引き起こすことを恐れ、また屯戸の生計に障害がないことから、すでにことごとく許諾を与えた。便宜的処置にすぎないが、時勢の制約もあり、やむを得ない」とあることからも裏づけられる。咸豊帝はさらに続けて、ウスリや綏芬河方面についても、「もしやはり空虚な土地であれば、黒龍江と同様に処理すればよい」と述べている。アムール左岸のロシア領化は、清朝にとって大きな譲歩であったことは疑いないが、「屯戸の生計に障害がない」ことが、せめてもの埋め合わせと考えられていたことは確かであろう。

北京条約は、英仏軍が北京に強圧をかけるという緊迫した状況下で結ばれたものである。従って、沿海地方のロシア領化がやむを得ない譲歩であることは、愛琿条約の場合よりも一層明確に意識されていたに違いない。しかし、その北京条約にも、第一条に、新たに画定した国境から海までの間に居住する「中国人」は、引き続き現住地に留まって生業を営むことを認めるという文言が盛り込まれている[Академия наук СССР: Институт китаеведения, 1958, p. 35]。これも清側が提起し、イグナティエフが譲歩して加えられたものであり、たとえ土地を失っても、人に対する支配だけは確保したいという清側の姿勢が、一貫していることが見て取れるのである。

以上、一八六〇年の北京条約締結に至る流れを追ってきたが、一連のプロセスから看取される注目すべき点をまとめるとすれば、次のようになるだろう。第一は、一九世紀前半までの露清関係が国際政局から相対的に独立していたのに対し、クリミア戦争を一つの契機として、ロシアとイギリスの対抗関係、清朝と西欧諸国との関係の変化といった諸要素が、ロシアの対清関係にも直接に反映するようになったということである。一方、清朝からみた対外関係の枠組みの中でも、対ロシア外交のもつ特殊性は薄らぎ、対西洋諸国外交との一体性・連動性が強まった。一八六一年に総理各国事務衙門が設立されると、対ロシア外交も同衙門が扱う「洋務」に統合されることになる。

第二は、当時におけるロシアの対清政策は、中央政府の明確な方針の下に推進されたというよりも、出先の地方官や外交官の積極的行動を中央が追認する形で進行したということである。こうしたなし崩し的な拡張政策は、短期的には大きな成果を挙げた。特に、経営の行きづまりが明らかとなっていた北米植民地に代わって、アムール流域と沿海地方というあらたなフロンティアが提供されたことは、シベリアの経済界には大いに歓迎されたという[森永 二〇〇八、一八二―一八三頁]。しかし、より長い目で見ると、近代産業の未発達、シベリアにおける交通基盤の脆弱性といった問題を克服できないままに、長期的ビジョンを欠いた東方への拡大を続けたことは、日露戦争での挫折を契機として、ロシア帝国自体の存立を揺るがしていくことになる。

二　東トルキスタン(新疆)における秩序変動

一九世紀前半までの情勢

一八五〇―八〇年代には、清帝国西部の新疆でも、ロシアとの関係に大きな変動が生じた。この変動は、ロシアの中央アジアにおける南進政策とも深く関わっているため、「東アジア」という枠組みの中で取り上げることは躊躇されるが、露清両国間の国境画定をめぐる諸問題を総体として捉える上では不可欠の要素なので、簡潔に触れておくことにする。

一七六〇年ごろまでに清朝が東トルキスタン(新疆)全域を統制下におくと、その西北に隣接するカザフの一部首長は清朝に「朝貢」して爵位を受け、イリ(クルジャ)やタルバガタイ(チュグチャク)で盛んに交易を行うようになった。ロシア側の認識によれば、カザフ首長の多くは一八世紀前半からロシアに臣属していたので、いわば両属状態となったわけであるが、清・ロシアの双方とも、そのことを意識はしながらも、特に外交上の問題とはしなかった。また、新疆西南部のヤルカンドやカシュガルには、やはり名目的に清朝に「朝貢」することになったコーカンドやブハラから多くの商人が訪れ、交易を営んだ[佐口 一九六六、二一〇—二四三頁]。この地域には明確な国境は存在しなかったが、清朝は、イリやタルバガタイの西方に一連の卡倫《そうりん》(哨所)を設置していた。これは主としてカザフ人やブルト(キルギス)人の越境を防ぐためであったが、実際には卡倫線の内側に入り込むカザフ人が後を断たず、清朝も黙認せざるを得なくなった。卡倫自体も、同一地点に常設されているものもあれば、季節によって移動するものもあった[小沼 二〇〇一/野田 二〇〇五]。

一九世紀に入ると、ロシアはカザフへの統制を少しずつ強め、さらに一八四七年以降、清朝に対して新疆での貿易の開放をしばしば要求した。その結果、一八五一年七月にイリ通商条約が締結された。これによって、ロシアはイリとタルバガタイにおける無税貿易、領事(貿易監督官)による裁判権、居住や商品貯蔵のための家屋建設権を得た。この条約は、中国側ではロシアの圧力に屈した不平等条約と捉えられているが[李 二〇〇〇、二二二頁]、すでに指摘されているように、実際には、一八世紀の露清間の諸条約や、カザフ人やコーカンド人に対する従来の慣行の枠組みを大きく出るものではなかった[吉田 一九七四、二一八—二一九頁]。むしろ、この条約の主要な意味は、それまでカザフ人が仲介していた新疆との貿易を、ロシアが直接掌握したという点に求められよう。

新疆の動乱とサンクト・ペテルブルク条約

一八六〇年の北京条約は、この地域にはじめて国境の概念を導入するものであった。同条約は、キャフタ条約で定めた国境の西端以西の国境を、露文条約によれば「中国の現存の哨所線に沿って」(следуя ……линии ныне существующих китайских пикетов)画定すると規定していたが[Академия наук СССР: Институт китаеведения, 1958, p. 35]、「現存の哨所線」は、漢文では「常駐卡倫」と訳されていた。これを根拠として、一八六二年から現地で具体的な国境画定交渉が進められた際、ロシア側は、もっとも東寄りの常設卡倫の線を国境とすることを主張した。清側は反発したが、結局は押し切られて、ロシアの主張を認めた[李 二〇〇〇、二二六―二三二頁]。注目すべきは、境界地帯の住民の帰属は、あらたに設定された国境によって定めるとされたことである。つまり、それまで錯綜していた人に対する支配について、属地主義的な原則に基づく解決が図られたわけである。

ところが、一八六二年に陝西・甘粛方面で起こったムスリムの反乱が新疆に波及すると、事態はあらたな展開を見せる。当初ロシアは不介入方針をとっていたが、イリを制圧した反乱勢力がロシアに敵対的な姿勢を見せると、一八七一年に軍を送り、イリ一帯を直接の支配下においた。これはトルキスタン総督カウフマン К. П. фон-Кауфман の主導によるものであったが、中央政府も最終的には承認を与えていた[野田 二〇〇九]。一方、一八六四年にコーカンドから新疆に入ったヤークーブ・ベグは、一八七〇年ごろまでにイリ地方を除く新疆のほぼ全域を統合し、事実上の独立国を築き上げていた。彼のイギリスへの接近を警戒したカウフマンは、一八七二年にカシュガルに使節を送り、通商協定を締結した。これは、間接的ながら、ヤークーブ・ベグの支配領域がもはや清朝に属さないことを認めるに等しい行為であった[Paine 1996, pp. 122–123]。この時期のロシアの動きを見ると、イギリスとの対抗関係を背景として現地当局が積極方針を主導し、中央が追認するという、一八五〇年代の極東と類似したパターンが読み取れる。

しかし、清朝もこうした事態に対して手を拱いていたわけではない。一八七五年、清朝政府は陝甘総督左宗棠を欽差大臣・督辦新疆軍務に任じ、新疆の奪回を指示した。彼は一八七七年から本格的な進攻を開始し、新疆東部・南部の諸都市を順次攻略した。ヤークーブ・ベグはイギリスによる調停を期待し、ロンドンでイギリス側と清国公使郭嵩壽による交渉が進められつつあったが、左宗棠軍の急速な前進のために間に合わず、ヤークーブ・ベグ自身もコルラ付近で死亡し、政権は瓦解した[新免 一九九五]。

清朝が新疆に対する統治を回復すると、当然ながら、イリ地方のロシア軍の存在が問題となった。一八七八年、清朝は崇厚を全権としてロシアに派遣し、イリ地方の返還を申し入れたが、ロシア側は、占領費の支払い、反乱関係者を罪に問わないこと、新疆一帯での貿易拡大、イリおよびタルバガタイ付近の国境線の変更を要求した。交渉は難航したが、崇厚は結局ロシア側の主張を呑んで、一八七九年一〇月、クリミアのリヴァディアで条約に調印した。ところが、条約の内容が清朝本国に伝わると、あまりに屈辱的だという批判が高まった。一八八〇年二月、清朝政府は崇厚による調印は訓令違反であるとして、条約の承認を拒否し、あらためて駐英公使曾紀澤を交渉のために送った。ロシア側はもちろん、条約に変更を加えることには難色を示したが、長い交渉の末に一定の譲歩を行い、一八八一年二月、サンクト・ペテルブルク条約が締結された。清側はリヴァディア条約で割譲するはずであった土地の一部を取り戻し、七箇所に開設することになっていたロシア領事館は、嘉峪関(粛州)・トゥルファンの二箇所のみとなった。ただし、イリ一帯の占領費として支払うことになっていた五〇〇万ルーブルは、逆に九〇〇万ルーブルに増額された。なお、この条約に基づいて、一八八二―八四年の間に国境標識の設置が行われ、いくつかの界約が取り交わされた。

三　国境画定がもたらしたもの

現地住民と国境①――ロシア極東／満洲の場合

大局から見れば、露清間の国境画定は、新国境を基礎として、それぞれの国家の主権下にあらたな地域と住民の枠組みが再形成されるという趨勢をもたらした。ロシア側では、愛琿・北京両条約によって獲得した領土にアムール州・沿海州という行政区画が設置され、ロシア人の移入が緩慢ながら着実に進行して、旧来の住民は「少数民族」として扱われるようになった。しかし、両条約自体がロシア領における清側属民の存在を認めていたことから明らかなように、国境が画定されても、人に対する管轄がただちにそれと一致したわけではなく、両者の関係は、かなりの時間をかけて徐々に整頓されていったのである。

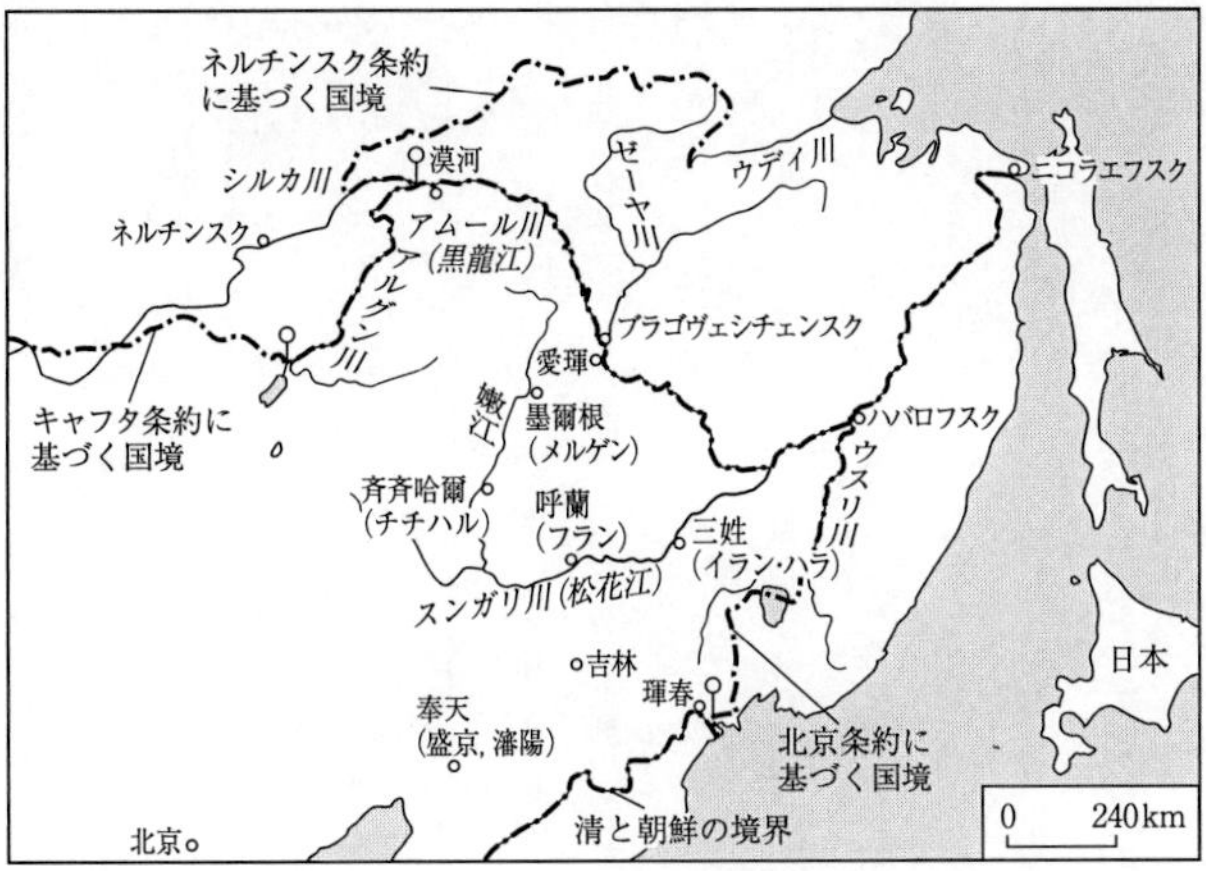

図1　ロシア－清朝間の東部国境の画定

アムール川についてみると、中流域のゼーヤ川合流点より下流の左岸（つまりロシア側）には、「江東六十四屯」と称される清側住民の集落があり、その住民は、既述のように、愛琿条約に基づいて引き続き清側の管轄を受けることになっていた。宋小濂『北徼紀遊』によれば、一八七〇年代から八〇年代にかけて、清側の黒龍江当局は、「六十四屯」の地域がロシア側に浸蝕されることを防ぐための境界設定について、数度にわたりロシア側と協議している［宋 一九八四、一六―一九頁］。このように、条約文の解釈はともかく、この一帯は、事実上清側の飛び地のような存在であった。一方、ゼーヤ川合流点よりやや上流側に建設されたブラゴヴェシチェンスクには、労働者や商人として次第に多数の「中国人」が入り込み、一九世紀末には、総人口約四万人のうち一―一・五万人を占めるようになっていた。ところが、一九〇〇年七月、義和団事件に伴ってロシアが満洲への出兵を決定し、これに抵抗する清側との関係が緊迫化すると、ロシア側は「六十四屯」住民とブラゴヴェシチェンスク市内の「中国人」の強制追いたてに踏み切った。その実情についてはいまだに謎の部分があるが、多数が殺害されたともいわれる[李 二〇〇〇、二九四―二九六頁／サヴェリエフ 二〇〇五、七四―七六頁]。ともあれ、この事件を契機にアムール左岸の清側住民は一掃され、愛琿条約の規定はなし崩し的に無効化された。

一方、アムール下流域からサハリンにかけての一帯には、清朝が貂皮の貢納と恩賞(烏林)の授与とを通じてごくゆるやかな統制を加えていた、さまざまな民族集団が暮らしていた。貢納は、松花江を遡ったイラン・ハラ(三姓)で行われることもあったが、清朝官員がアムール下流に設けられた臨時の出張所に出向いて、集まってくる住民から貢納を受けることもあった。一八〇九年にサハリンから大陸に渡った間宮林蔵は、デレンという場所にあった出張所(満洲仮府)を訪れているが、彼の語るところから、仮府が一種の定期市としての機能も果たしていたことがわかる[間宮 一九八八、一三五―一五二頁]。

ロシアの進出は、この地域の社会秩序に大きな変化をもたらした。一八五四―五六年、ムラヴィヨフの活動に伴って、マーク、シュレンクらがこの地域の詳細な民族調査を行った。シュレンクによる分類は、おおむね現在に至る民族区分の基礎となっているが[佐々木 二〇〇一]、それは一八世紀に清朝が与えていた分類とはかなり異なるものであった。たとえば、松花江下流域からウスリ下流域にかけての住民を、清側はヘジェ heje と呼んでいたが、シュレンクの分類では、彼らはゴリド人 гольды の名を与えられた。ゴリド人は、後にナナイ人 нанайцы と改称され、現在に至っている。一方、松花江からアムール南岸にかけての清側領域に住む人々は、引き続きヘジェと呼ばれ、現在の中国少数民族の一つである赫哲族となっている。ナナイも赫哲も、内部に多様なサブ・グループを抱えているため、両者を合わせた全体を一つの民族的実体と捉え、それが国境によって分断されたとみるのは単純に過ぎるが、少なくとも、国境画定が、それぞれの領域におけるエスニック・グループの再編の道程を異なるものにしたということはできよう。

しかし一方、現地住民にとって、国境画定が直ちに絶対的な意味をもたなかったことは、この地域でも同様であった。北京条約後の一八六二年、三姓の官員は、従来どおりアムール下流の出張所に赴き、現地住民から毛皮を集めようとした。ロシア側のハバロフカ哨所(現在のハバロフスク)がこれを阻止したため、総理衙門がロシアの駐北京公使に掛け合った結果、次のような「通融辦法」をとることになった。すなわち、清側官員が「貢納を集める」、「恩賞を頒布する」などと明言しない代わりに、ロシア側は、彼らがアムール下流に赴くことを許可する執照(証明書)を発給するというものである。清朝側は、下流域の住民から従来どおりに貢納を受けることを、条約に抵触するとは考えていなかったらしいが、ロシア側も、清朝官員の通行を頭から拒否するのではなく、出入国管理の枠組みに形式的に適合させることによって、事を穏便に済ませようとしたのである。「通融辦法」はしばらく続いたが、一八六九年に至って、ロシア側は下流に赴こうとする清朝官員をふたたび阻止し、以後は通行を認めないと通告した[遼寧省檔案館一九九五、四〇四—四〇五、四一二—四一三頁]。その後の状況はよくわからないが、アムール下流のゴリド(ヘジェ)人等が三姓に赴いて貢納することはなお続いていたという[佐々木一九九六、二四六—二四七頁]。

沿海州南部にも、北京条約によって引き続き居住を許された清側住民がいた。北京条約の規定は、愛琿条約とは異なり、これらの住民が清朝当局の管轄に帰するとは明言しておらず、彼らの地位は曖昧であったが、理屈からいえば、ロシア領内に居留する外国人として扱われるべきものだったろう。しかし、当時のロシアには、こうした人々を有効に管理するための具体的な規程も方策も存在せず、この地域に徐々に定着しはじめたロシア人と彼らとの関係は、決して平穏なものではなかった。一八六八年には、ウラジヴォストークに近いアスコリド島で清側の金鉱採掘者とロシア人との間で起きたトラブルに端を発して、一時沿海州全土が戦争状態になるという事件(マンズ戦争)が発生した。その後も沿海州の清国人はロシアへの帰属意識をもたず、掠奪的な狩猟・採集や森林伐採を続けたため、当局は対応に苦慮したが、一八八三年に至って、清国人に居住許可証を申請させ、税金を徴収することを決定した[サヴェリエフ二〇〇五、一一九―一二九頁／松里　二〇〇八］。これによって、居留外国人という彼らの位置づけがようやく明確になったといえよう。(4)

以上の例は、みなロシア側に関するものだが、清朝側でも、領域支配を実質化するための営為が見られなかったわけではない。漠河金鉱をめぐる事件は、その一例である。アムール上流右岸の漠河一帯は、もよりの清朝の駐防拠点である愛琿やメルゲン（墨爾根）からも遠く離れた、人跡まれな土地であったが、金鉱が発見されたことから人が集まり、一八八〇年代には数千人のロシア人と清側流民が集結して、独立国さながらの様相を呈した。ロシア当局はそのことを察知していたが、黙認していたという。黒龍江将軍文緒は、この事実を知ると、一八八五年にロシアのアムール州当局と交渉してロシア人を帰国させる一方、フルンボイルから軍を出して残った採掘者たちを駆逐し、その後に小規模な守備隊をおいた。さらに、文緒に代わって着任した将軍恭鏜は、北洋大臣李鴻章と協議して資金を出し合い、漠河に官営金鉱を設立した。これはもちろん採金の利益を狙ったものであったが、ロシア人の再侵入を防ぐ意味もあり、「興利」と「実辺」の両面を兼ね備えた施策であった［徐等　一九八五、六四―六七頁／中国第一歴史檔案館　二〇〇四］。

現地住民と国境②――新疆の場合

上述のように、一八六〇年の北京条約に基づく国境画定の結果、清側の常設卡倫線を国境とすることが定められ、住民の帰属は一義的にこの国境によることになった。ところが、ムスリム反乱とロシアのイリ地方占領の時代に、画定したばかりの国境が一時的に意味を失ったため、紛争終結後、領土と対人支配の関係をあらためて整理する必要が生じた。サンクト・ペテルブルク条約では、同条約で清側に還付されることになったイリ一帯の住民中、ロシアに所属することを希望する者は一年以内にロシア側に移動すべきことが定められたが、これには、反清活動に従事した者を保護する意味があった［Воскресенский 1995, pp. 243–244; 何　一九九八、二三六―二四〇頁］。また、一八八三年に結ばれたコブド界約では、変更された国境の付近に住むカザフ人は、やはり原則一年の期限内に、ロシアと清朝のどちらに属するかを選択し、希望する側の領内に移動すべきことが定められた（一部地域については、一年以内の移動が難しいことから、期限は一〇年とされた）［何　一九九八、二四三—二五〇頁］。当時のタルバガタイ一帯には、一八六四年の界約によっていったんロシアの所属となりながら、その後東に移動して、国境再画定後も清朝側に残る土地に住みついたカザフ人が少なくなかったので、この規定は、ロシア側にとっても意味のあるものであった。かくして、新疆においても、領域支配と対人支配との錯綜した関係は、時間をかけて整理されていったのである。とはいえ、新疆の場合、ロシア極東／満洲以上に、国境は人の移動を押しとどめる障壁としての決定的な意味をもちえず、その後もカザフ人などが集団で越境する例は後を絶たなかった。特に一九三〇年代、つまりソ連の大粛清の時代には、多くのカザフ人が中国側に逃げ込み、そのまま定着した。逆に中国の文化大革命の時代には、数万人がソ連側に逃亡したといわれる［加々美　二〇〇八、一六〇頁］。

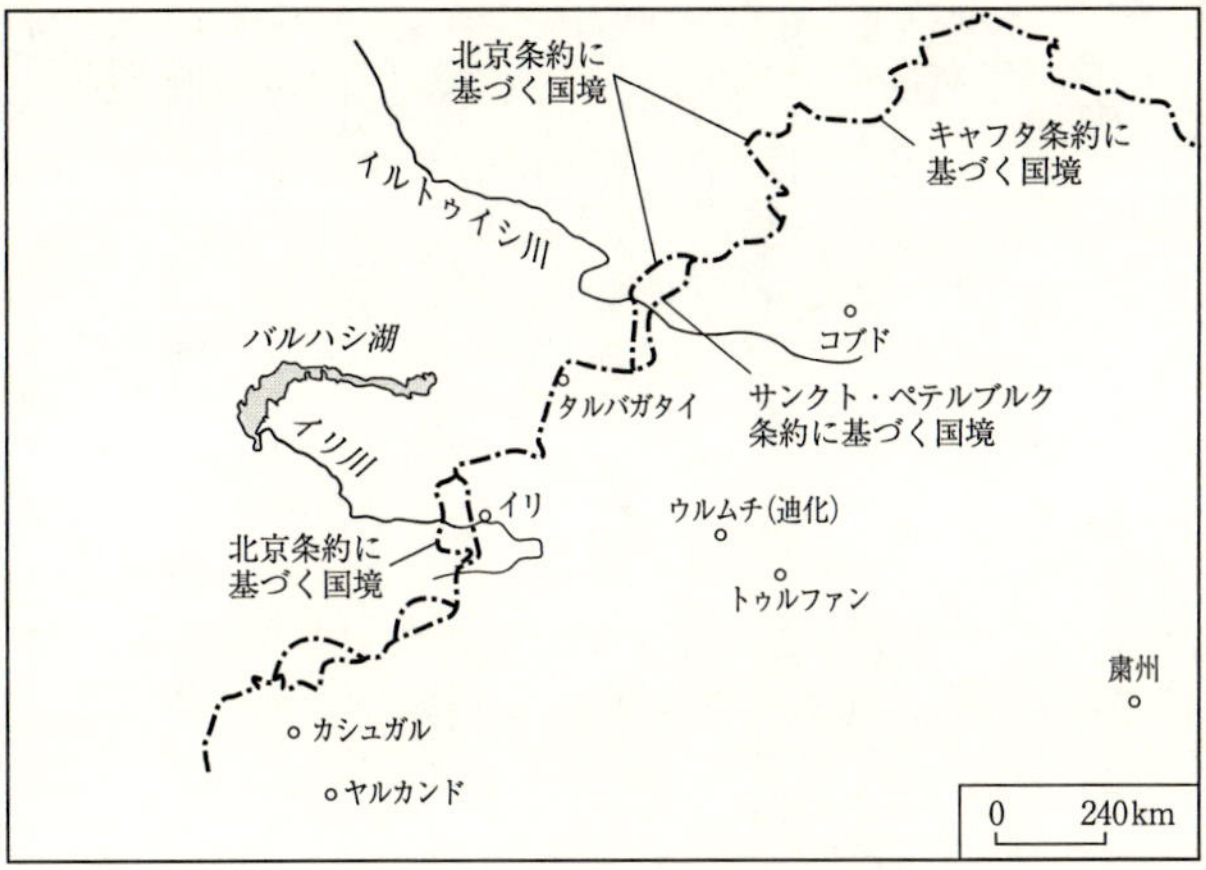

図2　ロシア－清朝間の西部国境の画定

国境を越えた経済的結びつき

以上に見たように、一九世紀後半の一連の条約は、それまで曖昧であった住民に対する管轄が、設定された国境に基づいて整頓され、それぞれの国家による支配が視覚化されていく結果をもたらした。しかし一方では、国境画定と並行して整備された通商関係の規定によって、国境をまたぐ地域間の経済的結びつきが強化されるという側面も見られた。

ロシア極東/満洲においては、一八六二年の陸路通商章程後、貿易が急速に伸張したが、その特徴は、ロシア商人の満洲各地への進出よりも、清側商人がブラゴヴェシチェンスク、ハバロフスクなどに赴いて貿易する形態が主流を占めたということである。また、琿春を起点とする沿海州方面との取引も次第に伸びていった。特に重要なのは満洲産の穀物・家畜などの消費物資の輸出であって、民間のみならずロシア軍の兵站部も穀物を組織的に購入し、アムール州をはじめとするロシア極東諸地域は、食糧供給において次第に満洲への依存を強めていくことになる[張 二〇〇三、三三一―四二頁/荒武 二〇〇八、一四六―一六七頁/左近 二〇〇八]。中国側の研究は、国境から一〇〇里以内での無税貿易は、ロシア側にのみ有利であったと説くことが多い。国庫への税収という面だけを捉えればその通りかもしれないが、清側商人のアムール沿岸諸都市での貿易も免税の対象であったから、輸出伸張という面からみれば、無税貿易の恩恵は清側にも及んでいたことになろう。こうした経済面でのロシア極東と満洲との結びつきの緊密化は、世紀末以降、ロシアが東清鉄道(中東鉄路)の敷設などを通じて、より本格的な満洲への進出を企図する背景を形作ることになる。

モンゴルの場合、国境自体は一八世紀以来ほぼ不変であったが、北京条約と陸路通商章程の結果、貿易構造に大きな変化が生じた。無税貿易規定を利用して、フレー(庫倫)のみならず、モンゴルの各地にロシア商人が入り込み、貿易を営むようになったのである。貿易の内容は、モンゴルからシベリアへの家畜・原毛・皮革などの輸出と、ロシア側からモンゴルへの衣料や日用品の輸入であった。特に、中国内地の商人が訪れることの少ない外モンゴル西部とタンヌ・ウリヤンハイ(トゥヴァ)地方では、ロシア商人の活動は地域経済の中で重要な地位を占めるようになっていった[Свечников 1912, pp. 19–28; 矢野 一九二五、三二四―三二八頁]。このことは、辛亥革命後の外モンゴルとトゥヴァの独立、後者のソ連への併合の背景を考える上で、無視できない要素といえよう。

新疆においては、北京条約後、ロシア領事の置かれたイリとタルバガタイで一定の貿易が行われるが、全域にわたって本格的な貿易が展開するのは、一八八一年のサンクト・ペテルブルク条約以降のことである。貿易の全体像については研究が十分に蓄積されていないようであるが、新疆省の各道から総理衙門に報告された一八八六―九二年の貿易統計を分析した米鎮波によれば、全体としてロシア側の出超、新疆側の入超であったという〔米 二〇〇五、一六八―三一五頁〕。商品の内訳は雑多で傾向をつかみにくいが、大まかにいえば、ロシア側からは綿布・家畜・鉄・マッチなどの日用雑貨類、新疆側からは綿布(土布)・絹糸・綿花・果物などの食品類といったところが主である。なお、この時期になると、ロシアはすでに中央アジアの三ハン国を併合または保護国化していたから、貿易統計にはこれら旧中央アジア諸国の分も包含されているはずである。ともあれ、以上のデータからは、当時の新疆が、ロシア(ロシア領トルキスタンを含む)の手工業・軽工業製品の市場として重要性を増す傾向にあったことが窺われよう。

四　ロシアの脅威と「中国」の成立

吉澤誠一郎によれば、一九世紀末から二〇世紀初頭にかけての時期、列強による中国の「瓜分」への危機感が高まり、「瓜分」をめぐる議論を通じて、「中国の領域とは守るべき不可分の実体だという発想」が広められていったという〔吉澤 二〇〇三、九二頁〕。

しかし、実はそれ以前から、清帝国の北部・西部辺境を侵蝕するロシアの脅威に対抗するため、もともと行政的・社会的に内地から分離されていた東北(満洲)・新疆などを、内地と一体化していこうとする施策が、徐々に実行に移されていた。「守るべき不可分の実体」としての中国の領域という観念も、そうした現実の上にこそ成立しえたというべきであろう。このような施策が最初に明確な形をとってあらわれたのは、東北である。東北では周知のように、一八世紀前半以来、内地からの移民を原則禁止する「封禁」政策がとられていた。しかし、一八六〇年、愛琿条約を締結した奕山に代わって着任した黒龍江将軍特普欽は、松花江北岸のフラン(呼蘭)一帯の招民開墾を提言し、その理由として、民人(漢人)の入植が黒龍江の財政逼迫を緩和するために有効であることを論じた上、さらに次のように述べている。

昨年六月、ロシア人が船に乗って呼蘭に属する呑河地方を探査するということがありました。前任の将軍奕山はその土地に卡倫を設置し、兵を派して防備しました。しかし、土地が広大で警備が難しい上、もともと住民がいないため、つけこむ隙を与えやすく、予防策を講ずる必要があります。以前は招墾が防衛の障害になる恐れがありましたが、いまや防衛のためにこそ速やかに招墾計画を進めなければならなくなっています(『黒龍江志稿』巻八、経政志、墾丈)。

この上奏以前にも、フラン地域を招民開墾の対象とする計画は存在したが、中央の批准を得られずにいた。しかし、ロシアの進出阻止という要素が招墾と結びつけられたことによって、ついに裁可が下り、百年以上も保たれてきた封禁が、はじめて公式に緩和されたのである。同じ頃、隣の吉林でも、同様の事態が進んでいた。すでに一八五四年八月、ロシア船隊のアムール航行の直後に、吉林将軍景淳は五常堡(現在の黒龍江省五常市)付近の招墾を願って批准を得ていたが、一八六一年一月には、さらに数カ所の開墾を奏請した。景淳はその際、土地が空虚だとロシアに狙われる恐れがあることを、開墾を要する理由の一つに挙げている[林 二〇〇一、七〇—七一、一一八—一一九頁]。また、一八八〇年代には、ロシア沿海州に接する吉林東部の琿春などでも、積極的な招墾活動が展開された[塚瀬 二〇〇八]。もちろん、こうした個々のプロジェクトが、ただちに東北全域にわたる移民導入を意味したわけではなく、招墾計画が奏請されるごとに、中央は許可したり却下したり、ケース・バイ・ケースの対応をとっている。とはいえ、総体的にいえば、内地から東北への移民公認という流れは次第に押しとどめがたいものになり、後述する清末新政期の「移民実辺」政策へとつながっていくのである。

新疆に関しても、おおむね一九世紀の初めから、内地からの移民を送り込んで経済開発を進めるべきだとの言説が存在したが、机上の論にとどまっていた。しかし、ムスリム反乱とロシアのイリ占領後、新疆回復の可否が議論されるに至って、李鴻章らが海防を重視し、新疆放棄もやむなしとする「海防論」を提起したのに対し、左宗棠は、ロシアの拡大政策への注意を喚起し、新疆を失えば次はモンゴルを失い、そうなれば長城以北はすべて安泰でなくなるという「塞防論」を展開した。また彼は、新疆経営の実効を挙げるためには、「郡県に改めることはやむを得ない」とも主張している。彼の提言は新疆回復後に実行に移され、一八八四年に新疆省が設立された。これに伴い、それまで南疆のオアシス都市の民政を担っていたベグ官員たちは地位を退き、左宗棠の部下であった劉錦棠が巡撫に就任したのをはじめ、内地から数十名の漢官――多くは左宗棠と同じ湖南出身者――が送り込まれた〔片岡 一九九一、一三〇―一三一、二四六―二五九頁〕。これは、従来の清帝国の統治構造、すなわちモンゴル、チベット、新疆など内陸の「外藩」地域の民政は基本的に在地支配層に委ね、監督のために要所に大臣を配置する場合も、常に旗人を充て、漢人は用いないという原則を、根本的に転換するものであった。

義和団事件後、清朝はついに行財政全般にわたる本格的な改革、すなわち「新政」に踏み切ることになるが、その一つの柱となったのが、内地から「辺疆」への移民の推進、すなわち「移民実辺」であった。この政策の契機は、一九〇一年初めの「新政の上諭」に応えた山西巡撫岑春煊の上奏にあるが、その中で彼は、モンゴルへの移民を進める根拠として、ロシアの脅威に対抗するための防備強化と、そのための経費捻出の必要を説いている〔鉄山 一九九五〕。この提言が採択された結果、東北・モンゴル・チベット（四川との接壌地帯）などの地域で、政府の支援の下に招民開墾が加速した。特に東北においては、間もなく人口の圧倒的多数を移入漢人が占めるに至り、一九〇七年には、八旗の将軍が民政を兼轄する従来の体制に代わって、省制が施行された。名実ともに「中国東北」が誕生したのである。

モンゴルでは、「移民実辺」はしばしばモンゴル人の反発を招き、必ずしも順調には運ばなかったが、それでも、内モンゴルの東南部を中心に、移民の入植による農耕化がかなり進行した。

「瓜分」の危機を訴え、体制改革を唱道する在野の言論においては、吉澤も指摘するように、守るべき中国の領域の範囲について、必ずしも共通の認識があったとはいえない。譚嗣同のように、新疆やモンゴルは維持に費用がかかるばかりだから、イギリス・ロシアに売却して、代金を改革の費用に充てればよい、という極論を唱える者もあった［小野川 一九六〇、二四九―二五〇頁］。一方、たとえば章炳麟は、一八九八年に発表した「蒙古盛衰論」の中で、ロシアにモンゴルを取られるよりは、むしろ「中国」が自らモンゴルを併合し、郡県に改めるべきだと説いている［章 一八九八］。こうした発想の方が、どちらかといえば当時の主流であったろう。このように見てくると、東北・モンゴル・新疆などを包摂する、均質な領域国家としての中国という構想は、何よりもロシアの脅威を背景として浮上し、次第に現実のものとして形を整えていったと考えられるのである。

（1）本稿では以下、清朝を指す際に原則として「中国」の語を用いないが、史料・文献中に「中国」と記されている場合、およびロシア語史料・文献に見える「キタイ」（Китай）に対応する訳語としては、「中国」を使用する。
（2）ネルチンスク条約では、ウディ川（アムール川より北方でオホーツク海に注ぐ）一帯の沿海部の国境については後日調査の上画定するとされ、キャフタ条約でもこの未画定状態は踏襲された。
（3）当時、清側では黒龍江（アムール川）と松花江（スンガリ川）との合流点より下流を、松花江と呼んでいた。従って、条約文に見えるスンガリ川は、第一義的にはアムール下流部を指す。ただし、ロシア側は後にこの条文を楯にとって、ロシア船の松花江上流方面への航行権を主張した。
（4）同じ時期に朝鮮から沿海州への移住者も増えているが、ロシア当局は、時期による違いはあるものの、総じて朝鮮人に対しては保護・優遇措置を講じている。これは、朝鮮人による農業生産が、沿海州駐屯ロシア軍への食糧供給に寄与するとの観点からであった。

【文献一覧】

荒武達朗 二〇〇八 『近代満洲の開発と移民──渤海を渡った人びと』汲古書院
小沼孝博 二〇〇一 「一九世紀前半「西北辺疆」における清朝の領域とその収縮」『内陸アジア史研究』第一六号
小野川秀美 一九六〇 『清末政治思想研究』東洋史研究会
加々美光行 二〇〇八 『中国の民族問題──危機の本質』岩波書店
片岡一忠 一九九一 『清朝新疆統治研究』雄山閣
サヴェリエフ、イゴリ・R 二〇〇五 『移民と国家──極東ロシアにおける中国人、朝鮮人、日本人移民』御茶の水書房
佐口透 一九六六 『ロシアとアジア草原』吉川弘文館
左近幸村 二〇〇八 「キャフタからウラジオストクへ──国境地帯における貿易構造の変化と関税政策」左近幸村編著『近代東北アジアの誕生──跨境史への試み』北海道大学出版会
佐々木史郎 一九九六 『北方から来た交易民 絹と毛皮とサンタン人』日本放送出版協会
佐々木史郎 二〇〇一 「近現代のアムール川下流域と樺太における民族分類の変遷」『国立民族学博物館研究報告』二六巻一号
新免康 一九九五 「ヤークーブ・ベグ」歴史学研究会編『講座世界史三 民族と国家──自覚と抵抗』東京大学出版会
塚瀬進 二〇〇八 「中国東北統治の変容──一八六〇～八〇年代の吉林を中心に」左近幸村編著『近代東北アジアの誕生──跨境史への試み』北海道大学出版会
鉄山博 一九九五 「内蒙古の近代化と地商経済」鹿児島経済大学地域総合研究所編『近代東アジアの諸相』勁草書房
野田仁 二〇〇五 「露清の狭間のカザフ・ハーン国──スルタンと清朝の関係を中心に」『東洋学報』第八七巻第一号
野田仁 二〇〇九 「イリ事件再考──ロシア統治下のイリ地方(一八七一─一八八一年)」窪田順平・承志・井上充幸編『イリ河流域歴史地理論集──ユーラシア深奥部からの眺め』松香堂
坂野正高 一九七三 『近代中国政治外交史──ヴァスコ・ダ・ガマから五四運動まで』東京大学出版会
松里公孝 二〇〇八 「プリアムール総督府の導入とロシア極東の誕生」左近幸村編著『近代東北アジアの誕生──跨境史への試み』北海道大学出版会

間宮林蔵述、村上貞助編 一九八八 『東韃地方紀行他』洞富雄、谷澤尚一編注、平凡社

森永貴子 二〇〇八 『ロシアの拡大と毛皮交易――一六～一九世紀シベリア・北太平洋の商人世界』彩流社

矢野仁一 一九二五 『近代蒙古史研究』弘文堂書房

吉澤誠一郎 二〇〇三 『愛国主義の創成――ナショナリズムから近代中国をみる』岩波書店

吉田金一 一九六三 「ロシアと清の貿易について」『東洋学報』第四五巻第四号

吉田金一 一九七四 『近代露清関係史』近藤出版社

故宮博物院明清檔案部編 一九七九 『清代中俄関係檔案史料選編』第三編（上・中・下冊）、中華書局・北京

何星亮 一九九八 『辺界与民族――清代勘分中俄西北辺界大臣的察合台、満、漢五件文書研究』中国社会科学出版社・北京

李齊芳 二〇〇〇 『中俄関係史』聯經出版公司・台北

遼寧省檔案館 一九九五 『清代三姓副都統衙門満漢文檔案選編』遼寧古籍出版社・瀋陽

林士鉉 二〇〇一 『清季東北移民実辺政策之研究』国立政治大学歴史学系・台北

米鎮波 二〇〇五 『清代西北辺境地区中俄貿易――従道光朝到宣統朝』天津社会科学出版社・天津

宋小濂 一九八四 『北徼紀遊』黄紀蓮、標点注釈、黒龍江人民出版社・哈爾濱

徐宗亮等 一九八五 『黒龍江述略（外六種）』李興盛・張傑点校、黒龍江人民出版社・哈爾濱

章炳麟 一八九八 「蒙古盛衰論」『昌言報』第九冊

張鳳鳴 二〇〇三 『中国東北与俄国（蘇聯）経済関係史』中国社会科学出版社・北京

中国第一歴史檔案館 二〇〇四 「光緒年間開辦黒龍江漠河金鉱史料」（上、中、下）『歴史檔案』二〇〇四―一・二・三

Paine, S. C. M. 1996, *Imperial Rivals: China, Russia, and Their Disputed Frontier*, Armonk.

Академия наук СССР: Институт китаеведения, 1958, *Русско-китайские отношения: 1689–1916: Официальные документы*, Москва.

Барсуков, И. 1891, *Граф Николай Николаевич Муравьев-Амурский: По его письмам, официальным документам, рассказам современников и печатным источникам*, Москва.

Воскресенский, А. Д. 1995, *Дипломатическая история Русско-Китайского Санкт-Петербургского договора 1881 года*, Москва.

Мясников, В. С. 2001, *Россия и Китай: 400 лет межгосударственных отношений*, Lewiston-Queenston-Lampeter.

Невельской, Г. И. 1947, *Подвиги русских морских офицеров на крайнем востоке России: 1849–1855*, Москва（初版：С.-Петербург, 1878）.

Российская Академия наук: Институт Российской истории 1999, *История внешней политики России: Вторая половина XIX века*, Москва.

Свечников, А. Л. 1912, *Русские в Монголии*, С.-Петербург.

通空間論題

イギリスの東漸と東アジア――貿易と秩序

小林隆夫

イギリスは東アジア、特に中国における通商の拡大を目指し、一八四〇年代から五〇年代の二度の戦争によって中国市場を世界に対して開かせた。イギリスが東アジアにおいて通商を拡大するためには中国を中心に展開していた冊封・朝貢を主体とする東アジア伝統的地域秩序を打破して、自由貿易の原則に基づく近代西洋の通商関係へと移行させる必要があった。しかし、現実的な対応として、中国の威信を強化して中国市場の安定を図ることも要求された。一八八〇年代に入り列強の東アジアへの進出が加速すると、イギリスは対抗上東アジアの伝統的秩序を存続させることによって中国の安定と協力を確保する方針を鮮明にした。しかし、その試みは朝鮮に宗主権を強めようとする中国とそれに反発する日本の緊張を強め、東アジア伝統的地域秩序の崩壊を却って促したのであった。

一　東アジアにおけるイギリスの公式及び非公式帝国の形成

一九世紀イギリスの東アジア諸国に対する政策の最大の特徴は、当地を植民地化することなく現地政権に影響力を行使して親英化し、それを通して自由貿易を拡大すること、すなわち非公式ないし通商の帝国を確立することであった。その傍ら、イギリスは東南アジアにおいては植民地化を積極的に推進し、公式ないし植民地帝国を形成していった。このイギリスの東アジアにおける通商活動は、七年戦争の勝利によってインドからフランス勢力を一掃後に本格化した。インドからマレー半島へ向かって南下するイギリスは、一七八六年にペナン、一八一九年にはシンガポール、そして一八二四年にはマラッカを獲得、一八二六年にこの三つの植民地を併せて海峡植民地としてマレー半島における通商上の拠点を確立した。さらにイギリスは東進してビルマに開戦し、一八二六年にテナセリム、アラカン、マニプールおよびアッサムなどのマレー・インドシナ半島西海岸地域を獲得、さらに一八五二年にはビルマとの二度目の戦争によってその領土の南半分、すなわち下ビルマを併合、この間一八四六年にはボルネオ島のラプアンをも獲得する。こうしてイギリスは一八五〇年代前半までには東南アジアにおける植民地帝国、すなわち公式の帝国の基盤を確立した[Lowe 1981, pp. 18-26]。

しかしイギリスの主要な関心は中国市場の開拓にあった。中国政府は西洋人との貿易を広東において認めており、それはすでに一八世紀において国際経済体制の中で重要な位置を占めていた。広東貿易は、広東海関の総督の監督下において中国人商人組織の公行が独占し、欧米商人を差別的に管理した。この中国主導の貿易に対して西洋人の不満がなかったわけではなかったが、この一種の管理貿易は、西洋と東洋という「経済的前提が異なっても互いに大胆に自らの主張を押し通す用意がない社会の間の交易にとって、もっとも効率的なもの」[Osterhammel 1989, p. 190]であり、イギリスにおいても東インド会社が中国貿易の独占権を保有し続ける限り、中国との摩擦は少なかったのである。しかし、イギリスにおいて産業革命が進展して自由貿易論者の圧力が高まり、東インド会社の独占権が廃止されて中国貿易へのイギリス商人の参入が認められると、彼らの間で中国の差別的管理貿易に対する不満が高まった。彼らは、政府に対して軍事力によって中国に自由貿易を受け入れさせることを要求した。こうした世論を背景に、パーマストン首相は一八四〇年、中国によるアヘン取り締まりとイギリス商人への迫害を口実として中国に開戦を決定し、一八四二年締結の南京条約によって、中国政府に広東以下五港の開港、公行の廃止、治外法権、最恵国待遇を認めさせた[坂野 一九七三、一七二―一七七頁]。

南京条約と通商協定の結果、条約港には一八五〇年までに五百人前後の欧米人(うち半分がイギリス人)が居住し、上海では約七〇の企業が通商活動を行なうようになった[Lowe 1981, p. 17]。しかし、アヘン輸出は増加したものの、イギリスの産業資本家らが期待した綿製品の輸出はそれほど増加しなかった。その理由として、条約港の数が不十分であること、中国人が相変わらず外国人を蔑視・差別し続けたこと、通商の場が条約港に限定されたため、内地への通商の拡大が阻まれたことなどが考えられた。「中国、ポルトガル、スペイン、アメリカのような半文明的な政府には、秩序を保たせるために八年か一〇年ごとにきつい仕置きが必要である」[Lowe 1981, p. 34]とパーマストンが述べたとおり、イギリスは一八五六年から再度中国に軍事力を行使した。こうしてイギリスは中国に一八五八年には天津条約、そして一八六〇年に北京協定を締結させて、新たに十一の条約港の開設を認めさせ、内地旅行権および外国船の揚子江航行権を確保、さらに北京に公使を常駐させることによって中国に国家間の交際には対等が原則であることを教え込もうとした[坂野 一九七三、二五九―二六四頁]。

これらの条約が意味したものは、中国を植民地化せず、むしろ全世界に対して自由貿易の市場として開放したことであり、条約港制度がその実践のためのシステムとなった。すなわち、条約で規定された港で中国商人と西洋の商人が対等の立場で貿易を行なうこと、そして治外法権を保障された西洋人は、条約港周辺の指定地域において、自国の習慣に沿った生活を保障されることになったのである。この条約港制度は日本にも導入された。日本を開国させたのはアメリカであったが、アメリカはその後起こった南北戦争による国内混乱で勢力を弱めたため、日本においてもイギリスが西洋列国の外交主導権を握った。

イギリスをはじめとする西洋諸国にとって、条約とは中国や日本に国家の対等を基礎とする西洋の国際慣行や商慣行を教えこみ、通商を拡大するための重要な原則であった。イギリスは、日本人や中国人が条約を軽視し、通商の権利や自国民の生命資産に深刻な危害を加えたときにのみ軍事力を行使した。生麦事件や下関砲撃事件に際しては、イギリスは薩摩・長州両藩に対して海軍力を行使して両藩を屈服させたが、それは日本を軍事的に制圧する意図の下になされたものではなく、イギリス人の生命・資産を保護するためのものであった[Daniels 1968, p. 292]。このようにして、イギリスは、東南アジアにおいては植民地化を進めることによって公式の帝国を拡大する一方、中国・日本という東アジア諸国に対しては、限定的に軍事力を行使することによって条約を締結させ、その規定に基づいて通商的に支配するという非公式の帝国の確立を進めたのである。そしてこの帝国の二層の構造は相互に影響を及ぼしあいながら、一九世紀末に向かってのイギリスの東アジア政策を形成していくことになる。

二　中国におけるイギリス非公式帝国の性格と限界

イギリスはいったん中国・日本に通商拡大の橋頭堡を確立すると、以後は軍事力の行使を控えるようになった。この理由として主に次の三つが考えられる。第一に安易な軍事力の行使に対して本国で強い批判があったことである。中国に対する二度の開戦に際して、議会はアヘンを売り込むためや通商を拡大するために軍事力を行使することに対して強い異議を唱えていた。第二は、中国は広大な市場であったが不安定で混乱しているということであった。第三に、中国・日本などイギリス本国から程遠い地域においてイギリスが常時介入を続けることが困難であったことである。イギリスは軍事力で中国市場を開きはしたが、その広大な市場をさらに開拓するためには、中国政府の協力や好意が不可欠であると考えられるようになったのである。特に中国政府の権力が一八五〇年代に起こった太平天国の乱によって弱体化すると、この見方が強まった。太平天国がもし中国を支配することになれば、それがイギリスにとって好ましい結果をもたらしてくれるか、という不安が拡大したのである。エルギン卿が述べたように、中国皇帝を侮辱して彼の権威を損なうことは「金の卵を産む鵞鳥を殺し、中国を混乱に陥れ、最も利益の上がる貿易を危険にさらす」ことになりかねなかったのである[Beasley 1987, p. 19]。

こうした状況下、イギリス政府は一八六〇年代以降、イギリス国民の生命資産が直接危機にさらされる場合を除いては、むやみに海軍の支援を要請しないように中国駐在のイギリス外交官たちに通達を繰り返した[Platt 1968, p. 268]。その代わりにイギリス政府が利権の拡大のために打ち出した政策は、「協力」政策であった。それは、イギリス・フランス・ロシア・アメリカの四国が中国政府に「協力」して中国の「近代化」すなわち西洋化を手伝い、中国政府との地道な条約改正を通して漸進的に通商特権を拡大していこうとするものである。このような列国による「協力」政策の基盤は、列国が中国政府と締結した諸条約において、すでにその基礎が形成されていた。というのは、これらの諸条約中に挿入された最恵国条項によって、一国が新たに中国から確保した特権は他の締約国にも自動的に均霑されることになったからである。最恵国条項は、列国の協調による中国の漸進的門戸開放のために機能することを意味したのである[Pelcovits 1969, pp. 102–104]。

さらにイギリスは関税業務を行なう中国の行政機関として海関を設立させ、ロバート・ハートを総税務司に任命して、中国貿易を管理させることにした。これに加えてイギリスは、中国を説きつけて一八六一年に総理各国事務衙門を創設させ、中国外交の「近代化」を進めようとした。そしてこれらの試みによって中国をてなずけ、通商的に支配しようとしたのであった。イギリスが追求しようとした中国政策は、中国政府との間に実際的で利益の上がる関係を発展させること以外になかった。「協力」政策は決して満足できるものではなかったが、それにかわるよりましな政策を見出すこともできなかったのである[Pelcovits 1969, p. 104]。

しかしこの政策は、中国に駐在して自国民の生命資産を保護する任務を帯びていたイギリスの外交官たちを困惑させた。さらにイギリスの産業資本家や商人は、政府の中国政策が「無関心」ないし「非介入」的なものになったと捉え、消極的であると非難した。中国貿易の拡大には条約港の増加や内地の開放が不可欠である。しかし、中国政府はさまざまな通商上の規制を加え、内地通商を制限しようとしている。特に釐金と呼ばれる内地関税はイギリス製品が内陸部へ流通する際の障害となっている。これらの解決には軍事力行使を含めた強硬な政策が肝要である。このように彼らはイギリス政府へ要求した[Pelcovits 1969, chapter 3]。

こうしてイギリス政府と輸出の拡大を目指す中国関係業者との間の摩擦はますます強まっていった。その摩擦の代表的な例に、一八六九年一〇月締結の改正天津条約の批准拒否問題がある。「協力」政策の推進者であったオールコック駐華公使が中国政府との間に苦労の末まとめ上げたこの協定に対して、中国による内地関税過剰徴収の悪弊が取り除かれていないという理由で商人の間で批判が続出し、議会も批准を拒否せざるを得なかった[坂野 一九七〇、二三二―二三九頁]。しかし、それでも「協力」政策維持の方針は堅持された。ハモンド外務次官は、中国に圧力を加えることは外国を利することになるため、自制的方針を採らざるを得ないと声明した[Pelcovits 1969, pp. 83-84]。その結果、イギリスが中国で実行できる政策は、中国の行財政改革や騒乱鎮圧のための軍事改革など一連の近代化支援措置に限定されることになった。中国側に用意のできていない改革要求は、その政治的社会的分解を招きかねないとされたのであった[Beasley 1987, p. 19]。

このようなイギリスの方針は当然中国貿易の停滞という問題を作り出すことになった。イギリスの中国への輸出品目においてはアヘンが一貫して主要なものであり、一方中国からの輸入品目においては茶・シルクがその大半を占めていた。しかし中国が次第にアヘンの国産化を進めると、アヘン輸出は一八七九年の五千トンをピークとして以後低下した。こうした状況から、ジャーディン＝マセソン商会、デント＝パーマー商会などの主要アヘン取り扱い業者は一八七〇年代以降次第にアヘン輸出依存をやめ、運輸・保険・銀行業・条約港関連施設の経営などへと経営を多角化していった。一八七〇年代には電信が導入されて海外との通信が大幅に改善され、またクレジット利用が可能になったことで香港や上海に銀行が開設され、新規の冒険好きの実業家を引きつけた。その結果、一八八〇年代までに中国沿岸部においては多くのイギリス人が活発にビジネスを展開した。上海はその成功例であり、商品の中国内地への販路として機能したばかりか、外国人居住者の増加に伴って都市自体の購買力が拡大し、新たな需要を見出すようになった。揚子江流域及び香港・中国南部諸省間においては、蒸気船による海運業の発展が著しく、ジャーディン＝マセソン商会やバターフィールド・アンド・スクエア商会が経営するイギリス船舶が貨物や旅客輸送の主要シェアを握った[Osterhammel 1999, pp. 160-161]。

その一方、イギリス産業資本家が期待した綿製品の輸出拡大については、一八八五年には綿製品はアヘンにかわって中国に対する主要な輸出品になった。しかし、もっともその輸出が拡大した一八九六年ですら、中国はイギリス綿製品の約八％(インドは約二七％)を吸収したに過ぎなかった。また、一九世紀における中国への輸出は一八五四年から六三年までの十年間の年平均額が約三〇〇万ポンド、六四年から七三年までの年平均額が約八〇〇万ポンド、七四年から八三年までが八五〇万ポンド、八四年から九三年までが同じく約八五〇万ポンドと、六〇年代以降ほとんど拡張しなかった[Lowe 1981, p. 4]。

このような中国貿易の不振は、イギリスの中国における自由貿易が条約港及びその周辺地域に限定されていたこと、裏を返せば、イギリスが中国内地貿易に直接参入できなかったということに起因していた。中国内地におけるイギリス綿製品供給の実権は中国人商人に握られており、茶・シルクを扱う外国人業者は土着の仲介業者から原料としてではなく完成品を供給されるばかりであった。イギリス商人は中国の仲買人が握っていた交易ネットワークに製品の販売を依存しなければならないという問題に悩まされ続けたのである。この綿製品輸出拡大の不振が象徴する中国内地市場開拓の失敗は、イギリスの中国における非公式帝国の限界を一面で表していたといえよう[Osterhammel 1999, p. 162]。アヘン戦争当時に抱かれた無限の市場という夢は、一九世紀には実現されずに終わったのである。

もっとも条約港中心の貿易が限定的自由貿易であったこと自体に真の原因があったともいえる。なぜなら条約港制度は、本来西洋人が異質な文明地域において自らの生命・資産を守るために考案した飛び地であり、異文明の地において少数派の西洋人が通商の自由や安全を確保しようとすれば、必然的にその活動範囲を飛び地の中に限定しなければならなかったからである。東洋人は西洋では当然とされている対等の貿易や人権を認めようとせず、逆に危害を加えていて西洋の文明の基準に達していない。このような「非文明」地域において西洋人は自国の慣行を保障された居留地を設定し、治外法権によって自らの生命資産を防衛せざるを得ない。これが治外法権の慣行が当初に設定された理由であった[Gong 1984, p. 68]。つまりイギリスが中国全土の全面的開放よりも沿岸部、すなわち条約港及びその周辺地域に通商を拡大していく方針を採らざるを得なかったこと自体に貿易不振の真の原因が潜んでいたのである。

当然イギリスは内地市場の開拓も積極的に進めようとした。内地へ達するルートとしては、条約港から河川を遡上して内地へ向かうもの、ビルマから中国南西部に向かうもの、そしてイギリス領インドからチベットを経由して雲南省に向かうものなどが考えられていた。それゆえチベットがイギリスの膨張を警戒して入国を拒んでいたにもかかわらず、チベットをもイギリスの市場として開く試みも行なわれていた[Lamb 1960, pp. 143-144]。これらの要請を背景として、インド政府は一八七〇年代に入るとビルマ・雲南ルートの調査を急ぎ、遠征隊の派遣を決定した。遠征隊は、ウェイド駐華公使を通して中国政府から雲南に入るパスポートの発給を受ける一方、ビルマ政府よりビルマ領内の通行許可を得て雲南に向かったが、一八七五年二月下旬、通訳として派遣されたマーガリ書記官が雲南省で殺害された。インド政府は、殺害が現地中国人官憲の指示によって実行されたと疑い、現地調査と犯人の処罰およびイギリス軍の護衛を伴う遠征隊の再度派遣を要求した[Mukherjee 1988, pp. 363-368]。

中国政府との交渉を委任されたウェイドは、中国による外国人蔑視や条約軽視などの前近代的行為がこの事件の主因であるとみなし、これら英中間の諸問題を解決することが通商の拡大にとって優先課題であると考えた。このためウェイドはイギリス海軍による示威行動や国交断絶の脅しを加えて、一八七六年九月、中国に芝罘協定を締結させた。芝罘協定は、中国政府による謝罪と償金の支払い、公的交際における中国官僚と欧米外交使節との対等な関係の確認、そして新たな条約港と租界の設置などを規定し、イギリスの通商をさらに拡大させるものとなった。さらに特別条項として、北京から甘粛・青海を経るか、あるいは四川を経てチベット、そしてインドに到る遠征隊の派遣をインド政府が希望する際には、総理衙門は駐蔵大臣の判断次第という条件を付けながらも、パスポートを発給することに同意した[Wang 1940, pp. 75-76; Cooley 1981, p. 119]。

芝罘協定はウェイドにとって中国の前近代的習慣を改めさせ、通商の拡大を進めるうえでの勝利であった(FO 405/24, Wade to Derby, July 14, 1877)。しかし、この協定に対して、またしてもインド政府やイギリス商人たちは中国からの利権獲得が不十分であるとして批判した。そのためイギリス政府は協定の発効を黙認したが、インド政府がビルマ・チベット遠征を再度企てる一八八六年まで批准を控えた[Cooley 1981, p. 128]。

三　イギリスの宗藩関係への関与

ここまでイギリスの中国における通商の拡大の試みを中心として述べてきた。しかし、一八八〇年代になると列強の東アジア進出が強まり、これに対応すべくイギリスの外交もその利益を防衛するため、中国との友好関係の強化という戦略的なものへと移行していくことになる。そして、その中国との友好関係の強化という戦略において注目されたのが、朝貢を通して中国とその周辺諸国間に形成されていた宗主国と藩属国との関係(宗藩関係)であった。

宗主国としての中国による周辺地域の首長に対する冊封とこれら首長からの中国への朝貢を軸とする宗藩関係は、主権国家の対等を基本原理としていた西洋の外交使節にとって不可解な存在であった。はたして朝貢(藩属)国とは西洋国際法上の外交自主権を持たない属国であるのか、それとも独立主権国家であるのか。この質問に対して中国は、朝貢国は属国ではあるがその内政・外政に干渉しないと繰り返し表明した。中国は当初イギリスさえも朝貢国として位置づけていたが、イギリスは中国に対する力の優越に自信があったため、それほど関心を持っていなかった。

しかし、一八八〇年代に入ると朝鮮開国問題をきっかけとして宗藩関係が次第にイギリスの関心を惹くようになった。イギリスは朝鮮における通商上の魅力をほとんど感じていなかったが、ロシアが一八六〇年にウラジオストックを建設すると、ロシアがさらに朝鮮半島へ南下して不凍港を建設するかもしれないという懸念が生じ、朝鮮に対する戦略的関心を高めた[Hamilton 1974, pp. 25–27]。

ところで朝鮮は中国を事大として年二回貢納を行ない、中国の宗主権に隠れて西洋諸国による開国要求を拒み続けた。宗主国として朝鮮開国の仲介を依頼された中国は、朝鮮の内外政に関与せずとの返答を繰り返した。一八七六年、東アジア諸国との外交関係の近代化を進める日本は、砲艦外交をもって朝鮮に日朝修好条規を締結させ、朝鮮を独立国家と位置づけて中国の宗主権から切り離しにかかった。中国は当初関心を示さなかったが、ロシアやフランスが中国周辺部への侵入を企てるなか、一八七九年に日本が琉球を沖縄県として併合し中国の宗主権から切り離しにかかると、中国は藩属国のあいつぐ喪失をその威信低下の危機として捉え、日本を仮想敵国とみなして朝鮮防衛に着手した。すなわち、中国は朝鮮に西洋諸国と条約関係を持たせて西洋諸国を引き込み、列国間の勢力均衡状態をつくりだすことによって朝鮮を保全しようとしたのである。同時に中国は積極的に朝鮮内政への関与を強めて宗主国としての立場の強化を図ろうとした［金　一九九五、四七—五〇頁］。

一八八二年、直隷総督李鴻章がアメリカと朝鮮との国交樹立交渉を仲介し、朝鮮国王のアメリカ大統領宛親書において朝鮮が中国の属国であることを明記させたことは、宗主国としての中国の立場を国際的に印象づける最初の試みであった。李鴻章はイギリスにも働きかけて朝鮮と条約を締結させ、同様な属国宣言文書をイギリス女王へ送付させたが、それがイギリス政府をして朝貢制度を本格的に検討させる契機となった。この英朝条約締結を現地で推進したのはウェイドであったが、これは彼が宗藩関係と条約関係との間の矛盾に気づいていなかったという訳ではない。ウェイドは宗藩関係と条約関係の並存を中国が近代化していくために必要な過渡的現象と位置づけ、朝鮮開国が契機となって中国の前近代的意識が徐々に取り除かれていけば、それが長期的にはイギリスの利益になると考えたのである。中国の安定と強化にはイギリスの強力な援助が必要である。このように考えたウェイドは、同年七月に起こった壬午事変への対応において、中国が朝鮮の秩序維持に責任を持つべきであると強調して反日的態度をとった（FO17/895/28, Wade to Granville, May 27, 1882; FO17/898, Wade to Granville, August 25, 1882）。

しかし、イギリス外務省はウェイドの行動に困惑し、朝鮮の中国に対する従属性の程度や性格はいかなるものか、そして宗藩関係と列国の条約関係との連関につき注意すべき点は何かについて検討を開始した。その結果、外務省は宗藩関係が歴史的に存在するのは事実としながらも、中国が宗主国としてロシアの侵略から朝鮮を防衛できる能力があるかどうかという戦略面を重視した(FO17/894, Granville to Wade, November 20, 1882; FO17/915, memo by Hertslett, December 19, 1882; FO17/915, memo by Currie, January 8, 1883)。結論として外務省は、主権国家相互の契約としての条約を重視して朝鮮を独立国家として扱い、朝鮮の運命を中国に委ねるよりも列国間の勢力均衡によって朝鮮の安全を維持することが賢明であるとした。同時に通商の拡大も重視したイギリスは、同年末に中国に排他的特権を与えた中朝水陸通商章程が成立するとこれに強く反発し、パークス駐日公使に命じて条約の改正を指示した(FO17/900, memo by Granville, January 22, 1883)。

　朝鮮における中国の優越的地位を認めるつもりはなかったパークスは、日本と同様に朝鮮においてもイギリスの通商特権を限りなく拡大しようとした。そして翌八三年一一月に朝鮮政府と新条約を締結し、日本や中国が確保した通商特権と同等以上の権利を確保した。しかしパークスは中国が神経質になっていた宗主権問題に対しては触れずに済ました。その理由として、朝鮮が宗藩関係からの逸脱を嫌ったことがあった。それゆえパークスは、朝鮮事務を担当していた直隷総督李鴻章の提案どおりに、パークスが中国公使と朝鮮公使を兼任して朝鮮事務を行なうことを了承する。中国はパークスによる公使兼任をもって中国の宗主権が認知された証であるとみなし、朝鮮はそれが中国への顔を立てるとともに、形式上ではあっても自国の国際的独立性が認知された証であるとみなしたからである(FO45/34/26, Parkes to Granville, December 16, 1883)。要するにパークスは、中国が公使兼任に満足しているのならば、そのように思わせておけばよいと考えただけであった。

　このようなパークスの政策は、一八八四年一二月に勃発した甲申事変でも継続された。パークスは日中両国を仲裁し、中国に対しては朝鮮を独立国として日中両国が共同保護することが望ましいと忠告、日中両国による朝鮮からの同時撤兵を支持した。パークスは一貫して中国の宗主権を批判し続け、イギリス外務省もこれを承認した(FO17/953/328, Parkes to Granville, December 20, 1884; FO17/979/112, Parkes to Granville, March 18, 1885)。

四　東アジア情勢の変動と宗藩関係の再認識

一八八〇年代半ばの東アジア国際情勢の変動は、イギリスをして急速に中国の藩属国における宗主権の認知へと政策を転換させることになる。その動機は、ロシアが中央アジアへの、そしてフランスが東南アジアへの進出を加速させたことにあった。イギリスはロシアの南下政策をインド・ルートに対する脅威とみなし、クリミア戦争以後対立関係にあった。ロシアはバルカン半島南下を阻止されたものの、中央アジア方面への進出を強めた。その間イギリスは一八七七年にインド帝国を成立させたが、それは長大なインド国境部を防衛する負担をイギリスに課すことになった。その結果、アフガニスタンからインド北方へと南進してインドを脅かそうとしたロシアと、これを阻止しようとするイギリスとの中央アジアにおける勢力抗争、いわゆる「グレート・ゲーム」が激化したのである[Gillard 1977; Hopkirk 1990]。一方、対仏関係については、イギリスが一八八二年にエジプトを単独占領して以来悪化していた。ベトナムの植民地化を進めるフランスは、一八八〇年代に入るとトンキンへと北上し、ベトナムにおける宗主権を主張する中国との間で緊張関係を強めていた。その結果、中国とフランスがベトナムをめぐって開戦した際の、イギリスの中国貿易に与える損害が危惧されたのである。

ところでロシアは一八八一年六月に成立した独墺露三帝同盟によってヨーロッパにおける安全を保障されて中央アジアへの膨張を加速し、一八八四年三月、アフガニスタン・ペルシア境界部に位置するマーヴを併合した。マーヴはイギリスが安全保障上重視していたインド北西部のヘラートのさらに北方に位置していたため、イギリスはロシアとアフガニスタン北西部の境界画定交渉を進めて開戦を回避しようとした[Gillard 1977, p. 144]。

その間、フランスはトンキンをめぐって六月にベトナムの防衛にかかった中国と宣戦布告なき戦争状態に入った。

これと並行して中国南部で激しい排外暴動が発生し、その対応のために西洋の外交官たちを奔走させた。この暴動は、バウエン香港総督が「中国近代史の転換点」と記しように、トンキン侵略に反対する中国ナショナリズムの発露かとも思われた。中国が宗主権の名の下に軍事力を発動したことと中国民衆による排外暴動の同時展開は、イギリスの清仏戦争への対応を困難にした。清仏戦争が長期化すれば中国貿易に多大な損害が発生することは避けられず、さらに中国が勝利することにでもなれば、西洋人の通商全体に対して深刻な結果をもたらすと懸念されたのである[Kiernan 1970, pp. 185-186]。さりとてイギリスが清仏戦争に過剰に干渉すればフランスの反発を強め、英仏関係をさらに悪化させ、最悪の場合にはフランス・ロシアとの二正面戦争にもなりかねなかった。インド総督のリポンが危惧したように、もしイギリスがインド北西部でロシアと、南東部でフランスと同時開戦する事態にでもなればインドは破滅に追い込まれるのであった[Mahajan 2002, p. 85]。それゆえイギリスは清仏戦争に対して中立的立場をとることを選択、八五年春に戦争が終結に近づき、フランスが中国南部の内陸部における通商特権を中国から要求していることを知ると、中国にその特権を均霑するよう要求するにとどめたのであった(British Parliamentary Papers, China 5, pp. 213-215)。

しかしこの頃、アフガニスタン方面ではマーヴ南方のペンジュにおいてロシア軍がアフガニスタン軍と衝突するという事件が起こった。これを見たグラッドストン首相は議会に戦債発行を要請して臨戦態勢に入り、インド政府も軍をインド北西部へ移動させるよう指令した。イギリス海軍も中国沿岸に展開していた艦隊に出動命令を下し、朝鮮半島南端の島嶼巨文島を緊急占領し、極東ロシア海軍に対する作戦基地として使用することを決定した。巨文島をイギリスが占領しなければロシアが先に占領するかもしれない。これを警戒したイギリスは、曾紀澤中国公使の提案に応じて、巨文島占領を容易にするための方策として中国の朝鮮における宗主権を認知する協定の締結に同意した。ポーンスフット外務次官は宗主権を認知する効果を疑問視したが、対露戦争が切迫しているという緊急事態のもとではやむなしと同意した(FO17/975/75A, F.O. to O'Conor, April 8, 1885; FO17/1000, memo by Pauncefote, April 12, 1885)。

この宗主権認知に関する中国との公式協定は、もし実現されていたとすれば朝鮮における中国の国際的地位を大幅に強化することになり、その後の東アジア国際政治の展開を大きく変えていたかもしれない。しかし、ロシアの反発を恐れた中国の消極性のためにその実現は陽の目を見ずに終わった。イギリスはその間、ロシアとのアフガニスタン周辺の境界調整を望んでビスマルクに仲裁を依頼し、英露開戦の危機は秋までにひとまず回避された。しかし、将来再びロシアの攻撃の危機が起きた際、いかにしてインドを防衛するかという問題は引き続きイギリス政府を悩まし続けることになった[Gillard 1967, pp. 240-241]。それゆえ、その対策の一環として中国との友好関係の強化が重視されることになった。

中国との関係強化の必要性は、フランスの東南アジアにおける膨張という点からも認識された。というのは、ベトナム併合後のフランスがインドの安全保障上重要であった上ビルマへも勢力を伸張することが予想され、上ビルマに隣接する中国の動向が注目されたからである。上ビルマでは、イギリスに反感を抱くティボー王が暴政を行なって首都マンダレーからイギリス人弁務官の撤退を余儀なくさせる一方、フランスに接近して武器の供与を求めようとしていた。ティボーはさらに西ヨーロッパへ使節を派遣し、フランスとの同盟締結を画策した。こうした上ビルマの動向に対して、イギリス本国およびラングーンのイギリス商工会議所から上ビルマの併合を求める声が高まった。フランス政府はイギリスに対して上ビルマとの同盟の意図を一貫して否定し、またそのような事実もなかったにもかかわらず、イギリス政府とインド政府は神経過敏になり、上ビルマ併合の準備を進めた[Singhal 1981, pp. 72-93]。

この時期、中国との関係強化を促進したのがソールズベリである。ソールズベリはグラッドストンに替わって一八八五年六月から翌八六年一月、八六年七月から九二年八月まで首相を務め(外相をも兼任)、そして九五年六月から一九〇二年七月まで首相を務め、一九世紀末に向かうイギリスの東アジア政策を方向づけた。彼は中国と周辺諸国間の宗藩関係を尊重する態度を示すことによって英中関係を強化する方針を鮮明にしていく。

まずビルマについては、もし上ビルマが藩属国として宗主国の中国に訴えることにでもなれば、中国は清仏戦争同様に、宗主権を発動して併合に反対するかもしれないと強く危惧された。ソールズベリは、イギリスは中国のビルマにおける法的権利を尊重し、中国と協定を結ぶ準備があるとする覚書を中国に送付して懐柔を試みた。これに対して中国は、イギリスがビルマによる一〇年一度の中国への朝貢の継続を認めること、そのかわりとして中国はビルマ・中国境界の雲南側に交易所を設けてイギリスの通商に開くと回答し、イギリスの上ビルマへの開戦を容認した[Singhal 1981, pp. 93-94]。イギリスは上ビルマを一八八六年一月に併合、インド帝国に編入した。

問題はイギリスがビルマに対する中国の要求をどのような形で満たすかであった。外務省では、インド併合後のビルマに中国への朝貢を継続させれば、イギリスが中国の属国になりかねないという見解や、中国が一方的にビルマを朝貢国と位置づけただけであって朝貢の実態は存在しないという見解も存在し、朝貢を継続させることに対して強い反対論が存在した(FO881/5321X/18, Campbell to Hart, November 20, 1885; FO881/5321X/20, Campbell to Pauncefote, November 21, 1885)。しかしソールズベリは、イギリスは中国との通商の拡大を望んでおり、またフランスの今後の動向が不明であると指摘し、中国が威信の維持のために望んでいる措置をイギリスが採用することによって中国との友好関係が強化できるのならば、それを実行する必要があると応えた(FO881/5381/36, Salisbury to O'Conor, January 12)。

このソールズベリの方針は、一八八六年二月から一時政権を担当したグラッドストンにも継承され、一八八六年七月にイギリスと中国間にビルマ・チベット協定が調印されることになる。この協定第一条では「ビルマの最高機関が地産品を携えて一〇年一度の使節を派遣する」こと、第二条では中国がイギリスのビルマ併合を承認すること、第三条ではビルマ・中国の境界の画定および境界貿易の条件に関する取り決めを、そして第四条では中国がインド・チベット間の通商に便宜を図ることを条件として、イギリスはチベットへの使節派遣を中止することが規定された(FO 17/1021, Walsham to FO, telegram No. 40, July 8, 1886)。

ビルマ・チベット協定の特徴は、イギリスが中国・ビルマ間の伝統的儀礼の継続を重視したのみならず、チベットにおける中国の宗主権をも暗黙裡に認めて中国を満足させたことにあった。イギリスはチベットが中国に従属しており、それゆえにチベットへの通商の拡大は中国の許可をもって行なうことが必要であるとみなしたのである。芝罘協定特別条項において、中国はイギリスによる通商使節のチベット派遣を許可していたが、チベットの反英感情を気遣ってイギリスの使節派遣を嫌った。したがってインド政府が一八八六年に使節団の派遣計画を復活させると、中国はチベットが武力抵抗しているとの理由で使節派遣を拒否したが、その見返りとしてイギリスのビルマ併合に最終的に同意したのであった(FO881/5480/48/49, O'Conor to Rosebery, June 1, 1886)。一方イギリスは、中国の好意を得てチベットに通商を拡大するとともに、中国内地へも通商を拡大することを得策とみなした。これがビルマ・チベット協定の成立を導いた要因であった。もっともチベットはその後も反乱状態にあり、中国の指導力が及んでいないことが明らかになった。それにもかかわらずイギリスは中国と一八九〇年、九三年とチベットに関する二度の協定を締結して、中国を通してチベットへ通商を拡大する政策を堅持した。

つぎに朝鮮に関しては、イギリス海軍による巨文島占領が長期化するにつれて中国・朝鮮・日本から反発が強まり、また巨文島自体に軍事戦略的価値がないことが明らかになると、イギリス政府の立場は内外とも弱まった。さりとてロシアの朝鮮南下の脅威が消えぬ限り巨文島からの撤退は不可能であった。イギリスはその打開策として、中国が朝鮮における宗主権認知を要求していることを利用して朝鮮防衛の責任を中国に転嫁させ、それをもって巨文島撤退の理由とすることにした(FO17/1013, memo by Currie, August 6, 1886)。そのためイギリスは中国の希望をできるだけ適えたいとした上で、ロシアおよび中国と交渉を続け、ロシアが朝鮮に南下しないことを中国に誓約し、これを受けた中国が属国朝鮮の安全保障の責任を負うという誓約をイギリスに与えた後、一八八七年二月に巨文島から撤退した(FO17/1020/285, Walsham to Iddesleigh, October 6, 1886)。ワルシャム駐華公使が指摘したように、中国の朝鮮における宗主権を認知しておくことは、万一ロシアとの危機が再発して巨文島の再占領が必要になった際、イギリスの利益になるのであった(FO17/1043/88, Walsham to Salisbury, December 7, 1887)。

このようにして朝鮮問題においてもイギリスは中国との友好を重視し、宗藩関係を積極的に活用する政策へと転換したが、同時に、ドイツや中国、そして日本との同盟締結の可能性をも検討していた。特に英中同盟構想に対して海軍省は強い関心を示したが、ロシアとの対立を回避したいソールズベリは、結局英中同盟の締結意思がないことを表明した(FO881/5321X/29, Hart to Salisbury, September 27, 1885; FO881/5321X/30, Salisbury to O'Conor, December 1, 1885)。もっともソールズベリにとっての同盟とは、「拘束力を持つ紙面上の協定を伴わない密接な協調の慣行」を意味していたという[Gillard 1967, p. 246]。宗主権認知を通して中国との実質的な同盟を確保しようとする政策は、このような彼の姿勢に合致したといえよう。

五　宗主権認知政策の破綻——イギリスの日清戦争への道

以上のように、宗主権認知によって中国の威信を保ち、それを通して通商を拡大し、同時にロシア・フランスの東アジアへの拡張に備えようとするイギリスの政策は一八八〇年代末までに確立された。問題は、中国がもっとも重視した朝鮮における宗主権の維持に対して日本の反発が強まっていたことである。

イギリスは当初、宗主権とは、朝鮮との儀礼関係に限定されるのか、それとも西洋国際慣行における宗主国の権利に近いものなのか判断しかねていた。しかし、一八八八年に入るまでには、朝鮮が中国の属国であると同時に自主を保っていること[岡本 二〇〇四]も次第に明らかになった。まず、巨文島撤退交渉を通じて中国が朝鮮の併合を意図していないことが明白になった。つぎに一八八七年秋に朝鮮が西洋締約国へ全権公使を派遣して独立性をアピールしようとしたことに対して中国が異議を唱えたが、結局宗藩関係の枠内においてという条件を付けて使節の派遣を認めた経緯があった。これを見たワルシャムは「先入観を持たない者なら誰でも、中国が朝鮮に対して直接ないし公に干渉を行なうことはできないと思うであろう。」とソールズベリに報告している(FO17/1043/88, Walsham to Salisbury, December 7, 1887)。

中国は内政干渉を強めても、公然と朝鮮領土を侵害するような行為はできない。なぜならそれは伝統的な宗藩関係からの逸脱になるからであり、また、それは日中開戦の危険性を内包している。このように判断したワルシャムは、中国の優越において朝鮮の秩序を維持することを好ましいとしながらも、日中間の緊張を高めないよう朝鮮の静謐を保つ必要性を強調した(FO17/1043/88, Walsham to Salisbury, December 7, 1887)。こうしてイギリスの政策は、中国に対しては日本や諸外国の干渉を招かぬように慎重に行動することを期待する一方、日本に対しては中国の優越下で朝鮮の安定化に協力するよう繰り返し説得することになった。さらにイギリス自体も朝鮮における宣教師の過度の活動を抑制し、朝鮮の混乱を招かぬように配慮したのである(FO46/349/219, Plunkett to Iddesleigh, December 18, 1886; FO46/366/78, Plunkett to Salisbury, March 27, 1887; FO17/1085/10, Walsham to Salisbury, June 15, 1889)。

日本では、巨文島事件は英露という超大国の抗争が東アジアへついに波及したという危機感が強まっていた。そして日本政府内では伊藤博文参議や井上馨外務卿らを中心として、日本は国力不足ゆえに朝鮮においては一時中国と妥協しつつも、条約改正を速やかに実現して日本の真の独立を達成し、同時に軍事力を強化して英露の世界戦争に備えるという方針が打ち出されることになった[崔 一九九七、一三一—一四二頁]。したがって、やむを得ず中国との妥協によって朝鮮の静謐を保とうとする日本の政策は、イギリスの政策に添うものとなったのである。

しかし、ここに大きな落とし穴があった。イギリスが日本との友好関係を強化するには、プランケット駐日公使が指摘したように、日本がもっとも望んでいる条約改正に応じてやり、かつ日本の安全を保障してやる必要があった

(FO46/326/64, Plunkett to Granville, July 29, 1885)。しかし、イギリスは欧米列国中もっとも強く条約特権の維持に固執し、条約改正を拒み続けた。その一方日本国民の間では、条約改正と朝鮮における政府の弱腰ぶりに対して不満が高まるばかりであり、条約改正要求と朝鮮政策強硬論は同時に日本政府を攻撃することになった。悪いことに、中国がイギリスの了解の下に朝鮮に対する干渉を強めたことは、日本政府の立場をさらに弱くした。その結果、条約改正を急ぐ井上は外国に譲歩しすぎたという理由で失脚し、後継の大隈重信外相も一八八九年一〇月、やはり妥協的過ぎるという理由で襲撃された。この大隈遭難事件以後、日本政府は政権交代を繰り返し極めて不安定な状態に陥った。「日本世論は対外関係について危険な兆候を見せている。日本は四方を海に守られて好戦的な三千～四千万人の国民を有している。日本人は概して善良であるが、先を見る目がなく、獰猛でうぬぼれが強く常にクーデタを冒す危険がある。」とフレーザー駐日公使は記している(FO46/398/10, Fraser to Salisbury, January 13, 1890)。

こうした中で、日本政府が条約改正に好意的なアメリカやドイツに接近したことはイギリスの危機感を強め、ようやく一八九〇年になって条約改正で対日譲歩する方針へと転換される[大石 二〇〇八、一六四頁]。しかし、その年以降日本の帝国議会において、多数派を占めた民党が日本政府を攻撃し続けることになった。そのため議会における日本政府の立場はますます弱体化し、議会と妥協して、強硬な朝鮮政策を唱える世論に迎合する傾向を示し始めた。こうして日本政府内の対中妥協派に期待した英中日三国による朝鮮安定化政策は行き詰まりを迎えつつあった。残った選択肢は中国をとるか、日本をとるかであった。しかし日清開戦に至るまで、イギリスはその選択を回避したのである。

【文献一覧】

大石一男 二〇〇八 『条約改正交渉史 一八八七―一八九四』 思文閣出版

岡本隆司 二〇〇四 『属国と自主のあいだ——近代清韓関係と東アジアの命運』名古屋大学出版会

金鳳珍 一九九五 「近代における東アジア地域秩序の再構築」加藤祐三編『近代日本と東アジア——国際交流再考』筑摩書房、三三—五九頁

崔碩莞 一九九七 『日清戦争への道程』吉川弘文館

坂野正高 一九七〇 『近代中国外交史研究』岩波書店

坂野正高 一九七三 『近代中国政治外交史——ヴァスコ・ダ・ガマから五四運動まで』東京大学出版会

Beasley, W. G. 1987, *Japanese Imperialism 1894–1945*, Oxford.（杉山伸也訳『日本帝国主義1894–1945 ——居留地制度と東アジア』岩波書店、一九九〇年）

British Parliamentary Papers, China 5.

Cooley, J. C. 1981, *T. F. Wade in China: Pioneer in Global Diplomacy, 1842–1882*, Leiden.

Daniels, G. 1968, “The British Role in the Meiji Restoration: A Re-interpretative Note,” Modern Asian Studies vol. 2, pp. 291–313.

Gillard, D. 1967, “Salisbury and the Indian Defence Problem, 1885–1902,” in K. Bourne et al. (eds.), *Studies in International History*, London.

Gillard, D. 1977, *The Struggles for Asia, 1828–1914: A Study in British and Russian Imperialism*, London.

Gong, G. W. 1984, *The Standard of ‘Civilization’ in International Society*, Oxford.

Great Britain Foreign Office, Confidential Print, China (1845–1914), FO405.

Great Britain Foreign Office Confidential Print, Asia and Russia, FO5321X.

Great Britain Foreign Office Confidential Print, China: Further Correspondence respecting Burma 2, FO5381.

Great Britain Foreign Office Confidential Print, China: Further Correspondence respecting Burma 3, FO881.

Great Britain Foreign Office General Correspondence, China (1815–1905), FO17.

Great Britain Foreign Office General Correspondence, Japan (1856–1905), FO46.

Hamilton, A. H. 1974, “Origins of British interest in Korea in the Nineteenth Century,” Korea Journal vol. 14, pp. 16–28.

Hopkirk, P. 1990, *The Great Game: On Secret Service in High Asia*, London.

Kiernan, E. V. G. 1970, *British Diplomacy in China 1880–1885*, New York.
Lamb, A. 1960, *Britain and Chinese Central Asia: the Road to Lhasa, 1765–1905*, London.
Lowe, P. 1981, *Britain in the Far East: A Survey from 1819 to the Present*, New York.
Mahajan, Sneh 2002, *British Foreign Policy 1874–1914: The Role of India*, London.
Mukherjee, A. 1988, *British Colonial Policy in Burma: An Aspect of Colonialism in South-East Asia, 1840–1885*, New Dehli.
Osterhammel, J. 1989, "British Business in China, 1860s to 1950s," in R. P. T. Davenport-Hines, et al. (eds.), *British Business in Asia since 1860*, Cambridge, pp. 189–216.
Osterhammel, J. 1999, "Britain and China, 1842–1914," in A. Porter ed., *The Oxford History of the British Empire: The Nineteenth Century*, Oxford, pp. 146–169.
Pelcovits, N. 1969, *Old China Hands and the Foreign Office*, New York.
Platt, D. C. M. 1968, *Finance, Trade and Politics in British Foreign Policy, 1815–1914*, Oxford.
Singhal, D. P. 1981, *The Annexation of Upper Burma*, Singapore.
Wang, S. T. 1940, *The Margary Affair and the Chefoo Agreement*, London.
Wright, M. C. 1975, *The Last Stand of Chinese Conservatism: The Tung-Chi Restoration 1862–1874*, Stanford.

トピック・コラム

恋愛結婚の理想と現実

デビッド・ノッター

情熱的な恋愛は「カリスマ性と似た意味で、明らかに破壊的な力を有している」と、社会学者のアンソニー・ギデンズはいう。なぜなら、「極端な選択肢を進んで検討する覚悟を生み出していくからである」(アンソニー・ギデンス『親密性の変容――近代社会におけるセクシュアリティ、愛情、エロティシズム』松尾精文・松川昭子訳、而立書房、一九九五年、六二頁)。その破壊的な力が社会秩序を脅かすせいでほとんどの社会、特に家父長制の原理に基づいた社会において、恋愛が結婚のための正当な動機として容認されることはないのである。そして多くの社会学者または歴史家が指摘してきたように、恋愛が結婚の唯一正当な動機として見なされるのは、歴史的な観点からいえばきわめて異例なことであり、「恋愛結婚」の台頭は近代社会を伝統社会から分別する大きな特徴の一つである。

大正時代では「家制度」という家父長制の原理に基づいた家族制度が覇権を握っていたものの、その一方で「愛なき結婚」や「理解なき結婚」の存在を嘆くインテリが多く、「恋愛結婚」の時代の到来を熱く語る者も多数いたのである。大正時代はまさに「恋愛至上主義」の時代であり、恋愛を理想化する時代であった。しかし、その恋愛の理想は必ずしも当時の結婚制度の現状に合っているとは言えなかったため、「恋愛と結婚」の問題について多くの人々が悩んでいた時代でもあった。それらの苦悩を具現化させたのは、「白蓮女史事件」または「燁子事件」と称される事件であった。

「新しき女流歌人」として人気を博していた白蓮の名を持つ柳原燁子は名家の出身であったが、実家が衰退し始めたことから、伊藤伝右衛門という一代で財を築き上げた男と再婚した。一〇年間に及ぶ結婚生活は、伊藤が妾を住まわせていたこともあり、決して白蓮の望むものではなかった。結局、白蓮は婚家をあとにし、恋愛関係にあった宮崎龍介の元へ奔って、その後に伝右衛門と離婚をした。白蓮は夫への絶縁状を大正一〇年一〇月二二日の朝日新聞に掲載したということもあって、大問題となった。しかし、単なる醜聞に留まらず、この事件は恋愛や結婚に関する多くの人々が抱えていた煩悶を浮き彫りにした。愛がなくても結婚してよいのか、愛のない結婚生活に耐えるべきか、愛が醒めれば離婚してよいのか、不倫の愛は正当化できるものなのかなど、これらの問題がさまざまなメディアで議論の対象となった。

大正時代の恋愛至上主義の代表作でベストセラーとなった厨川白村の『近代の恋愛観』が朝日新聞に大正一〇年九月三

〇日から一〇月二九日まで二〇回連載され、「白蓮女史事件」が起こったのはその最中であった。厨川は大正一〇年一〇月三〇日の朝日新聞に掲載された「燁子問題に就いて：恋愛と結婚のこと」という記事のなかで、「恋愛にあらず唯だ財産のため家名のため、……非人格的な結婚関係が社会の為にも最も憂ふべき非文化的不祥事である事は、今回の事件……の如きが、もっともよく之を示してゐる」と述べている。さらに、白蓮については、「人として自覚のある者に取ってラブなき結婚を続けてゐることはインフェルノ」だから、最終的に彼女を責めるわけにはいかないと書き記している。

もちろん、当時の新聞の購読者が皆恋愛至上主義を堅持していたわけではない。戦前の家制度は家父長制の原理に基づいた家族システムであり、そのシステムからすれば恋愛を求めて妻としての立場を放棄した白蓮の行動は非道徳的なものとなる。事実、大正一〇年一〇月三一日に朝日新聞に掲載された「燁子事件の反響：読者から投書四百十二通」によると、彼女の行動に対して反対の立場をとっていた者の数が賛成をわずかに上回っていたのである（朝日新聞社編『朝日新聞一〇〇年の記事にみる ①恋愛と結婚』朝日新聞社、一九七九年）。

しかしそれは、逆に言えば、かなり多くの者が彼女の行動に対して賛成であったということでもある。つまり、「愛なき結婚」、「理解なき結婚」に耐えるべきではないと考えた読者、そもそも「因襲の力」で仕方なく結婚した白蓮の境遇に同情した読者がかなり多かった、ということなのである。またこれはすでに戦前の時点で大正期の新中産階級の間から近代家族と呼ぶにふさわしい家族形態が登場しはじめ、友愛結婚の理想が定着しつつあったことを反映している（デビッド・ノッター『純潔の近代——近代家族と親密性の比較社会学』慶應義塾大学出版会、二〇〇七年）。白蓮女史事件が世間にあれだけ大きな反響を引き起こしたということは、日本は近代家族の時代、友愛結婚の時代に進み始めようとしていたことを物語っているのである。

柳原白蓮（上）と宮崎龍介（下）.

人物コラム

全琫準

趙景達

全琫準《チョンボンジュン》（一八五五—九五）は、日清戦争の導火線になった甲午農民戦争の最高指導者である。死後、「鳥よ　鳥よ　青鳥よ　緑豆《ノクト》の畠に　下り立つな　緑豆の花が　ホロホロ散れば　青舗《チョンポ》売り婆さん　泣いて行く」（金素雲訳編『朝鮮童謡選』岩波書店、一九七二年改版）という童謡が広まったが、これはその短軀ゆえに緑豆将軍と慕われた琫準を偲んで歌われたものだと伝えられる。

琫準の出生地は全羅道高敞というのが有力視されているが、その生涯は謎に包まれた部分が多い。公判で彼は、「士を業としている」と述べているが、判決宣告書には「農業平民」と記されている。おそらくは地方両班《ヤンバン》である郷班なのだと思われるが、零落した家門出身であって、もはや両班としての社会的、経済的実力は持っていなかった。父全彰赫《チョンジャンヒョク》は琫準を連れ流浪生活を送った末に、いつしか全羅道古阜に住み着き、書堂（寺子屋のようなもの）の教師をするようになった。琫準もわずかばかりの土地を所有しながら書堂教師を務め、一家六人が赤貧洗うが如き生活を送っていた。

そのような折り、一八九二年春に趙秉甲《チョビョンガプ》が郡守として古阜に赴任し、目に余る不正収奪を行った。父彰赫はそれに抗したが、逮捕され杖殺されてしまう。琫準はその前後の時期に当時弾圧を被っていた新興宗教の東学《トンハク》に入っているが、瞬く間に頭角をあらわしていった。同年七月頃より、東学では「左道惑民」の罪で処刑された教祖崔済愚《チェジェウ》の汚名を晴らし、東学を公認宗教にしていこうとする運動が起きてくるが、琫準はこのいわゆる教祖伸冤運動において、にわかに有力な指導者の一人として名を馳せたのである。すなわち、九三年四月には教門中央が主催する報恩集会（忠清道）に対して金溝集会（全羅道）が分裂開催されたのだが、琫準はこの集会の最有力指導者の一人となっている。

教祖伸冤運動は九三年五月には完全に失敗に帰してしまうが、琫準はその後にこそ、同志らとともに全国的な蜂起を目指していく。その同志グループは、蜂起に消極的な第二代教祖崔時亨《チェシヒョン》を中心とする北接（教門中央）に対して南接といわれ、各地で活動していた。徐璋玉《ソジャンオク》を最高指導者とし、琫準と並ぶ指導者には金開南《キムゲナム》と孫化中《ソンファジュン》がいた。しかし第一の蜂起は、九四年二月に琫準在住の古阜で起きた。彼は前年秋に二度にわたって趙秉甲の暴政に対して抗議活動を行ったが、九四年二月についに決起した。趙秉甲は父の敵でもあり、琫準の蜂起は確信に満ちたものであり、彼に率いられた農民は郡庁を襲って趙を追放した。この蜂起は政府派遣の新郡守の巧みな収拾策で一時は失敗に帰するのだが、琫準は各地の南接指導者に呼びかけ、四月には本格的な蜂起が行われた。目指すは漢城（ソウル）である。国王高宗《コジョン》に、地方官僚の不正と民衆の痛苦、また時の閔《ミン》氏政権の腐敗と弊政改革の必要性などを直訴するのが目的であった。

しかし琫準率いる東学農民軍は、全羅道の首府全州で政府軍と激しい攻防戦を繰り広げるも、日清両軍の朝鮮派兵を知って退散してしまう。六月一〇日の、いわゆる全州和約である。その後は全羅道一円に東学農民軍の自治組織である都所（執綱所が有名だが、それは正しくは治安機構であって自治組織ではない）を設置して、独自な弊政改革を推進したが、秋収後に今度は日本軍を撃退するために、再び決起することになる。高宗の父大院君の再三にわたる決起要請と、彼が発した高宗の偽密旨に応じようとしたことも重要な動因となった。琫準は「義兵」という意識をもって蜂起の決意を固め、

全琫準

東学農民軍は全国で決起した。南接の最高指導者は徐璋玉なのだが、第一次蜂起後彼は漢城で逮捕されて苛酷な拷問を受け、下獄後も東学農民軍を指導できるような状態ではなかった。そこで、第二次蜂起でも全琫準が最高指導者として東学農民軍を指導することとなった。

第二次蜂起は第一次蜂起をはるかに上回る規模となったが、日本軍と朝鮮軍との連合軍の圧倒的軍事力の前に、東学農民軍は少なくとも三〜五万名の犠牲者を出し、ほぼ年内には敗北を余儀なくされた。連合軍は日本軍の指揮下にあり、東学徒は「悉ク殺戮スベシ」というのが日本軍部上層の意志であった。これは、近代日本が海外で初めて行った集団虐殺であったといえる。琫準は再起をあきらめなかったが、ついに逮捕されて漢城に護送され、翌年四月に処刑された。

琫準は東学を異端的に解釈し、東学が唱える「地上天国」を儒教的ユートピアとして理解し、その実現を目指した人物である。その思想の根底には「一君万民」思想があった。その人物識見は衆に抜きん出ており、彼に面会した大陸浪人などの日本人の間では減刑運動が起きたほどである。しかし、琫準はそれを潔しとせず、拒否して自ら死を選んだ。彼は零落した身ではあったが、その学問と志は天下国家を論じて民衆のため生きようとする士《ソンビ》のそれであり、その死もまたまさに誇り高き士のそれであった（趙景達『異端の民衆反乱――東学と甲午農民戦争』岩波書店、一九九八年）。

個別史／地域史

I　朝貢と条約

個別史／地域史Ⅰ

朝貢と互市

岩井茂樹

一　朝貢システム論の位相

かつて、坂野正高はアヘン戦争前のカントン貿易について、「考え方としては貢使が北京へ行っているというフィクションのもとに貿易が行なわれる」という方式であったと述べた[坂野　一九七三、八〇頁]。この説は、フェアバンクらが提起した朝貢システムの論理を敷衍して、広州・マカオを窓口とする西洋諸国の対中国貿易の性格を論じたものである。現実には朝貢をしていなかった外夷の諸国は「貿易をするさいに朝貢すると想定されていた」と、フェアバンクは単純に表現した[Fairbank, ed. 1968, p. 2]。

では、中国と外夷諸国とのいかなる関係のなかで、このような「想定」や「フィクション」の必要が生じたのであろうか。清朝が用意した対外通交の制度と世界観において、この種の仕組みがなければ外国の貿易を受け入れることがなかったとする立場から、朝貢と貿易とを不可分に結びつける体系的解釈を示したのはマンコールであった。その議論の要点は次のようなものである。カール・ポランニーの説を援用して儀礼的交換の一形態として朝貢を捉え、それが外国に貿易を準許するさいの前提となっていたとする。貿易に先立って朝貢し、貿易の準許をえることは、個別の交易機会のたびごとであれ、過去のある時点において朝貢したことが包括的な准許を与えたと解釈されるのであれ、必須の儀礼的手続きである。こうして清代中国における外国の貿易は朝貢とさまざまな関係において結びついていた［Mancall 1968, p. 77; Mancall 1971, 1984］。

朝貢システム論は、現実には朝貢をしていなかった西洋諸国の貿易を朝貢貿易の一環として位置づけるための論理操作によって成り立っていた。朝貢していた諸国はもとより、非朝貢国の貿易まで朝貢の儀礼と不可分に結びついていたという解釈によって、前近代中国の貿易すべてに特殊な性格を見いだそうとするのである。中国では朝貢と貿易とは不可分であり、朝貢しない貿易相手についても、清の朝廷と政府は観念のなかであれ、とにかく朝貢していると想定して貿易をおこなわせるという特異な体制があった。この旧い体制は、一八四二年の南京条約以降、東アジアの諸国を包摂していくことになる近代の国際社会の秩序によって置き換えられてゆく。貿易は朝貢を前提とする皇帝の恩恵として実現するのではなく、条約上の権利として開放された。広州における西洋諸国の貿易を朝貢貿易の一方式だとする評価は、自由貿易の拡大を旗幟にかかげてそれを打破し、「開港」を実現したことの歴史的意義を明らかにする意図のもとに主張されたと理解できよう［岡本 二〇〇七］。貿易を儀礼から解放したのは、アヘン戦争であったことになる。

伝統的なものとしての中国的世界秩序は、中国を中心とした諸外国との個別の関係のなかに見いだされるのみならず、西洋近代と対置されるアジアの世界観およびそれに支えられた通商の制度の特殊性を浮かび上がらせるために構成された概念であった。貿易を朝貢と不可分のものとする朝貢システム論にはオリエンタリズムの影が濃厚である。

マンコールの朝貢システム論は、儀礼的交換と貿易の准許とを結びつけることに収斂して組み立てられていた。一方、濱下武志の朝貢貿易論および朝貢システム論は、フェアバンク・マンコールの議論を超えて、交易、金融、移住などのネットワークの拡大のなかに前近代東アジアの通交の特質を見いだそうとするものである（岡本隆司による本書次章を参照）。

朝貢や朝貢貿易は中国と個別の外国とのあいだに結ばれる二項間関係であって、そこから直接に多角的ネットワークが派生するわけではない。また、一六世紀中葉から、明の朝貢一元体制の桎梏と抗いながら互市の制度を再構築する動きがあらわれ、また、東アジアから東南アジア方面におよぶ人とモノのネットワークの形成は、朝貢貿易から逸脱した民間の商業貿易の活性化によって推進された。ネットワークの形成と拡大に注目すべきであるという主張が、朝貢システム論の枠組みのなかで展開されることに論理矛盾を感じるのは筆者だけではないだろう。皇帝と王権との二項間関係にもとづく朝貢と朝貢貿易の体系を打破していったのが通商ネットワークの拡大であったはずである。

朝貢システムは皇帝と王権との協約による貿易の独占を指向する。表文と勘合文書とは、朝貢使節を騙って貿易しようとする商人を排除する道具でもあった。民間の商人が権力者と結びついて朝貢貿易を利用したという関係があったにせよ、民間的性格の通商ネットワークが拡大することを求めるならば、貿易と朝貢との一体化がもたらした独占を打破する方向にむかわざるをえない。いわゆる「倭寇」の動乱を醸成することになった中国の私貿易者やポルトガル船の活動拡大、漳州における中国船の出海貿易の公認（一五六七年頃）、貿易禁止の対象であった日本への「通番」（密輸、密航）など、このような歴史文脈において理解されるべきであることは言をまたない。

中国を中心とするアジアの地域間交渉のなかに通商ネットワークの拡大を見いだそうとするならば、それは反―朝貢システムの動き、あるいは朝貢貿易関係を乗りこえる動きとして評価することが適切であろう。一六世紀のなかごろ、広州・マカオにおいて非朝貢国の商船を対象とする事実上の互市の制度が確立した［岩井 二〇〇四］。西洋諸国の嚆矢として中国貿易に参入したポルトガル船や東南アジアの諸港から来航する商船が、朝貢によらない互市の枠組みのなかで貿易する道がここに拓かれた。これを朝貢貿易の拡大として解釈することは不可能である。

明清交替の動乱期に、清は海禁を強化すると同時に、朝貢一元体制の復活をこころみた。しかし台湾に拠る鄭氏が帰順した翌年、一六八四年に海禁令を解除するとともに、中国の商人が官へ届けでたうえでひろく海外貿易に従事することを認めた。さらに非朝貢国の商船を対象とする課税貿易の制度を復活し、これを広東だけでなく、福建、浙江、江蘇の諸港に拡大した。

アジア特殊論に与する必要がなければ、こうした貿易制度の推転を朝貢システムの枠組みにつめこむための論理操作は不要である。明が指向していた貿易と朝貢との一体化、すなわち典型的な朝貢システムの実現という政策のベクトルとは背反する方向に歴史は動いていた。事がらそれ自体の性格にもとづくならば、むしろ「互市原理」の拡大として理解するのが妥当であろう。

濱下の視野の広さと優れた議論とは、旧来の朝貢システム論を拡張するというよりも、それを打破する方向性を示していたのである。濱下自身が「朝貢原理」と対置される「互市原理」を見るべきことを主張していたのであるから、濱下流ネットワーク論が朝貢システムと結びつけられるのではなく、互市の体制の確立と拡大との関連において論じられていたならば、その主張はより直截的な理解を得られたはずである。

二　歴史上の朝貢と互市

朝貢と互市の性格を理解するうえで歴史的な制度と実態について要点をおさえておくことは有益であろう［佐久間一九五一・一九九二／劉 一九九三／檀上 一九九七・二〇〇九／岩井 二〇〇五／Fairbank, ed. 1968］。

中国の皇帝にたいし外国や属藩の使節が朝見することと、「土産」「土宜」を貢献することとを併せて朝貢という。朝貢者は反対給付として賞賜の物品を支給された。『大唐開元礼』以降、歴代王朝の礼制を体系化した典籍には、外国の国王が朝見するさいの儀制《プロトコル》が含まれている。しかし、実際に国王やスルタンなど君主みずからが来朝することは稀であり、君主が皇帝にあてた「表文」形式の親展状を使節に託して派遣することが通常であった。

朝貢の礼はあくまでも中国と外国の君主、属藩の君長とのあいだの関係を儀礼の場において表現するために執行された。迎接、表文と貢物の上呈、朝見、賜宴、賞賜の拝領、送迎などの一連の手続きは、皇帝儀礼の一環として制度化されていた。

属藩は中国本土に隣接する。郡県制による中央集権的な統治の対象ではないが、その君長が皇帝に服属して君臣関係に入れられた集団である。中国の脅威を受けるなかで帰順の道を選ぶ、あるいは他国の圧力からの保護を中国に求めるなどの契機によって属藩となった。清代には盟旗制のもとに編成された内モンゴルと青海の集団、それぞれハンによって統率されていた外モンゴル（ハルハ）の諸部、ダライラマが統治するチベット、一八世紀中葉、ジューンガル討滅後に清に帰属した新疆《しんきょう》（東トルキスタン）のオアシス国家などが「藩部」と通称される属藩であった。清朝は本土から軍隊を送るなど、弱いながらも属藩にたいする実効支配を維持しようとしたが、属藩の君長が定期的に上朝し、あるいは使節を送り、皇帝との君臣関係の再確認をすることは、帝国の統合を維持する重要な政治的行為であった。

属藩の君長は皇帝にたいする実質的な君臣関係のなかに置かれているのにたいし、外国の君主は冊封や朝貢をつうじて名目上の君臣関係を結ぶ。しかし、朝貢にさいして皇帝に上呈される表文では、外国の君王も皇帝にたいして「臣」の立場にあることを表明する。もちろん、これは儀礼的な性格のものであるが、朝貢の儀礼はこの関係を表示するために組み立てられていた。つまり、中国の朝廷にたいする実質的な関係において外国と属藩との差違ははっきりしているが、皇帝儀礼の場で君臣関係を表明する限りにおいて両者はひとしく皇帝の臣である。朝貢する外国と属藩とは同列のものとして扱われる。待遇や朝見の方法においては差等があるが、君臣関係にもとづく儀礼を適用される点において区別はない。中国と対等の立場で遣使をした外国が朝貢をしてきたかのごとく扱われ、その結果として属藩という表現を適用されることもあった。

清代には、外国の朝貢は礼部が主管し、属藩およびロシアなどの事務は理藩院が主管した。清はロシアとネルチンスク条約(一六八九年)、キャフタ条約(一七二七年)によって通商外交関係をもっていた[吉田 一九七四/柳澤 一九九八]。伝統的な名辞を用いるならば「与国」として対等の立場にあるはずであった。しかし、ロシアは外交使節団を交渉のために送ったことによって「遣使進貢」したと解釈され、対ロシア外交事務が理藩院の管轄であったためか、ロシアは「外藩」と表現されることがあった。内陸アジアの遊牧系諸国もやはり理藩院の管轄であった。礼部、理藩院のいずれについても、フィクションとしての朝貢国や属藩を抱えていたことになる。

互市とは広義においては交易することを意味するが、制度の枠組みを与えられた場合には、外国との境界上に交易場を設定し、徴税や禁輸物品の検査などをともなう管理貿易の形態をとる。陸路の関門であれば「榷場《かくじょう》」を置いて出会い交易の場を提供し、船舶による貿易であれば港に市舶司(宋―明)や海関(清)を置いて、出入境の安全と徴税の責任を官吏に委ねた。互市は境界をこえる人とモノとを管理する安全保障の機能を組みこんだ貿易制度であった。

互市の制度は古くからあり、一〇世紀以降に拡大し、制度整備がなされた。『宋会要輯稿』職官四四は「市舶司」関係の法例を集め、『宋史』巻一八六には食貨志の一部として「互市舶法」の記述がある。モンゴル支配下の中国でも貿易の管理のために「市舶則法二十三条」(『元典章』巻二二、戸部)などが制定されていた。『至正条格』にも互市関係の法例が含まれている。

宋元時代にあっても、実力のうえで中国側が優位に立つ相手にたいしては朝貢の方式にもとづく外交がおこなわれたが、商業的な互市と市舶の制度が確立しており、貿易という行為の前提として朝貢が求められるような朝貢システムの論理をこの時代の言論や制度のなかに見いだすことはできない。双方の君主が主体となり、国家間関係を表現するための外交儀礼の一形式が朝貢であるのにたいし、互市は貿易による商業利益をもとめる商人と、課税や「抽分」(輸入貨物の一部を官府が取る)をつうじて国庫収入の増大をもとめる官府とを関与者とする貿易制度である。朝貢と互市とはそれぞれ個別の制度として設計され、運用されたわけである。

もっとも、朝貢と互市とが無関係だったわけではない。漢代には、ガンダーラ方面からの隊商を長安の朝廷が朝貢使節に見立てて待遇し、これによって相手国からの朝貢があること、つまり漢を上位におく国家間関係が成り立っていることを演出したことが記録されている（『漢書』巻九六、西域伝、罽賓国）。明代においては一三八〇年代から海禁を厳格にして中国商人の出海貿易を禁絶する一方で、外国からの商業貿易船の来航を認めず、朝貢使節団の船舶が附載する商品だけを貿易の対象とする政策を実施した。つまり、貿易＝互市を朝貢という皇帝儀礼に従属させて両者を一体化する政策が実施されたわけである［檀上 一九九七／岩井 二〇〇五］。清は朝貢と互市との分離を指向したが、一六五六年、貿易交渉のために派遣されたオランダ東インド会社の使節や、一七九三年に英国が全権代表として派遣したマカートニーらが北京にくれば、朝廷はそれらを朝貢使節として待遇し、その儀礼に遵うことを求めた［Wills 1984; Hevia 1995; 中砂 二〇〇七］。

注意すべきことは、清朝はオランダの交渉団を「遣使進貢」の文脈で取り扱ったにもかかわらず、オランダ船が海港において貿易することを許さず、「八年一貢」だけを命じたのであった。また、イギリス東インド会社はマカートニーの「来朝」から遡ること一世紀以前からすでに中国貿易に参入しており、一八世紀前半から広州の十三行街に洋行商人（牙行《がこう》）からファクトリ（商館）を借りて社員を常駐させていた。これらの活動は何の外交交渉も朝貢も必要とせずに実現していたのである。清の朝廷が外交使節を朝貢の文脈において解釈したことと、貿易の准許とのあいだには、直接の関係を見いだすことができない［岩井 二〇〇七］。

外交使節は皇帝との接点をもつがゆえに、「遣使進貢」という儀礼に沿って処理されねばならなかった。しかし、辺境の互市に参入する「外夷」の商人たちは、中国の商人がその相手をするのであり、皇帝と直接の接点をもつ必要はなく、ここに朝貢というフィクションが介入する契機はない。おそらく、同時代の官僚や知識人にフィクションが必要であったか否か尋ねても首をかしげるであろう。広州における互市はきびしく管理されていたため、外国商人の活動は不自由であっただろうが、貿易への参入と退出はまったく自由であり、政治的な准許を必要としなかった。

朝貢と互市との関係は以下のように理解することができる。

皇帝を天下＝世界における無上無比の統治者であることを宣示する儀礼の実現が朝貢制度の目的であった。中国に隣接する諸国は、その脅威のもとで自国の安全を確保せねばならない。朝貢関係に入ることは、安全保障を得る外交手段となった。しかし、現実の脅威の届かない諸国については、中国の物産と市場の魅力を武器として、貿易機会の提供と引き替えに朝貢国の列に取りこむ政策を中国側が選択することがあった。これが明の政策である。武力行使をほのめかしてまで朝貢を実現しようとしたばかりか、朝貢しなければ互市の機会を与えないという露骨な利益誘導手段を明の朝廷が行使したのは、軍事力の裏づけをもつ覇権の弱さを補い、これによって「天朝」の形象を演出するためであった。諸外国が天子に臣従し、その証しとして表文を携えた使節が踵を接して来朝すれば、それは新たな王朝が正統の地位を獲得したことの証しであった。

一三七一年、太祖朱元璋は、ジャワ・ブルネイ方面に朝貢を促す使者を福建から送った。朝貢に消極的なブルネイ国王にたいし、使者は「皇帝は四海を富有するのであるから、王に求めるところがあるはずがない。ただ王が「藩」と称するのを求めるのは、ひとえに「無外」を示すためなのだ」と説得を試みた。ブルネイ側がなお朝貢を引き延ばそうとすると、最後には「朝に使者が帰国すれば、〔明の〕大兵が夕刻にはやってくる。その時になって臍《ほぞ》を噬《か》んで悔いても遅いぞ」と恫喝を加え、朝貢を実現したと記録されている（宋濂《そうれん》「勃尼国入貢記」『宋学士文集』巻五五）。

武力によって元朝を打倒した明の太祖洪武帝、甥の建文帝から実力で帝位を奪った成祖永楽帝は、それぞれ朝貢関係の拡大に熱心であった。しかし、王朝の支配が安定すると積極性は失われ、朝貢使節の来朝も減少した。正統性の宣示という政治的な意義が薄れると、積極的に朝貢を促す必要はない。中国と疆域を隣接する諸国については中国側の安全保障政策の一環として、皇帝への服順を朝貢によって定期的に再確認したいという動機がはたらいたであろうが、こうした事情のない外国が朝貢を止めたとして、それが直接に制裁の対象となることはない［夫馬 二〇〇七a・b］。明清時代の『会典』(国政総攬)や『一統志』(地理大全)などの欽定書は、一度でも朝貢したことがあれば、朝貢国として記載した。朝貢国として多くの国名が見えるが、朝貢がすでに杜絶しているか否かは問わない。天朝の「無外」、すなわち国内外を問わず世界全体に権威と権力が及んでいることを証しするにはこれで充分であった。事実とフィクションの境界は明確ではない。証ししようとする天朝の「無外」それ自体も、多分にフィクションの要素を含むからである。

通交を朝貢に一元化する明の政策は例外的であるが、外国の王権と無関係の民間の隊商や、対等の立場から交渉のために上朝した外交代表を朝貢使節に読み替えるなどの政策が実施されたことは、「天朝」の形象を演出するために互市が利用されるという関係の存在を物語っている。明は一三八〇年代から市舶司が管理する貿易を廃した。これと並行して、外国の民間商船の来航を拒み、朝貢使節団に限って貿易の機会を提供する制度を採用した。この措置によって朝貢と互市とが一体化された。宋元時代には朝貢関係をもたない国からの商人が貿易のために入国することができたが、明代には朝貢と貿易とは不可分に結びつくこととなった。

朝貢品は儀礼的交換の対象であるが、朝貢国からすれば下賜の絹製品など得るのだから、これを王権間の貿易だと見なすこともできる。朝貢品以外の附搭貨物については、明の政府は一定割合を抽分、すなわち無償で取って税に代替し、その残余についても官が買い上げることを原則とした。民間貿易の径路であった互市は実質上廃止され、朝貢制度の中に吸収されたことになる。

内陸の関門においては、モンゴル、チベット、ジュシェン(女直)の諸集団にたいする羈縻《きび》政策の一環として「馬市」がおこなわれた。これも夷虜の君長以下の有力者への授職と朝貢とが前提であった。中国への服属を表明し、名目的な武官職の任命書たる勅書を保有する者だけが関門における「馬市」への参入を許された。中国にとって、馬などの戦略物資の需要は大きい。辺外のチベット系・モンゴル系の集団が欲しがる茶や絹などをその対価とし、官が取り引きの主体となって「官価」にもとづいて交易するのが「馬市」「茶市」であった。中国への反抗にたいしては貿易の停止を制裁手段とした。このために、茶は明代の西部辺境において生産と販売統制の対象となっていた。宋代や明代の「馬市」でおこなわれた絹馬貿易や茶馬貿易はこのような戦略的交易であった。

「表文」は「某国王臣某表す」という冒頭の文言や、中国年号の使用により、外国の君主が皇帝にたいする臣従を表明する上奏文の一種であった。外国文の国書を携えて来朝すれば、中国側がそれを漢文に翻訳して上呈した。国書が対等の立場から書かれていたとしても、それが漢文に翻訳されると、表文の形式に改められて上呈された。中国の皇帝が主体となる儀礼の場において、天子と抗礼する君主がいてはならないからである。天子たる皇帝の統治は「無外」だという理念を、外国との国交の場で儀礼として実現することが朝貢制度の機能であった。

朝貢における外国の臣従は儀礼的性格のものである。したがって、中国と外国との関係の実質を、中国が朝貢国と認定していたか否かという点にもとづいて評価することはできない。たとえば、清の軍事侵攻を受けて内属した藩部の君長も朝貢をしたし、通商交渉の使節を送ったオランダやイギリスの場合には、使節が朝見したという事実をもって清朝が一方的に朝貢国と認定した。この朝貢はフィクションであり、国書を「表文」に書き換えるなどの操作が必要となった。『会典』など朝廷が編纂した書物ではオランダやイギリスは朝貢国のなかに区分されているものの、実際には朝貢関係に入らずに貿易だけをおこなう多くの国々と同列であった。

制度と実態に即して朝貢と互市との関係を歴史的に考察するならば、マンコールの朝貢の理解がいささか歪んでいることに気づくであろう。マンコールは交換と交易の形態についてのポランニーの議論を援用し、朝貢が貿易と不可分に結びつくのは、貿易の准許のために「宇宙論的に必要とされた」儀礼的交換として朝貢が意義づけられていたからだとする。しかし、中国の朝廷が不可欠だとしたのは貢物の交換ではない。表文の上呈による臣従の表明、それを演出する朝見と貢献の儀式を成立させることに朝貢の意義があった。

事例を一つだけ示そう。一四〇一年、足利義満が明に朝貢しようとしたとき、当初、使節は「准三后《じゅさんこう》源道義」が皇帝にあてた漢文国書を携えていた。「准三后」とは太皇太后、皇太后、皇后に准じた職位、すなわち最高位の人臣の称号だが、これは日本国内でのみ通用する。また、君主の称号ではない。しかも表文でなく書簡の形式であった。これに対し建文帝は「日本国王」にあてた詔勅を下し、「正朔《せいさく》」を奉じることを命じた。翌年、正式の朝貢使節が携えたのは「日本国王臣源(道義)」という王号による表文であった(『善隣国宝記』巻中)。朝貢の主体は日本国の君王であるとともに、皇帝にたいする「臣」を名乗らねばならなかった。

朝貢の本質は、貿易の准許と結びついた儀礼的交換などではなく、擬制的であれ、フィクションであれ、皇帝にたいする臣従を表明する儀礼である。「准三后」の使者も貢物を携えていたが、それだけでは朝貢は成立しない。朝貢はまず何よりも皇帝への臣従の表明であり、明代には関係樹立に附随して貿易の准許が期待できた。ただし、朝貢がなければ貿易を認めないという政策を実施したのは明だけであり、他の時代にはこの論理を見いだすことはできない。朝貢システムの理論は、朝貢していない国々の貿易を朝貢に結びつけなければならないという要請に答えようとして、中国の皇帝統治の論理を見誤ったように思われる。

三　朝貢からの離脱と互市

朝貢は君臣関係を表示する外交儀礼であり、互市は貿易の制度であった。その範疇と目的を異にする両者が相克の関係に立つことはない。現実に中国の対外通交は朝貢と互市とを並行させてきた。唯一の例外が明代、そして海禁政策に復帰した清初の時代であった。朝貢システム論が想定するような、あらゆる貿易が朝貢と結びつけられるという事態が出現したわけである。このような事情のために、互市がその本来の性格を回復するためには、朝貢貿易と対立し、その桎梏から離脱する過程が必要となった［陳 一九九三・二〇〇二／岩井 二〇〇九］。

宋元時代の市舶司が民間貿易を管理する税関として機能していたのと異なり、明代の市舶司は朝貢使節の受け入れと附搭貨物の抽分・買い上げを担当した。朝貢使節が持ち帰る商品を買いつけるさいには、京師における宿舎たる会同館や市舶司に附設された駅館のなかで取り引きをさせた。会同館や駅館は官府が建設して管理する施設であり、輸出品の集荷などは民間の商人に頼らざるを得ないが、そこでおこなわれる交易は官営貿易の性格が顕著であった。

抽分とは輸入商品の一部を市舶司が取り立てることである。朝廷や官府の需要をまかない、課税と同じく財政収入に寄与した。明代の朝貢制度においては、抽分後の商品についても官定価格によって市舶司が買い上げることが原則であり、民間の商人に市場価格で売却することは、官府が不要だと認めた商品や、皇帝が恩典として特に許したばあいに限られた。

入国する船舶や隊商が表文や勘合文書によって身元保証されていることは中国にとって好ましい。皇帝—王権間の協約による貿易独占と相互安全保障とを同時に実現する仕組みとして、朝貢と貿易を一元化する通交制度が選択されたのであり、これは朝廷にとって一石二鳥の合理的な選択であった。しかし、それが交易とヒトの往来の阻害要因となったことは否めない。一六世紀以降、朝貢の制約のなかから互市を解き放つことが模索される過程で、「互市論」が活発に議論されることになる［岩井 二〇〇四］。これは、朝貢一元の通交体制を明が採用していたという特異な事情のもとで起こった。

一六世紀の初頭から約四十年の時間をかけて、広州は朝貢船の入港地であったことを利用して、非朝貢国の船舶や朝貢と関係のない商船を課税対象とする事実上の互市の体制を確立させた。ポルトガル人は一五二二年に明軍に敗北して広東から駆逐されて北上した。それが再び南下してマカオに居住し、広州での貿易に参入したのは、朝貢といかなる関係もない。互市の仕組みがそれを実現したのであった。

福建省南部の漳州は、一五四八年に倭寇問題が激発するまで密貿易の拠点として繁栄していた。海上の争乱の沈静化とともに、民間の商人による対外貿易を「通番」すなわち密輸から、公認された互市に移行することが模索された。漳州は朝貢船の入港地でなかったため、広州の互市の事例を援用することはできなかった。そこで、軍事費の調達という財政的な理由づけをして、貿易のために出海する民間の商船を課税対象として公認するという方法によって互市を実現した。

浙江の寧波・舟山方面では、倭寇の大頭目である王直を帰順させ、その差配のもとに日本の朝貢を復活させ、この偽装朝貢を隠れ蓑として日明間に民間貿易の経路をつくろうとする試みがなされた。それは倭寇鎮圧の責任者となった胡宗憲やその幕下にあった鄭若曾らと王直との合作のもと、広州で実現した互市の制度を参照しながら画策された。しかし計画は王直の刑死によって頓挫した［岩井 二〇〇四］。こうして江南には朝貢貿易もなく、互市もないという状況となり、日本への「通番」が互市の不在を補うことになった［范 二〇〇二］。

長城ラインにおいても実質上の脱朝貢、互市への移行を見ることができる。一六一二年、朝貢使節の接待にあたる会同館の提督（礼部の主事の一人が任命された）が、遼東からやってくるウリヤンハン三衛やジュシェン諸衛の朝貢使節が、「半ばは中国の強梁《つわもの》の亡命者であり、代って勅書を捧じて来る」、つまり偽使であると暴露し、国費を費やして実現している朝貢がかえって危険を招く結果となっているので、「北虜の事例」にならって関門での互市をおこなうべきだという提言をおこなった（『明神宗実録』万暦四〇年五月壬寅の条）。

一五七一年、右翼モンゴルのアルタンは順義王として冊封されるかわりに、陝西、山西、北直隷（河北）の長城の関門での互市を実現させた。歴代順義王の朝貢は、使節を上朝させず、関門において表文と貢物とを明当局に引き渡すという方式によった。このように形骸化した朝貢をともなう互市を「北虜の事例」と称したのである。

遼東辺外の諸集団の朝貢を実質上停止し、関門での互市だけをおこなわせるべきだという提案が礼部の官僚から出たことは興味深い。辺境の互市開設によって平和を保つことが、夷虜の頭目に名目だけの官職を授けて服従させるという朝貢による安全保障に勝る。脱朝貢、そして互市によってそれを代替する政策が政府内部で検討されていたわけである。

「アルタンの封貢」という呼び方が示すように、明代ではなお互市と朝貢を切り離すことができなかった。それが「祖法」「王法」だったからである。アルタンが冊封を受け入れたからこそ、互市が許された。しかし、すでに一六世紀後半の辺境社会で、「互市」が実質的に朝貢体制を乗りこえるべき制度として認識されていたことは重視さるべきである。また、数千キロを隔てた海上の辺境たる広州などの貿易港においても、同じ「互市」という用語で表現される制度への希求があったこと、さらには東アジアにおける通商の時代たる一八世紀において互市体制とでも言うべき制度の広がりを獲得するにいたったことは、けっして小さなことではない。清代の貿易と対外関係を朝貢システム論の枠組みで捉えることに異を唱えるのは、この枠組みを持ちだすことによって、ここで述べたような認識を阻礙し、偏向した歴史像を植えつけてしまうことを恐れるからである。

清は一六八四(康熙二三)年に海禁を解除し、朝貢から切り離された互市を拡大した。税関として新設された海関と商業機構たる牙行とがその業務を担った[岡本 一九九九]。外国商船の来航貿易だけでなく、「唐船」「ジャンク」とよばれる中国商船の往来が解禁されたことにより、東シナ海から東南アジア方面の地域間交易の拡大が促進された。

東南アジア島嶼部について、中国との朝貢貿易システムは「一九世紀はじめ、……そんなものはもうとっくになくなっていた」と白石隆は論断する[白石 二〇〇〇]。北東アジアに目を転じると、日本の長崎貿易は唐船とオランダ船の来航に依存し、朝鮮については、朝貢使節による北京貿易以外に鴨緑江河口部の義州などでおこなわれる国境交易が隆盛した。朝貢貿易だけをおこなったのは琉球に限られる。タイ(暹羅《せんら》)は国王の派遣する朝貢貿易を継続したが、それを凌駕する勢いでタイと中国東南沿岸をむすぶ民間貿易が拡大した[Viraphol 1977]。

清代において、朝貢船の附搭貨物については免税措置を適用することが通例であった。課税対象から外れる朝貢貿易の拡大は税収の減少をもたらすのであり、朝貢関係の拡大や頻度の増大を清朝が積極的に求める動機はなかった。一六九三年、ロシアのツァーリの使節が親書をもたらした。その翻訳を読んだ康熙帝は、「外藩の朝貢に至っては、盛事に属するけれども、恐らくは、伝えて後世に至れば、これに因《よ》って反って事端を生じるかもしれない」との感想をもらしたと記録されている(『清聖祖実録』康熙三二年一〇月丁酉、巻一六〇)。朝貢という外交の形式を維持していくならば、それが紛糾の種となり、帝国の安全を脅かす可能性があることを認識していたわけである。

清の皇帝が朝貢関係の拡大に消極的であったことは、日本の識者もこれを認識していた。一八世紀初頭に朝鮮や清との通交の舵とり役として活躍した新井白石は次のように記している。

> 今大清の代《よ》となりてすでに七八十年一度もその事なし。しかるに又今の天子その国の伝ふる所は殊《こと》に英雄の主なり。いかさまにもおもひはかり給《たま》う所のあるべき事なり。これらの事能々《よくよく》深く遠く我が国のためにおもひはかるべき御事共歟《おんことどもか》(「以《い》酊菴《ていあん》事議草」『新井白石全集』第四巻)。

「その事」とは朝貢の要求、「今の天子」は康熙帝である。清建国初期には、明から冊封をうけて朝貢していた諸国から、明が給与した国王印を取り上げ、新たな印を与えて朝貢を継続させた。天下の主としての正統性を明から継受したことを宣示する必要があったからである。清が朝貢を受け入れたのは、明代において朝貢国であった諸国にほぼ限られる。

康熙帝は「遠く我が国のためにおもひはかり」て朝貢を要求しなかったと白石は論じているが、それは帝国みずからの安全のためでもあり、対等の国交を求める相手とは関係を断絶して互市のみをおこなうことが、むしろ天朝としての地位を守ることにつながることを認識していたからである。明は朝貢関係の拡大によって天朝たることを求め、清は朝貢貿易を相対的に縮小させて互市を拡大して経済的利益を求めた。皇帝への外国の臣従の形式に由らざるを得ない正式の国家間交渉を回避することは、天朝を孤高のなかで守ることにつながった。

四　「互市諸国」の概念

ロシアの外交使節やマカートニー使節の事例が示すように、一八世紀においても、外国からの使節が北京の朝廷に足を踏み入れたとたんに、古き朝貢の文法と語彙が現実のものとなり、また、朝廷で編纂される書物は朝貢の文法と語彙に由らざるを得なかった。これもまた天朝たることを放棄しなかった中国の、政治と文化における独特の性格であった。これは、天子たる皇帝に対等者がいてはならない、皇帝にかかわる儀礼の場においては、皇帝への臣従の形式しかありえない、という政治的な要請によるものであった［岩井 二〇〇七］。

逆から言えば、皇帝への朝見や文書の上呈を必要としなければ、朝貢の文法を発動させる必要はなかった。互市の制度は辺境の指定された地点において民間の商人間の交易として実現した。繁瑣で経費がかかり、かつ安全保障の観点からも危険性をもつ朝貢という皇帝儀礼と切り離して、互市をおこなうことが可能であった。

一六世紀の銀産増大を契機とする貿易の拡大の時代に朝貢と貿易との一体化という束縛から互市を解き放つ動きがあらわれ、世界貿易に本格的な拡大の潮流があらわれた一八世紀には、互市は朝貢貿易をはるかに凌駕して中国における貿易の大部分を担ったのである。

そしてこの時期には朝廷で編纂された書物も、ついに現実と折り合いをつけて「互市諸国」という概念を登場させた。一八一八年に刊行された嘉慶『大清会典』の礼部の記述は、礼部主客清吏司《しゅきゃくせいりし》が管轄する朝貢国と、朝貢せずに「互市を通じる」国とを列挙している。外交使節を派遣したことによって朝貢国に括られてしまったオランダ、ポルトガル、イタリア（バチカン）、イギリスを除外すると、清代に礼部の管轄した朝貢国は朝鮮、琉球、越南《ベトナム》、南掌《ラオス》、暹羅《タイ》、スルー、ビルマの七カ国を数えるに過ぎない［夫馬 二〇〇八］。

「互市諸国」は**表1**の通りである。この資料については、つとにフェアバンクらが英訳を試みている［Fairbank and Têng 1941］。そこで同定できなかった港市名は、研究の進展によって解明できたものが少なくないが、完全に同定することはできない。また、ここに挙げられずに広州や廈門《アモイ》に来航して貿易をおこなっていた港市もあった。西洋諸国はカスティリア（スペイン）以下の四カ国のみが名を連ねるが、上に指摘したように朝貢国に比擬された国のほか、オステンド、アメリカなどが欠落している。このように情報が不完全であることには意味がある。北京の政府と朝廷は、海関の置かれた港で貿易しようとする外国船に身元確認や納税などの手続きだけを求め、国家間交渉による准許は不要であった。どの地域、どの国の船が来航したかということは、朝廷や北京の政府が正確に掌握する必要がなかった。一覧の不完全はこのことを反映しているのである。

一六八四年以降、参入と退出を自由に委ねるという意味における開放的な対外貿易が実現されていた。広州での貿易を拒否されたのはロシアだけである。ネルチンスク条約、キャフタ条約によって内陸のキャラバン貿易と国境貿易の径路を定めてあり、条約が言及しない港での貿易は許さないというのが清朝の論理だった。条約の存在が参入を阻むという皮肉な結果となった。

清代の資料には「港脚《こうきゃく》」という語があらわれる。これは、イギリス東インド会社支配下インドの諸港から来航する商船の総称であった。country の音訳であるとも言われるし、「港脚国」という国名として言及されることもある。会社から独立、あるいは英本国での商業を基盤としてインド—中国貿易に参入した商人の船のほか、パルシーと呼ばれるイラン系インド人の船など、内実は多様であった［Greenberg 1968; 郭 二〇〇五］。「港脚国」は仮想の国であるが、これらも「互市諸国」の範疇であろう。

植民地貿易会社と比べると遥かに小さな資本しか保有しないこれら自由貿易者が「港脚」として中国貿易に活躍の場を見いだせたのは、互市が参入の自由を保障していたからであった。受け入れ側が自由であれば、会社が貿易を独占することは困難であった。しかも、貿易への参入にさいし、商館建設などの初期投資も不要であった。広州や廈門では「洋行」と通称される中国の牙行商人が来航する外国船のために宿舎と倉庫を提供し、買売の請け負いや身分保証、納税の代行などのサービスを提供していたからである。こうした条件は、東南アジア方面の小さな港市政体の貿易参入についても同じであった。モースの重厚な研究は、広州の「洋行」がギルドを結成し、独占をおこなっていたことを強調したが、近年、こうした見方は覆されつつある[岡本 一九九九/藤原 二〇〇九]。いわゆる「十三行」に属さない「散商」や「洋貨舗」などが西洋の商人と取り引きをし、大小の商人による競争を通じて価格が決定されていたのが広州の輸出入市場であった。

インド沿岸から東南アジア諸地域と中国東南沿岸とを多角的に結ぶ交易ネットワークの発展は、清の互市制度と貿易市場がこのように開放的であったことをその一因とすると考えることができよう。そしてアヘンもこの自由を足がかりとして中国に流入した。

朝貢と切り離された「互市諸国」の概念が、中国の国制のなかに小さいながらもその位置を得たことは注目すべきである。この概念のもとに括られたのは、ユーラシア東南部からインド、ヨーロッパ、アメリカ大陸におよぶ諸地域であった。中国とこれらの地域を結ぶ貿易の径路は、皇帝儀礼と結びついた朝貢から解放

表1 嘉慶『大清会典』の互市諸国

1)	日本国
2)	港口国 Hatian 河仙鎮
3)	柬埔寨国 Cambodia
4)	尹代嗎国？
5)	宋腒勝国 Sungkhla
6)	埭仔 Jaya?
7)	六崑 Ligor = Nakhon Si Thammarat
8)	大呢（一名大年）Pattani
9)	柔佛国 Jehore
10)	丁機奴 Terengganu
11)	単咀 Kelantan?
12)	彭亨 Pahang
13)	亜斉国 Achin
14)	呂宋国 Luzon
15)	莽均達老国 Mindanao?
16)	噶喇吧国 Sunda Kalapa = Jakarta, Batavia
17)	干絲臘国 Castilla
18)	法蘭西 France
19)	瑞国 Sweden
20)	嗹国 Denmark

された互市の制度をその受け皿として拡大した。

こうした現実が皇帝の欽定書である『会典』のなかに反映されるに至ったことを認めるのであれば、同時代の中国の貿易をすべて朝貢と結びつける朝貢システム論に立脚の余地がないのは明らかであろう。この認識から出発して、アヘン問題を発端とする「開港」、そして条約体制への移行の歴史的意味を再検討する作業が求められている。本巻に掲載された村上衛，岡本隆司の論考はその試みである。

【文献一覧】

岩井茂樹　二〇〇四　「十六世紀中国における交易秩序の模索——互市の現実とその認識」岩井編『中国近世社会の秩序形成』京都大学人文科学研究所
岩井茂樹　二〇〇五　「明代中国の礼制覇権主義と東アジアの秩序」『東洋文化』第八五号
岩井茂樹　二〇〇七　「清代の互市と〝沈黙外交〟」夫馬進編『中国東アジア外交交流史の研究』京都大学学術出版会
岩井茂樹　二〇〇九　「帝国と互市——一六—一八世紀東アジアの通交」籠谷直人・脇村孝平共編『帝国とアジア・ネットワーク——長期の一九世紀』世界思想社
岡本隆司　一九九九　『近代中国と海関』名古屋大学出版会
岡本隆司　二〇〇七　「「朝貢」と「互市」と海関」『史林』九〇巻五号
佐久間重男　一九五一　「明代の外国貿易——貢舶貿易の推移」　のち［佐久間　一九九二］に収録
佐久間重男　一九九二　『日明関係史の研究』吉川弘文館
白石隆　二〇〇〇　『海の帝国——アジアをどう考えるか』中央公論新社
檀上寛　一九九七　「明初の海禁と朝貢——明朝専制支配の理解に寄せて」森正夫・野口鐵郎・濱島敦俊・岸本美緒・佐竹靖彦編『明清時代史の基本問題』汲古書院
檀上寛　二〇〇九　「明朝の対外政策と東アジアの国際秩序——朝貢体制の構造的理解に向けて」『史林』九二巻四号
中砂明徳　二〇〇七　「荷蘭国の朝貢」夫馬進編『中国東アジア外交交流史の研究』京都大学学術出版会

坂野正高 一九七三 『中国近代政治外交史――ヴァスコ・ダ・ガマから五四運動まで』東京大学出版会
藤原敬士 二〇〇九 「一八世紀中葉の広州における行外商人の貿易参入に関する布告の分析」『東洋学報』九一巻三号
夫馬進 二〇〇七a 「明清中国の対朝鮮外交における「礼」と「問罪」」『中国東アジア外交交流史の研究』京都大学学術出版会
夫馬進 二〇〇七b 「明清中国による対朝鮮外交の鏡としての対ベトナム外交――冊封問題と「問罪の師」を中心に」紀平英作編『グローバル化時代の人文学 対話と寛容の知を求めて(下)』京都大学学術出版会
夫馬進 二〇〇八 「一六〇九年、日本の琉球併合以降における中国・朝鮮の対琉球外交――東アジア四国における冊封、通信そして杜絶」『朝鮮史研究会論文集』四六集
柳澤明 一九九八 「キャフタ条約への道程――清の通商停止政策とイズマイロフ使節団」『東洋学報』六九巻一号
吉田金一 一九七四 『近代露清関係史』近藤出版社
劉序楓 一九九三 「十七、十八世紀の中国と東アジア――清朝の海外貿易政策を中心に」溝口雄三・濱下武志・平石直昭・宮嶋博史編『アジアから考える 2 地域システム』東京大学出版会
郭徳焱 二〇〇五 『清代広州的巴斯商人』中華書局・北京
陳尚勝 一九九三 『閉関与開放――中国封建晩期対外関係研究』山東人民出版社・済南
陳尚勝 二〇〇二 「〝閉関〟或〝開放〟類型分析的局限性――近二〇年清朝前期海外貿易政策研究述評」『文史哲』第六期
范金民 二〇〇二 「明代万暦後期通番案述論」『南京大学学報』二〇〇二年第二期
Fairbank, J. K. and S. Y. Têng. 1941, "On the Ch'ing Tributary System", Harvard Journal of Asiatic Studies, 6: 2.
Fairbank, J. K., ed. 1968, *The Chinese World Order: Traditional China's Foreign Relations*, Harvard University Press.
Greenberg, M. 1968, *British trade and the opening of China, 1800–42*, Cambridge: Cambridge University Press.
Hevia, J. L. 1995, *Cherishing Men from Afar: Qing Guest Ritual and the Macartney Embassy of 1793*, Duke University Press.
Mancall, M. 1968, "The Ch'ing Tribute System: an Interpretive Essay", in[Fairbank, ed. 1968].
Mancall, M. 1971, *Russia and China: Their Diplomatic Relations to 1728*, Harvard University Press.
Mancall, M. 1984, *China at the Center: 300 Years of Foreign Policy*, Free Press, New York.
Viraphol, S. 1977, *Tribute and Profit: Sino-Siamese Trade 1652–1853*, Harvard University Press.
Wills, John E. Jr. 1984, *Embassies and Illusions : Dutch and Portuguese Envoys to K'ang-hsi, 1666–1687*, Harvard University.

個別史／地域史Ⅰ

属国／保護と自主——琉球・ベトナム・朝鮮

岡本隆司

はじめに

本稿の目的は岩井茂樹「朝貢と互市」をうけて、一九世紀の後半、清朝末期の中国を中心とした東アジアの対外関係・秩序とその変遷を、新たな視角からみわたすことにある。

この時期最大の特徴が、西力東漸なのはいうまでもない。西洋の東アジア進出が在来の秩序を変え、新たな体制を形づくった事象である。従来はそれを総括して、「西洋の衝撃(Western Impact)」による「条約体制(Treaty System)」の形成だと理解してきた。

その草分けは、一九一〇年代のモースの著述である[Morse 1910, 1918]。かれはイギリス人が統轄した洋関に長く奉職したアメリカ人、洋関とは中国の税関のことで、不法をとりしまる、いわば条約の守護者である。そうした事情から、条約と法治をスタンダードとして、近代と前近代を峻別する観念が定着してゆくことになる。

それから十数年たち、清末の外交文書集『籌辦夷務始末《ちゅうべんいむ》』『清季外交史料』の利用で、中国側の事情がくわしく判明すると同時に、その前近代性もいよいよきわだって意識されてきた。この段階であらわれるのは、中国の対外的な制度のひとつ、「朝貢」の強調であって、それが「条約体制」のアンチテーゼと位置づけられたのである。

現在も一般にみられる「条約」と「朝貢」の二分法的・対比的な観点は、こうした経過の産物である。そこに抜きがたくあるのは、条約にせよ朝貢にせよ、それぞれを所与のものとして、別個の完結体ととらえてしまうみかたにほかならない。

近年これに対し、明代と清代の朝貢を分別する理解、および清代の「互市」に対する着眼など、新たな論点が構想されており、その成果の一端は岩井論文にうかがえるとおりである。もっとも、実態が明らかになったのは、ごく一部の局面にとどまり、それがいかに一九世紀後半の近代とつながるかは、まだ不分明である。一八世紀以来の秩序が、西洋との関係変化を通じ、いかに変容してゆくのか。本稿では現在の研究水準に即して、そのあたりの事情を素描し、二〇世紀をみる前提を提供できるようにしたいと思う。

一　「条約」と「朝貢」——理論的な整理と前提

「条約体制」と「朝貢体制」

先に述べたとおり、これまでの研究では、「条約」と「朝貢」を二項対立的にとらえることが普通であった。なぜそうした思考様式になってしまうのか、まずそのあたりを手がかりに、考察をすすめてみよう。

このうち動かしがたい前提としてあるのは、「条約」のほうである。それは中国近代史研究がはじまった民国時代、列強・中国双方の現実関係・外交実務の基本的な前提となっていた。「条約体制」もその局面で使われていた術語であり、本来は学問的な概念ではない。それを歴史学上の操作概念としたのは、フェアバンクである[Fairbank 1953; Fairbank, ed. 1968]。

朝貢という事象が概念化されるのは、あくまでそうした「条約」の位置づけが定まってからのことである。上のような「条約」「条約体制」が前提となっているから、いわゆる「朝貢」「朝貢体制（Tribute System）」もその対概念でしかなく、歴史的な実態に即した概念ではありえない。元来がその発想にもとづいているので、欧米の研究は「条約」や「朝貢」の実態を考えなおすにしても、なおそこからぬけだせない現状である[Mancall 1984; Hevia 1995]。

こうした図式は、つとに批判があがっていたように、個別と全体との関係をとらえる洞察に乏しく、少数の事例を無媒介に演繹したものである。そのためたとえば、朝貢の空間的な範囲や時間的な推移、あるいは関係の実態変化を看過、誤解した点が少なくない。要するに、実際の史実をみると、その枠組で説明できないことが、あまりにも多いのである。けれどもそうした批判は、必ずしも主流にならなかった。

「朝貢（貿易）システム」と「互市」への着眼

そうした情況を念頭におくと、濱下武志がとなえた「朝貢（貿易）システム」論の価値がはっきりしてくる。どうしても「条約」が基準になってしまう外交史研究の論理と文脈から離れて、経済事象に分析の重点を置くことで条約を相対化し、これまで必ずしも見えなかった在来の秩序構造の持続と展開を明らかにしようとした構想である[濱下 一九九〇・一九九七]。これでいわば、視座が一八〇度転換して、われわれがいま当然視する発想法ができるようになった。

けれども、「条約」関係の過大視を批判するあまり、「朝貢」関係に比重を置きすぎて、経済的側面にしろ政治的側面にしろ、史実以上の誇大な意味づけをしてしまったことは否めない。とりわけ問題なのは、朝貢およびその他の関係にかかわる個別具体的な実態の復原をしないままに、朝貢関係を秩序構造の骨格として概念化したことである。そのために、構想の方向は逆ながら、フェアバンクの場合と異ならない結果となった。いずれもその「朝貢」概念で説明できない史実の存在をゆるしたばかりか、数ある史実を実態のいかんにかかわらず、枠組にあてはめる論理とならざるをえなかったのである。

そうした反省の上に立つと、まず再考すべきは、実態としての朝貢関係と条約関係とのありようである。朝貢・条約ということばで表現される各々の関係のなりたち、関連の変化を時間の経過に即して、構造的に分析、描出しなくてはならない。

そのあたりの機微については、すでに朝貢関係に対し、「全体として一つのシステムをなしたものではなくて、……それぞれ別個の二国間の関係の束である」〔坂野 一九七三、七六、七八頁〕という定義を与えた、卓抜な論述がある。ここでは、個別の事例分析を示す紙幅はないので、この表現を利用して説明を試みよう。従来「朝貢体制」「朝貢システム」の関係として述べられてきたものの実態は、以下のように概述できる。

満洲族が建てた清朝は、そもそもいわゆる中華王朝ではなく、モンゴル帝国の後継政権だったから、まず北方の遊牧諸部族との関係が存在する。その清朝が中華王朝の明朝を継いで中国に君臨すると、周辺国との旧来の朝貢関係をも、ほぼそのまま承継した。ただし、明代辺境の治安悪化の主因をなした貿易統制は撤廃したから、通商のみの関係をとりむすぶ国々もあった。

いずれの場合も、各々の情況に応じて「二国間の関係」を「別個」に結んだものであって、元来それぞれがたがいに関連を有するわけではなかった。けれども個々の相手が、清朝皇帝ただ一人だということで、すべてが「束」ねられたように見えるのである。

成長期の清朝は、在地在来の制度・情況になるべく手を触れず、しかも前代を改善するという統治原則をもっており、こうした周辺との関係の持ち方も、そうした姿勢の発露だったといえよう。清朝側の姿勢は同一ではあったものの、相手の来歴、そしてのちに展開していった歴史からみると、そうした数ある「二国間の関係」は、当時の漢語でいえば、「藩部」「朝貢」「互市」という三つのカテゴリーに大別することができる。

「藩部」はモンゴル・チベット・新疆《しんきょう》を指す。朝貢の儀礼を行った朝鮮・琉球・シャム・ベトナムなどが「朝貢」のカテゴリーにあり、「属国」とも呼ぶ。「互市」とは通交抜きの貿易というくらいの意味で、西洋諸国あるいは日本などとの関係が該当する。

「互市」の展開と変化の契機

以上の事情を前提として、はじめて条約というものの位置づけが可能になる。一八四二年、イギリスとの南京条約にはじまる条約関係は、当初あくまで「互市」の範囲にしか存在しなかった。つまり南京条約はイギリスとの「二国間の関係」を改めたもの、数ある「互市」関係のひとつを再編したものにすぎない。それがただちに、別の「二国間の関係」に影響したわけでも、「互市」カテゴリーを全体として改めたわけでもない。ましてその条約が、「朝貢」全体と対立して、そこに変化をくわえるものではありえなかった。

そもそも条約に対する清朝の認識・観念が、当時の西洋あるいは現代のわれわれと異なる。清朝側も条約に拘束力があることは知っていた。武力に屈して結んだものだから、なおさらである。しかし平等互恵の精神で対外関係全体を律する原則だとみたわけではない。

「互市」はとくに一八世紀の後半以降、「夷務」とも言い換えた。貿易とはまつろわぬ「外夷」を手なづける手段だというにある。したがって、条約とはとりもなおさず、「夷務」の継続だった。条約は清朝にとっても、当面のこじれた貿易関係を修復し、あらためて西洋を拘束するための手段にほかならなかったからである〔坂野 一九七〇、一〇―一三頁／岡本 二〇〇七a、一〇六頁〕。

一八五〇年代の後半、アヘン戦争より深刻な打撃を清朝に与えたアロー戦争、南京条約よりも強圧的・包括的な天津条約・北京協定に至っても、その点は同じであった。すなわち条約の締結はあくまで、従来の「互市」関係、「夷務」の修正継続にすぎず、その範疇でしかありえない。少なくとも清朝側の主観的な観念は、そうだったのである。

ところが一八七〇年代に入ると、変化が生じる。「互市」の範囲内に限られていた条約が、いわば逸脱して「朝貢」のカテゴリーにまで拡大し、「属国」に影響をおよぼす事態になったのである。その契機が近隣に位置する明治日本の登場であった。その拡大過程が本格化するのが一八八〇年代である。この時期、対外秩序にかかわる概念・観念が変化し、ひいては対外秩序そのものの転換を導いて、来るべき新たな時代を準備した。以下やや具体的な史実に即して、そうした経過を確かめていくことにしよう。

二　明治日本と「属国」概念の転換

日本の登場と日清修好条規

一八六〇年にアロー戦争が終結したのち、清朝と西洋の関係は良好に推移した。清朝側は条約を尊重する姿勢を示し、西洋の側もこれに応じて、条約規定の履行を期待した。しかしそうした関係は、およそ十年しか続かず、両者は次第に利害の対立を前面に押し出すようになる。その幕開けを象徴するのは、明治維新をへた日本との関係のはじまりである。

日本は清朝にとって、新たな国、はじめて邂逅した国だというわけではない。一七世紀以前から重要な貿易相手国であり、『大清会典』にも「互市」国だと明記がある。したがって、発足まもない明治政府から条約交渉の申し入れがあった時も、同じ「互市」国であった西洋諸国の前例にならって、日本とも条約をむすべばよい、という意見が出て、また実際そのとおりに条約が結ばれた。だから一八七一年調印の日清修好条規も、いわば西洋諸国との間で行われてきた、「互市」の再編としての条約締結の適用だとみなして、ひとまずさしつかえない。

しかし日本の場合、それだけにとどまらない。一八六〇年代より、当局者から軍事的脅威として注目を集めていた。近隣に位置し、一九世紀の半ばに同じく西洋の外圧で開国し、西洋化をすすめた日本の情況は、無視できないことがらだったからである。これには倭寇や豊臣秀吉の朝鮮出兵という歴史事実も作用していた。

そこで清朝は条約の拘束力を利用し、日本が敵対しないよう、より具体的にいえば、中国の沿海や朝鮮半島に武力侵攻してこないようにしようとした。日清修好条規を締結した最大のねらいは、そこにある。それをもっともよく示すのは、第一条の「両国所属の邦土」を不可侵とする、という文言である。交渉にあたった清朝の官員は、この条項を「朝鮮のために設けた」と断言しており、不可侵の対象たる「邦」とは「属国」、「土」とは内地だというのが、清朝側の一貫した解釈であった[佐々木 二〇〇〇、一五一―三一頁]。もちろん日本側は、そうした意図・解釈にまったく関知していない。

こうして本来、個別の「互市」関係の再編にすぎなかった条約は、「朝貢」＝「属国」の範疇にも影響をおよぼしはじめる。これは外国が対立の姿勢を強めるようになったのに応じて、辺境の防衛意識が高まってきた所産でもある。当時、新疆はムスリム住民の「聖戦」で、清朝の支配から離脱し、イリ地方がロシアに占領されていた。そうした情勢から、清朝はいよいよ辺境の安全を慮らざるをえなくなっていたのである。なかでも主敵と見なすべきは、北方の陸で接するロシアと、東南の海を隔てた日本であった。

案の定、まもなく危機的な事態が発生する。一八七四年の台湾出兵である。清朝は日清修好条規の不可侵規定を援用して抵抗したが、効果はなかった。そこで日本に対抗すべく、「海防」事業を本格化させる。北洋大臣李鴻章の主導のもと、北洋海軍の本格的な建設がこのときからはじまった。

新疆回復後、イリ地方の帰属で対立の続いたロシアとは、一八八一年のペテルブルグ条約で和解し、関係は安定に向かったから、いよいよ東南方面の脅威を突出して意識せざるをえない。ただしこちらは、直接に境を接したロシア方面とは異なって、周囲に「属国」の存在があった。かくてこの「属国」をいかに位置づけるかが、課題となってくる。

「琉球処分」をめぐる交渉

その課題が顕在化したのは、またもや対日関係、いわゆる「琉球処分」をめぐる交渉である。上述の台湾出兵も、日本政府がすすめていた琉球王国従属化の一環であり、清朝に宮古島の漂流民を「日本国属民」と認めさせることに成功している。日本はさらに一八七五年、朝貢を停止するよう琉球に強要し、清朝との関係断絶を迫った。この措置が清朝当局にも知られるのが一八七七年、折しも初代の駐日公使何如璋《かじょしょう》が赴任したときにあたる。かれは日本による朝貢阻止を撤回させるため、強硬な態度で臨むよう本国に進言した。北洋大臣李鴻章はこれに対し、否定的な態度をくずさず、日本政府に抗議するにとどめるよう総理衙門に助言している。何如璋はその指示にしたがい、一八七八年一〇月に日本政府に抗議を申し入れた。ところが日本側は、その言辞に反撥し、態度をいよいよ硬化させて、翌年三月に廃琉置県を断行する。

以上の経過はすでに先行研究がくわしく分析し、主に優柔不断な結果となった清朝の政策決定過程を明らかにしている[たとえば、西里 二〇〇五]。けれども清朝側の方針・目標は、むしろ明確で一致一貫していた。「属国」琉球の存続である。いかに戦争をせずにその目標を実現するか、その手段が定まらなかったのである。

一八七九年五月から七月にかけ、アメリカ前大統領のグラントが中国と日本を訪問し、両者の和解を促したため、いわゆる分島・改約交渉がはじまった。琉球諸島のうち宮古・八重山を清朝に割譲し、その見返りとして、日清修好条規の規定を日本に有利に改訂する、という日本の提案とそれをめぐる交渉である。そこでも清朝が最後まで譲らなかったのは、「属国」琉球の復活であり、日本側はそれを認めることはできなかった。清朝側も日清修好条規の改訂には消極的だったから、けっきょく交渉は暗礁に乗り上げる。

琉球と「属国」概念

「属国」といっても、国際法上の、西洋近代の属国ではない。朝貢を行えば、清朝との間に儀礼上の上下関係が生じるから、「属国」と称する。清朝はその内政外交に容喙干渉しないのが、むしろ通例となっていた。

それは「琉球処分」の当時もかわらず、「属国」の一般的な属性に変化はなかった。このとき顕著になったのは、「属国」の関係と安全保障とをむすびつける視点である。清朝側が琉球の存続にこだわったのは、必ずしも琉球それ自体が重要だったわけではない。琉球という「属国」が滅亡して敵対国の所有に帰すれば、同じ事態がほかの「属国」にも波及するかもしれない、と憂慮したからである。なかんずく重要なのは、陸続きの「属国」、南方のベトナムと東方の朝鮮であった。

上述のとおり、清朝の対外関係は「二国間の関係」が併存して成り立っていた。「属国」もその例に漏れない。清朝と各々の「属国」との関係は、本来たがいに別個で、必ずしも関わらないものだった。ところがこの琉球問題を境に、そうした各々の「二国間の関係」は、「属国」という同一概念を通じて、相互に連関しはじめる。「属国」の維持が重大な課題となると同時に、清朝の対外関係を一体化する契機ともなった。

折しもヨーロッパから帰国した前駐英公使郭嵩燾《かくすうとう》は、西洋列強公使に協力をよびかけて、『万国公法』の記載に照らし、「小国」の琉球を「保護」して、「自主」させるよう献策した。この提案じたいは、西洋諸国の態度が冷淡だとみた李鴻章の賛同を得られなかった〔西里 二〇〇五、五〇六―五一七頁〕ものの、ここで「属国」に対し、国際法にもとづく「保護」「自主」という概念が登場する。

この場合、「保護」にしても「自主」にしても、「属国」琉球を存続させる、という以上の意味ではなかった。しかしこれ以降、一八八〇年代になって、重大なベトナム・朝鮮という「属国」をめぐって、そうした術語内容の意義が変容してゆく。

三　ベトナム問題——「属国」と「保護」

発端

フランスは一八六〇年代初めから、インドシナ征服を本格化させ、南部コーチシナの併合を終えると、七〇年代にはその矛先を北方に転じた。ベトナム阮朝政府と争った結果、結んだのが一八七四年三月調印のサイゴン条約である。第二条にベトナム国王の「主権とあらゆる外国に対するその完全独立(entière indépendance)を認める」、第三条にベトナム国王は「フランスの保護(protection)に感謝して、自国の対外政策をフランスのそれに従って決定する」と規定し、ベトナム植民地化への大きな転機をなすものであった。

しかしそれは、ベトナムを「属国」とする清朝との衝突を、ただちに導いたわけではない。清朝はこのとき、サイゴン条約の内容を知りながら、ベトナムが「もと中国の属国」だと表明しただけで、それ以上の行動には出なかった。フランス側もその「属国」という文言を、あえてとがめようとはしていない。もちろん清朝とベトナムの間に「属国」関係が存在することは知っていた。しかしそれがフランスの利害に抵触しない、儀礼的なものであるかぎり、いいかえれば、ベトナムに清朝が介入せず、その軍隊が入ってこないかぎりは「属国」関係を黙認できたのである。

ところが七〇年代末に、清朝軍がハノイ周辺のいわゆるトンキン地方に入って、反乱部隊を鎮圧したことから、両者の対立が深まった[望月 二〇〇九]。フランス側ではこの清朝の行動を、ベトナムに対する自らの「保護」を定めたサイゴン条約に矛盾するものととらえ、清朝側はそうしたフランス側の動きに対し、あらためてベトナムが自らの

「属国」だと主張するようになったからである。一八八〇年一一月一〇日、駐仏公使曾紀澤《そうきたく》がフランス外務省に送った書翰は、そうした清朝の立場を表明した[Cordier 1902, p. 243]ものであって、ここにトンキンをめぐる清仏の難渋な交渉がはじまる。

交渉と戦闘

曾紀澤はパリでフランス外務省に抗議を続けたのに対し、フランス側も譲らず、妥協の見通しは容易につかなかった。いっぽう現地では一八八二年四月二五日、フランス軍がハノイを占領すると、清朝側もこれに対抗して、広西・雲南両省の軍隊がトンキンに進攻した。軍事的な緊張が高まるなか、一〇月より北京駐在公使のブーレが清朝の政府当局と交渉をはじめる。そして、一一月末には天津で李鴻章と、トンキンに一種の勢力圏を画定することで合意に達し、三カ条の覚書をとりかわした。

だが両国の紛争は、収まらなかった。一八八三年はじめに発足したジュール・フェリ政権が、その覚書を否認し、ブーレ公使を更迭した。八月二五日にはベトナム政府と直接にフエ条約を結び、明確にベトナムをフランスの「保護国(protectorat)」と定めた。清朝側もこれに対し、態度を硬化させた。トンキン現地では同年末に山西《ソンタイ》の、翌年三月には北寧《バクニン》の会戦が起こって、清朝軍は敗北する。

この厳しい局面を打開するため、李鴻章は旧知のフランス海軍中佐フルニエと天津で交渉を行い、一八八四年五月一一日に協定をとりむすんだ。ところが手違いが重なり、トンキンで両軍が衝突し、清仏は全面的な戦争状態に入ってしまう。

戦闘は海上ではフランス側の優勢、陸上では清朝側の優勢で推移した。一八八五年に入ると、洋関総税務司ハートの工作が効を奏し、清仏は四月四日にパリで停戦の議定書に調印、六月九日、戦争を終結させる天津条約の締結にいたった。

以上からわかるとおり、双方は三たび対立解消で合意している。まず一八八二年末に合意した李・ブーレ覚書、第二に八四年の李・フルニエ協定、最後に天津条約である。そこでの争点と妥協のありようをみることが、清仏対立の核心をつきとめる捷径であろう。

「保護」と「属国」の概念

すでに述べたとおり、対立が劇化したのは、トンキンにおける軍事行動をめぐってである。フランス側の根拠はサイゴン条約の「保護」規定であり、清朝側の論拠はベトナムに対する「属国」関係であった。しかも前者は「保護」規定をベトナムの「保護国」化と同一視し、後者は「属国」関係を軍事的な保護で裏づけようとしたために、対立が抜き差しならなくなったのである。

これを妥協させようとしたのが、李・ブーレ覚書である。実質上トンキンの保護権を南北に分割しようとするとりきめであった。しかしベトナムの「保護国」化に逆行するとみなしたフランス側は、これを却け、武力にうったえて清朝の譲歩をせまった［岡本 二〇〇七b］。形勢の不利をさとった李鴻章は、トンキンの軍事的保護を断念しながらも、ベトナムの「属国」視を続けることができる協定を、フルニエとの間でむすんだのである［岡本 二〇〇八］。講和条約たる天津条約においても、清朝側の執拗な主張でその条件は踏襲された。

要するに、争点はトンキンの保護であって、争奪の結果、それがフランスに帰した、と理解してかまわない。しかしそれだけでは不十分である。この保護は双方とも、当初から必要にして十分な形態で有した権利ではなかった。たがいの軍事行動に触発されて、それぞれ軍事的な「保護」権を確保せねばならないと自覚するようになり、フランス側は「保護国」化を追求し、清朝は「属国」を強調したのである。

このうち清朝側の事情が注目に値する。軍事的な保護は、そもそも「属国」の不可分な属性ではない。琉球の場合をみても、その「保護」は必ずしも軍事的保護の意味ではなかった。トンキンをめぐるフランスとの対立を通じ、軍事的保護が「属国」に不可欠だと認識されるようになり、「属国」と「保護」の概念内容が転換したのである。

しかし一八八四年以後、李・フルニエ協定でトンキンの軍事的保護を断念せざるをえなくなっても、清朝はベトナムが「属国」だという位置づけを一貫して変えていない。李・フルニエ協定にしても、天津条約にしても、フランスから見れば、清朝がベトナム「に対する宗主権を放棄したことを承認した」〔坂野 一九七三、三六六頁〕とりきめであるにもかかわらず、清朝じしんは「属国」概念を放棄することはできなかった〔岡本 二〇〇九ａ〕。同時期に進行していた朝鮮の問題が横たわっていたからである。

四　朝鮮問題——「属国」と「自主」

「属国自主」

朝鮮は以上のようなベトナムと一種の並行現象を示している。いずれも一八七〇年代の半ば、ほかの国と条約を締結し、清朝は当初、介入に消極的だったが、八〇年代に入って俄然、積極策に転じたからである。

ベトナムのサイゴン条約に比定できるのが、一八七六年二月、日朝間で結ばれた江華条約である。ただしその規定は異なる。その第一条に「朝鮮国は自主の邦」であり、「日本国と平等の権を保有す」と定め、「保護」の文言はない。従前の日朝関係、および当時の朝鮮に対する日本の進出のしかたが、フランス・ベトナムの場合とは違っていたからであり、そのために以後の歴史も、まったく同じ道はたどらなかった。

清朝は江華条約に対し、朝鮮が日本と条約を結ぶかどうかは「自主」によるのであって、清朝が干渉できるものではない、とあえて問題としなかった。しかし日本が一八七九年、「琉球処分」を断行すると、あらためて危機感が高まってくる。琉球と同じく「属国」の朝鮮も「滅亡」するのではないかという危惧をつのらせ、日本の動きに警戒を強めた。

朝鮮問題を任された北洋大臣李鴻章は、そこで朝鮮に欧米諸国と条約をむすばせることにする。列強を朝鮮に引き込んで、日本を牽制すると同時に、朝鮮の地位を明文化して、関係国に承認させるのが、そのねらいであった。

朝鮮は清朝の「属国」で、しかも内政外交が「自主」だというのが、その地位である。これを「属国自主」と呼ぼう。これは一八六〇年代から、清朝がくりかえし西洋諸国に表明してきたものだが、当初は朝鮮と列強の紛争にまきこまれないよう、「自主」を強調していた。上述の江華条約への反応も同じだとみてよい。ところが八〇年代には、むしろ「属国」のほうに重きを置くようになる。一八八二年五月、アメリカと朝鮮とが条約を結んで、朝鮮国王がこの「属国自主」を表明したさい、その「自主」は名目にすぎないというのが、清朝側の見解であった。数カ月後、勃発した朝鮮の内乱・壬午軍乱で、清朝が出兵して反乱軍を鎮圧したのは、そうした姿勢の転換によっている。

「保護」のゆくえと勢力の均衡

もっとも、こうした清朝の論理と姿勢に関係国が納得したわけではない。日本も西洋諸国も、西洋流の国際関係を前提としていた。「自主」というのは、『万国公法』では independent の訳語だから、朝鮮は独立国でなくてはならない。「属国」であって、しかも「自主」(独立)というのは、理解をこえる論理であった。壬午軍乱に対する清朝の軍事行動でも、そうした困惑が生じざるをえなかったのである。

日本と西洋ばかりではない。「属国自主」とみなされた当の朝鮮も、納得していなかった。清朝との間が「属国」の関係なのは、朝貢という儀礼を行っているからにすぎず、かつて清朝が表明したように、「内政外交」は「自主」

でなくてはならない。けれども、たとえば壬午軍乱での清朝の行動は、朝鮮政府を守ってくれた「保護」行為であると同時に、朝鮮の「内政」に対する干渉でもあった。干渉をともなう清朝の「保護」は、とりもなおさず「自主」に反するもので、ここに朝鮮と清朝の対立が生じる。

朝鮮政府には自国を守るだけの軍事力が備わっていなかったから、内乱・外敵からの「保護」が必要だった。清朝に仰がないのであれば、ほかに頼らなくてはならない。一八八四年の甲申政変で日本の援助を受けたり、翌年に露朝密約を結んでロシアの保護を得ようとしたのも、そのためである。清朝はそれに反撥して、ベトナムの場合と同様に、「属国」と「保護」を不可分のものとみなした。

こうして朝鮮に対する「保護」は、どこが担うべきか、定まらなくなる。「自主」という地位が、その答えをなかなか与えなかったわけで、それがこの地域を不安定にしながら、かえって相互牽制の作用も果たし、一種の勢力均衡をもたらした。ベトナムとは異なって、一八八五年以降、朝鮮半島が十年の平和を保ちえたのは、そこに大きな理由がある。

日清戦争と朝鮮の「独立自主」

だとすれば、この相互牽制・勢力均衡がくずれることは、朝鮮半島の平和を損ないかねない。その事態が現出したのは、一八九四年、東学の蜂起である。自力での鎮定がかなわないとみた朝鮮政府は、清朝に援軍を求め、李鴻章もこれに応じた。朝鮮の「自主」的な要請によって、「属邦を保護するの旧例」に依拠した軍事介入だというのである。清朝が標榜してきた「属国自主」と「保護」に即した措置であり、その十全たる実現であった。

しかし周知のとおり、東学の蜂起と清朝の派兵は、日本の出兵を誘発して、日清戦争の幕開けとなった。日本が開戦にあたって論拠としたのは、江華条約の「自主の邦」規定である。その「自主」は「属国自主」ではなく、あくまで独立の謂であり、したがって「属国」を理由とする清朝の「保護」、軍事介入は認められないというにある［岡本 二〇〇四］。

そのため、この戦争に日本が勝利したことは、清朝の「属国」概念を全面的に否定する結果をみちびいた。朝鮮はその後、「独立自主」を果たし、一八九七年に大韓帝国へと変貌する。清朝もそれに応じ、朝鮮を「属国」ではなく、対等の「友邦」とみなして、一八九九年に韓国と条約を締結するにいたった［岡本 二〇〇九b］。ここに清朝旧来の秩序構造が、全面的に転換せざるをえなくなる。

おわりに

清朝は朝鮮の「独立自主」を承認した以上、もはや「属国」の関係を必要とはしない。元来「互市」の範疇から始まった条約関係が、「属国」にも影響を及ぼし、ついに「朝貢」のカテゴリーを消滅させたわけである。「互市」もいっさい条約関係に置き換わっていたから、条約以外の対外関係は考えられなくなった。しかも変動はこれだけにとどまらない。

ほぼ時を同じくして、一八九七年のドイツの膠州湾占領にはじまった列強の中国分割、いわゆる「瓜分」の動きは、一九〇〇年の義和団事変、一九〇一年の北京議定書で最高潮に達した。こうした事態に直面して、清朝の政府や要人・人士の間に、それまでの統治体制を根本から見なおす気運が高まってくる。「変法」と「新政」はその所産であり、変革はおしとどめがたい趨勢となった。そのなかで、中国は一体の国民国家《ネーション・ステート》として自発的、積極的に近代国際関係の構成要素となるべきだという意識、端的にいいかえれば、民族主義が形成されてきた。

そこでおこったのは、なお手つかずで残っていた「藩部」の変容である。二〇世紀に入って、その「藩部」、つまりチベット・モンゴルの地にイギリス・ロシアの勢力が進出してくると、清朝・中国は危機感をつのらせて、統治姿勢をあらためることとなった。その過程で、「属国」の歴史が回顧される。「自主」を許したがために、「保護」が徹底せず、「喪失」を余儀なくされたのが、琉球・ベトナム・ビルマ・朝鮮という「属国」なのであり、「属地」たる「藩部」は、「属国」の轍をふんではならぬ、という認識が生じた。チベット・モンゴルに対し、これまでの自治的な体制から直接的な支配を及ぼす方針に転じたのも、そのためである。

チベット人・モンゴル人の側はこれにあきたらず、一九一一年の辛亥革命の前後より、清朝・中国から離脱する動きをはじめる。それに反比例するような形で、中国の統合追求も強まってゆく。

こうした中国の対外秩序の転換過程は、いまなお完結してはいない。二一世紀の現在になっても頻発する民族問題、国境紛争は、その間の事情をあらわしている。したがってそれを正確に見とおすには、二〇世紀になってから定義された「属国」「保護」「自主」などの観念・概念だけで割り切ってはならない。一九世紀後半期のその変容も考えあわせなくては、その十分な内容把握は不可能であろう。

【文献一覧】

岡本隆司　二〇〇四　『属国と自主のあいだ――近代清韓関係と東アジアの命運』名古屋大学出版会
岡本隆司　二〇〇七a　「「朝貢」と「互市」と海関」『史林』九〇巻五号
岡本隆司　二〇〇七b　「属国と保護のあいだ――一八八〇年代初頭、ヴェトナムをめぐる清仏交渉」『東洋史研究』六六巻一号
岡本隆司　二〇〇八　「清仏戦争への道――李・フルニエ協定の成立と和平の挫折」『京都府立大学学術報告（人文・社会）』六〇号
岡本隆司　二〇〇九a　「清仏戦争の終結――天津条約の締結過程」『京都府立大学学術報告（人文）』六一号
岡本隆司　二〇〇九b　「韓国の独立と清朝の外交――独立と自主のあいだ」岡本隆司・川島真編『中国近代外交の胎動』東京

大学出版会
佐々木揚 二〇〇〇 『清末中国における日本観と西洋観』 東京大学出版会
西里喜行 二〇〇五 『清末中琉日関係史の研究』 京都大学学術出版会
濱下武志 一九九〇 『近代中国の国際的契機——朝貢貿易システムと近代アジア』 東京大学出版会
濱下武志 一九九七 『朝貢システムと近代アジア』 岩波書店
坂野正高 一九七〇 『近代中国外交史研究』 岩波書店
坂野正高 一九七三 『近代中国政治外交史——ヴァスコ・ダ・ガマから五四運動まで』 東京大学出版会
村田雄二郎ほか編 二〇一〇 『新編 原典中国近代思想史』「2 万国公法の時代」 岩波書店
望月直人 二〇〇九 「フランス対清朝サイゴン条約通告と清朝のベトナム出兵問題——一八七〇年代後半、ベトナムをめぐる清仏関係の再考」『東洋史研究』 六八巻三号
Cordier, H. 1902, *Histoire des relations de la Chine avec les puissances occidentales, 1860–1900*, Tome 2, Paris.
Fairbank, J. K. 1953, *Trade and Diplomacy on the China Coast, the Opening of the Treaty Ports, 1842–1854*, 2 vols., Cambridge, Mass.
Fairbank, J. K. ed. 1968, *The Chinese World Order: Traditional China's Foreign Relations*, Cambridge, Mass.
Hevia, J. L. 1995, *Cherishing Men from Afar: Qing Guest Ritual and the Macartney Embassy of 1793*, Durham and London.
Mancall, M. 1984, *China at the Center: 300 Years of Foreign Policy*, New York.
Morse, H. B. 1910, 1918, *The International Relations of the Chinese Empire*, 3 vols., Shanghai, etc.

個別史／地域史Ⅰ

朝鮮中立化論と日清戦争

長谷川直子

はじめに

一九世紀後半、多様な関係と認識を内包しながら存在していた緩やかな東アジアの国際秩序は、大きな変動期を迎えることになった。もちろんそれは、世界的な帝国主義体制成立の前夜における西欧諸国の動向に大きく影響を受けるものでありながら、いち早く西方国家体系の論理を取り入れ、国際法を援用しつつ伝統的な東アジアの国際秩序を再編しようとする日本と、朝鮮、清国それぞれの変化と相互の関係によるものでもあった。これまで、一八八〇年代以降の朝鮮と清国の関係については、清国側の内政干渉強化と朝鮮側の対応が多様な視点から明らかにされてきた(1)。そうした中で、最近では、「属国自主」の形成、朝鮮側の「自主範囲の拡大と属邦概念の縮小」と清国側の「宗主権の強化」、欧米諸国の立場が詳細に解明され、日清戦争の開戦にあたって宗属関係をやはり主因として重視する見解も出されている［岡本 二〇〇四］。

ところで、近代の朝鮮をめぐっては、清との宗属関係を持ちながら諸国と条約関係を結びつつあった一八八〇年代、および日露戦争に至る過程という二つの時期に、その中立化ないし領土保全が朝鮮をはじめ周辺国で議論されている。日本史・朝鮮史研究を中心としたそれぞれの立場からの問題追究に加え、韓国においては、早い段階から近代における朝鮮中立化論に関心が向けられ〔徐 一九六五〕、分断状況の克服という観点からの朝鮮中立化への関心にも基づき、一九八〇年代以降、政治・外交学界も含め多くの研究成果が出されてきた。[2] 本稿では、一八八〇年代の日朝両国で議論された朝鮮中立化論を主な対象とするが、先学の成果から浮かび上がる論点は以下のように考えられる。

朝鮮中立化論は、日本側の問題としては、それがまず日本政府内で提起されたことから、日清戦争に至る時期の対東アジア政策の再検討という視点からの研究の中で言及、ないしは焦点とされている。こうした研究においては、政府内に存在した議論が「対清協調路線」の延長線上にあると把握され〔高橋 一九九五、二四〇頁〕、「朝鮮永世中立化」が当該期の日本政府の朝鮮政策論において高い位置を占めた「〝非侵略的〟提起」とみて、その実現に向けての動きに注目している〔大澤 一九九五・一九九八〕。その一方で、日本側の議論が出された契機と経過を明らかにすることを重視する研究においては、それは「清韓関係」に深くかかわるものであったとされ、日清両国の立場の相違が指摘されている〔岡本 二〇〇六〕。こうしたことをふまえ、本稿では改めて、既に伝統的な東アジアの国際秩序の中の朝鮮・清国関係、それも朝貢という形式だけではなく「実態」がある中で、日本側が朝鮮中立化と「独立」を主張したことの目的、その「独立」が具体的に何を意味するかに留意して、当該期の日本の対朝鮮・東アジア政策の中での位置づけを考察したい。

一方、中立化の主体である朝鮮側の問題としては、朝鮮中立化に言及したのが兪吉濬《ユギルジュン》と金玉均《キムオクキュン》であることから、開化思想研究を中心に多くの成果が出され、急進開化派の大国主義から小国主義への思想的転回を示すという文脈での捉え方もされている〔趙 一九八五、七四—七九頁〕。これに関連して、兪吉濬が「中立論」〔兪吉濬全書編纂委員会編 一九七一b、三一九—三二八頁〕執筆以後、『西遊見聞』第三編「邦国の権利」〔兪吉濬全書編纂委員会編 一九七一a、一〇五—一一九頁〕を著す時期、「対清協調論」を展開していた〔趙 一九八九、六四—六五頁〕のか、あるいは宗属関係の破棄まで志向するようになった〔月脚 二〇〇九、四九頁〕のかについて見解が分かれている。[3] いずれにせよ、この時期の朝鮮における中立化論は、清との宗属関係を持ちつつ条約体制に組み込まれていく朝鮮の、国家構想に関わる問題として捉える点が重要といえる。

以上の点を踏まえて、本稿では、一八八〇年代の日朝両国周辺で議論された朝鮮中立化論の論点と特徴を整理しつつ、日清戦争の開戦とその後の展開が、特に朝鮮にとってどのような意味を持つものであったのか、その一端を再考する。

一　日本の朝鮮中立化論における朝鮮の「独立」

明治維新以後、日本政府の対朝鮮政策は二つの側面を有していた。一つは、朝鮮半島を東アジアの軍事的要衝とみなし、ロシアの動向に対する懸念が対朝鮮政策を規定していくという点であり、もう一つは、朝鮮と清国との宗属関係の否定をめぐる問題である［長谷川　一九九四、一四二頁］。一八七五年二月の朝鮮との国交樹立に向けての実質的交渉にあたって、派遣される森山茂、広津弘信より、朝鮮を「独立国」と「半属国」のどちらに見るかという問題が提示される。その後の一連の議論も含め、政府としてはまだ宗属関係への積極的な対応方針を下さなかったにせよ、宗属関係を解消することが朝鮮に対して戦略上必須な課題と考え始められていたのであった［石川　一九九九、四五―四八頁］。

同年九月の江華島事件後、日本政府内では朝鮮が独立国であるという認識はまだ固まっていなかった。例えば法律顧問ボワソナード G. E. Boissonade は、朝鮮を清国の「臣属ノ国」でも「独立ノ国」でもない「中間ノ位置」にある国家とみなしていた［市川編　一九七九、「ボアソナード意見書」三七―四一頁］。朝鮮問題の解決にあたって宗主国である清国の意向を問うために派遣された森有礼も、朝鮮の内政外交の「自主」を述べつつ「属国」とする清国側との交渉を通じて、外交権を有する朝鮮は「独立ノ実」がありながらも「清国属管ノ名」があることから、朝鮮をオスマン＝

トルコとの関係を有するセルビアに擬え、他の独立国とは異なるものと見ていた(『日本外交文書』第九巻、三九・四一)[4]。しかし、既に開始されていた日朝間の交渉では、日朝修好条規の第一款において、「朝鮮国ハ自主ノ邦ニシテ日本国ト平等ノ権ヲ保有セリ」と規定される(同右、二六)。日本側は朝鮮を日本との関係に限っては対等の独立国とし、一方、朝鮮側はこれを従前の日朝交隣関係の復活とみなしたのであり、「自主」の持つ意味合いは、日本、朝鮮、そして清国との間で異なっていた[岡本 二〇〇四、三〇—三三頁]。もちろん、実際には朝鮮側にとっての不平等条約であったことは言うまでもないが、朝鮮を「自主ノ邦」として条約締結した事実が、壬午軍乱以降、日清開戦に至るまで、重要な意味を持たされることになる。

一八八二年七月二三日、朝鮮の漢城で起こった壬午軍乱は、近代移行期の社会変動を背景とし、開国による諸矛盾の増幅の結果惹起されたものであった。閔氏一族と共に日本公使館も襲撃され、日本軍が派遣される一方で、朝鮮を「属邦」とする清国側も軍隊を出動して日朝両国間の調停と日本公使館警備を申し出たことから、日本側は改めて朝鮮の国際的地位の問題に直面する。既に日本による「琉球処分」に脅威を感じた清国は、朝鮮と西洋諸国との条約締結を進めており[岡本 二〇〇四、三八—三九頁]、朝美修交通商条約締結の過程で、馬建忠は朝鮮の「自主」をゆるしはしても名目にとどめ、「属国」の実質を明らかにしていくという方針を固めていた[同右、六六頁]。日本政府内では、参事院議官井上毅がボワソナードに対し諮問を重ね、条約締結をして独立国と認めている朝鮮と直接交渉すべき示唆を受ける。こうして日本政府は、朝鮮が「自主国」であるとして清国側の申し出を拒否し、日朝修好条規を根拠とした日本政府の立場を明示したのである[多田 一九九二、一〇二—一〇四頁]。

さらに、実際の日朝交渉の最終局面で、清国軍が大院君を朝鮮から連行したことをきっかけに交渉妥結に至ったという経過もあり、日本政府は九月一三日までに、日朝修好条規の「独立条項」を維持し、そのために列国が朝鮮の独立を認定するように努めるという閣議決定をする[高橋 一九九五、五〇頁]。こうした状況の中、九月一七日、井上毅は「朝鮮政略」〔井上毅伝記編纂委員会編　一九六六、三一二―三一三頁〕を著す。日朝交渉に際して朝鮮に派遣され、花房公使を補佐し続けた井上は、帰国後、朝鮮の「独立」について以下のように論じたのであった。

井上は、アジアの要衝である朝鮮の現状について、独力では独立維持が困難であるとの認識を示しつつ、清国の朝鮮に対する「属国」名義での干渉と保護は日本に不利であると明確に述べている。井上が特に懸念を示す形で述べているのは、ロシアの「南侵」と朝鮮が侵略された場合の日本の危険であり、朝鮮の独立維持のために日清両国の協力を主張する。その具体策が、日清米英独五カ国の会議において朝鮮をベルギー・スイスのような「永久中立」の国とするということであった。これによって、五カ国およびそれ以外の国家による朝鮮に対する侵略防止を企図しているのだが、注目すべきは、朝鮮が清国の「貢国」であっても「属国」ではなく「独立国」であり、清国が他の四カ国の同意なく単独で朝鮮の内政に干渉することはできないことを明記している点である。いうなれば、それは宗属関係を朝貢という形式のみに限定することである。日清両国以外の三国は、批准前ではあったが、朝鮮と既に条約締結した国々であった。井上は、国際法を援用することで、東アジアの伝統的な国際秩序を急激には否定しないながらも、朝鮮の実質的な「独立」を確定しようとしたのである〔長谷川　一九九四、一四六頁〕。

壬午軍乱後、袁世凱による新式軍隊の掌握、李鴻章の推薦による朝鮮政府顧問、馬建常とメレンドルフ Paul Georg von Möllendorff の着任など、閔氏政権が清国に従属的となっていった状況は、両国の間では、朝美修交通商条約締結過程で顕在化していた「属国」と「自主」をめぐる問題を拡大したともいえる。朝鮮側は、「属国」を「自主」の手段とする傾向を強くもっていたのである〔岡本　二〇〇四、六六頁〕。朝鮮側ではまた、金玉均、朴泳孝《バクヨンヒョ》ら急進開化派が彼らの考える「自主」、すなわち「独立」を追求していく。

この問題は、日本政府の対東アジア政策にも影響を与える。既に同年一〇月、急進開化派を主体とする朝鮮修信使が来日し、いわゆる「独立援助」問題をめぐって閣議が紛糾するが、一一月中旬に至り、各国による朝鮮の「独立」

の認定と二〇万円を上限とする朝鮮に対する「援助」、それによって起きる可能性がある清国との対立に備えるための軍拡という方向性が決定される［高橋 一九九五、五五―七一頁］。ボワソナードはこうした状況下、「恒守局外中立《ヌートラリテーペルコチレト》新論」［伊藤編 一九七〇、二二三―二二九頁］を著し、ロシアを警戒しつつ日清露三国を中心とした国々の認定による朝鮮の永世中立化を、国際法の観点から論じていた。この中では、事実とは異なりながらも永世中立国の一つとしてセルビアが挙げられ、一八五六年のパリ条約で中立化が定められたとしている(5)。ボワソナードがこの条約で新たな国際的地位を定められたセルビアにも言及していることからは、中立化論が宗属関係の内実を規定する側面を持ち合わせたとも考えられる。

一方、この時期の井上毅は、日本が清国の朝鮮に対する「属邦」論を黙認する状況は望ましくないという認識を明示していた［長谷川 一九九四、一四八頁］。井上は朝鮮中立化を清国側に諮るべく、一〇月二九日、馬建忠宛の花房義質の書簡の草稿［「擬與馬観察書」『梧陰文庫 井上毅文書』A・八五六］を著し、外交の自主権を持つ朝鮮を「独立自主」の国と規定し、ベルギーとスイスをモデルにした朝鮮の永世中立化に言及した。井上の朝鮮中立化論は、清国によって朝鮮の「独立」が侵害されていくことに対する異議の申し立てだったといえる。

この後、ベトナムをめぐる清仏間の対立が深化する状況の中で、一八八三年四月、馬建常が駐朝公使竹添進一郎に朝鮮の「局外中立」化をもちかけ［岡本 二〇〇六、一三―一四頁］、日本側でも井上毅が再び、朝鮮の中立化について、日清両国あるいはアメリカを含んだ形で「共同保護」するという内容で清国側に提起することによって琉球問題も同時解決することを政府内で提案していく［多田 一九九二、一二八―一二九頁］。実際、この案は、外務大書記官田邊太一から黎庶昌駐日公使を通じて、「共同保護」を内容とするスイス・ベルギーをモデルとした朝鮮の永世中立化として清国側に打診され、黎はその後、朝鮮の対欧米開国によって朝鮮に対する清国の管轄権が脅かされると予想し、琉球復国を条件として田邊の申し出を受け入れることを総理衙門に提案する［西里 二〇〇五、五九一―五九三頁］。ただし、この問題についての進展はないまま、甲申政変の勃発によって日清両国は新たな局面への対応をせまられることになる［岡本 二〇〇六、一五頁］。

二　一八八〇年代半ばの朝鮮情勢と中立化論の諸相

一八八四年一二月、金玉均ら急進開化派が起こしたクーデタでは、周知の改革綱領の中に、門閥の廃止と人民の平等権の制定、地租法の改革といった内政改革の内容と共に、大院君の帰国と朝貢虚礼の廃止の条項も含まれておりた［韓國學文獻研究所編 一九七九、「甲申日録」、九五―九六頁］。彼らの「自主」の追求はこうした形で現わされたのであった。閔氏政権から要請を受けた清国軍の出動と日本軍の引き揚げ後、結局この政変が失敗に終わったことは、朝鮮において新たな国家構想が立てられなければいけないことを意味した。他方、日清両国間では、軍事衝突という事態から、壬午軍乱以後継続して駐留していた両国軍の撤退に向けて交渉を重ねることになる。

こうした状況の下、翌年三月、駐朝ドイツ副領事ブドラー Hermann Budler から督辦交渉通商事務金允植に対し、朝鮮の中立化が提案された（『舊韓國外交文書』一五（德案一）、文書番号九五）。ブドラーは、スイスが普仏戦争時に中立を維持できたことに注目し、大国間の条約締結により小国を保護することが有益だとみて、ロシア・清国・日本の要衝地帯である朝鮮を、三国間の条約締結によって永世中立化することを勧告している。この構想は、朝鮮における日清両国の対立ないし紛争を予想してそれを未然に防ぐことを主な目的としていた［姜 一九七八、一一四頁］。

このようなブドラーの朝鮮中立化論は、実はメレンドルフの議論を受け継ぐものであった［召 一九八三、五〇頁］。彼は、第一次朝露秘密協定問題で朝鮮側の中心的な役割を果たすが、ロシア側への最初の働きかけがなされた一八八四年八月、既に、ベルギーを想定して朝鮮を露英日三国の保護下におくことに言及している［佐々木 一九八七、一三一―

一四頁〕。その後、メレンドルフの計画は内容が変化していくが、一貫している目的は清国の朝鮮に対する影響力の排除であった〔岡本 二〇〇四、一六〇―一六三頁〕。ブドラーの提案に対し、金允植は消極的であり、それを返送したが(『舊韓國外交文書』一五〈徳案一〉、文書番号九九)、朝鮮側に中立化が諮られたということ自体が、この後の朝鮮をめぐる状況の中では大きな意味を持つものであった。

一八八五年四月一八日、日清交渉は天津条約締結で妥結し、日清両国軍の撤退とともに、将来の変乱時における出兵と事前通告が定められ、朝鮮をめぐる両国間の均衡は一応成立した。しかし、既に同月一五日、英露間のいわゆるアフガン危機を契機として、朝鮮の巨文島がイギリス艦隊により占領される事態となっていた。この事件について注目すべき点は、まず、イギリスが占領初期には朝鮮を清国の影響下に置き、英清日三国が協力することでロシアの南下を阻止しようとした点である。それは、井上馨外務卿が榎本駐清公使に対し、清国政府にイギリスに対する撤退交渉をさせ、日清両国による朝鮮の共同保護案を提示することを指示する状況もふまえてであった〔小林 二〇〇五、二〇二―二〇四頁〕。以後の英清交渉では、周知のように、最終的に李鴻章がロシア側から朝鮮の領土保全に関する誓約をとりつけて解決に至ったのであり、こうした経過は、朝鮮と清国との宗属関係が権力政治の展開の中で利用されたうえで、朝鮮をめぐる均衡が形成されたともいえる。

既に述べた井上外務卿の対応は朝露秘密協定問題の顕在化を背景としており、共同保護案はいわゆる「朝鮮弁法八ヶ条」〔森山 一九八七、一三頁〕として知られている。この案では、朝鮮政策は李鴻章が施行するという形をとりながらも井上外務卿との秘密協議を前提とし、日本側が裏面では一時的な日清協調の主導権を「自らの手で調整しうる権利を清国に公然と認めさせようとする」〔崔 一九九七、一三四頁〕ねらいを持ち、多国間における朝鮮中立化とは方向を異にするものであった。最終的にこの案は李鴻章によって拒否され、日本は、当面、「放任」策をとることになる(『日本外交文書』明治年間追補第一冊、三八六頁)。

こうした状況の中で、当事国である朝鮮側で注目すべき動きがあった。朝鮮政府は同年五月一九日、巨文島の占領通告を受け取り、翌日にはイギリス側に即時撤退の要求をする〔小林 二〇〇五、二〇〇頁〕。同日、ドイツ総領事ツェンプシュ Zembsch を訪問した金允植は、朝鮮をベルギーのような地位に置くことに言及した。金允植は、最終的にはこの問題について、ベルギーと同様の保障を得る場合、朝鮮が清国の保護から離脱しようとする印象を与えないために、条約関係にある国家に対し条約内の規定に沿う形で巨文島事件の調停を望む内容の公文を送り、朝鮮の中立化を直接は提案せずに強大国の合意によって保障させる「間接的な方法」をとったのである〔召 一九八三、五五―五六頁〕。

以上のような対応をとりながら、金允植がロシアからの軍事教官派遣を不可とした〔佐々木 一九八七、二八―二九頁〕ことは、アメリカとの条約締結交渉時より条約体制参入を図りつつ清国との朝貢体制を堅持する立場をとってきた〔趙 一九八九、五七―五八頁〕流れに沿うものであった。このような対外政策の基軸を持った金允植は、「信義」を世界に問うという「儒教型理想主義」に立脚しつつ、富国策の優先、民力の養成と強兵策の猶予を内容とした「小国主義」の構想を示す〔趙 一九八五、七九―八五頁〕。督辦交渉通商事務として外交の最高責任者の任にあった彼が、非公式にではあれ朝鮮中立化に言及したことは、条約体制をより積極的に利用することによって、「小国」朝鮮の各国に対する「自主」を追求したことを意味したといえる。

一方、清国側は、第一次朝露秘密協定問題を機にメレンドルフを解任し、一八八五年一〇月には大院君を帰国させ、袁世凱を駐箚朝鮮総理交渉通商事宜として着任させる。朝鮮に対する「保護」の重要性を再認識したことにより、これ以後、西洋諸国にもその「保護」を認めさせる方策が試みられるようになっていくのである〔岡本 二〇〇四、一六七―一六九頁〕。こうした中、朝鮮側では二つの中立化論が著された。甲申政変後、アメリカ留学から戻った兪吉濬と、日本での亡命生活中、一八八六年六月に至り朝鮮政府によって暗殺を企てられた金玉均によってである。

金玉均は、翌月記した「與李鴻章書」において、清国皇帝を盟主として欧米列強に朝鮮中立化を図ることが朝鮮のみならず清国にとっても得策であるとした〔韓國學文獻研究所編 一九七九、一四九―一五二頁〕。同じ時期、金玉均は、朝鮮国王へ向けた「池運永事件糾弾上疏文」を著し、巨文島事件後の朝鮮の内外の情勢について危機意識を示した後、広く欧米各国と「信義」によって親交しながら内政改革を行い、門閥を廃して人材を選び、中央集権の基礎を確立することなどを訴えている〔同右、一三九―一四八頁〕。以上のような主張は、諸列強の勢力均衡を利用することによる「小国」自立のための模索である〔趙 一九八五、七五―七六頁〕。同時に、「上疏文」においては清国が朝鮮の万事に干渉していても巨文島を回復できないという意の批判が記されながらも〔韓國學文獻研究所編 一九七九、一四四頁〕、朝鮮の現状に対する強い危機意識から、清国との関係をも利用して国際法秩序における「中立」という地位を得ようとしたものといえる。

一方、一八八五年一二月に帰国した兪吉濬は、周知の「中立論」を著し、朝鮮の中立化を論じた。中立の例としてはベルギーとブルガリアを挙げており、軍事的な要衝で各国と対等に条約締結している点では朝鮮とベルギーが共通しており、清へ朝貢している点ではブルガリアとトルコの関係に類似しているという〔同右、三二〇―三二一頁〕。朝鮮の国際的地位をこのように見て、ロシアの南下に対する警戒を示しつつ〔同右、三二一頁〕、日本および軍備のある全ての国による侵略の可能性があることも指摘したうえで〔同右、三二四―三二五頁〕、清国に要請し、清国を盟主とする国際会議において、朝鮮中立化を定める諸国間条約を締結すべきことを主張している〔同右、三二七頁〕。

はじめに述べたように、「中立論」から『西遊見聞』執筆に至る時期にかけ、兪吉濬が宗属関係を破棄する意図を持っていたかどうかなどの点について、なお異論のない解決をみるに至っていない。ただし、「中立論」に限って述べるならば、兪吉濬が清国と朝鮮の歴史的関係に言及し、朝鮮が清に対して朝貢し冊封を受ければ、清国は朝鮮に自治を行わせて干渉しない〔同右、三二三頁〕として、両国の関係を朝貢・冊封の儀礼に限定している点は、客観的には現実に進められている清国による対朝鮮政策への批判を意味するといえる。それでもなお、伝統的な枠組みを利用することで国際法秩序における「中立」という朝鮮の国際的地位を確定しようとしていることは特徴的である。兪吉濬は、この後、「小国」の立場から侵略の具としての軍隊の価値を間接的に否定し、万国平等論を展開したとされ、「中立論」も「小国主義」への転回を示す文脈の中で位置づけられている〔趙 一九八五、七六―七七頁〕。この点と併せて、兪吉濬は「民本主義的治政観」を有しており、民本を重視した「政府職分」論を展開し、「賑恤＝仁政を政府の職分・富者の義務であると明確に規定していた」という〔愼 二〇〇八、八八―八九頁〕。兪がこうした国家を構想する一方で、一九世紀には国際社会の中で「中立」が「小国」の国是となっていた〔百瀬 一九八八、三七頁〕事実を想起するならば、朝鮮の「小国主義」は、この時点で国際政治の現実と共鳴する内実を有していたともいえよう。

三　日清戦争をめぐる朝鮮中立化の放棄と挫折

以上のような多様な朝鮮中立化論は、朝鮮側ではそれがいかなる国家を構想するかという問題に直結しており、議論する立場によって内容に大きく差異がありながらも、朝鮮と清国との宗属関係の「形式」自体は前提にしていた。日本側では、宗属関係再編の本格化という状況の中で直面した現実に対する異議申し立てという形で議論されてきたといえる。一八九〇年三月、首相山県有朋が周知の「外交政略論」〔大山編 一九六六、一九六―二〇〇頁〕を著すが、この議論と山県の認識にも同じ特徴が見出せる。

この中では、日本の「独立自衛」を目的とした主権線（＝日本）の守禦と利益線（＝朝鮮）の防護を訴え、イギリスによるカナダ鉄道の建設にも言及しつつロシアによるシベリア鉄道竣工を想定して朝鮮の独立維持の危機を強調し、その永世中立化の重要性を指摘して、日本の海軍の充実も主張している。注目すべきは、「清国ノ近情ヲ察スルニ蓋全力ヲ用ヰテ他人ノ占有ヲ抗拒スルノ決意アルモノ、如シ従テ又両国ノ間ニ天津条約ヲ維持スルハ至難ノ情勢ヲ生セリ蓋朝鮮ノ独立ヲ保持セントセハ天津条約ノ互ニ派兵ヲ禁スルノ条款ハ正ニ其障碍ヲ為ス者ナレハナリ〔後略〕」〔同右、一九九頁〕というように、日清関係を直接の問題として朝鮮中立化を提起している点である〔長谷川 一九九四、一五五頁〕。中立化のために日清「協調」を謳い、朝鮮に対する清国の内政干渉を不可とするような主張はされていないにせよ、清国側は一八八〇年代後半以降、朝鮮に対する直接的な働きかけを強めていたのであり、日清関係の現状変更に言及した山県の議論は、客観的にはそのような状況に対する異議の申し立てという意味を持ったといえる。

実際、山県は、「外交政略論」と共に回覧された「軍事意見書」（一八八八年執筆）〔大山編 一九六六、一七四―一八五頁〕の中で、天津条約締結後も、清国が「朝鮮内政ニ干渉スルコト日ニ益々深キヲ加フルカ如シ」〔同右、一七九頁〕と明言している。「外交政略論」は、この「軍事意見書」の内容について、一八八九年、山県がシュタイン Lorenz von Stein に意見を求めた際に得た示唆の趣旨も加わって成立したとみなされており、シュタインは、露清英いずれの国であっても、朝鮮の占領を図る国は日本の敵とみなすべきと述べていたのであった〔加藤 二〇〇二、八六―九四頁〕。「外交政略論」は、朝鮮中立化の実現のために朝鮮政府に軍事的圧力を加えようという考えに基づいた「朝鮮への内政干渉」の主張でもあり、巨文島事件以後の放任政策を転換しようとするものだった〔高橋 一九九五、二三八頁〕ことに加え、こうした認識と背景の下で成立したのである。そして、清国側でも李鴻章は、一八八八年の時点で、朝鮮の「局外」中立化はその「自主」独立をもたらす可能性があり、清国側の主張する「属邦」という位置づけに矛盾するものという立場だった〔岡本 二〇〇六、一八頁〕のであり、日本側の朝鮮中立化論がいかにその立場と齟齬をきたすものであったかが明白といえる。

山県が言及した天津条約の廃棄論は、日本政府内では一八九四年三月頃には定着していったとされる〔崔 一九九七、一九五―一九六頁〕。実際、天津条約体制下での日清両国間の均衡は、一八九四年二月、全羅道古阜郡における東学の地方幹部全琫準《チョンボンジュン》の指導による民乱を契機として、以後の甲午農民戦争の全面的な展開の中で破られる。朝鮮政府の軍派遣要請に清国が応じる意向である情報を得て日本側は出兵を決意するが、この目的には公使館・居留民保護、農民軍鎮圧への参加とともに、朝鮮への日清共同内政改革強要の機会に利用することも含まれていた〔高橋　一九九五、三二七―三三〇頁〕。朝鮮にとっては、それが「日清共同」という形式をとろうとも、「外交政略論」における主張は、朝鮮中立化の実現という目的を欠いた軍事力による内政干渉という方法に変えられたともいえる。

その後の、「全州和約」と朝鮮政府による撤兵要求、日本から清国側への対朝鮮共同改革の申し入れとその拒絶に続く対朝鮮単独改革要求〔朴　一九八二、六頁〕、朝鮮側への清国軍撤兵と朝鮮を「属邦」と規定している朝清商民水陸貿易章程など三章程の廃棄要求（『日本外交文書』第二七巻第一冊、四二二附属書三・四）、朝鮮の王宮占領と閔氏政権打倒・新政権樹立に続く清国との戦争状態への突入、朝鮮側から清国への三章程廃棄通告（『舊韓國外交文書』九（清案一）文書番号一八三二）という事態の推移が示すのは、日本による朝鮮中立化の放棄に他ならなかった。

開戦後の八月一七日の閣議では、陸奥外相が提示した、朝鮮に対する不干渉策、日清共同の領土保全、スイス・ベルギーを模した「各強国担保の中立国」という案を含む対朝鮮政策の四案のうち、「実質的保護国化政策（傍点＝原文）」〔森山　一九八七、二九頁〕、すなわち、当面は、将来朝鮮を「名義上」の「独立国」として日本がそれを「扶植」するという策が採択される〔陸奥・中塚校注　一九八三、一五八―一六〇頁〕。実際、同年一〇月に赴任した井上馨公使は、二カ月後には高宗・朴泳孝中心の政府を樹立させ、朝鮮政府内の要所へ日本人顧問官を配置したほか、五〇〇万円の借款供与による朝鮮の「エジプト化」も計画し[6]、一連の「保護国化政策」を推進していったのである〔柳　二〇〇〇、三四―五一頁〕。

それでは、朝鮮中立化の放棄、挫折ということを、より朝鮮に即して考えた場合、どのような事態が惹起されたことを意味するのだろうか。それはまず、日本の軍事力行使によって閔氏政権打倒、開化派政権樹立がなされ、日清両国軍の上陸直前にも朝鮮の中立化に言及していた〔趙　一九九八、二五七頁〕兪吉濬も、その政権で中心的な役割を果たしていったこと自体が中立化の放棄ともいえる。のみならず、八月二〇日に日朝間で調印された「暫定合同条款」では日本軍による王宮占領の責任を追究しない旨が記され、日本政府の勧告に基づく内政改革を合法化し、鉄道・電信線利権を日本が獲得することなどが定められた。電信線については、開戦前の段階において朝鮮政府が自国の通信権の保持を貫こうとした中で、日本側が強行架設に踏み切ったもので、既に架設した軍用電信の存在を朝鮮政府が認知させられたのであった〔斎藤 二〇〇三、第三章〕。さらに、同月二六日に調印された「大日本大朝鮮両国盟約」では、朝鮮の日本軍への協力が規定される。朝鮮側は、日本から朝鮮に対清宣戦布告要求がなされる中で、決定的な敵対関係になる宣戦布告を回避する意図で妥協して調印し、日本との「軍事同盟」体制が成立したのであり〔朴 一九八二、八五—八七頁〕、朝鮮は名実ともに中立の地位をとりえなくなったのである。

以上のような点に加えて考えるべきことは、日清戦争の契機となった「下からの変革運動」〔趙 一九九八、二頁〕とされる甲午農民戦争に関わる問題である。そもそもこの農民戦争は、半プロ・貧農下層民や奴婢・賤民などの底辺民衆を主体としており、東学の中に形成された異端の勢力である「南接」の、民衆を変革主体として捉える教理への信仰によって可能になった民衆反乱であった。この農民戦争では、それまでの民乱と同様に徳望家的秩序観の論理が貫徹しており、武力行使に基づく閔氏政権の打倒を前提として、国王高宗・実父の大院君への弊政改革要求という形をとった。農民軍の指導層は、民本主義と「一君万民」の政治思想の下に、平等主義と平均主義を実現する儒教的ユートピアを志向していたのである〔趙 二〇〇二、九一—九九頁〕。

農民軍の要求に対し、初期の甲午改革を主導した軍国機務処は、身分制の廃止を示す議案など一連の平等主義的社会制度改革を宣言したほか、中央政府の官吏による公金横領と地方官の上納金着服厳禁、無秩序化した徴税制度に起因する民弊の是正など経済改革を断行することで民心を慰撫しようとする〔柳 二〇〇〇、一一六—一一九頁〕。しかし、平均主義を実現する土地改革は行われなかったことに加え、改革を主導した開化派官僚が想定した「国民」統合は、身分制の廃棄という民衆の解放の面を持ちながらも、「勤倹思想や職分の論理で自己鍛錬する民衆」を想定するという矛盾した側面もあった〔愼 二〇〇八、八九―九〇頁〕。日本および開化派政権をも駆逐の対象とした第二次農民戦争〔趙 一九九八、二九一頁〕に対して、日本軍とともに開化派政権が武力弾圧したことは、朝鮮における「「文治」的な秩序維持の政治文化」を崩し、開化派政権と民衆との「ズレ」を決定的にしたのである〔愼 二〇〇八、九〇頁〕。

のみならず、甲午農民戦争が李朝両班支配体制にも開化派政権にも抵抗した、朝鮮における「もう一つの「近代」」を具現しようとした、「近代移行期朝鮮の一大民衆運動であった」〔趙 一九九八、三三三頁〕ことを想起するならば、弾圧によってその「もう一つの「近代」」がこの時点では否定されたことを意味したといえる。朝鮮中立化の放棄と挫折は、朝鮮にとっては以上のような重層的な事態の展開を意味したのである。

おわりに

一八九五年四月一七日、日清講和条約第一条で朝鮮の「独立自主」が規定された後、一八九九年九月に締結された韓清通商条約により「清を中心とする東アジアの宗属関係(冊封体制)が解体し、近代国際法(万国公法)的関係に再編された」〔原田 一九九七、一五〇頁〕といわれる。日本の「琉球処分」に危機感を覚えた清国側の、一八八二年を画期とする朝鮮に対する宗属関係再編の本格化とその一方での朝鮮側の「自主」の追求、日本の朝鮮に対する「独立」追求は、こうした結末を迎えたのである。そして、この再編の意味するところを朝鮮に即して言えば、朝鮮からの清の軍事的・政治的勢力の排除、朝鮮に対する日本の支配の強化、日本以外の列強、とりわけロシアの勢力の拡大をもたらし、朝鮮が日露の帝国主義的対立の焦点となる契機となったのであった〔糟谷 一九九二、二四六頁〕。

朝鮮側では、大韓帝国期には義和団事件以後の東アジア情勢の変化の中で、高宗および王朝権力の中枢部において中立化実現のための外交努力が重ねられる〔森山 一九八七、第一部第三章〕。こうした動きが、日露両国の侵略拡大という差し迫った状況下で独立維持を図るための新たな外交戦略の模索であったことは前提としつつも、大韓帝国の行った皇帝による専制という政治のあり方、その下での民衆のあり方も想起すべきといえる。そして最終的に朝鮮政府の独立維持の最後の努力として提示された戦時中立が、日露両国によって度外視、無視されていった〔同右、一四二―一四四頁〕ことを考える時、改めて、一八八〇年代の「小国」自立の方策としての朝鮮中立化が論じられたことの意義が浮き彫りになるであろう。

（1） 清の「宗主権強化政策」に対する朝鮮側の「新外交体制の存在」を前提にした抵抗〔糟谷 一九八二、二四三頁〕、あるいは、「西欧帝国主義国家」の「植民地支配」に類似した清の支配に対する朝鮮側の「反清政策」〔具 一九九九〕といった捉え方がされている。

（2） 〔姜 一九七八〕、〔劉 一九八九〕は、こうした問題意識に基づいた研究である。韓国における朝鮮中立化論の研究状況については、〔朴 一九九七〕の序論を参照。

（3） この問題をめぐる研究史については、〔月脚 二〇〇九、第一章〕を参照。

（4） 本稿では、『日本外交文書』所収の史料については文書番号を示す。

（5） この条約では、従来オスマン＝トルコの支配下にありながら、既に国内自治を許されていたセルビアの地位が保障されると共に、セルビア人を保護するロシアの権利に代わって列強による集団的な保護にかわり、スルタンは一定の町に守備隊を置く権利を有しながらもトルコは列強の了解なしに武力干渉することを禁じられた。

（6） この計画は、講和問題に関連したロシア側から日本に対する朝鮮の「独立」保障の要求も背景に遅延し、最終的には三〇〇万円に減額された。

【文献一覧】

『梧陰文庫 井上毅文書』マイクロフィルム、國學院大學図書館所蔵

石川寛　一九九九　「近代日朝関係と外交儀礼――天皇と朝鮮国王の交際の検討から」『史学雑誌』一〇八編一号
市川正明編　一九七九　『日韓外交史料１　開国外交』原書房
伊藤博文編　一九七〇　『秘書類纂　第二一巻　朝鮮交渉資料』中巻、原書房（復刻原本＝一九三六）
井上毅伝記編纂委員会編　一九六六　『井上毅伝　史料編第一』國學院大學図書館
大山梓編　一九六六　『山県有朋意見書』原書房
岡本隆司　二〇〇四　『属国と自主のあいだ――近代清韓関係と東アジアの命運』名古屋大学出版会
岡本隆司　二〇〇六　「「朝鮮中立化構想」の一考察――日清戦争以前の清韓関係に着眼して」『洛北史学』八号
大澤博明　一九九五　「明治外交と朝鮮永世中立化構想の展開――一八八二―八四年」『熊本法学』八三号
大澤博明　一九九八　「朝鮮永世中立化構想と近代日本外交」『青丘学術論集』一二集
糟谷憲一　一九九二　「近代的外交体制の創出――朝鮮の場合を中心に」荒野泰典・石井正敏・村井章介編『アジアのなかの日本史Ⅱ　外交と戦争』東京大学出版会
加藤陽子　二〇〇二　『戦争の日本近現代史』講談社
小林隆夫　二〇〇五　「イギリスの巨文島占領（一八八五）と対中日政策Ⅰ――一八八〇年代半ばのイギリス東アジア政策（三）」『人間文化』二〇号
斎藤聖二　二〇〇三　『日清戦争の軍事戦略』芙蓉書房出版
佐々木揚　一九八七　「一八八〇年代における露朝関係――一八八五年の「第一次露朝密約」を中心として」『韓』一〇六号
愼蒼宇　二〇〇八　「近代朝鮮における国民国家構想と民衆運動」久留島浩・趙景達編『アジアの国民国家構想――近代への投企と葛藤』青木書店
高橋秀直　一九九五　『日清戦争への道』東京創元社
多田嘉夫　一九九二　「明治前期朝鮮問題と井上毅（二）――江華島事件及び壬午甲申京城事変をめぐって」『國學院法研論叢』第一九号
崔碩莞　一九九七　『日清戦争への道程』吉川弘文館
趙景達　一九八五　「朝鮮における大国主義と小国主義の相克――初期開化派の思想」『朝鮮史研究会論文集』二二集
趙景達　一九八九　「朝鮮近代のナショナリズムと東アジア――初期開化派の「万国公法」観を中心に」『中国――社会と文化』

第四号

趙景達 一九九八 『異端の民衆反乱——東学と甲午農民戦争』岩波書店

趙景達 二〇〇二 『朝鮮民衆運動の展開——士の論理と救済思想』岩波書店

月脚達彦 二〇〇九 『朝鮮開化思想とナショナリズム——近代朝鮮の形成』東京大学出版会

西里喜行 二〇〇五 『清末中琉日関係史の研究』京都大学学術出版会

長谷川直子 一九九四 「壬午軍乱後の日本の朝鮮中立化構想」『朝鮮史研究会論文集』三二集

原田環 一九九七 「日清戦争による朝清関係の変容」東アジア近代史学会編『日清戦争と東アジア世界の変容 上巻』ゆまに書房

朴宗根 一九八二 『日清戦争と朝鮮』青木書店

陸奥宗光・中塚明校注 一九八三 『新訂 蹇蹇録』岩波書店

百瀬宏 一九八八 『小国』岩波書店

森山茂徳 一九八七 『近代日韓関係史研究——朝鮮植民地化と国際関係』東京大学出版会

柳永益 二〇〇〇 『日清戦争期の韓国改革運動——甲午更張研究』秋月望・広瀬貞三訳、法政大学出版局

韓國學文獻研究所編 一九七九 『金玉均全集』亞細亞文化社・서울

姜萬吉 一九七八 「兪吉濬의 韓半島 中立化論」『分断時代의 歷史認識』創作과批評社・서울(『分断時代の歴史認識』旗田巍監修・宮嶋博史訳、一九八四年、學生社)

김우현 一九八三 「P. G. von Möllendorff 의 조선 중립화 구상」『평화연구』八

具仙姫 一九九九 『韓國近代 對淸政策史 研究』도서출판 혜안・서울

徐仲錫 一九六五 「近代極東國際關係와 韓國永世中立國論에 對한 研究」『慶熙大學校論文集』第四集

朴熙琥 一九九七 『舊韓末 韓半島中立化論 研究』東國大學校大學院史學科博士學位論文

兪吉濬全書編纂委員会編 一九七一a 『兪吉濬全書』Ⅰ、一潮閣・서울

兪吉濬全書編纂委員会編 一九七一b 『兪吉濬全書』Ⅳ、一潮閣・서울

劉明喆 一九八九 『韓國中立化論研究』慶北大學校政治學博士學位論文

個別史／地域史Ⅰ

朝貢からの「離脱」——シャムの事例

小泉順子

はじめに

これまでタイ史研究において、一八世紀末以降のシャムと清朝との関係は、主として漢文史料に基づき、主に交易がもたらす経済的な利益獲得を動機とした朝貢関係と、それに伴うジャンク船貿易の様相を中心に検討されてきた。そして、一八五二年に派遣された使節が帰路北京から広州へ向かう途中、太平天国軍に襲撃され、死傷者を出しつつ帰国した後、二度と進貢使節が派遣されなかったため、その後朝貢再開をめぐる交渉がなされても、朝貢関係の終焉過程の一幕として言及されるにとどまった[Suebsaeng 1971; Sarasin 1977; Cushman 1993]。近年タイ語史料と漢文史料をより相互連関的に検討し、交易以外の側面に着目する新たな研究がみられるが[増田 一九九五・二〇〇一・二〇〇九／Masuda 2004, 2007]、管見の限り、この遣使をもって朝貢関係終焉とみなす見解の再検討には至っていない。

他方、一九世紀後半以降のシャムの対外関係は、一八五五年にイギリスと締結した修好通商条約を嚆矢とする西洋諸国との条約関係や条約改正問題が主要な検討課題となる一方、中国や中国人については、資本主義的経済発展の中で果たした役割や、特に二〇世紀に入ってから中国・シャム双方で高まりをみせたナショナリズムに関わる研究が蓄積されてきた。後者については、本章で検討する五世王チュラーロンコーンの治世(在一八六八—一九一〇年)に限っても数多くの研究があるが、朝貢と条約は明確に弁別され、朝貢の終焉と西洋との条約関係成立や植民地勢力による周辺地域の植民地化とを、前近代の終焉と近代の始動・展開として位置づけつつ、個別課題領域が深められてきたといえよう[小泉 二〇〇六、一六七―一六九頁]。そうした中で、一九世紀後半から二〇世紀初頭におけるシャムと清朝との朝貢・条約をめぐる交渉は、漢文史料を使った研究はわずかにありながら[余 一九九二]、タイ史研究の文脈では検討課題たる位置づけを喪失し、看過されてきた。

実際一八八〇年代半ばにかけて、主として清朝側から数回にわたり朝貢再開が要請され、一八八〇年代後半以降は、修好条約締結をめぐり断続的に交渉の機会がもたれており、シャムと清朝との歴史的関係を検討する枠組みの見直しの必要性が提起されているように思われる。かつて筆者はその交渉の一端を紹介したが[小泉 二〇〇六]、本章ではこれに加えて改めて一八世紀末から一九世紀中葉の朝貢関係を確認しつつ、朝貢関係のなかで培われた清朝との関係や国内の「中国」要素が一九世紀末以降の条約締結交渉過程にも影響を与え続けたことに留意して、同時代のシャムの視点から、シャムの朝貢からの「離脱」過程を検討していきたい。

一　ラタナコーシン朝初期(一七八〇年代―一八三〇年代)シャムにおける朝貢

朝貢

シャムは、三年に一度(一八三九年以降は四年に一度)、広州を経由して清朝に朝貢使節を派遣することと規定されていた。しかし定期の使節以外にも、双方の治世の代り目などの機会に弔問や慶賀等の目的で使節が派遣され、一七八二年にラタナコーシン朝が成立して以来、一九世紀半ばに至る約七〇年の間に五〇回以上の遣使がなされ、これは一四世紀末から一五世紀初頭に次ぐ頻度であった[Suebsaeng 1971, pp. 105–123, 272–287]。また一世王から四世王までの各王は、即位後請封〔タイ語kho hong〕のため使節を派遣し、清朝皇帝から冊封され[Kong chotmaihet 1978]、五世王チュラーロンコーンも封を請うべく使節派遣の意志を示していた[NA.KT(L)1: 150–153]。

進貢の際、使節は「スパンナバット」（金葉表文）「カムハップ」（勘合表文）と称される「国書」（「プララーチャサーン」〔王の書〕）と、「クルアン・ラーチャバンナーカン」と称される「朝貢品」を捧持した。「スパンナバット」は、長方形の薄い金の板で、通常、修好の意思、派遣使節の構成員、「国書」と「朝貢品」を捧持して進貢する旨が、タイ語で記された。他方「カムハップ」は漢文で記され（ただしタイに残るのはそのタイ語版）、修好の意思、派遣使節の構成員、進貢の旨が、種々の香木、犀角、象牙、蘇木、孔雀の尾など朝貢品として捧持する品々とその数量とともに記され、さらに国王の葬儀や即位など特記事項があれば加えられた。また所定の箇所に、冊封の際に清朝皇帝から許された駱駝の金飾銀印が捺印された。用意された「国書」は、周到な手順を踏んで絹の袋や螺鈿等の容器に入れられ、封緘されて送られた[Kong chotmaihet 1978; 李 一九五九／増田 一九九五／NA.SB.2.25/2]。

他方、清朝皇帝からは国書と回賜品が送られた。国書は漢文で記され、バンコクにおいてシャム側の役人によってタイ語に訳された。その内容は、基本的に進貢の確認と、遣使と貢物に対する謝意表明、および回賜品のリストであったが、加えて、清朝皇帝の逝去、新皇帝の即位、万寿節等の機会には、儀礼の様子や恩赦、昇給、貧者への布施、寡婦や高齢者に対する褒賞などの措置を記した上諭も付され、同様にタイ語に訳された。清朝皇帝からの回賜品は、種々の絹織物から成り、国王に八〇疋、王妃に三〇疋、合わせて一一〇疋が下賜されるのが標準であった[Kong chotmaihet 1978; 李 一九五九]。

なおシャムから送られたタイ語国書が漢文に翻訳される際、仲介した中国人の手で清朝皇帝の臣下たる表現へと変更されていたことが指摘されるが[増田 一九九五]、皇帝の上諭など清朝側から送られた文書のタイ語への翻訳も、両権力間の対等性という問題を超えて、シャムの王権や統治にとって朝貢がもった意味を考える上で興味深い。例えば一八一二年、二世王が嘉慶帝に一世王の葬儀の様子を報告した「国書」(タイ語版)には、王が布施の一環として七〇歳以上の長寿者などに金銭、衣服等を配布したことが記されるが、それに先立ち一八一〇年に届いた嘉慶帝の国書に示された皇帝のなすべき務めにおいても、長寿者に対する絹織物や米などの布施行為等が記され、訳出されている。むろんシャム国王の布施は上座仏教の文脈に位置づけられるが、清朝皇帝の布施行為との呼応性も感じられる[Kong chotmaihet 1978, pp. 67–69, 84–85]。また一八五九年には、四世王モンクットは「パンスー」(万寿節)儀礼を行うため、六〇歳以上の臣民のリストを作成し、バンコクに連れてくるよう地方役人に命じている[NL.CMH.R4.C.S.1221/103]。他方、一世王の逝去と二世王の即位を知らせるため二世王からベトナム国王に送られた「プララーチャサーン」(国書)に「駱駝の印」が捺印され[NL.CMH.R1.C.S.1171/1]、また「龍模様」の絹織物が、同じく二世王からベトナム国王に贈られるといった例も確認できる[*eg*.NL.CMH.R2.C.S.1179/18]。

シャム社会における中国人

清朝との関係を、朝貢使節が乗ったジャンク船の船員や漢文文書の翻訳者等として支えていたのが、シャムに在住した「中国人」――タイ語「チーン chin」に対応して「中国」「中国人」なる訳語を使う[小泉 二〇一〇、三〇頁]――であった[NL.CMH.R2.C.S.1175/15; NL.CMH.R3.C.S.1206/49; Kong chotmaihet 1978]。

しかしシャム社会における中国人の役割は、直接朝貢と関わる側面にとどまらなかった。一八六九年に編述された「ラタナコーシン王朝年代記」は、一世王期における王室の収入源の一つとして、中国とのジャンク船交易と入札により酒の醸造販売や賭博場の運営などを独占させて徴税も請け負わせたアーコーンと称する税を挙げているが[Thiphakorawong 1996, pp. 208–209]、一八〇九・一〇年における酒税、賭博税など、五種のアーコーン税の記録からも、中国人の役割の大きさがうかがわれる。すなわち徴収総額二九万バーツ余りのうち十九万余バーツは酒税で、なかでも最高額（八万バーツ）を納めたのは、バンコクとその近郊を管轄した中国人であった。その他二〇近いムアン（地方国）においても中国人が酒税の徴税を請け負い、その地理的分布はチャオプラヤー川流域のみならず、ソンクラーやパッタルンなどマレー半島にも広がっていた［NL.CMH.R2.C.S.1171/6］。その後も一八五一年にアヘンの徴税請負が導入されるなどして、財政における中国人の重要性は増していった［Wilson 1970, pp. 620–648; Supaporn 1980; Kanchana 1987; Ministry of Finance］。

一九世紀初めにシャムに居住した中国人の数を正確に知ることはできないが、一つの目安として一八三四・五年におけるプークピー税（三年に一度、男子壮丁に相当する「中国人」から徴収された人頭税）の記録をみれば、この年一万一〇三九人から徴税されている。ただしこの数字には、中国人が集中していたバンコク、およびマレー半島諸地域は含められていない。地域的にはバンコクの西方に位置するナコーンチャイシーが三六九五人と突出し、チャチューンサオが一七四八人でこれに続き、ピサヌローク、アユタヤーも千人を超えていた［NL.CMH.R3.C.S.1196/52］。ナコーンチャイシーとチャチューンサオは、ともに当時主要な輸出品の一つであった砂糖の生産地であり、中国人が多かった［NL.CMH.R3.C.S.1201/9; C.S.1205/20］。こうした中国人の統治を中央で管轄したのが「クロム・ター・サーイ」（港務左局）［小泉 二〇〇六、一七〇頁］であったが、ローカルな場面では、中国人徴税請負人や「ナーイ・アンプー・チーン」（現代タイ語で中国人郡長の意）と称される地方役人に委ねられた［*eg.* NL.CMH.R3.C.S.1204/18］。

シャムの王権は、中国人に事業の独占などの特権を与え、それとひきかえに経済的利益を得るとともに、利害調整は中国人に任せながら、その長を行政制度に組み込んだといえるが、反面、利害調整がうまくいかなければ、深刻な対立に至る恐れも孕んでいた。例えば一八四〇年代半ばには、上記砂糖の産地チャチューンサオで、大規模な中国人同士の衝突事件が発生したが［NL.CMH.R3.C.S.1210/155; C.S.1210/155-k, C.S.1210/155-kho khai, C.S.1210/155-kho khwai］、こうした事件はその後もあとをたたず［Suparat 1981］、後に外交交渉の際にも考慮すべき事項となった。

二　アヘン戦争からバウリング条約へ

アヘン戦争

一九世紀東アジアの国際情勢における一つの画期とみなされるアヘン戦争は、清朝に対するシャムの朝貢にいかなる影響を与えたのだろうか。

一八四三年、三世王は進貢使節を派遣し、帰国後、報告を得ている[NL.CMH.R3.C.S.1205/147; Khamhaikan 1980]。朝貢船の積荷に対する免税措置をめぐる交渉を含めた交易関連事項や、広東〔Kwangtung〕と北京との往復道程、北京における使節の受け入れや皇帝謁見の様子などが報告され、アヘン戦争に関しても北京の役人から通訳を介して得た情報が記される。すなわち、両広総督がイギリスのアヘンを焼却した後、約束に従いその対価を支払わなかったためイギリスが広東を攻撃したことや、皇帝は広東に勅使を遣わし、六〇〇万両をイギリスに支払った後、イギリスとの交易を復活させ、高位の役人にふさわしくない悪計を企て、慣行に反した総督を罷免し、新たに耆英を総督に任命したとするいきさつが述べられる。いわば両広総督の不適切な対応に端を発したイギリスとの衝突を皇帝が適切に処置したという説明であり、帰路にみた広東の砦や軍艦の様子にも言及し、また妻を同伴して十三行の商館を訪ねた西洋人が、妻を見に集まった中国人一名を殺害した事件の顛末を伝えるが、それ以上の衝突は記されていない。

他方この使節が持ち帰ったのか定かではないが、一八四四年初め、ウィ・チァォ・モーと称する中国人から、対清交渉・交易にかかわるシャムの役人四名に、イギリス軍司令官と両広総督との往復文書二通を添えて、進貢を催促する書簡が送られている[NL.CMH.R3.C.S.1205/31, C.S.1205/150]。ウィは自らを道光一〇年にバンコクに来て以来、通事としてシャムの進貢使節に同行して北京を四回訪問した人物と説明した。そしてイギリスの攻撃で進貢が妨げられたことは認めつつ、一八四一年の万寿節にはシャムのみ遣使を欠き、一八四〇年と一八四三年の定期の進貢の欠如も加えて、計三回の進貢を欠くことを指摘し、既に停戦に至っているとして、規定通りの進貢を促した。

この他、両江総督林則徐、両広総督鄧廷楨、広東巡撫怡良が連名でヴィクトリア女王に宛てイギリスのアヘン貿易を厳しく批判した書簡や、アヘン二万余箱を処分した後、イギリスとの衝突に備えるよう訴える林則徐の上奏文、南京条約、虎門条約のタイ語訳も作成されており、状況把握に努めた様子がうかがわれるが[NL.CMH.R3.C.S.1202/200.C.S.1202/200-k; NL.CMH.R3.MPP/27; NL.CMH.R3.C.S.1204/5]、その結果、シャムのとった対応は朝貢の停止ではなかった。

一八四五年、王族や役人が仕立てたジャンク船一九隻と横帆船一隻が広州に派遣された[NL.CMH.R3.C.S.1206/49]。最も大型の横帆船テープコーシン号は、朝貢船として使われた船であり、紅木、蘇木、胡椒、カルダモンなどを積み、広州ではバンコクで建立される寺院の装飾や建材用の陶製の像や瓦、石材、旗、そして絹織物を大量に調達している。またジャンク船のうち三隻は「王室ジャンク船」で、そのうち二隻は上海に、また一隻は上海と寧波にも寄港している。いずれも蘇木、胡椒、紅木、砂糖などの商品を積み、絹織物や石像、陶製の像、瓦などを買い付けており、従来の朝貢に付随した交易の延長として、五港開港により新たに拓かれた機会を積極的に利用しようとしている。

その後シャムは一八四七年に「スパンナバット」を送っており[NL.CMH.R3.C.S.1209/42]、一八五〇年には清朝から、道光帝の「母」(孝和睿皇后)と道光帝の逝去、および咸豊帝の即位を告知する国書が届いている[NL.CMH.R3.C.S.1212/160]。これに対して、一八五一年、即位直後の四世王(通称モンクット王)は、故道光帝の弔問と新皇帝への表敬のため、二組の使節を同時に派遣した。しかし使節の広州到着の報告を受けた北京は、弔問は慣例になく、すでに葬儀が終了していることを理由に受け入れを拒否し、使節はそのまま広州から帰国した[Raya thang 1974]。

そして翌一八五二年、改めて一組の進貢使節が派遣された。二隻の帆船で広州に赴いた使節は、北京滞在の後、帰路広州に向かう途中で賊(太平天国軍)の襲撃を受け、死傷者をだしつつも一八五四年四月に帰国する[Raya thang

1974]。一八五二年の遣使の主たる目的は、新たに即位した四世王の請封であり、咸豊帝から暹羅国王鄭明として冊封を受けている。加えて使節を広州に送り届けた帆船は、使節の北京訪問中、船の整備のため(商品調達の後)一旦バンコクに戻り、翌年再び広州に戻った使節を迎えることを希望した。咸豊帝は慣例に従ってこれを許可し、迎えの船の積荷にも免税を与えた[Kong chotmaihet 1978, pp. 180–192]。

バウリング条約締結と朝貢関係

この一八五〇年代初頭の使節派遣に関しても、帰国後副使が報告を提出した。賊の襲撃も含めた往復の旅程、広州、北京など各地における儀礼、同じく北京を訪問中のビルマ、朝鮮、そしてフランスの使節の様子などが詳述され、アヘン戦争直後の同様の報告に比べて、直接の見聞にもとづいたものではない皇帝の描写や統治制度、儀礼等の説明も加えられ、来るべき西洋使節の来訪への備えも感じさせる。また、広州からの帰路、香港で面会した香港総督ジョン・バウリングから、シャムは以前より大国となり、英・仏・米に匹敵するに至り、今回の事件を契機にして、中国へ進貢すべきではないと国王に伝えるよう使節に指示があったことも記される[Raya thang 1974]。

使節が帰国した翌年、一八五五年四月、シャムはイギリスと修好通商条約を締結する。イギリス側の全権、香港総督ジョン・バウリング(Sir John Bowring)の名をとって通称バウリング条約と称されるこの条約は、領事裁判権、三%従価輸入関税、最恵国条項などの諸条件を含むいわゆる不平等条約であり、翌年、ほぼ同一の内容をもって締結されたアメリカ、フランスとの条約とともに、シャムが近代国際秩序へ包摂された嚆矢として理解される[Bowring 1969, vol. 2, pp. 212–247; 石井 一九九九、二七四—二七七頁]。

しかしながらシャム側の史料からは、シャムがこの対英条約の締結を、清朝を中心とする既存の地域秩序を準拠枠として理解していた側面もうかがえる。例えば条約締結直後、四世王がヴィクトリア女王に送った書簡には、イギリス女王が派遣した使節によって締結されたこの条約は、イギリスと清朝とが一八四三年と四四年に締結し、ヴィクトリア女王自身の署名・捺印をもって批准された条約と同格であると位置づけ、この点を特に評価する旨が記される。また、条約中の商船・軍艦の停泊場所に関する条件が、清朝とイギリスとの条約の規定と異なっている点については、ビルマとベトナムの狭間におかれた小国シャムが久しく両国と敵対してきた事情を説明して許しを請うており、いずれもイギリスと清朝との条約に照らして、バウリング条約を位置づけていたことが示唆される[NL. CMH.R4.C.S.1217/138]。さらに一八五六年に四世王がヴィクトリア女王に贈った品々のリストの冒頭には「金の板」(golden plate)が挙げられ、対等でも下位でもない上位の君主に敬意を表するための進物という説明が付されていたことにも[NL.CMH.R4.C.S.1217/39; F.O.69/9]、清朝との関係に照らしてイギリスとの関係を位置づけようとする姿勢をみてとることができる。

三　朝貢再開「回避」交渉

一八五二年に派遣された朝貢使節が五四年に帰国して以降、シャムから清朝へ朝貢使節が派遣されることはなかったが、シャムは引き続き広州に使者を派遣するなどして、情報収集に努めた[NL.CMH.R4.C.S.1218/99, C.S.1218/100; NL.CMH.R4.C.S.1219/88]。その傍ら、朝貢再開をめぐっては、治世の交代などの機会を捉えて、主として清朝側(広州の役人)から要請があり、一八八〇年代半ばにかけて数回にわたり交渉がなされた[小泉 二〇〇六、一七〇—一八三頁]。以下、この交渉過程で顕著と思われる点の概要を指摘したい。

「プンカン」の積極性

まず「プンカン」と称された地方官(商人)の積極性を指摘することができよう。一八五二年の使節が帰国した後、最初の朝貢再開要求となった一八六二年のケースでは、咸豊帝の逝去と同治帝の即位に関する上諭とともに、これまでシャムが欠いた五回分の朝貢を催促し、今回バンコクに赴いたジャンク船の積荷の販売と(購入する)精米に対する免税措置を要求する書簡を送ったのは、広東の「ナーイハーン、プンカン」であった。これに対してシャム側は、要求通り免税措置を与える一方で、治安の乱れが続く北京への道程が平静に戻れば使節を派遣することを北京に伝えるよう述べるにとどまった[NA.KT(L)1: 38–47]。ちなみに「ナーイ」は「主」、「ハーン」は大規模商店たる「行」を意味し、「プンカン」は一八世紀後半に広州においてシャムとの朝貢貿易を担当していた「本港行」を指すと思われるが、本港行は借金が嵩み一七九五年に廃止されたとされている[Cushman 1993, pp. 29–32]。

しかし翌年再び「プンカン」から、すでに北京への道程は通行可能であるとの反論と進貢の催促が届いたため、シャム側は、天津経由の可能性や、進貢を拒否した場合に予想される国内の中国人の不満などを勘案し、季節風は終わり、船が朽ちているため、改めて船の準備が整えば対応を考える旨返答した[NA.KT(L)1: 47–50, 57–60]。

その後、一八七六年、光緒帝即位の機に進貢の要求がなされたときにも、一八八一年に皇太后の逝去の折、再び進貢の催促がなされた際にも、「プンカン」がシャムとの交渉に深く関わっていた[NA.KT(L)1: 102–110]。とりわけ一八八一年の要求においては、その強硬な態度が顕著であった。進貢を促す書簡が、シャム、ベトナム、琉球からの使節を管轄するという広東の「プンカン」からプラクランに宛てて届けられ、シャム側は、プラクランから、皇太后の逝去に哀悼を示し、要請していた天津への貢道変更が認められなかったことに対する遺憾の意を表したが[NA.KT(L)1: 162–164, 169–172; NA.R5.T.21/28]、翌年、「プンカン」はシャムからの書簡の文面の誤りや非礼を非難する内容の返信を送り、また使者として来訪した「プンカン」の息子も清朝からの使者にふさわしい歓待を強く求めた。そしてフランス、日本の介入に対抗した清朝のベトナム、朝鮮・琉球への軍事的関与にも言及し、広東経由の進貢再開を要求した

[NA.KT(L)1: 176–177, 182–193]。だが立腹したシャム側は、書簡の拝受を知らせる簡単な返信を送り、非礼との非難に対してもこちらの慣習に従っただけだと述べるにとどまった[NA.KT(L)1: 188–211]。

天津経由の提案

こうした朝貢再開要求に対し、シャム側は明確な拒否を避けつつ、広州に代わり天津経由へ貢道の変更を要請した。すでに一八六三年の段階で進貢の要求に対応する際、天津経由の可能性も検討されたが、このときは清朝側がこれを認めれば本当に使節を派遣せざるを得なくなり、そうなれば高価な蒸気船や大型帆船が必要になるとの指摘もあり、提案はなされなかった[NA.KT(L)1: 57–59]。他方同年八月、チャオプラヤー・シースリヤウォンは、天津経由は、安全で朝貢国以外の諸外国にも開かれているという認識の下、これを提案して清朝側が容認しなければ朝貢を欠く口実を得られるとも述べていた[NL.CMH.R4.C.S.1225/99]。

その後一八六九年には、シャム側から、前年チュラーロンコーンが即位して治世が改まった機会に、天津経由に貢道を変更したうえで請封の進貢使節を派遣したい旨、チークの買い付けにシャムを訪れた福建の役人を通じて清朝皇帝へ上奏を要請した。だが、皇帝は、広東から北京への陸路の治安は回復しており、海路は危険が大きいという理由でこれを却下した[NA.KT(L)1: 103–104, 150–158]。

にもかかわらず、シャムは、一八七六年、光緒帝即位の機会に進貢再開の要求があった際にも、陸路の治安の悪さとともに、海路で迅速な天津からの北京入りを許されている諸外国の使節に比して不名誉であることを挙げて、天津経由での進貢を要請し、再び拒否されている[NA.KT(L)1: 96–99, 103–107, 109–110]。

なおこのとき、拒否の知らせを受け取った国王チュラーロンコーンは、今後の進貢について大臣や国務会議のメンバー等一三人に意見を諮った。結果は、進貢の継続を支持するもの四名、反対四名、残り五名は様子をみるべきであるという意見であったが、それぞれ多様な要素を勘案しながら判断に苦慮しており、この時点でなお進貢を否定する難しさが示唆される[NA.R5.T.21/28]。例えば、南部諸地方国を管轄したカラーホーム大臣チャオプラヤー・スラウォンワイワットは、進貢の継続を支持したが、その見解は、次にみるように複雑だった。すなわち中国はいまだシャムを朝貢国(muang bannakan)として扱う一方で、シャムもまた朝貢(bannakan)を断ったわけではなく、貢道の変更を求めたにすぎず、両者ともに状況をうかがっている最中であることを確認したうえで、逆にもし中国がシャムを独立国と認めれば条約締結を要請する可能性もあり、そうなれば在地の中国人はみな〔中国の〕「サブジェクト」となり、国の利益は損なわれると指摘した。また強硬な姿勢を貫き、清朝側が朝貢要求の圧力を高めれば、対抗するために他国に依存する事態を招き、フランスの保護国となったクメールのように、どこかの国の庇護下に置かれ、国王の栄誉も損なわれる恐れも考慮している。そして結局、中国との友好にとって平静であることがなによりだとして、進貢の継続を支持した。このような議論の結果、両国の友好の進展を願う国王の言葉を伝え、天津ルートが認められなかったことに対する王と大臣の遺憾の意を表明するにとどまった[NA.KT(L)1: 109–110]。

清朝の軍事的圧力

こうしたシャム側の対応に対して、とりわけ一八八〇年代に入ると中国側の進貢要求が次第に強硬になっていく。一八八四年、李鴻章の命を受け、北京からウン・チョン・ガン(温宗彦)と称する高官が進貢を要求すべくシャムを訪れることになった。広東からシャムの見解を打診したウンの書簡(タイ語訳)には、李鴻章の言として、暹羅国は二〇〇年余り北京国の「朝貢国」(muang prathetsarat)であったと述べられ、これまで通り慣習を尊重し進貢すべきだと記された。しかしシャム側は、残念ながら〔進貢の要求については〕そちらの意向に沿えない旨を伝え、諸国のように領事をもって友好を促進できないことに対する遺憾の意を表明した[NA.KT(L)1: 214–216]。

他方五月二七日にシャムに届いたこの要求は、六月二日にはテーワウォン親王からイギリスの弁理公使としてバンコクに駐在していたアーネスト・サトウに伝えられ、またパリに駐在中のプリッサダーン親王にも写しが送られた[Brailey 1997, pp. 38-43; Pritsadang 1991, pp. 94-98]。一八八四年六月一〇日付のサトウからグランヴィルに宛てた書簡は、テーワウォンがサトウに伝えた言として、前回清朝の使節が訪問した際に、次回朝貢を要求する際には軍人を派遣すると脅したため、シャム政府は、今度は軍艦を伴った使節が派遣されるのではないかと恐れ、チャオプラヤー川河口に警備艇と太索を配備する計画であると記している。テーワウォンは、李鴻章がその二年前に朝鮮に対して行使した軍事介入政策を、シャムに対しても使うことを恐れていたという[F.O.69/89; Brailey 1997, pp. 38-39]。

当時シャムが中国の脅威を重大な問題ととらえていたことは、李鴻章による朝貢要求を知らされたプリッサダーンからテーワウォンに宛てた返信にもうかがえる。プリッサダーンは、進貢は絶対に認めることはできず、力の限り戦うべきだと述べ、軍備の増強を主張した。また当時清仏戦争の最中であった清にシャムと戦う余力はなく、堅固な統治を実現できれば、中国の朝貢催促を憂慮する必要がないとも考えていた。さらに清仏戦争は清の圧力に対抗するための準備の機会としてとらえ、両国が一戦を交えれば、その間にシャムは王国の防衛を整えることができ、将来二つの敵から身を守る方策をとることができるとも述べている[Pritsadang 1991, pp. 94-96]。そこには、対清政策を軸として、そこに西洋を位置づけて利用したいという姿勢もみてとることができよう。

四　条約締結「回避」交渉

条約締結の模索

一八八四年の李鴻章による朝貢要求に対して、シャム側が、清朝の意に添えないこと、条約が締結されないことに対する遺憾の意を伝えた後、両者は条約締結を模索し始める[小泉 二〇〇六、一八三―一八五頁]。一八八六年三月六日には、ロンドンで駐英シャム公使ナレート親王と駐英清国公使(出使英国大臣)曾紀澤(Marquis Tseng)との会見が実現した。そこでナレート親王は、シャムが中国の「朝貢国」(muang bannakan)であるという理解を批判するとともに、ヨーロッパの慣行に則り、対等な条約関係の成立に向けた交渉を提案した。曾もこれに賛意を示したが、他方シャムとの条約の締結を不名誉とみなす考えも根強いことを指摘するなど、条約の締結が容易でないことも示唆した[NA.KT.24/1]。その後一八八八年一月下旬には、王栄和と余𤩽の一行が南洋華僑調査の一環としてシャムを訪問した[青山 二〇〇三]。シャム側は、中国人コミュニティを管轄したプラヤー・チョードゥックラーチャセーティーが受け入れたが、使節は外務大臣テーワウォンと意見交換の機会も得た。二人はシャムの中国人の状況や日本との条約締結などについても訊ね、また国際法を学ぶ必要性も指摘し、シャム側も賛意を表明した[NA.KT(L)1: 128-133, 220-241]。

しかし清朝の脅威は依然存在していた様子で、彼らがシャムを発った一月三一日、イギリスの駐シャム代理公使グールドと会見した前外務大臣チャオプラヤー・パーヌウォンは、シャムの傲然たる態度を不愉快に感じた清朝が、北部国境地帯で盗賊集団を野放しにするのではないかと懸念を示し、まずは中国に、次にフランスに対して恐れを抱いているとも述べている[F.O.69/122]。またパークナーム事件直後の一八九四年二月には、バンコク在住の中国人商人の要請を受けて、李鴻章の命令により、清の軍艦四隻が香港からシンガポールを経てシャムに派遣されるとの知らせが入り、その真偽や日程をめぐり、シャム側が情報を収集し対応を検討する事態にも至っている[NA.R5.T.16/1]。

その後、交渉はしばらく中断するが、第三国に駐在する公使等を通した接触は折にふれて行われていた[NA.KT.24/2]。東京はこうした接触の場の一つとなっており、次に述べる一九〇六年末に始まる交渉も東京を発端とした。

同盟条約の提案

一九〇六年一二月二一日、『ジャパン・デイリィ・ヘラルド』と『ジャパン・タイムズ』は、そろって「中国とシャム」と題する記事を掲載し、中国がシャムと通商条約締結を意図して、地方役人に両国間の貿易に関する調査を命じたことを簡単に報じた。このニュースは二二日、電報で外務大臣テーワウォン親王に伝えられ、テーワウォンは、翌日これを国王チュラーロンコーンに報告した[以下、特に断りのない限りNA.R5.T.6.2/2]。

引き続きバンコクのみならず東京やヨーロッパでも情報収集を進めつつ対策が協議されるが、その最中――国王チュラーロンコーンがヨーロッパ歴訪に出発しようとしていた三月二〇日――に、同盟条約締結を提案する二月二日付駐英中国公使のメモランダムが届いた。メモランダムは、まずアジアにおける独立国は、シャム、中国、日本のみであることを確認し、地理的緊密性、共通の利害の存在を根拠に、シャムと中国は生来の友であるべきだという認識を示した。またシャムが多くのヨーロッパ諸国と条約を締結したにもかかわらず、シャム、中国、日本が相互に孤立していることに対する中国政府の強い遺憾の意を示した。そして相互扶助・防衛のためのアジア連盟(Asiatic Confederation)の形成を目的に、同盟条約(a treaty of alliance)を締結し、相互に代表を設置することを提案し、これを本国に伝えて受諾の可否を確認するよう要請した。

これに対してシャムは、駐英シャム公使から駐英中国公使に送られた五月一六日付メモランダムにおいて、このように政治的に重大な問題は時間をかけた慎重な検討を要し、かつ国王が静養のためヨーロッパ歴訪に出発する直前に届いたため、国王が目を通すことができなかったという理由を挙げ、確固たる返答は不可能であると回答した。

その後、五月にはパリで両国の公使が会見し、六月二〇日には、清の駐フランス公使がパリに滞在中だった国王チュラーロンコーンに、私的に謁見した。そこで国王は、個人的見解として、シャムにおいて中国人はシャム人が享受するすべての特権・権利を与えられており、条約がなくとも満足すべき状況であるとの理解を示し、条約締結によって両国の関係が改善する可能性を否定した。

そして国王が欧州歴訪から帰国した直後にシャムを訪れたのが、楊士琦のミッションであった。一一月二七日、二隻の巡洋艦で到着し、一二月二日にシンガポールに向けて発つまで約一週間滞在した。表向きには外交・政治的目的を否定した使節は、バンコクの中国人コミュニティのみならず王国政府からもゲストとして歓待を受け、国王チュラーロンコーンにも謁見した。シャム側もこの対応を、従来基本的に中国人コミュニティの長に任せていた対清関係における一つの画期と評価し、それをふまえて今後の見通しや対策を検討しはじめる。背景には、アヘンなどの徴税請負制度が変更される一方、中国人を含む英仏〔アジア系〕臣民・保護民に対する領事裁判権をめぐり英仏とも交渉が続く中［飯島 一九七六］、中国人のニーズに応える統治が提供されない限り、国内の中国人から領事派遣が要請されることが懸念される状況もあった［小泉 二〇〇六、一八五―一八九頁／NA.R5.T.12/13; NA.R5.N.1.1/260］。

その後一九〇八年四月にはパリで両国駐仏公使が再び会見し、シャム側は、中国人はタイ人と同様の権利や特権を有し、条約を締結するのであればこうした特別な地位に相応しい条項を入れるべきであると主張した。また同年六月、国王チュラーロンコーンは駐仏公使チャルーンに宛てた書簡で、遅かれ早かれ中国から再び条約締結要請があるだろうとの見通しとともに、条約締結は中国側に利が多く、シャムには不利という理解を示した。他方、条約締結を拒否すれば、貿易や苦力労働者のシャム入国に支障が生じる上、シャムに居住する中国人の反抗を煽る恐れや海軍の武力による圧力も予想され、中国人の子の「タイ」化の必要性も指摘した［NA.R5.T.8/4］。

同盟条約と朝貢

英仏との交渉の結果、一九〇七年、一九〇九年にシャム国内に居住するアジア系仏保護民とイギリス臣民に対する課税条件が改訂されたことを受けて、一九一〇年三月にバンコクにおいて中国人に対する年六バーツの人頭税が導入されると〔小泉 一九九五、三四一―三四四頁〕、それに反対する大規模なストライキが発生した。このストライキの後、七月五日には、駐仏中国公使がシャムの駐仏公館に、中国人に対する増税に対する苦情を訴えるメモランダムを送り、これにシャム公使が反論していた〔以下 NA.R5.T.62/2〕。

こうした応酬を受けて八月二五日、外務大臣テーワウォン親王は、ここ数年の対清朝条約交渉の経緯をまとめ、彼自身の見解を記した書簡をチュラーロンコーンに呈上した。その中で、一九〇七年二月二日に清の駐英公使がシャムに提案した「同盟条約」にも言及し、一八八四年の李鴻章からの進貢要求を想起し、二四年を経てなおシャムが朝貢国（muang kong）であったという考えを捨てられず、かつての朝貢と同様の条約を締結しようという巧妙な策略であり、「コンフェデレーション」という今日的国際慣行に則った言葉で〔朝貢を〕言い換えたに過ぎないと述べた。また改めて過去の記録を探査し、当時アーネスト・サトウに依頼して作成させたウン・チョン・ガンの書簡の英訳版、その英訳版から作成したタイ語訳、およびプラヤー・チョードゥックラーチャセーティーによる中国語原文からのタイ語訳も、国王に献上した。あわせて、国際法に関する英語の書籍から、Confederation を含む両国の関係に適用できそうなポイントを抜粋・指摘したメモを添付した。そして条約締結はシャムにとっては望ましくないが、かといって直接これを拒絶することの難しい状況の中で、清朝側がこれ以上の要求をせず静観してくれることを望みながら、シャム国内の中国人も含めて決して争いごとや問題をおこさぬようにすべきであると指摘した。

その後九月初めにかけて、内務大臣ダムロン親王など三人の閣僚が今後の条約締結について各自の見解を国王に上申した〔小泉 二〇〇六、一九一―一九三頁〕。総じて中国との関係を断つことは利益にならないと考え、シャム国内の中国人がタイ人や条約国の人と同様の利益を保証されている現状では中国との条約締結の必要性はないが来たる事態にも備えるべきだという立場から、一説には三〇万人以上とも推計されるシャムの中国人内部の状況を分析しつつ、そのタイ化に向けた方策などが提案された。

その後一〇月には再び、清朝の駐仏公使がタイの駐仏公使ボーウォーラデート親王に接触した。知らせをうけて、ボーウォーラデートに対し、旧条約の改正過程にあり、領事や大使館の設置は拒否し、先延ばしにすればするほどよいと述べた一〇月一四日付の書簡を送ってまもなく、一〇月二三日に国王チュラーロンコーンは逝去した。

おわりに

本章では一九世紀から二〇世紀初頭のシャムと清朝との関係を、朝貢と朝貢からの「離脱」過程に焦点を当てて検討してきた。アジアで数少ない独立国であったシャムと中国が、移民、交易などを通じてより緊密な関係を築き、かつ朝貢再開および条約締結をめぐる交渉を続けたにもかかわらず、一八五〇年代初頭以来約一世紀の間、無条約(無朝貢)状態であった事実は、朝貢からの「離脱」、そしてその先に「条約」を自明のものとして前提する視座に対し、容易に離脱し得ない「朝貢」なる歴史的条件の重みと、「条約」に容易に還元しきれない朝貢関係をつうじて培われてきた中国・中国人要素の持つ社会・政治・経済的意味を、同時代人の視点から見直す必要性を提起していよう。

また一九〇七年に清朝から提案された同盟条約締結案に対して、これを朝貢の言いかえであるとみなしたテーワウォン外相の見解に示されるように、いわゆる朝貢からの「離脱」とみなされるプロセスが、シャムにおいては朝貢から条約への移行という形では進行せず、むしろ朝貢という枠組みが再活性化され、あるいは条約と重ねあわされながら、条約締結問題が朝貢の枠組みの中で理解・解釈されるという現象をもみることができると思われる。

このようにして、シャムにおける朝貢からの離脱過程とは、朝貢の回避であり、また条約の回避でもあった。それはまた西欧と清朝の圧力を切実に受けとめながら、ロンドン・東京・パリなどへと交渉の接触面を広げ、かつときには英仏も巻き込みできれば利用しようとさえする——「夷を以って夷を制す」ともいえるような——「外交」であった。そして交渉の多角化の対象には国内の中国人との関係も含まれ、「条約」という形には容易に置き換えられない地続きの「内と外」に、常に直面していたという文脈をも汲み取ることができる。

【文献一覧】

青山治世　二〇〇三　「清朝政府による「南洋」調査（一八八六～八八年）――華人保護の実施と領事設置の予備調査」『文研会紀要』第一四号
飯島明子　一九七六　「タイにおける領事裁判権をめぐって――保護民問題の所在」『東南アジア研究』一四巻一号
石井米雄　一九九九　「シャム世界の形成」石井米雄・桜井由躬雄編『新版世界各国史五 東南アジア史Ⅰ』山川出版社
小泉順子　一九九五　「タイにおける国家改革と民衆」歴史学研究会編『講座世界史三 民族と国家――自覚と抵抗』東京大学出版会
小泉順子　二〇〇六　「第六章「朝貢」と「条約」のあいだ」『歴史叙述とナショナリズム――タイ近代史批判序説』東京大学出版会
小泉順子　二〇〇八　「ラタナコーシン朝一世王期シャムの対外関係――広域地域像の検討にむけた予備的考察」『東洋文化研究所紀要』第一五四冊
小泉順子　二〇一〇　「『ラタナコーシン王朝年代記』の改訂と史料編纂――「進貢(chim kong)」については、まったく記載しないほうがよい」」『歴史学研究』八六三号
増田えりか　一九九五　「ラーマ一世の対清外交」『東南アジア――歴史と文化』二四号
増田えりか　二〇〇一　「トンブリー朝の成立」桜井由躬雄編『岩波講座　東南アジア史　第四巻　東南アジア近世国家群の展開』岩波書店
増田えりか　二〇〇九　「タイ――「タイ史」の死角への挑戦」東南アジア史学会四〇周年記念事業委員会編『東南アジア史研究の展開』山川出版社
余定邦　一九九二　「一八五二―一八九〇年的中泰交往」『中山大学学報（社会科学報）』一九九二年第三期
李光濤　一九五九　「記清代的暹羅国表文」『歴史語言研究所集刊』第三〇本下冊

Bowring, Sir John 1969, *The Kingdom and People of Siam*. Originally published in 1857. Reprint with an introduction by David K. Wyatt in Oxford in Asia Historical Reprints. Kuala Lumpur: Oxford University Press/Duang Kamol Book House.

Brailey, Nigel ed. 1997, *The Satow Siam Papers: The Private Diaries and Correspondence of Ernest Satow, C.M.G.H.B.M., Minister-Resident, Bangkok, 1885–1888,* vol. I. Bangkok: The Historical Society.

Cushman, Jennifer W. 1993, *Fields from the Sea: Chinese Junk Trade with Siam during the Late Eighteenth and Early Nineteenth Centuries*, Ithaca: Southeast Asia Program, Cornell University.

FO. 69: National Archives, Public Record Office, London, Foreign Office, Political and Other Departments, General Correspondence before 1906, Siam.

Kanchana Chintakanon 1987, "Nayobai khong ratthaban kieokap phasi akon kanphanan, pho.so.2367–2460", M.A. thesis, Sinlapakon University.

"Khamhaikan thut ruang cham thun phraratchasan ok pai krung pakking c.s. 1205(pho.so. 2386)" 1980, Thalaeng-ngan prawattisat ekkasan borannakhadi, vol. 14, no. 1, pp. 88–109.(Khamhaikan と略記)

Kong chotmaihet haeng chat, Krom sinlapakon ed. 1978, *Samphanthaphap thai-chin,* Bangkok: Krom sinlapakon.(Kong chotmaihet と略記)

Masuda Erika 2004, "The Last Siamese Tributary Missions to China, 1851–1854 and the 'Rejected' Value of *Chim Kong*", Wang Gungwu and Ng Chin-keong eds. *Maritime China in Transition 1750–1850,* Wiesbaden: Harrassowitz Verlag, pp. 33–42.

Masuda Erika 2007, "The Fall of Ayutthaya and Siam's Disrupted Order of Tribute to China(1767–1782)", Taiwan Journal of Southeast Asian Studies, 4(2), pp. 75–128.

Ministry of Finance, Government of Siam, *Report of the Financial Adviser on the Budget of the Kingdom of Siam*(various years), Bangkok: Ministry of Finance.

NA. タイ国立公文書館所蔵史料。治世をRに続く数字で示した後、略号で示した省分類とファイル番号を記す。

NL. CMH. タイ国立図書館所蔵行政文書(Chotmaihet)。治世をRに続く数字で示した後、小暦年(C.S.)とファイル番号を記す。

Pritsadang, *Phraworawongthoe phraong chao* 1991, *Pramuan chotmai khong Phraworawongthoe phraong chao Pritsadang, ratchathut ong raek khong thai pracham thawip yurop*, Bangkok: Khana kammakan chamra prawattisat thai lae chatphim ekkasan thang prawattisat lae borannakhadi, Samnak lekhathikan nayok ratthamontri.

"Raya thang ratchathut thai pai krung pakking prathet chin", 1974, Thalaeng-ngan prawattisat ekkasan borannakhadi, vol. 8, pp. 16–44.（Raya thang と略記）

Sarasin Viraphol 1977, *Tribute and Profit: Sino-Siamese Trade, 1652–1853*, Cambridge, Massachusetts: Council on East Asian Studies, Harvard University.

Suebsaeng Promboon 1971, "Sino-Siamese Tributary Relations, 1282–1853", Ph.D. dissertation, University of Wisconsin.

Supaporn Jarunpattana 1980, "Phasi fin kap nayobai dan kankhlang khong ratthaban thai pho.so. 2367–2468", M.A.thesis, Chulalongkorn University.

Suparat Lertphanichkul 1981, "Samakhom lap angyi nai prathet thai pho.so. 2367–2453", M.A. thesis, Chulalongkorn University.

Thiphakorawong, *Chaophraya* 1996, *Phraratchaphongsawadan krung rattanakosin, ratchakan thi nung chabap Chaophraya Thiphakorawong, chabap tua khian*, Bangkok: Amarin.

Wilson, Constance, M. 1970, "State and Society in the Reign of Mongkut, 1851–1868: Thailand on the Eve of Modernization", Ph.D. dissertation, Cornell University.

トピック・コラム

近代日本の対アジア通商政策

——植民地における水産試験場

黄　栄光

明治政府が徳川幕府から受け継いだ通商環境は欧米諸国との不平等条約を前提としていた。外債の返却や富国強兵に必要とされる設備・技術を輸入するための資金を稼ぐために、対外貿易を展開しなければならない。しかし、海外における通商機関と通商経験をもつ商人も数少なかったうえ、関税自主権がないことと領事裁判権がもたらした不利益に耐えざるを得なかった。薄弱な基礎を利用して、日本は一八七一年に清国と平等な「日中修好条規」および付属通商航海章程を締結し、近代的な外交環境のもとで双方向の国際貿易を始めた。さらに、欧米諸国のアジアにおける通商条件を目指して、一八七六年には朝鮮に無関税を定めた通商条約を強いた。そして一八九五年の下関条約(馬関条約)の締結によってアジアにおける条約環境は転換を迎え、日本も中国において念願の低関税と最恵国待遇を獲得したのである。

この間、マーケットの需要を把握し、これに合わせてしっかりした製品を確保すると同時に、貿易の担い手を育てるために、明治初期には対清貿易を専門とする広業商会を設立し、国内各地のほか、上海・香港にもその支店を設けて、輸出製品の生産金融や荷為替等を担当させた。と同時に輸出製品の製造者に対する金融サポートや上海航路を運行する三菱蒸気船会社に対する助成など一連の政策を打ち出した。一方、一八八一年に、横浜正金銀行が外国商人にも荷為替を提供することで政府の収益をより確実なものにし、明治中期までには貿易金融の体系がたち上げられた。国によって時間差はあるが、明治後期より日本はアジアの諸国に対して先進国なみに低関税と領事裁判権を伴った進出を強めたものである。

海外市場においては、上海商同会のような企業組織や領事館に情報収集と国内向けの情報発信を担当させ、これらの情報を用いて各県に対しては図録などに基づく指導で商品の改善とレベルアップを図った。これら「人・もの・金」にわたる政策には一部挫折したものもありながら、日本人による日本製品を輸出する道がだんだん開かれてきた。

アジア向けの輸出製品にはマッチ・繊維製品をはじめとする工業製品が増やされていく一方、海洋国家日本にとって、水産資源が重要な位置を占め続けた。植民地に設立された水産試験場はまさに水産資源を確保するための機関であった。

地方における水産試験場の官制は一八九九年一二月にほぼ落ち着きをみたが、明治末年から昭和初期にかけて、内地の地方官制に倣い、帝国日本は五カ所の植民地に順次水産試験場を設立した。これは朝鮮総督府水産試験場、関東庁水産試

験場、樺太庁水産試験場、台湾総督府水産試験場、南洋庁水産試験場である。

　これらの水産試験場では大体技師（兼場長）の下に、技術を担当する技手と庶務を担当する属を置き、主な仕事は「水産に関する試験及び調査、水産に関する分析及び鑑定、養殖用種苗の配布、水産に関する講習及び講話」であり、具体的には水産資源の開発、販路と市場の開拓、漁業者組合規則の制定とこれへの奨励指導など広範囲にわたるものであった。水産組合に対する生産指導の機能を持つ調査・研究機関として、その所在地あるいは活動エリアにおける漁業の発展と輸出の拡大に寄与し続けたことが推測される。

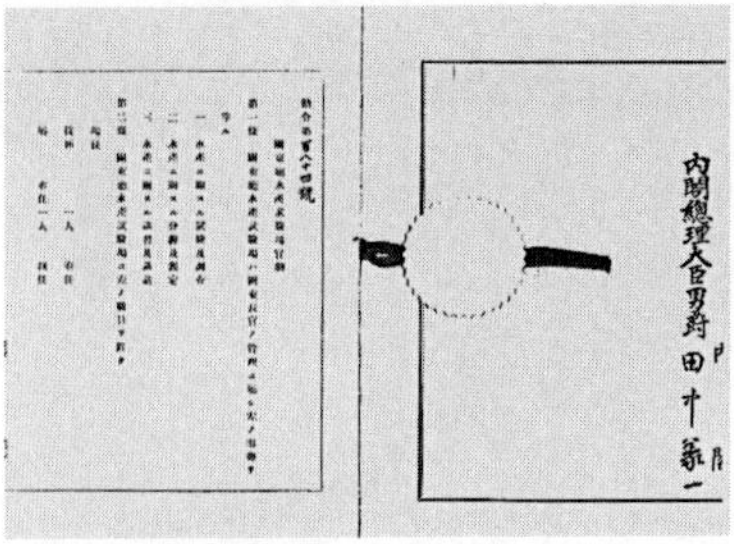
内閣總理大臣男爵田中義一

関東庁水産試験場官制・昭和３年７月30日公布（国立公文書館／アジア歴史資料センター Ref. A03021698100）

　一番規模が大きかったのは朝鮮総督府水産試験場で、一九四五年時点では技師一五人、技手四六人、属七人の官制になった。終戦前に朝鮮総督府の地方官官制が微量の縮小傾向にあるなか、「軍需と水産輸出拡大」、養魚場の増設などのために規模拡大を続ける水産試験場の重要性は突出していた。

　一方、図に示される関東庁水産試験場はだいぶ規模が小さかった。しかし明治初期より中国の水産物マーケットに対する研究・開拓だけでなく、大連湾や台湾、広東沿海の海産について調査を行うなど、水産資源に対する興味も一貫して持ち続けた。関東庁水産試験場は日本の中国北方海域に関する最初の調査・研究拠点であったといえる。一九〇九年の定員は一一人であり、以降はほぼこの規模を維持しながら活動し続け、成立以来主に渤海地域や山東省沿海において活動を展開した。一九二九年より一九三七年まで当該機関に勤務した大槻洋四郎（一九〇一―八一、履歴は中村勤の提供による）の研究成果を基礎に、中国の研究・生産機関が種苗の育て方に工夫を加えた昆布養殖法は一九五八年に量産の成功を見て、そして一九七二年に、中国は日本へ昆布を輸出し始めた。

　このうち、最後に設立されたのは南洋庁水産試験場であり、一九三五年の調査段階では、「水産の開拓」をするためには、調査船の建造や漁港の修築はもちろん、製氷・冷凍設備をはじめ、養殖処理、加工の設備、飛行機の利用、重油の配給・設備など大掛かりなインフラが必要とされた。

　中国では関東庁水産試験場が培った技術が生かされたように、各植民地にあった水産試験場がのちに所在国の通商環境をいかに変えていたのか、物語が無数にあるだろうと、調査意欲をかきたてられるものである。

人物コラム

ラザフォード・オールコック

本野英一

ラザフォード・オールコックは、軍医出身で、一九世紀後半の中国、日本に勤務した大物外交官である。この時期の東アジアで活躍したイギリスの外交官と言えば、真っ先にハリー・パークス、アーネスト・サトウの名前が思い浮かぶ。しかし、二人の上司にして、初代駐日総領事を務めたオールコックも忘れてはならない。特に、幕末維新という動乱期に居合わせた、サトウとオールコックについては、二人が詳細な回想録を著していることもあって、早くから日本史研究者や比較文学・比較文化研究者が彼らに注目してきた。二人の日本での事績については、萩原延寿の『遠い崖：アーネスト・サトウ日記抄』(朝日新聞社、一九九八―二〇〇一年)や、佐野真由子『オールコックの江戸――初代英国公使が見た幕末日本』(中公新書、二〇〇三年)が刊行されており、かなり詳しいことが分かっている。

しかし、その反面、研究状況が一向に進展していないのが、彼らの中国での活動とその歴史的意義である。オールコックの中国での外交活動の集大成である、一八六九年のオールコック協定の歴史的意義を、イギリス、中国側の史料双方を用いて考察した研究は、依然として、アメリカのメアリー・クラボー・ライトの著書(Mary Clabaugh Wright, *The Last Stand of Chinese Conservatism: The T'ung-Chih Restoration, 1862-1874*[Stanford University Press, 1957])及び坂野正高「同治年間の条約論議」(坂野正高『近代中国外交史研究』[岩波書店、一九七〇年]所収。初出は一九六七年)しかないのである。

二人の古典的研究が刊行されてから、早いもので四〇年から半世紀以上が経つ。その後イギリス、中国双方から大量の新史料が公刊されたというのに、オールコックの中国での外交活動に関する研究は、その後全く進歩がない。

だが、オールコック協定の中に何が盛り込まれ、何が盛り込まれなかったのかを、二一世紀初頭の段階で再考察してみることは、あながち無意味な作業ではない。

オールコックは、一八五八年に締結された中英天津条約改正の機会を利用して、在華イギリス商人が当時の中国社会経済に対して抱いていた、様々な不満の一部を交渉議題として取り上げた。ライトと坂野によれば、当時の在華イギリス商人が要求していたのは、(1)領事裁判権でカバーされた内地居住権、(2)貿易商品に対する一切の内地課税廃止、(3)鉄道・電信の敷設、(4)外国汽船の内陸水系航行、(5)イギリス資本の中国国内鉱山開発参入、(6)塩の輸入、(7)外国商人が民事上の救済を得られるための国際法廷の設立と洋式民商法典の編纂公布、であった。しかし、この中で、オールコックが交渉議題として取り上げたのは、(2)(4)(5)のみであり、それとてイギリス側の要求が完全に聞き入れられた訳ではなかった。彼は、中国に鉄道・電信網を敷設させたり、鉱山開発事業に外国資本の参加を認めたり、さらには自由貿易体制、外国人と中国人の対等な交流を強制すれば、中国の全体制が崩壊してしまうと恐れていたという。

　結局、オールコックが総理衙門との交渉で苦心してまとめあげた協定は日の目を見ることがなく、当時の在華イギリス商人の要求項目が実現に向けて動き出すのは、それからさらに三〇年以上も後のことなのである。

ラザフォード・オールコック

　さて、ここで提起したい問題は、オールコックの外交官としての限界ではない。オールコックが交渉議題として採用しなかった在華イギリス商人の要求項目が、当時の中国社会にとって持つ意味である。当時の国際法でも明確な主権侵害とされていた、内陸水系への外国船舶の航行や、国内鉱山開発への参加はさておき、貿易商品への課税システムの抜本的改正、鉄道・通信の敷設、外国商人の民事上の救済手段としての国際法廷設立と洋式民商法典の編纂公布要求は、別に糾弾されるべきこととは思えない。それどころか、清朝中国に限らず、どの国でも近代化政策を推進するに当って、必ず手を付けるべき政策課題だったのではないのか。

　ライトは、国際法廷設立と洋式民商法典の編纂公布要求の理由について次のように言及している。当時の中国には、被告への基本的人権が欠如しており、また西洋社会と同様な商法の欠落していたため、取引契約紛争を公正客観的に処理する基準、処理機関がなかったからである(Mary Clabaugh Wright, op.cit., pp. 258-9)。しかし、これなど、今日でもなかなか解決がつかない懸案ではないのか。

　冷静に考えるならば、この時期の在華イギリス商人の要求を全て、否定するわけにはいかない。むしろ、オールコックが、今日では何でもないことに見える問題を正式に要求することを憚った、当時の中国社会の方が問題だったのではないのか。そして、この体質は、依然として変っていないのではないか。もし、この見方が正しければ、その理由を問うことこそ二一世紀初頭の東アジア近現代史研究者が正面切って論じるべき研究課題ではなかろうか。

個別史／地域史

II　近代という秩序・規範

個別史/地域史Ⅱ

明治維新とアジア——二つの「併合」、北海道と朝鮮

井上勝生

明治維新の中で日本は、アジアの他民族とどのような関係をもったのだろうか。このように問題を立てる時に筆者が想起するのは、二つの文章である。一つは、一八九九年、サハリン・アイヌ民族の組合長に任じていた和人上野正が、帝国議会で審議中だった北海道旧土人保護法案を批判した文章である(『北海道毎日新聞』一八九九年二月三日)。

旧土人保護法は変して、旧土人全滅法たるの奇観を呈するに至るべし。

アイヌ民族は、もともとアイヌモシリ(蝦夷地)で、和人とは別の固有の生活文化をもつ民族である。北海道旧土人保護法(以下、アイヌ民族保護法、または保護法と略す)が制定されれば、アイヌ民族は全滅すると上野は批判していた。上野の保護法批判とは、二〇〇三年、アイヌ民族共有財産裁判で出会った。そして、上野の「全滅法」という予測が的外れでなかったことを、その時に知ることができた。

想起する今一つは、一八九四年、日清戦争の際に、朝鮮で蜂起した東学農民軍の討伐作戦を命令した広島大本営、川上操六参謀次長兼兵站総監の次のような電文である(「南部兵站監部陣中日誌　第参号」)。

東学党ニ対スル処置ハ、厳烈ナルヲ要ス。向後悉ク殺戮スヘシト。

東学農民軍は、朝鮮半島へ侵入した日本軍に対して蜂起した五〇万人とも言われる朝鮮民衆の民乱勢力であった。電文は、竹槍と火縄銃で蜂起した農民軍に対する、「皆殺し命令」である。歴史から忘却されているが、実は日本軍

は、少くとも三万人から五万人の朝鮮農民を殺戮している。第二次東学農民戦争の調査をしている時、朝鮮兵站司令部の「陣中日誌」でこの命令を確認した。

二つの民族は、日本政府によって、かつて「併合」されたのである。前者のアイヌ民族に対する明治政府の植民地支配は、一八六九年、蝦夷地を北海道と変更し、アイヌモシリを併合して大地を奪い、一八九九年のアイヌ民族保護法の制定で仕上げられる。植民地支配は、明治維新と同時進行で進んだ。一方、後者の朝鮮東学農民軍に対する包囲殲滅作戦は、一八九四年から九五年にかけて展開した。「皆殺し命令」は、「韓国併合」（一九一〇年）の前史である。

アイヌ民族の場合、アイヌ民族保護法について、民族の長老貝澤正が、一九七二年の論説で次のように述べている。

おそらく世界植民史上類例のない悪逆非道ではなかったかと思う。アイヌは「旧土人保護法」という悪法の陰にかくされて、すべてのものを収奪されてしまったのだ［貝澤 一九九三、七頁］。

貝澤のアイヌ民族保護法評価と、冒頭に見た上野の「全滅法」という評価は、見事に一致している。アイヌ民族が受けた被害と、朝鮮民族に対する「皆殺し命令」は、両民族が、規模も、歴史も、大きく違っているものの、日本の苛酷な支配を受けたという歴史を共有していたことを示している。貝澤は、同じ論説のすぐ前で「もっとも無知蒙昧で非文明的な民族に支配されて三〇〇年」とも言う。アイヌ民族長老による当事者としての保護法評価は、それ相応に尊重されるべきである。「もっとも無知蒙昧で非文明的な民族」の支配を受けたという貝澤の言説を、どう受けとめればよいのだろうか。

アイヌ民族の人口は、明治維新の頃、推計で約一万六〇〇〇人である。世界の先住民族として少数ではない。にもかかわらず東アジアの近代史を考える場合に、アイヌ民族は従来、無視されてきたと思う。次に、明治維新における日本の文明と未開の問題を概観しよう。

一　明治維新と文明・未開

開国の定着

一九世紀の欧米は、世界の国家と民族を、文明国、半未開国、未開の三つに分類し、日本をトルコ、中国、朝鮮、タイ、マグレブ諸国などとともに半未開国に加えていた。維新政府と廃藩置県後の明治政府は、「万国対峙」と「万国並立」という国是を掲げて改革を進め、日本は、文明国へと上昇した。しかし二一世紀の現在、文明そのものがはらむ問題点が問われ、現代歴史学の課題になっている。

欧米諸国が創り出した近代国際法には、外交と戦争の規則や慣例が集積されて、欧米文明の姿が示されている。この近代国際法には重大な問題点があった。すなわち文明国は、第三世界の「未開」の民族が、国家を持っていると認めない、加えて未開民族の国土を、「無主の大地」と見なして征服することを近代国際法において合法であるとし、しかもそれを「文明化の使命」としていた。文明国は、「未開」を苛酷に差別し、抑圧していた。「未開」の民族は、実際には、欧米とは形の違う、その民族の条件に相応しい発展した文明を持っていた。それに止まらず、次章でアイヌ民族について述べるように、「未開」とされた民族は、抑圧を受けながらも、近代文明に対して強靭で柔軟な対応能力を発揮した。欧米文明が差別したのは、未開だけではなく、半未開国も同様の側面があった。

日本に来航したペリーが、「半ば野蛮な一国民を、文明諸国民の家族の中に組み入れ」ると述べたように、欧米は、日本の開国を、文明国化の使命を掲げて迫ってきた〔『ペリー日本遠征日記』、一七二頁〕。欧米は、自らの文明が進歩を遂げたものであることを自明のこととしていた。だが幕府は欧米文明の進歩の概念を全面的には受け容れなかった。

それはアジアにとって当然なことである。たとえば一八四〇年代のアヘン戦争は、当のイギリス本国の政治家にとってすら、アジアに対する「永続的に不名誉となるような戦争」(グラッドストン)で、非道、野蛮そのものであった[陳 一九七一、一七〇頁]。アヘン戦争に衝撃を受けていた江戸幕府は、ハリスが自由貿易を迫ったのに対して、「日本には、日本の国法これあり」と自由貿易を限定するようにつとめた。ハリスは、貿易を行えば、幕府は富み、一方で大名は衰える、貴族の保守性は欧米でも同様であったと、幕府強化の好機と説いた。さらに、軍艦、大砲、士官や職人などを提供すると、強国アメリカからの軍事援助も申し出た。これに対して幕府は、大名たちと「[貿易の]利ヲ公共ニ致」すと反論し、軍事援助も、ハリスの「甘言」として容れなかった[東京大学史料編纂所 一九七二、五九九、二八四頁]。

一九世紀当時、自由貿易帝国主義の時代だったが、イギリス以外の欧米諸国は、自国の発展途上の産業を守るために、強固な保護主義をとっていた。日本も、もしハリスの求める通りに、外国商人国内通行権を認め、自由貿易を全面的に認めるような事態になれば、日本の、発展していたが、まだまだ劣勢な在来産業は、甚大な被害を被ったと予想される。欧米の軍事援助提案も、第三世界の多くの実例が示すように、それを容れることは、国内の分裂と内乱、時には亡国の道を招くのである。

幕府は、通商条約交渉の中で、欧米文明国では当然の外国人通行権を認めなかった。居留地内に限定した貿易を選択した。日本の売込商人が居留地横浜に殺到して出店し、外国商人の国内進出が防がれた[石井・関口編 一九八二、二五一頁など]。このことによって全国各地から居留地へ売込商人が殺到したのは、欧米が半未開と低く位置づけた江戸時代後期日本に、実は、相応する経済の発展、つまり「内なる文明」が存在したからなのである。このように大局的にみれば、文明は、アジア各国、各民族にも存在するのであって、欧米の文明が侵入を試みるが、日本とアジアの内なる文明は、それに抵抗し、やがては受容、あるいは包摂したのである。漸進的な開国としての日本の居留地貿易は、明治に入っても、一八九九年まで半世紀近くに及んで継続し、日本社会に開国が定着していった。

急進的な開化

開国が次第に定着するなかで、幕末日本の急進的開化派が登場する。長州藩が、下関四国連合艦隊砲撃事件で、欧米艦隊に敗北する一八六四年が重要な年である。軍事問題を軸として、政治史の転換が見られたのである。日本の文明国化における急進的開化派登場を、その問題点に限定して説明したい［井上 一九九四a］。

一九世紀に入ると江戸日本における政治の内なる近代化が進んでいた。長州藩では、「有司」と呼ばれる実務役人、少数の武士が実権を執った。有司の周布政之助派は、通商開始の際に藩の実権を奪い取り、洋式軍制への改革を御前会議で藩是として決めた。しかしその後、洋式軍制改革の試みは、武士団大衆の抵抗で頓挫していた。このために右の一八六四年に、長州藩有司の周布派、周布と木戸孝允、高杉晋作らは「百敗一成」、「死地に入れる」と、連合艦隊に対する敗戦を手段として洋式軍制導入を断行する。このようにして創られた洋式軍隊が、士庶混成の奇兵隊など、長州藩諸隊である。

奇兵隊が携えるライフル銃は、遠距離狙撃のできる最新の小銃で、欧米では軍事革命を起こしていた。兵士には、軍服「羽織一枚、ホローコ一枚(洋服)、襦袢一枚」以外を禁じ、防具を着けないことで機動性を入手した、軽装歩兵である。しかしこの兵は、裸同然、使い捨ての歩兵でもある。常備軍として、徹底的に洋式訓練を施された奇兵隊は、ヨーロッパの戦争の中で誕生した精強な歩兵常備軍を導入したものである。そのために木戸孝允は、諸隊という「手足」が精強にすぎ、「心部」(政府)が統制できないと危機感すら持っていた。一八六六年の幕長戦争でも、長州藩諸隊は、広島の藩境で開戦前に「暴発」し、脱退騒動をおこし、騒擾状態を全軍で醸し出した。有司は、脱走兵士を「無趣意の雑兵」(広沢実臣)と見なし、暴発した兵士全員を処刑し、使い捨てによって軍の規律をつくる［井上 一九九四

b」。幕長戦争から戊辰戦争へと戦争が拡がる中で、武士団全体も歩兵組織に解体・編成され、こうして日本全国で、開化への競合が始まる。

廃藩置県後の変革の一つ、一八七三年の徴兵令は、欧米で軍隊を実見して学んだ山県有朋らが、徴兵制によって国民軍を創ったフランス陸軍の制度を導入したものであった。フランス徴兵制陸軍は、強国化したプロシアなどとの軍事対決が現存することによって誕生していた。一方日本では、開国はすでに定着しつつあり、政府要人を網羅した岩倉使節団が、米欧を二年間に及んで回覧できるほど国際関係は安定していたのである。また隣国の中国は、長大な国境線各所で欧米列強と劣勢な対峙を迫られていたのであり、日本への侵攻は、想定できなかった。つまり日本では、軍事対決が存在しない中での徴兵制の導入であった。

憤激した西日本各地の民衆は、「血取り」(官が若者を取る)という流言を広めながら、徴兵令反対一揆を起こし、官の建物と見れば、たとえ学校、病院であれ焼き払った。「血取り」という流言は、「使い捨て」徴兵の秘密を言いあてていた。しかし藩閥政府は妥協しない。反対する民衆を固陋、旧弊として、処刑や懲役、罰金をもって大弾圧を加える。徴兵制という急進的文明化を押し通して、藩閥専制政府の権力基盤にしたのである。過度に精強な歩兵常備軍を導入、維持するには、反対する民衆を弾圧するだけではなく、現実の対外戦争が必要になる。薩摩藩出身の川上操六は、欧米を手本に軍を大陸侵攻型陸軍に編成した。

大陸侵攻型陸軍が、列島の日本に必要であったのか。欧州の文明は、現実の必要性によって創りだされた。これに対して、目標として摂取しようと、後を追う後発国日本の藩閥政府は、実地の必要性を超える強兵を求めたと思う。

通商条約交渉の中でハリスが、日本を「東洋の英国」と説いていたように、イギリスと日本は、大陸沖合の群島という国土の類似がある。近代イギリスのヨーロッパ外交は、大英帝国の地歩を築いたウィーン体制以後、大陸列強間にバランス・オブ・パワーを維持することを目標とし、「裏切りのイギリス」と言われるほど現実主義的に展開した。

その一方イギリスは、ヨーロッパ大陸に領土を求めず、強い陸軍も持たなかった。日本の開国期、クリミア戦争で常備軍を持たないイギリス陸軍の脆弱さが世界に露わになる。しかしそこに大陸に領土を求めない、大陸との共存を求めるイギリス外政の冷静な現実主義が在った。

冷静な現実主義や穏健なバランス感覚が、後発国日本の急進開化派には欠けていた。たとえば当時の急進的開化派言論人、福沢諭吉は一八八五年の「脱亜論」で、文明は、「麻疹」のようなもので避けられないとし、これを避ける朝鮮と中国は数年の内に「亡国」と予言する。福沢の予言、数年内の「亡国」は、もちろん実現しなかった。文明を「麻疹」に喩え、欧米から来るものと捉える福沢は、アジアの「内在する文明」を理解しなかった〔福沢 一九八一、「脱亜論」〕。

福沢は、日清戦争時、論説「外戦始末論」で「持論」を展開し、敗走を続ける中国軍に対して、「我全力を尽して一毫の微も容赦することなく、ただ進むの一方あるのみ」と、徹底的な打撃論を力説した〔福沢 一九八一、「外戦始末論」〕。中国や朝鮮の本当の国力を、長期的視野でもって評価することができなかったのである。また、言論人のアジア論としては、無惨なまでに貧困であった。

急進的開化派の文明開化は、過大で急進的すぎて社会に混乱を招く。それは専制政府の権力基盤にはなったが、成功とは言えない文明化であったと思う。国内では永井秀夫が言ったように、漸進的開化を進める基層の日本社会が官の過度の急進を修正して、日本社会が必要とするだけの開化が結局は進行したという面が確かにある。たとえば、殖産興業での官営大工場の斬新、大胆だが採算が取れず、利権になってしまう惨状と、民間中小工場の在来技術を使って欧米技術を各地で受容していった歴史などに示されている〔永井 一九九〇〕。ところがアジアに対して、日本の政府と軍部は、欧米型「強兵」を背景として冒険性を直に露にし、他民族を侵略し、犠牲を強いた。そして膨大な抗日運動を招いた。急進的で専制的な政府と軍部は、このようにアジアと関係した。次にアイヌ民族と朝鮮の、冒頭で掲げた二つの文章の経緯を検討したい。

二　明治維新とアイヌ民族

排除と差別

一九八四年、北海道ウタリ協会(現、北海道アイヌ協会)は、アイヌ新法制定を求めた原案前文で、民族の近代史をまとめている。アイヌ民族は、幕府や松前藩の「非道な侵略や圧迫と」たたかいながらも「民族としての自主性を固持」してきた。明治維新によって日本政府はアイヌモシリの大地を奪い、アイヌ民族を排除し、差別した。それを仕上げたのが、一八九九年の北海道旧土人保護法であり、保護法こそは、「屈辱的なアイヌ民族差別法」であると[北海道ウタリ協会 一九九四、一二六一—二頁]。アイヌ民族自身がまとめる民族の近代史は、明晰で、かつ厳しい。

江戸時代後期、場所請負商人の漁場は、蝦夷地の海岸部をおおっていた。しかし、幕府や松前藩も、蝦夷地の内陸部は、アイヌ民族が固有の生業を営む大地として介入に抑制を加えていた。海岸部の場所請負人の漁場も、境争論では、「アイヌの漁場」として争われ、アイヌ民族の権利が留保されていた。蝦夷地は、幕府から「異域」、アイヌモシリと見なされていた[岩崎 二〇〇三/榎森 二〇〇七]。

維新政府は、一八六九年、蝦夷地を北海道と改称し、アイヌモシリの大地を、官有地とした。七一年、戸籍法を適用し、アイヌ民族に創氏改名を強制してゆく。七二年に北海道土地売貸規則、七七年に北海道地券発行条例を出して、土地私有制を施行し、七六年には、海岸部の土地実地調査に着手する。海岸部の漁場や海産干場(昆布干し場)など、地券四八〇〇件の大部分、四二二〇件が、和人に一挙に発行された。民族の勢力が強かった日高国浦河《うらかわ》や様似《さまに》など一部の昆布漁場では、アイヌ民族への地券付与や漁場貸与などが多数を占めた。しかし総じて言えば、北海道の明治維新は、アイヌモシリの併合と、土地私有制施行という、急激な開化によるアイヌ民族からの土地や漁場剝奪に始まった［瀧澤　二〇〇九］。

次いで七〇年代後半から、内陸部での鮭漁が禁止されてゆく。海岸部での大量捕獲という文明化を進めるために、上中流での魚苗資源保護が布告された。アイヌ民族の食料獲得小漁業は、未開の陋習だと否定された。開拓使長官に、薩摩閥の領袖黒田清隆が就任し、北海道は藩閥が威信を示す、急激な文明開化の本舞台になったわけである。

八二年冬、開拓使勧業課御内用掛、内村鑑三（札幌農学校卒業生）は、石狩川最大の支流、千歳川鮭漁の視察報告を出していた。禁漁のために、アイヌ民族には、餓死か、密漁かの二つの道があるだけであり、コタン（集落）ぐるみの大規模密漁を、やむを得ないと報告する。内村は、マレク（突き鉤《かぎ》）等を使った小漁業は、資源を枯渇させないと、アイヌと和人（貧しい和人が少数移住した）の共同会社による鮭漁を提案する。だが札幌県（開拓使の後の三県の一つ）は、アイヌ餓死の危機を無視した［山田　二〇〇九］。

民族の組合

その後の状況は、史料が残っている十勝地方で検証できる。遡るが、一八七五年に十勝川下流部の良好な漁場、六カ所がアイヌ民族の共同所有とされ、五年間、二八〇戸のアイヌ民族は、四二戸の和人と十勝漁業組合を経営し、五万三千余円（今日の数億円）の莫大なアイヌ民族共有金を得た［井上　一九九九］。その後、開拓使が共有金の管理をしており、その間にも財産が減少した（これは略す）。十勝川上中流部では、七六年から、鮭漁が禁止されていく。アイヌ民族は、陋習を去るという名目の下、農業授産の保護地へと逐われる。

一八八六年、政府が北海道庁を設置し、開拓方針が、華族、官吏、地主など大資本による大規模地主制を導入する方針に変えられる。北海道土地払下規則制定によって、一人当たり一〇万坪、約三三町歩以内の大土地払い下げとなった。年当たり二万人程が移入して、北海道が日本の開化の本舞台になる。その一方、アイヌの授産は放置された。アイヌ民族共有財産(共有金と漁場、建物、土地など)を、道庁が管理しており、道庁高官(理事官)たちは、アイヌ共有金を、道庁の御用会社(保護会社)、北海道製麻会社と札幌製糖会社の二社に、共有金所有者のアイヌ民族に無断で投資した。両社とも、道庁理事官で薩摩閥領袖、堀基《もとい》を中心に設立された御用会社である。十勝アイヌ共有財産の半分以上、二万三千余円の巨額が、両御用会社の株にされた〔札幌市 一九九一、六六五―六六頁〕。

初代社長に堀の親族が就いた札幌製糖会社は、特に紛擾を極めた。製糖業は、欧米資本主義でも中核産業で、文明開化の象徴であった。しかし会社発足当初から経営不振に陥る。ドイツから運ばれた最新の製糖機械は、宮内庁貸下げ甜菜御料農場の供給能力を越えた高価すぎる装置であったし、甜菜の品質不良が会社設立前から予測されていたことなど、当時の官営事業全般に共通する粗雑な計画であった〔樋口 一九四三、二七〇―三頁〕。九一年には、帝国議会で民党が藩閥政府を追及する際に、「製糖会社の不始末」をくり返し取りあげる〔前田 二〇〇九〕。薩摩藩閥の有力者、道庁理事官橋口文蔵は、アメリカで製糖業などを学び、札幌農学校四代校長を兼任していた人物で、アイヌ民族の御用会社株券名義人でもあった。同年橋口は官を非職になる〔橋口 一九〇六〕。札幌製糖会社はその後も株券偽造事件を起こし、九四年、竣工五年にして操業停止になる。

欧化の象徴であった御用会社の破綻を契機に、民族の共有財産を奪われたアイヌの民族運動がまき起こる。九二年二月六日付『北海道毎日新聞』は、十勝アイヌ民族全戸の「旧土人総会」を報道した〔富田 一九八九〕。十勝アイヌ民族は、総会をたびたび開いて「アイヌ政策の悪弊」を訴えた。くり返された訴えの中心は三点である。第一に、官がアイヌ民族共有財産を、民族の要望に反して運用している。第二に、そのため、アイヌ民族は、餓死に瀕している。第三に、冬季の食料のために、共同鮭漁業を取り戻したい、この三点であった。こうしてアイヌは、「〔共有財産という〕相当ノ財産」があるのに「圧制」され、「束縛ノ下」に苦しんでいると訴える。「重罪人ノ治産ヲ禁セラレタルモノ如ク《ママ》」と述べて、かつてのアイヌ鮭漁業、「自営活計」の復活を望むのである〔「十勝外四郡土人関係書類」明治二五年六月二二日願書〕。次いで、九三年に、十勝国中川・河西《かさい》・河東《かとう》、上川郡の四郡「古民〔アイヌ民族〕財産管理法」（全一五条）が、作成される。郡長が管理をつづけるものの、共有財産の支出は、かならず四郡アイヌ総代人トレッの指示によるとされ、通常報告と決算報告などが詳しく規定された。この管理法には、農業授産の廃止も記された〔井上　一九九九〕。

翌一八九四年八月、日清戦争の年、史料が残る中川郡では、古民財産管理法をさらに改めて「中川郡旧土人財産保管組合」の結成されたことが分かる。中川郡アイヌ民族一三五戸は、チヨロカウクを総代人に、財産保管組合をつくった〔吉田菊太郎文書「土人関係要書綴込」〕。保管する財産は、共有金、漁場、地所、建物、牛馬、株券などである。保管組合役員は、総代人一人、取締役二人、組頭一〇人で、組頭はオテナとも呼ぶ、各コタン代表である。アイヌ民族役員は、無給で、「協議会」を置き、総代人または組頭半数以上の請求をもって開催する。財産台帳は「何時ニテモ」「閲覧」に出された。アイヌの「公用」を弁ずる和人代理人「雇員」を設け、規定の給料を払うなど、規則は詳細、周到である。「出張」についても、アイヌ民族役員は、中川郡内出張一日二五銭、他郡出張三〇銭、和人雇員は「実費」と定める。民族の病院治療費や薬代、そして戸数割など地方税も財産保管組合が一括支出した〔同「官署関係書類」〕。戸数割税は少額だが、滞納で差し押えになるアイヌ民族が多かった〔中村　一九九一、二〇六—七頁〕。財産保管組合と、実務的名称ながら、実質は、アイヌ民族自身が自治自営と相互扶助の活動を行うアイヌ民族組合の性格をもっていた。その規約全二〇条の緻密さは、和人のものになんら遜色ない。

日清戦争中、一八九五年には、運動がさらに発展する。日高沙流《さる》コタンのサンロッテーは、帝国議会に、全道アイヌ民族の窮状を陳情する。多岐に渉った陳情の中心の一つは、アイヌ民族共有財産で、全道アイヌ民族の官から蒙った被害であった。十勝アイヌ民族の被害は、とくに詳細に陳情された〔井上　一九九九〕。

翌九六年、中川郡アイヌ財産保管組合は、全コタンの全戸が、「開墾予定地」の仮下げ渡しを願い出る。すべて保護地の限度面積の一戸一万五〇〇〇坪で、「我々旧土人〔アイヌ〕等ニ於テ永久所有シ得ラレ候様」にと願い出る。悪い地所、「凹地」などは、「開墾地変更願」を、希望地図面を添えて願い出る。実務は、和人雇員内海勇太郎があたった〔吉田菊太郎文書「土人関係要書綴込」〕。アイヌ民族の自治自営の運動であり、しかも、自ら農業民を目指した。

翌九七年、政府は、北海道国有未開地処分法を施行した。払い下げの限度面積が、農業予定地の場合、一人一五〇万坪、つまり五〇〇町歩以内の大規模払い下げに広げられ、華族や官吏、資本家が、寄生地主経営を求めて北海道に入る。アイヌ民族も、法的には適用を受けることができるのだが、受けた例は、その後も含めて稀であった。

その翌年の一八九八年、保護法制定の前年、中川郡の各村についての官側『状況報文』によれば、十勝アイヌ民族には、プラオ〔洋式犂〕やハロー〔砕土機〕を有するもの、馬耕するものが多数おり、また既に五町歩内外の地を開墾して、なお二、三町を開墾するものも少なくない状況であった〔北海道拓殖部 一九〇一、一四四・一七一・一七五・一七七・一八九頁〕。十勝アイヌ民族は、アイヌ保護地の限度の五町歩を越えて、中農規模の農業を目指している。農地獲得運動の背景にアイヌ民族組合があった。アイヌ民族は、結束して近代文明にも柔軟に対応し始めていた。未開などという言説に押し込めたのは、作為的な抑圧であった。しかしながら国有未開地処分法が施行され、一年一〇万人単位の和人が殺到し、北海道は、藩閥政府が進める急進的開化の、真の本舞台になっていた。

「アイヌ民族全滅法」

このような中で、一八九九年のアイヌ民族保護法が制定された。第一条によると、一万五〇〇〇坪以内の土地を、申請によって、無償下付することができる。その土地は、譲渡することも、抵当に入れることもできない。それに止まらず、アイヌが以前から所有している土地も、譲渡などを長官の許可制にするという内容である。

譲渡や担保に入れることの禁止は、「無知蒙昧」のアイヌ民族が土地を取られることから守るためと説明される。この禁止を評価する見解が多いが、アイヌ民族の歴史を見ると、その評価はアイヌ民族の能力を見誤っていることが分かる。事実は逆であり、結束して近代文明に柔軟に対応し始めていたアイヌ民族を保護民に貶めたのである。

保護法の第一〇条では、アイヌ民族共有財産について、新たな規定が作成された。第一〇条は、北海道庁長官と内務大臣は、アイヌ民族共有財産を「指定」し、「管理」し、「処分」し、しかも「分割」を拒むことができる、と述べる。官側の意図は明瞭であった。政府は、アイヌ民族の共有財産について、指定から処分に及ぶ管理と運用のすべての権限をアイヌ民族から官側に奪い取ったのである。

その後、一九〇一年、御用会社札幌製糖会社が倒産、株券が紙くずになる。翌年、道長官は、株券が右のように清算された後で、十勝アイヌ共有財産を指定し、一方、十勝アイヌ民族共有財産管理組合は解散した。アイヌ民族の多くを差し押さえに追い込んでいた戸数割税の組合負担などは不可能になった。

それ以後、官は、今日まで一度も、全道アイヌ民族の共有財産について、管理と運用をアイヌ民族に報告していない。一九九七年制定のアイヌ文化法付則によって、申し出たアイヌ民族に、「現にある共有財産」を返却すると新聞で、一度公告された。同年、アイヌ民族二四名が、共有財産管理経過の調査を求めて、道知事を被告に返却差止請求の裁判を起こした。十勝だけで数億円に相当し、かつてアイヌ民族自身によって公正、周到に保管運用されていた財産は、経過不明のうちに全道で総額わずか一三〇万円余に減額していた。札幌高裁は、管理経過調査の不適正があることを認めたが、アイヌ文化法付則の「現にある共有財産」の返還の「現に」をたてにとって請求を却下した。八年の裁判を経て、最高裁への上訴も棄却された。道知事も調査を拒んだままである［「アイヌ民族共有財産裁判の記録」編集委員会 二〇〇九／小笠原 二〇〇四］。

次に第一条の土地問題を見よう。保護法第一条の一万五〇〇〇坪以内の下付について、アイヌ民族の長老、貝澤正は、一九三一年の論説で次のように述べた(文中の「一般規定」とは、旧土人保護法の二年前に制定された、前述の大土地払い下げ、国有未開地処分法のことである)〔貝澤 一九九三、一六五頁〕。

一般規定に依つて出願すれば、お前たちには特別の保護法があるから一般規定に依つて土地をやる事はならぬと言つて一蹴されます。強いて求めれば保護民に理屈を言ふ権利なしと言ふ権幕、本当に私共は保護法がある為めに非常に迷惑を蒙る事があります。

貝澤が述べるように、「保護民」を理由に、土地下付を拒否された実例が勇払郡シムカップ原野で見出される。官は、原野の「地味肥沃ナル」土地を、「資産家ヲシテ開拓」させるため、「無制限トモ云フヘキ寛大ナル土人保護法」をもって「蒙昧頑愚ノ土人〔アイヌ民族〕」に土地権利を与えるのは、「地方発達上ニ一大打撃ヲ加フル」として、アイヌの下付申請を不許可とした〔山田 一九九九〕。

保護法審議中に、冒頭で紹介した上野正が、一八九九年二月三日付『北海道毎日新聞』に旧土人保護法を批判する談話を寄せた。サハリン・アイヌ民族が北海道対雁《ついしかり》に強制移住させられ、官を辞してその組合長に任じた人物が上野である。上野は、財産に関するすべてが、「長官の認可」を得なければ何もできないとすれば、アイヌ民族が種々行ってきた金融は、「全く廃滅」に帰す。アイヌ民族が、「農業にても、或る地所を抵当として、金融を為し、其資本を以て他の開墾、其他の事業に従事する等の事は、彼等〔アイヌ民族〕の常態にして」と、アイヌ民族にとって、たとえ小規模であっても、土地を抵当に金融を得て開墾地を広げることは、すでに「常態」と言う。旧土人保護法をもっては、アイヌ民族は「禁治産者と同様にして、自己の意思の自由を束縛せられ居るもの」、アイヌ民族の「発達を防止するもの」と批判する。保護法は、「旧土人〔アイヌ民族〕全滅法」に転ずる、と痛烈に締めくくった。

「禁治産者と同様」、「束縛」、「発達を防止する」と批判を述べる上野の主張は、前述の、七年前の九二年以後、官にくり返し訴えていた十勝アイヌ民族の、「重罪人ノ治産ヲ禁セラレタルモノ」、「束縛ノ下ニ」苦しんでいる、「自営活計」を求めるという主張と同じ趣旨である。アイヌ民族は「禁治産者あつかい」の保護法を望んでいなかった。自治自営権を求めていた。金融も制限された結果、アイヌ民族が、他の開墾や他の事業への進出を抑圧されることを上野は指摘していた。

上野の「自由を束縛」という発言に共感を表明したのが、札幌農学校学生、蠣崎《かきざき》知二郎であった。翌年の一九〇〇年、蠣崎は、『学芸会雑誌』で「説者あり、「旧土人保護法案は、却つて夷人の独立心を束縛して其技能才略を委靡するものたるに止まる」と。然りそれ或は然らん」と述べる。蠣崎の同期生、親友が有島武郎で、前述のように千歳川を視察した内村鑑三と親交があった。同年、有島も千歳川を視察し、私信に「酷薄なるシャモの蛇の如き毒手」と記した。有島の未完の大作『星座』は、千歳川アイヌの村を一つの舞台としてインディアン水車(文明の象徴)で働く老アイヌ、貧しい和人労働者、困窮した移住和人、酷薄な資本家兼地主などを登場させていた［井上 二〇〇九］。上野のような保護法批判は、当時確かな世論となっていたのである。世論については、宣教師バチェラーとアイヌ民族のアイヌの窮状を訴える演説会が、たった一度で、札幌で四〇〇名、横浜で一〇〇〇名以上、大坂で二五〇〇名の人々を集めていたことも指摘されている［富田 一九九〇］。

アイヌ民族に対する植民地支配の清算は、今も終わっていない。かつてのアイヌ民族史研究の権威、高倉新一郎は、旧土人保護法を「ほぼ当時の要求に応じたもの」と積極的に評価し、ただ、その実行で不十分な点があったと述べた［高倉 一九七二、五四八頁］。旧土人保護法は、説明したように、法令それ自体が、アイヌ民族を「禁治産者」と同じにする規定であり、実行の十分か不十分かの問題だったのではない。民族自身のアイヌ新法案を承けた一九九六年の有識者懇談会は、政府への答申で、保護法などを、政府も「様々な対策を講じた」が、「十分機能したとは言えなかった」という答申をした。法令は「十分機能した」のであり、逆なのである。アイヌ民族が当事者として指摘するように、「屈辱的なアイヌ民族差別法」は、民族に対して十分に機能した。アイヌ民族の近現代史の、それが出発点のはずである。有識者懇談会の報告書は、事柄を逆にした、きわめて不十分な評価なのである〔「ウタリ対策のあり方に関する有識者懇談会報告書」〕。

零細な土地しか持たないアイヌには、五町歩を付与できる保護の意味があったという見解もあるが、アイヌは、「十勝旧土人総会」や組合のような組織に団結しており、制限付きでない和人並みの土地下付を望んでいたのである。

北海道の和人は、一八六九年には、五八〇〇人であったものが、一八八六年には、約三〇万人、九〇年には、約四二万人、一九〇五年には、一一九万二〇〇〇人と増加し、急進的「開拓」の世界的な成功例と評される。北海道は、薩摩閥の王国として、藩閥急進開化派の本舞台となった。非職になった薩閥元高官たちは、堀基も橋口文蔵も含めて多くが巨大な北海道不在寄生地主になった。橋口は、日清戦争中、台湾に渡り、総督府初代殖産部長に就き、先住民の土地で樟脳専売制を手がけて官吏としても再起した〔北村 二〇〇八〕。その対極では、併合され、排除されたアイヌ民族が、強靭な民族運動を展開したものの、保護民とされ、無権利な未開民族にされ、すべてを奪われた。北海道の歴史は、植民地支配そのものであり、明治維新の急進的開化の中軸となり、その特質を象徴していた。

おわりに——朝鮮東学農民軍包囲殲滅作戦

一九世紀後半、朝鮮の民衆思想、東学は、「人すなわち天」を唱え、平等を信条とし、民衆に広く支持されていた。東学の平等思想は、身分、男女、そして年齢の差別すら否定した。東学農民の集まりが「接」で、それを地域で集めて「包」組織を造っていた。一八九四年五月、日清戦争の前に、全羅道の東学農民は、民衆を集め、公租の不正や、官吏の腐敗の是正を求めて蜂起し、全州府庁を占拠した。第一次の東学農民戦争である。

日本軍が、中国軍に続いて侵入すると、農民軍は、朝鮮政府と和約を結んで退去し、全羅道のほとんどの地域で、自治を敷いて政府に弊政改革要求を出した。要求は、当時の朝鮮社会では革命的な寡婦の再婚許可や、土地の均分耕作などにも及んだ［趙 一九九八、三一六―七頁］。東学農民軍は、無用の流血を禁ずる「雖不得已戦、切而傷命為費」という規律を持っていた［「朝鮮国東学党動静ニ関シ帝国公使館報告一件」］。

一〇月下旬、主力の全羅道農民軍が、北上の準備を始めると、時を同じくして、中央部山岳地帯の忠清道農民軍が、日本軍電信線に沿って配置した日本軍兵站部の小白山脈を越した北側各所に対して一斉に蜂起した。これに対して、冒頭に述べたように、日本軍大本営の川上操六参謀次長兼兵站総監が、「向後、悉ク殺戮スヘシ」という、東学農民軍を殲滅する命令を出し、三中隊の後備歩兵第一九大隊を東学農民軍殲滅のために、朝鮮へ派遣した。後備第一九大隊は、朝鮮半島中南部を縦貫する三街道、西の公州街道、中央の清州街道、東の大邱街道に沿って南下しつつ東学農民を包囲殲滅する作戦をとった。朝鮮政府軍や地域自衛軍も、日本軍将校の指揮下に入って、農民軍討伐に参加した。こうして全羅道農民軍を主力とし、忠清道や慶尚道、さらに京畿道、江原道など、ほぼ半島全域の農民軍が日本軍と戦う。日本軍も、釜山、ソウル、仁川の守備隊、正規兵中隊など、四〇〇〇名が参戦した［姜 二〇〇二／井上 二〇一〇］。

農民軍は、数万の大軍で、山へあがり、山全部を覆い尽くす勢力を示した。旗をひるがえし、太鼓を鳴らし、笛を吹き、大音声をあげて山を駆け下りる作戦を常とした。民衆に支持されており、戦意が高かった［申 一九九三］。しかし農民軍は本来民乱勢力であり、武器も主に竹槍と火縄銃にすぎず、ライフル銃を携えて訓練された徴兵制歩兵の日本軍には勝てなかった。後備第一九大隊の戦闘は、大小二七件で、東学農民軍側は、数万の死者を出したが、日本軍大隊の戦死者は、連山戦闘の一名だけであった。日本軍の不法な虐殺、ジェノサイドであったといえる［井上 二〇一〇］。戦闘以外においても、日本軍は東学農民軍を捜索し、処刑した。そうして、最後段階では、全羅南道の羅州に大隊の殲滅本部を置いて、一カ月の間、捜索と処刑を展開した。交戦国でもない朝鮮の民衆に対するこのような集団殺戮は、不法であった。虐殺に等しい戦闘も、探索して捕まえての処刑も、不法な殲滅作戦であった[同右]。東学農民軍の犠牲者(戦死者)について、日本軍の戦闘報告から推計した趙景達は、慎重に推計しても「三万を越えるのは確実で、五万に迫る」と述べている[趙 一九九八]。この犠牲者の数は、日清戦争での中国の死者、約三万、日本の約二万(その多くは戦病死者)を上まわる。

なぜ、このような虐殺、ジェノサイドを日本軍が実行したのだろうか。日本軍は、欧米を手本にした、訓練されたライフル銃を携帯した徴兵制歩兵であった。当時の最先端の、欧米文明の「強兵」であった。竹槍と火縄銃の民乱、朝鮮の東学農民軍は、野蛮の「暴民」としか扱われなかった。朝鮮では、半島西南部、全羅南道で、農民軍の自治が全道で成立したように、明治維新期の日本では明確には見られなかった農民戦争が起きていた。朝鮮社会も、「アジアの変革」を迎えつつあった。深部から胎動する農民軍を、日本軍は殲滅したのである。そして東アジアを広く見る必要がある。北海道でアイヌ民族が「中川郡旧土人財産保管組合」結成を決議し、自治自営の運動をさらに進めたのは、一八九四年八月二二日である[吉田菊太郎文書]。日清戦争開始の一カ月後、日本軍が中国軍との平壌会戦へと北上している頃なのである。

日清戦争期、北海道併合に始まる、アイヌ民族運動は、第一段階の苛酷な終焉を迎えつつあった。時を同じくして、日本軍の朝鮮民衆に対する東学農民軍包囲殲滅作戦が展開した。日本軍の作戦は、当初から朝鮮政府の主権や民衆の生命を無視していた。アイヌ民族に対する「併合」の歴史が終焉を迎え、一方朝鮮そして台湾「併合」の歴史がここで事実上、始まっていた。明治政府の植民地化攻勢の主舞台が、北海道から朝鮮、台湾へと移ったのである。

藩閥専制政府は、他民族の人権と生命を「未開」、「野蛮」と無視する一方で、急激な「文明国化」を進めていた。福沢諭吉のような言論人は、中国や朝鮮の「内なる文明」を理解できず、「無知蒙昧」、「野蛮」と述べて、日本「文明の国」という言説を強調していた。紹介したアイヌ民族長老貝澤正の文章、「もっとも無知蒙昧で非文明的な民族に支配されて三〇〇年」が改めて想起される。貝澤の文章は、アジア近代史に永く記憶されると思う。植民地支配の歴史は清算されていない。

【文献一覧】

「アイヌ民族共有財産裁判の記録」編集委員会　二〇〇九　『百年のチャランケ――アイヌ民族共有財産裁判の記録』緑風出版
石井寛治・関口尚志編　一九八二　『世界市場と幕末開港』東京大学出版会
井上勝生　一九九四ａ　『幕末維新政治史の研究――日本近代国家の生成について』塙書房
井上勝生　一九九四ｂ　「志士と民衆」『岩波講座　日本通史　一六　近代1』岩波書店
井上勝生　一九九九　「資料紹介『北海道土人陳述書』」『北海道アイヌ民族文化研究センター研究紀要』五号
井上勝生　二〇〇九　「札幌農学校植民学と有島武郎――「星座」と千歳川アイヌのコスモス」『北海道大学大学文書館年報』四
井上勝生　二〇一〇　「東学農民軍包囲殲滅作戦と日本政府・大本営――日清戦争から「韓国併合」一〇〇年を問う」『思想』一〇二九号
岩崎奈緒子　二〇〇三　「〈歴史〉とアイヌ」『日本の歴史25　日本はどこへ行くのか』講談社
「ウタリ対策のあり方に関する有識者懇談会報告書」一九九六年
榎森進　二〇〇七　『アイヌ民族の歴史』草風館
小笠原信之　二〇〇四　『アイヌ共有財産裁判――小石ひとつ自由にならず』緑風出版
貝澤正　一九九三　『アイヌ　わが人生』岩波書店
姜孝叔　二〇〇二　「第二次東学農民戦争と日清戦争――防衛研究所図書館所蔵史料を中心に」『歴史学研究』七六二号
北村嘉恵　二〇〇八　『日本植民地下の台湾先住民教育史』北海道大学出版会
札幌市　一九九一　『新札幌市史　第二巻　通史二』
高倉新一郎　一九七二　『新版アイヌ政策史』三一書房
瀧澤正　二〇〇九　『明治初年開拓使漁場政策とアイヌ民族』博士申請論文

趙景達　一九九八　『異端の民衆反乱――東学と甲午農民戦争』岩波書店
「朝鮮国東学党動静ニ関シ帝国公使館報告一件」外交史料館所蔵
陳舜臣　一九七一　『実録アヘン戦争』中公新書（中公文庫、一九八五年）
東京大学史料編纂所　一九七二　『大日本古文書幕末外国関係文書一八』東京大学出版会
「十勝外四郡土人関係書類」北海道大学付属図書館北方資料室所蔵、ア 951.4To
富田虎男　一九九〇　「北海道旧土人保護法とドーズ法――ジョン・バチェラー、白仁武、パラピタ、サンロッテー」『人文学会紀要』四八、札幌学院大学
永井秀夫　一九九〇　『明治国家形成期の外政と内政』北海道大学図書刊行会
中村一枝　一九九一　『永久保秀二郎の研究　釧路叢書二八』釧路市
「南部兵站監部陣中日誌　第参号」防衛研究所図書館所蔵
橋口清兼　一九〇六　『橋口文蔵遺事録』私家版
樋口弘　一九四三　『本邦糖業史』味燈書屋
福沢諭吉　一九八一　『福沢諭吉選集　七』岩波書店
『ペリー日本遠征日記』金井圓訳、雄松堂出版、一九八五年
北海道ウタリ協会　一九九四　「アイヌ民族に関する法律（案）」『アイヌ史　北海道アイヌ協会・北海道ウタリ協会活動史編』北海道出版企画センター
北海道拓殖部　一九〇一　『北海道殖民状況報文　十勝国』（復刻版）北海道企画センター、一九七五年
前田亮介　二〇〇九　「初期議会期の北海道改革構想」『史学雑誌』一一八編四号
山田伸一　一九九七　「十勝における北海道旧土人保護法による土地下付」『北海道開拓記念館研究紀要』二五
山田伸一　一九九九　「「北海道旧土人保護法」による下付地の没収」『北海道開拓記念館研究紀要』二七
山田伸一　二〇〇九　「札幌県による十勝川流域のサケ禁漁とアイヌ民族」『北海道開拓記念館研究紀要』三七
吉田菊太郎文書「明治二十七年以後　土人関係要書綴込」、「官署関係書類」幕別町ふるさと館所蔵
申榮祐　一九九三　「東学農民戦争期　報恩　일대와　북실戦闘」『報恩　鍾谷　東学遺蹟――북실전투　및　관련유적과　집단매장지조사』忠北大学校湖西文化研究所・報恩郡韓国

個別史／地域史Ⅱ

運輸・通信革命と東南アジアの植民化

早瀬晋三

はじめに

東南アジア各地は、一九世紀後半にヨーロッパ列強の支配が強まり、一八八六年にイギリス領ビルマ、八七年にフランス領インドシナ、九六年にイギリス領マラヤ、九八年にアメリカ領フィリピンが成立し、一九一〇年代にはオランダ領東インドの領域がほぼ確定して、現在の東南アジア各国の原型ができた。シャム（一九三九年からタイ）だけが、イギリスとフランスとの緩衝地帯として属領を失いながらも独立を保った。

これらの植民地は、それぞれ欧米宗主国の帝国経済に編入され、開発がおこなわれた。その結果、ビルマ、シンガポールを除くこれら四植民地とシャムの輸出額の合計は、一八八〇年の九五（一〇〇万ドル）から一九〇〇年に一六二（同）、一三年三九六（同）、二八年一〇二八（同）に増加し、全世界の一八八〇—一九二八年の平均輸出成長率三・五％を上まわる五・二％を記録し、日本帝国経済圏（日本八・二％、台湾六・二％、朝鮮一一・二％、満洲一五・九％）を除いて、どこよりも高い成長率を示した［堀 二〇〇八、二一—三頁］。その背景に、交通運輸・通信コミュニケーションの飛躍的発展があった。本稿では、その発展と植民化の過程との関係を明らかにするとともに、東南アジアの社会生活にどのような影響を与えたかを考察する。

運輸・通信革命と植民化との関係は、東南アジア近代史において重要な問題であると認識され、東南アジアにかんする通史［Owen 2005 など］や事典などで必ず論じられ、その影響としての社会変容について、たとえばイギリス領マラヤにおけるスズ鉱山の開発［Loh 1988］、シンガポールの都市形成と人力車夫や娼婦［Warren 1986, 1993］、アメリカ領フィリピンの鉄道建設［Corpuz 1999］などの研究がある。日本では、鉄道・道路について個別に論じた研究がある［柿崎 二〇〇〇・二〇〇九・二〇一〇／早瀬 一九八九など］。しかし、タイを除く東南アジア全体の植民化と運輸・通信革命との関係を本格的に論じたものはない。いっぽう、運輸・通信革命は、イギリス史において大英帝国の発展に大きく寄与したことが論じられ［ポーター編 一九九六］、近年ではグローバル経済史のなかで論じられている［Bordo et al. 2003; Williamson 2006］。

一　植民化前夜の繁栄

一四〇五―三三年に七回にわたっておこなわれた鄭和の遠征などを契機として、マルク諸島（モルッカ諸島）を含む東南アジアは、アラブやインド、中国などからの商人が香料貿易などで頻繁に訪れるようになり、遅れてヨーロッパ、日本などからの商人が加わって繁栄のときをむかえた。リードは、この繁栄の時代を一四五〇―一六八〇年とし、「商業の時代」とよんだ［Reid 1988, 1993］。その繁栄も一七世紀半ばにコショウやクローブ（丁字）の価格が低下し、日本の段階的制限貿易（「鎖国」）や中国の沿海の住民を奥地に強制移住させる遷界令（一六六一―八三年）もあって、終焉をむかえたかのようにみえた。しかし、それは豊富な記録を残したヨーロッパ勢力のなかで、バタヴィア（現ジャカルタ）に根拠地をおくオランダがマルク諸島などで有利に交易活動をすすめるようになり、クローブなどのヨーロッパでの需要が低下し、ひと頃ほど大きな儲けが期待できなくなったために、記録文書が減少したことにもよる［Bulbeck et al. 1998; Williamson 2006, p. 26]。事実、スラウェシ島南東のブトン島で一八世紀前半の陶磁器が大量に発掘されるなど、交易は続いていた[シルクロード学研究センター編 二〇〇四]。

東南アジアの一八世紀は、「ブギスの世紀」とも「華人の世紀」ともよばれ、ともに国家の後ろ盾をもたない人びとが活躍した時代だった。一六六九年にオランダによってマカッサル王国を追われたマカッサル人は、スラウェシ島南部以外ではブギス人と区別されることなくブギス人ともよばれ、海域東南アジア各地で実権を握り、交易活動でも重要な働きをした。アユタヤにも、ヨーロッパ人、中国人、日本人と並んで居住区があった。「華人の世紀」は一七四〇—一八四〇年とされ、乾隆帝(在位一七三五—九五年)治下の経済的繁栄と人口増加にともなう消費文化の発展によって、東南アジアとの交易活動が公(朝貢)私ともに活発化した。このような状況下で、東南アジア各地のムラユ(マレー)系の王国、華人などが経済開発にのり出し、それにヨーロッパ人私貿易商人が絡むようになった[Reid 1997]。

具体的な事例を、バリ—ロンボックでみてみよう。一七—一八世紀にかけて、バリ島には九つのヒンドゥー小王国が成立し、互いに勢力争いを繰り返しながら、一八三〇年まで奴隷貿易、それ以降米、コーヒー、インディゴ、ブタなどの輸出貿易で勢力を蓄えた。米の輸出で繁栄したのは、バリ島より隣のロンボック島であった。マタラーム—ロンボック王国として統一された一八三九年にロンボック島の人口は約三〇万であったが、オランダに征服された九四年には約五五万に増加していた。一八三〇年代以降、人口約七〇万のバリ島とほぼ同じ約二万トンの米を毎年輸出した。急速な輸出の増加は、一八一九年にイギリスが根拠地としたシンガポールが商業の中心地 emporium あるいは集散地 entrepôt のひとつに発展したためであった。イギリスの進出に脅威を感じたオランダは、一八二〇年以降バリ—ロンボックへの介入を強めた。しかし、貿易の担い手はブギス人や華人で、さらにイギリス人やデーン人が進出し、一八三九年までに両島の米貿易の八〇—九〇%を扱うようになった。オランダは一八四六—四九年のバリ戦争などを経て、一九〇八年にバリ島全土を植民統治下に組み入れたが、小王国の領域を行政区分とし自治を認めた[Kraan

1995; Reid 1997, pp. 345–66, 389–408]。

このように、欧米人が本格的に東南アジアに進出してくる一九世紀後半には、すでに東南アジア各地で経済的な発展がみられた。それを欧米人は近代的な手法をもって奪い、主導権を握っていったが、現地の王国や華人を含む商人の協力なしには、円滑にすすめることはできなかった。

二　運輸・通信革命

産業革命に必要な原料や生産された商品を、大量に遠距離間を輸送するためには、海運業の発達が必要であった。一八〇七年にフルトンが蒸気船の商業的実用化に成功した後、イギリスの船主と造船業者は新しい科学技術の開発、高度な熟練労働者の育成をすすめ、優れた低廉の船舶を建造することに成功した。その結果、一八六〇年から一九一四年のあいだイギリスは世界の船腹総トン数の約三分の一を保有、一八九〇年から一九一四年のあいだ世界の船舶の三分の二を建造し、世界の海上貿易の約半分の輸送を担うことになった。イギリス帝国は海軍力を背景とした支配権の強化のために、航路に沿って石炭の補給と艦船の補修ができるネットワークを整備していった［ポーター編 一九九六、一四八―五三頁］。そして、ヨーロッパとアジアの距離は、一八六九年のスエズ運河の開通によって狭まり、それまで三カ月かかったヨーロッパと東南アジアの船旅が、たとえばオランダ本国からバタヴィアまでは普通客船で二二日、快速郵船なら一四日に短縮された。この短縮は、植民者の家族として、あるいは観光客としてヨーロッパからの女性の渡航者を増加させた［松尾 二〇〇一、二四一頁］。

ラングーン（現ヤンゴン）とヨーロッパ間の運送費は、一八八二年から一九一四年のあいだに米価を基準にして七四から一八に低下した。ジャワとアムステルダム間の砂糖の運送費も一八七〇年から一九一四年のあいだに一〇〇から四五に低下した。イギリスによる海運業の発展は、海上保険にも支えられ、リスクを軽減することができた。しかし、運転コストの削減が充分でなく、石炭補給基地の整備がおこなわれるまで、帆船も活躍した。また、大型の蒸気船が入港できる近代的な港湾が整備されていないところでは、沿岸木造船による集荷に頼らざるをえなかった。この点、東南アジアは木造船による沿岸交易が発達しており、すぐに対応できた［ポーター編　一九九六、一四八―五三頁／Williamson 2006, pp. 19–20, 小風　一九九五／杉浦　一九九九］。

遠距離交易による商品価格の下落には、電信によるコミュニケーションも大きな働きをした。一八三〇年代から四〇年代にかけてゆっくり発展した地上の電信ケーブルにたいして、海底電信ケーブルの敷設は五一年にようやく成功した。その後、戦略的に優先され、政府から補助金をえた巨大電信会社が世界を結び、一八九八年までにイギリスは世界の六〇％を所有するにいたった。商品価格や市況などの通商経済情報は世界各地から「領事報告」としてもたらされ、ロンドンに集まった諸々の情報は一八五一年に設立されたロイター通信社などを通じて世界に発信された。最新の情報を手に入れることによって、低価格で購入でき、大量の在庫を抱えるリスクも減り、投資も増えて資本力が強化された［ポーター編　一九九六、一五三―五八頁］。

世界経済の中心となったロンドンの都心はシティとよばれ、植民地銀行などの国際金融業が発達し、自由貿易体制や国際金本位制を支えた。一八四〇年代に急速に発展したイギリス国内の鉄道敷設モデルは、鉄道敷設債の発行によって世界各地に広がった。戦前の東南アジアでの銀行業は、通貨供給と貿易決算を主業務とする欧米系植民地銀行と、送金・貿易決算を主業務とする華人系金融業者という二層からなって、植民地開発を後押しした。たとえば、フィリピンでは一八五一年に在フィリピンのスペイン系の商業銀行を皮切りに、七三年にイギリス系の外国銀行支店、七五年に在香港のイギリス系の外国銀行支店、八二年に在フィリピンのスペイン系の貯蓄抵当銀行が設立され、アメリカ植民地期をとおして営業した大手銀行となった［永野　二〇〇三、一二五―二六頁］。

東南アジアの鉄道網の基本は一九世紀後半から一九二〇年代にでき、プランテーションや鉱山と国際港とを結び、一次産品の輸出に貢献するとともに、労働者の移動に用いられた。オランダ領東インドで鉄道が敷設されたのはスマトラ島とジャワ島に限られたが、東南アジアで最初の鉄道が一八六二年に開通し、一九〇〇年に一八〇〇キロ、二四年に四二〇〇キロと路線を延ばした。旅客数は、一九〇〇年の述べ一三〇万から二〇年の七二〇〇万に増加した［土屋 一九九四、二五―二七頁］。鉄道敷設の資本、建設、労働者などは国際的で、たとえば島原鉄道取締役で作家、詩人、歴史家でもあった宮崎康平（一九一七―八〇年）は、父が鉄道技師としてドイツ政府に雇われ、スマトラ横断鉄道敷設工事に従事していたときに、母が出産のため一時帰国して生まれた［宮崎 二〇〇八、三二七頁］。

道路網の整備は、自動車の普及とあいまっていた。一九〇八年にアメリカのフォードが大量生産の道を開き、急速に普及すると、植民地フィリピンでも道路網が整備された。第一級道路だけでも一九〇八年の三九七キロから二一年には五〇〇〇キロ、三八年には一万キロを超え、自動車の登録台数は一九一五年の二九二一台から二四年には一万台、三八年には五万台を超えた［早瀬 一九九二、二〇八頁］。ジャワ島では、一九世紀はじめに東西千余キロを結ぶ「郵便道路」が開通し、東西間の連絡が四〇日から六日、さらに鉄道の開通で一日半に短縮された。そして、自動車が増加すると、軍用道路を兼ねた幹線道路がつぎつぎと建設され、主要都市を結びつけた［土屋 一九九四、二七頁］。

植民支配下での鉄道・道路・通信網の整備は、まず軍事上の必要からおこなわれ、つぎに経済開発のためにすすめられた。これらの公共事業は異常に高い建設費となり、欧米の投資家、建設会社、そして植民地エリートの利益が保証されるかたちで推進された。建設地の住民は居住地・耕作地を追い立てられ、周辺の住民は低賃金あるいは無賃で労働に従事させられた。そして、財源は住民への増税によってまかなわれた［早瀬 一九八九・一九九二］。

運輸・通信網の発達は、輸出入貿易を活発化させたが、アジア全体では一次産品と工業製品の輸出入で、顕著な偏りがみられた。一九一三年に一次産品の輸出が一七九二（一〇〇万ドル）であったのにたいして、輸入は九四九（同）にすぎなかった。工業製品は、逆に輸出四六一(同)にたいして、輸入は一二四七(同)にのぼった。また、人びとがしだいに輸出入貿易商品に頼るようになった様子は、GDP(国内総生産)に占める割合が上昇したことからわかる。たとえば、オランダ領東インドは一八七〇年の〇・九%から、一九一三年に二・二%、二九年に三・六%、シャムは一九一三年の二・五%から二九年の五・二%に上昇した。それでも、全世界の平均(一八七〇年四・六%、一九一三年七・九%、二九年九・〇%)よりかなり低く、自給率が高かったことがわかる[Bordo et al. 2003, pp. 40-43]。

東南アジアの一次産品の生産は、現地の住民だけでなく、中国人、インド人を中心とする移民労働者によって支えられた。とくにイギリス領マラヤでは、ゴムなどのプランテーション、スズ鉱山、鉄道敷設などのための契約単純労働者が大量に求められた。これら中国人苦力《クーリー》は、やがて都市へ進出して商業圏を握っていった。インド人は、苦力だけでなく、事務官、商人、医師、教師、法律家など各種専門分野にも進出した。ムラユ半島でのスズ鉱山の開発は、一九一二年に浚渫機が導入されるなど採掘法の機械化とともに大資本をもつヨーロッパ人が進出するまで、華人資本・ムラユ人採掘者によっておこなわれていた。一八四〇年代後半にはじまった大規模な開発は、中国人鉱夫を招き、スランゴールで一八七一年に一万二〇〇〇、ペラで七二年に四万が居住していた。スズ鉱山は、鉄道で港と結ばれた。一九一一年のイギリス領マラヤの人口構成は、ムラユ人一四二万、中国人九二万、インド人二七万、その他七万からなっていた[Loh 1988; Rimmer and Allen 1990, p. 8]。

シンガポールを基点とした人の流れは、娼館住み込み娼婦の出入りからもわかる。男性がほとんどの移民社会において、娼婦の移動先が開発フロンティアであった。一八八七―九四年に、シンガポールの娼館から移動した娼婦の合計は、左の**表1**のとおりである。移出先の中国、香港、日本は送り返された人数である[Warren 1993, p. 74]。

シンガポールは、西オーストラリアへの移住の基点でもあった。一九世紀の多くのアジア人移民の詳細な記録は残されていないが、西オーストラリアでは一八七四年以来、移入労働者の登録法があったために記録が残され、どこでどのような職業に就いたか、その変遷がわかる。一九〇一年の西オーストラリアの国勢調査によると、中国人一六二一(男一六〇一、女二〇)、日本人八六七(男六五八、女二〇九)、アフガン人二六一(男のみ)が居住していた。中国人は、一八四七年に労働者不足であった農業・牧畜業用に契約移民として移入され、八〇年代から自由移民として野菜栽培、洗濯、家具製造、小売り、輸入業などに従事し、職業を変えながら各地を転々とした。鉱山労働には、アジア人は従事できなかった。日本人は、中国人と同様の仕事に就くとともに、ブルームで真珠採りに従事した。女性の多くは娼婦「からゆきさん」で、大八車を引いて内陸の鉱山に向かった者もいた。国勢調査の統計資料には表れないが、フィリピン人も一八八〇—九〇年代に潜水夫や船員として一〇〇人ほどがいた。アフガン人は、ラクダ使いであった[Atkinson 1988]。

表1　シンガポールの娼館から移動した娼婦の数(1887-94)

移出先		移入元	
ジョホール	1740	中　国	2650
中　国	693	香　港	1946
ボルネオおよび蘭領東インド	594	ジョホール	1302
連合マレー諸州	397	ボルネオおよび蘭領東インド	554
海峡植民地	312	海峡植民地	381
香　港	127	連合マレー諸州	329
日　本	28	日　本	305
合　計	3891	合　計	7467
年平均*	556	年平均	933

＊ 7年間の平均

また、人口稠密な地域からは、東南アジアのほかの国・地域への移住・植民がおこなわれた。オランダ領東インドでは、一九〇五年にジャワ島からの移住政策がはじまり、スマトラ、スラウェシ、カリマンタン(ボルネオ)への入植がおこなわれた。フィリピンでは、ルソン島北部イロコス地方からハワイなどにプランテーション用労働者として移住した。

いっぽう、インド洋の交通の発達は、イスラーム教徒にとってマッカ(メッカ)への巡礼を容易にした。マッカには「ジャワー」と総称される東南アジア出身者のコミュニティーが存在し、欧米列強の植民主義の圧迫を受ける東インドと西欧列強にたいして劣勢になるオスマン帝国を盟主とする西アジアのイスラーム教徒が、共通の問題を抱え、結束する動きが起きた。その結果、とくにイスラーム教徒が多数を占める東インドでは、イスラームを基盤とした運動がさかんになっていった。

運輸・通信網の発達は、ヒトやモノの往き来だけでなく、新たな思想や文化などがもたらされ、東南アジア各地の民族運動や文化的創造と結びついていった。また、植民地体制の整備とともに学校制度が充実し、東南アジアの人びとが欧米の近代的教育を受け、下級官吏に取り立てられるようになった。これらの知的エリートは、植民地体制を強化する役割を担うとともに、ヨーロッパ人と同等に扱われないことに疑問・不満をもつ者が現われ、反植民地運動へと向かっていった。

三　社会生活の変化

運輸・通信網の基点となったのは、それぞれの植民地国家の主都や王都バンコクで、急速に近代都市の様相をみせた。たとえば、スペイン領フィリピンのマニラでは、一八三四年に国際港として正式に開港した後、海外資本が流入し鉄道・道路・通信などの社会資本が整備された。一八五四年にマニラ—香港間に月一度の郵便制度が確立し、八〇年に海底電信ケーブルが開通すると、マニラは直接ロンドンとつながり、イギリス帝国を中心とするネットワークに組み込まれた。国内でも、一八七二年にマニラ—カビテ間で電報による通信が可能になり、九二年にイギリス資本によるマニラと中部ルソンの穀倉地帯・サトウキビ農園とを結ぶ鉄道が開通した。マニラ市内では、従来のガス灯にかわって電灯が普及し、一八八二年には水道が引かれ、都市のインフラストラクチャーが整備された。マニラ港は大型汽船が停泊でき、石炭の補給と艦船の補修ができる設備を整えた〔寺見 二〇〇一、三四〇—四一頁〕。

マニラは、内外から食糧・衣糧品などの消費物資が集まる場所になっただけでなく、文化・思想の中心地となり、新聞が発行されて情報の発信地となった。フィリピン革命勃発前の一八九六年までに発行された新聞は約一四〇で、はじめ政府の機関紙や商業、宗教、文学や美術関係を専門にしたものが多かったが、やがて植民地政府に改革を訴えるものが発行された。また、文学作品も宗教的色彩の濃いものから、社会改革を訴えるものが加わり、それを舞台化したものが現れた。マニラには一九世紀初頭から劇場が建設され、一八四〇年代になると三〇軒近くに増加した。人口は、一八七〇年の二七万弱から九六年には三四万に増加した。おもに増加したのは、現地住民が一九万弱から二三万強、中国人が一万五〇八九から四万一六五〇、スペイン人を除く外国人が二六六から五一〇であった［寺見 二〇〇二］。

このように主都を中心とした都市ではじまった消費文化は、二〇世紀になると貨幣経済の浸透とともに地方へと波及した。それは、とくに商品作物栽培がさかんになった地方や新たに開発されたフロンティア社会で顕著であった。そのようなか、運輸・通信網の発達が、「無告」の民にも大きな影響を与えるようになった。つぎのシンガポールの周旋屋からマドラスの娼館主にあてた一通のフランス語の手紙からも、その様子がわかる。

お便り、差し上げます。うまくあなたのところに届くといいのですが……。マドラスで娼館をおもちと、お聞きしています。可能ならお宅に住み込みたいという友人がおります。二三歳のフランス人で、ブロンドで黒い瞳の美人です。条件と、毎日実際にいくらぐらい稼げるかを知りたいと言っています。かの女に興味がおありでしたら、お宅の客の料金、そのうちいくら差し引かれるのか、生活費は毎月どのくらいかかるのかといった詳細を、手紙でかの女に知らせてほしいと言っています。なお、毎日正味六〇—七〇ルピー稼げるとあなたが約束してくださるなら、その詳細を電報でかの女に知らせてほしいと依頼されました。そうすれば、かの女はいま自由なので、時間を無駄にしないで、すぐにもマドラスに出発することができるでしょう。簡便のため、電報の文面は「住所、毎日手取り七〇ルピー可能、署名」だけで結構です。手紙での手配をご希望でしたら、宛先は「マドモアゼル……、局留め、シンガポール中央郵便局」です……。もっと女性をお求めなら、かの女にはブルーネットのかわいい友だちがおり、一緒に行きたいと希望しているそうです［Warren 1993, p. 76］。

手紙が確実な手段になり、電報も一般に使われていた様子がわかる。男もいろいろな情報を得て、高賃金を求めて各地を転々とし、植民地経済の一端をになっていったことが、つぎの榎本栄七の例からわかる。

原籍、和歌山県西牟婁郡〔略〕、明治廿二年四月十五日に生る。明治卅七年六月十八日ベンゲット移民として渡比、上陸後直ちに該道路工事に従事、同年十一月末迄就働、それよりマニラ市に約八ヶ月在住し、後ベンゲット道路の修理工事請負及バギオ兵舎建築請負等をなし、その後アンタモリ金山にて大工として働き、バギオ近くの官立農事試験場の建築並に牧場の舎屋建築請負をなし、更にバギオに於て約二ヶ年間バーを経営する等、青年時代に凡ゆる世の辛酸を嘗めた。かくて大正七年ダバオに渡り現住所ラプイ耕地に入耕して麻栽培業に従事し、拮据経営経済的基礎を固め、昭和五年よりトマヨシ耕地に手を拡げ四万四千株の麻山を所有し、更にラプイの隣接地に八万三千株の麻山を購入する等漸次事業を拡張し、今日ダバオ邦人中有数の大自営者となる。尚氏はダリアオンに地権付椰付《ママ》〔子〕園十一町歩を購入経営しつゝあり［蒲原 一九三八、一四三六—三七頁］。

植民地経済の特徴は、農産物や天然資源の輸出とその輸出額に見あうだけの工業製品の輸入ということができる。アメリカ植民支配下のフィリピンでは、相互に関税が免除される互恵的自由貿易体制が一九一三年に確立して、アメリカからの輸入額が六〇％を占め、フィリピンの国内産業は未発達で、食糧、衣糧、雑貨などの日用品にいたるまで輸入に頼る脆弱な社会が形成された。アメリカによる植民地経済体制を補完したのが、日本製の商品であった。フィリピンでは第一次世界大戦中に輸入額が急増し、その後激しく増減した。輸入額では、第一次世界大戦時と同水準までしか回復しなかったが、とくに日本製を中心に商品単価が下がったために輸入量では増加するものが多かった。このことは、フィリピン大衆にとって輸入商品が入手しやすくなったことを意味した。一九三八年に日本製がアメリカ製の安ものより数分の一の値段であったものとして、歯ブラシ、鏡、ハケ、ハンカチ、鉛筆、セルロイド製人形、アルバムなどがあった〔早瀬 二〇〇四a・b〕。

フィリピン人の消費生活の具体例は、小説のなかなどで垣間みることができる。マニラの大衆に精通した日本人が、ある工場労働者一家の生活を描いたものが『マニラ日本商業会議所通報』にも登場した。地方の高校を卒業して同級生と結婚した主人公は、マニラに出て五年、ときには親子四人で乗合馬車に乗って繁華街に出かけ、アメリカ製の他愛のないラブ・ストーリーの映画や音楽を楽しみ、外食してデザートにはアイスクリームや中国産の果物を注文した。月給日には、子どもを近所の人に預け、家賃を除いた三分の二をもって、労働者や地方の人を相手にした狭い路地の両側にびっしりと商店が並んだ下町で買い物をした。夫の仕事用の靴や下着、妻の普段着、子どもの衣類に加えて、故郷の母に約束した反物、コーヒー沸かし、洗濯石けん、歯ブラシ、子どもの玩具、トランプなど、高率関税で高くなったとはいえ、日本製はアメリカ製より安いため、日本商店で品定めをした〔原 一九三八〕。

このような日本製商品を、東南アジアの津々浦々に普及させたのは、勤勉で礼儀正しいという印象をオランダ領東インドの人びとに与えた日本人の商店で、トコ・ジュパン（商店・日本の）の名で親しまれた。オランダ領東インドでも、高価なヨーロッパ製商品にかわって安価で良質な日本製商品が現金収入の少ない地方の人びとに浸透していった。

このような「無告」の民の東南アジアへの進出を支えた団体に、一九一五年に設立された南洋協会がある。その趣旨は、つぎのとおりである。

南洋諸島の広大なる爪哇《ジャワ》、スマトラ、ボルネオ、セレベス、馬来《マレー》半島、比律賓《フィリピン》群島のみを以てするも凡そ一百万哩にして、無尽蔵の宝庫は世界民族の開発を待つあり、殊に我邦と南洋とは地理的及歴史的に於て将た経済的に於て最も親密なる干繋を有し、巨額の資本労力は現に注入せられ将来益々発展の域を進まんとす。

本会は汎く南洋の事情を研究して其の開発に努め、以て彼我民族の福利を増進し聊か世界の文明に貢献せんと欲す、想ふに南洋諸島に対する我国民の智識及び観念は猶極めて稗弱にして、遠隔せる欧米諸国民の其れにだも及ばず、彼の南洋人士の我国に対する所も亦應に此の如くなるべし。
今日に至るまで南洋に関する学術的社交的若くは経済的の連絡を欠き、単に個人起業者の施為に一任して顧みさるは洵に遺憾とせし所なり、幸に本会の創立に依て此欠陥を補ひ、彼我の経済的発展を完ふし、併せて親密なる交誼を進むるを得ば、独り国家の利益たるのみならず亦以て世界民族の慶福たらずんばあらず、大方の君子希くは賛襄を吝むこと勿れ(『南洋協会々報』第一号)。

南洋協会は、東南アジアなどに支部(台湾、爪哇《ジャワ》、新嘉坡《シンガポール》、関西、南洋群島、馬尼剌《マニラ》、東海、ダバオ、スマトラなど)、商品陳列所(新嘉坡、スラバヤなど)を設け、情報を集めて月刊機関誌に掲載した〔早瀬 二〇〇九〕。この「半官半民」の団体は、一九三七年の日中戦争の本格化後、外務省の外郭団体となり、「大東亜共栄圏」建設のための「国策協力機関」へと変貌していった〔河原林 二〇〇四〕。

そして、満鉄東亜経済調査局は、一九四一(?)—四三年に「南方交通調査資料」をすくなくとも二二号発行した。そのなかには、セイロン島、マダガスカル島、オーストラリア、ニュージーランドまで含まれていた。いっぽう、鉄道省は「大東亜共栄圏」での「輸送との関係に重点を置いて物資流動の現状を詳かにし、尚将来に於ける輸送設備設定の資料たらしむる」ために、「南方交通調査資料」第一部産業篇(一九四二年四月)、第二部交通篇(一九四二年三月)、第七部人文篇(一九四二年七月)を、それぞれ三分冊、八分冊、九分冊として「不取敢印刷」に付して発行した。そのなかには、インド、オーストラリア、ニュージーランドなどが含まれていた。とくに第二部交通篇は、日本の占領および占領後の兵力、物資の輸送に役に立ったことが想像される。

「大東亜戦争」においても、運輸・通信網は重要な意味をもった。重慶に後退した国民政府(蒋介石総裁)に、インドシナやビルマなどから物資を補給する「援蔣ルート」の遮断は、日本軍が日中戦争を有利にすすめるために必要不可欠であった。また、一九四二年六月のミッドウェー海戦でアメリカ海軍に大敗北を喫した日本軍は、制海権が危うくなったことから陸路タイからビルマへの補給路を確保するため泰緬鉄道の建設を急ぎ[吉川 一九九四]、八月に大東亜建設審議会が答申した大東亜交通基本政策では、共栄圏内の一貫輸送体制のための交通網の整備が急務とされた。運輸・通信網の確保が戦争の行方を決するほど、すでに東南アジアでは社会のなかで不可欠な働きをしており、「大東亜共栄圏」という地理的枠組みではおさまりきらない状況になっていた。

おわりに

一五―一七世紀の「商業の時代」は、文書記録を詳細に残すヨーロッパ人の出現によって、東南アジア社会の一端を明らかにするとともに、東南アジアの人びとが文書記録を残す習慣がはじまった。しかし、非ヨーロッパ系の商人やヨーロッパ系の私貿易商人の活動は記録が少なくよくわからなかった。その後一九世紀初めまで、国家の後ろ盾をもたないブギス人、華人が東南アジア商業の中心となり、かれらの活動はバタヴィアに根拠地をもったオランダの文書記録に断片的に残されたにすぎなかった。香料貿易をひとつの契機として発展した東南アジアの商業は、「商業の時代」の終わりには商品が多様化し、広域化していた。そのなかに「鎖国」日本も含まれ、一六八四年の遷界令解除後の中国では南海の物産を含む消費文化が発達していった。

ナポレオン一世(在位一八〇四―一四、一五年)によるヨーロッパの混乱の後、イギリスは一八一九年にシンガポールに根拠地を設け、アジア間貿易を推進した。その原動力となったのが、運輸・通信コミュニケーションの発達だった。すでに東南アジアではムラユ系の人びとや華人によって農林水産物、天然資源の開発がすすめられており、ヨーロッパ列強は整備された強大な軍隊・近代兵器をバックに近代的システムを導入して、東南アジアの富を収奪し、近代工業に必要な原料と余剰工場製品の市場を確保するために植民化をおしすすめていった。そのことは、これまでみえなかった東南アジアの商業を可視化することになり、同時に人びとの生活に大きな影響を与えることになった。また、欧米の植民化を補完するように、中国人やインド人が労働者、商人、下級官吏などとして、東南アジアに移入し定着していった。これらのモノやヒトの移動は統計に表され、定期的に国勢調査が実施されるようになった。また、そのほかのさまざまな情報がアルマナックに掲載されて、植民社会の実態が可視化された。言うまでもなく、これらの情報の収集は、運輸・通信網の発達によって容易になった。

そして、第一次世界大戦を契機として、ヨーロッパ製商品にかわって日本製商品が東南アジアの市場に広まった。日中戦争の影響から中国人による日貨排斥にあいながらも、日本製商品は日本人商人の手を経て東南アジアの地方へと広まっていった。運輸・通信網の発達は、日本による「大東亜共栄圏」構想を可能にし、戦線の拡大へとつながっていった。

【文献一覧】

柿崎一郎　二〇〇〇　『タイ経済と鉄道――一八八五―一九三五年』日本経済評論社
柿崎一郎　二〇〇九　『鉄道と道路の政治経済学　タイの交通政策と商品流通　一九三五―一九七五年』京都大学学術出版会
柿崎一郎　二〇一〇　『王国の鉄路――タイ鉄道の歴史』京都大学学術出版会
蒲原広二《かもはらひろじ》　一九三八　『ダバオ邦人開拓史』日比新聞社・ダバオ
河原林直人　二〇〇四　「南洋協会という鏡――近代日本における「南進」を巡る「同床異夢」」『人文学報』(京都大学人文科学研究所)九一号
小風秀雅　一九九五　『帝国主義下の日本海運――国際競争と対外自立』山川出版社
シルクロード学研究センター編　二〇〇四　『シルクロード学研究20　海のシルクロードの拠点――バンテン・ティルタヤサ遺跡の陶磁貿易の研究』

杉浦昭典　一九九九　『蒸気船の世紀』ＮＴＴ出版
土屋健治　一九九四　『インドネシア――思想の系譜』勁草書房
鉄道省　一九四二　『南方交通調査資料』三部、二〇分冊
寺見元恵　二〇〇一　「一九世紀のマニラ」『岩波講座　東南アジア史』第五巻、岩波書店
永野善子　二〇〇三　『フィリピン銀行史研究――植民地体制と金融』御茶の水書房
早瀬晋三　一九八九　『「ベンゲット移民」の虚像と実像――近代日本・東南アジア関係史の一考察』同文舘
早瀬晋三　一九九二　「フィリピンの植民地開発と陸上交通網――アメリカ統治期の住民への影響」石井米雄・辛島昇・和田久徳編『東南アジア世界の歴史的位相』東京大学出版会
早瀬晋三　二〇〇四ａ　「米領下フィリピンの大衆消費日本商品――輸入統計資料分析」『人文研究』（大阪市立大学大学院文学研究科）第五五巻第二分冊
早瀬晋三　二〇〇四ｂ　「近代大衆消費社会出現の一考察――アメリカ植民支配下のフィリピンと日本商店・商品」『人文学報』（京都大学人文科学研究所）九一号
早瀬晋三　二〇〇九　「南洋協会発行雑誌フィリピン関係記事目録――一九一五―四四年（フィリピン周辺地域を含む）」早瀬晋三編『フィリピン関係文献目録――戦前・戦中、「戦記もの」』龍溪書舎
原高千香　一九三八　「経済創作　障壁に喘ぐ人々」『マニラ日本商業会議所通報』二一号
ポーター、アンドリュー・Ｎ・編著　一九九六　『大英帝国歴史地図――イギリスの海外進出の軌跡［一四八〇年～現代］』横井勝彦・山本正訳、東洋書林
堀和生　二〇〇八　「総論　東アジア資本主義史論の射程」堀和生編『東アジア資本主義史論Ⅱ　構造と特質』ミネルヴァ書房
松尾大　二〇〇一　「バタヴィア　オランダ支配下のメトロポリス」『岩波講座　東南アジア史』第五巻、岩波書店
満鉄東亜経済調査局　一九四一（？）―四三　「南方交通調査資料」全二二号（？）
宮崎康平　二〇〇八　『からゆきさん物語』不知火書房
吉川利治　一九九四　『泰緬鉄道――機密文書が明かすアジア太平洋戦争』同文舘
Atkinson, Anne comp. 1988, *Asian Immigrants to Western Australia 1829–1901*, University of Western Australia Press.
Bordo, Michael D., Alan M. Taylor, and Jeffrey G. Williamson eds. 2003, *Globalization in Historical Perspective*, Chicago and

London: The University of Chicago Press.

Bulbeck, David, Anthony Reid, Lay Cheng Tan & Yiqi Wu comps. 1998, *Southeast Asian Exports Since the 14th Century: Cloves, Pepper, Coffee, and Sugar*, Singapore: Institute of Southeast Asian Studies.

Corpuz, Arturo G. 1999, *The Colonial Iron Horse: Railroads and Regional Development in the Philippines, 1875–1935*, University of the Philippines Press.

Kraan, Alfons van der 1995, *Bali at War: A History of the Dutch-Balinese Conflict 1846–49*, Centre of Southeast Asian Studies, Monash University.

Loh Kok Wah, Francis 1988, *Beyond the Tin Mines: Coolies, Squatters and New Villagers in the Kinta Valley, Malaysia, c.1880–1980*, Oxford University Press.

Owen, Norman G. ed. 2005, *The Emergence of Modern Southeast Asia: A New History*, University of Hawai'i Press.

Reid, Anthony 1988, 1993, *Southeast Asia in the Age of Commerce, 1450–1680*, Yale University Press, 2 volumes.

Reid, Anthony ed. 1997, *The Last Stand of Asian Autonomies: Responses to Modernity in the Diverse States of Southeast Asia and Korea, 1750–1900*, MacMillan Press & St. Martin's Press.

Rimmer, Peter J. and Lisa M. Allen eds. 1990, *The Underside of Malaysian History: Pullers, Prostitutes, Plantation Workers...*, Singapore University Press.

Warren, James Francis 1986, *Rickshaw Coolie: A People's History of Singapore*(*1880–1940*), Singapore: Oxford University Press.

Warren, James Francis 1993, *Ah Ku and Karayuki-san: Prostitution in Singapore 1870–1940*, Singapore: Oxford University Press.

Williamson, Jeffrey G. 2006, *Globalization and the Poor Periphery before 1950*, The Massachusetts Institute of Technology Press.

個別史／地域史Ⅱ

中国海関と「国際」の文脈――検疫の制度化をめぐって

飯島　渉

はじめに

本章の課題は、一九世紀の社会を象徴するコレラのグローバル化とそれを契機として制度化される検疫がもった意味を検討することである。ここで注目されるのは清朝中国で検疫の実施機関となった海関の性格と役割である。もちろん、税関(海関)が商品取引への課税を行うと同時に感染症の伝播をふせぐための検疫を実施する主体となることは一般的なことである。しかし、中国の海関は、清朝中国の行政機構の一部であったにもかかわらず、外国人がその長である総税務司となり、各開港場の海関の長官(税務司)にも外国人が就任するという外国人税務司制度のもとで運営されていた。結論的に述べれば、海関は税関としての役割を大きく超えるさまざまな役割を果たし、一九世紀において、清朝中国が国際社会と関係をとりむすぶチャネルとなった。

本稿では、まずコレラなどの感染症のグローバル化の背景を示すことによって、一九世紀がどんな社会であったのかを確認する。それは、清朝中国や東アジアの朝鮮王朝、琉球王国、幕藩体制下の徳川日本が対峙した「国際」社会の歴史的な文脈を確認する必要があるからである。次になぜ海関という組織が、清朝中国が国際社会と関係をとりむすぶチャネルとなったのかを確認する。一九世紀半ば以後、各地で検疫の制度化が進んだ。清朝中国でも、一八七三年に上海とアモイで検疫が開始される。その実行主体は海関であった。これは海関が単に検疫を開始したというだけではなく、一九世紀の世界の趨勢であったさまざまな領域での国際標準化に対応した動きであった。

また、検疫には中国や日本が列国とむすんだ条約の拡大解釈によって外国領事がそれに介入することがあった。すなわち、上海や横浜などの条約港で外国船舶への検疫が行われる場合、これに当該国の領事が関与し、場合によっては自国船舶への検疫を拒否するような事態が生まれた。これが検疫権の制限である。このことは、一九世紀半ばから二〇世紀半ばの東アジアでさまざまな問題を惹起した。制度的な意味で、この問題が解消されるのは一九三〇年に中華民国政府が関税自主権の回復をはたし、税関行政権を回収するまで待たなければならなかった。すなわち、検疫には国際秩序の一端が刻印されていたのである。

一　一九世紀という時代

一九世紀は、清朝中国がヨーロッパやアメリカとの関係を大きく変化させた時代であった。アヘン戦争を契機として、それまで朝貢と冊封あるいは互市によってとり結ばれてきた対外関係――厳密にいえば、それは国家間関係とは意識されていなかった――が再編されたからである。この結果、清朝中国と東アジアや東南アジアなどの周辺地域の関係も再編されることになった。

日本との関係も大きく変化した。民間中国船の長崎への来航に限定した関係、すなわち国家間関係がなかった日中関係でも、一八七一年日清修好条規の締結以後、ヨーロッパにおける国家間関係に準拠した関係が模索されることになった。その背景には、一八五八年日米修好通商条約の締結によって実質的に日中関係の再編がはじまっていたことがある。この条約は、日本の対米「開港」をとりきめたものであった。しかし、横浜などの外国人居留地が開設されると日本をおとずれたのは中国人がもっとも多かったからである[西川・伊藤 二〇〇二]。

一九世紀の東アジアにおける対外関係の再編の基礎となったのが航海技術の発達などの技術革新であったことには、いますこし注意がはらわれるべきである。蒸気力が航海技術に応用され、ヨーロッパとアメリカ大陸、さらにアジアをつなぐネットワークが整備されるようになった。軍事技術の革新が進んだことも重要である。欧米諸国の対外進出が本格化し、植民地の獲得が進んだ。モールスが発明した電信は、一八六八年に国際規格となり、海底電信によって世界中が結ばれるようになり、グローバル化が進展した。こうした技術革新は一般的な歴史叙述のなかでかならず言及されることがらである。しかし、実際のインパクトはなかなか意識しにくい。技術が社会の何を変えたのかは、一九世紀という時代を考えるとき、本質的な問題である[ヘッドリク 一九八九]。

一九世紀は「移民の世紀」でもあった。ヨーロッパから数千万人にのぼる人々がアメリカ大陸をめざした。それは単に交通機関が整備されたからではない。奴隷制の廃止による労働力需要の変化がその背景にあった。また、ヨーロッパによる植民地化の進んだ東南アジアでも農業労働者や鉱山労働者が必要となり、インドや中国から多くの人々が出稼ぎにおとずれ、その一部は定住するようになった。

東アジアにとって、一九世紀は、アヘン戦争を契機とする地域秩序の動揺と再編の時代であった。しかし、その再編は、科学技術の発達や移民や出稼ぎなどの世界のグローバル化の中で進んだ。マルクスの言うように、日本の開港はたしかに世界の一体化の象徴であったのである。

こうした一九世紀の社会を象徴するものに、感染症のグローバル化がある。もっとも影響が大きかったのはコレラの流行であった。コレラはコレラ菌を原因とする感染症で、もともとインドの地方病であった。正確な理由はわからないが、イギリス植民地下のインドにおける生態環境の変化や世界的な交通網の整備などを背景として、コレラは一八一七年以後いっきに世界各地に広がりをみせる[見市 一九九四/脇村 二〇〇九]。

一九世紀初め、コレラは、東南アジアから中国、朝鮮、琉球、日本にも伝播した。日本への伝播は一八二二年のことである。日本への伝播に関しては、東南アジアから中国・朝鮮を経由して下関にもたらされたとする朝鮮説とオランダ領東インドのジャワから長崎を経由したとするオランダ説の二説がある。(1) その当否はおくとしても、一九世紀初期、コレラは東アジア各地に伝播し、以後、二〇世紀後半まで、各地で多くの死者を出した。

コレラは、オスマン朝の統治地域を経由して西ヨーロッパにも広がり、ドイツ、フランス、イギリスでもその流行は深刻であった。コレラ対策として進められたのは上水道の整備による安全な飲料水の確保である。この結果、大規模な公共事業が必要になり、それは政府の役割を肥大化させる理由の一つとなった［見市ほか編　一九九〇］。コレラ対策を目的とする上水道の整備は他の地域にも広がり、日本でも居留地を起点にして西洋的な水道事業が整備されることになる。(2)

感染症のグローバル化自体は、一五世紀末のコロンブスのアメリカ到達以後のヨーロッパとアメリカの交流＝「コロンブスの交換（Columbian Exchange）」による天然痘の大陸間の伝播がよく知られている［Crosby 1972］。これはルロワラデュリによれば、「細菌による世界の統一」であった［ルロワラデュリ　一九八〇］。また、それ以前にはモンゴル帝国が雲南からペストをヨーロッパに媒介したというマクニールの魅力的なグローバル・ヒストリーもある［マクニール　一九八五］。けれども、一九世紀のコレラのグローバル化は、輸送手段のスピードやサイズなどがそれ以前とは比較にならないほど高まり、多くの人々が移民や出稼ぎをするなかでの流行であった。

コレラ対策を契機として各地で検疫が行われるようになった。検疫の制度化をめぐっては、その厳格な実施によってコレラの感染を防ごうとしたフランスと検疫の厳格化が貿易を停滞させることを懸念して、衛生環境の全般的な改善によってコレラの感染を防ごうとしたイギリスの対立があった［見市　一九九四／脇村　二〇〇八］。

検疫をめぐる政治は、東アジアでは別の意味づけを与えられた。治外法権の拡大解釈によって、外国領事が自国船船への検疫に関与する体制がつくられたからである。すなわち、不平等条約によって、中国や日本は検疫権を制限された。条約改正のプロセスは、関税自主権の回復や治外法権の撤廃を中心として検討されることが多いが、外国船舶への検疫を自国の衛生行政機関がこれを実行する＝検疫権の回収は、一九世紀後半の日本の悲願となった。日本は、ドイツ船のヘスペリア号が検疫を拒否した事件などを通じて検疫のもつ政治的意味を意識したのである。他方、中国では検疫権の回収はおくれ、結局、一九三〇年の関税自主権の回復にともなう国民政府による税関行政権の回収までまたなければならなかった[福士 二〇〇四・二〇〇九]。

二　検疫をめぐる国際秩序

検疫の制度化の背景には、一九世紀半ばからの細菌学や予防医学の発達があった。検疫は、ヒトやモノの移動にともなう感染症の蔓延をふせぐための手段である。検疫それ自体の歴史は中世イタリアの都市にさかのぼることができる[チポラ 一九八八]。しかし、一九世紀の検疫は、細菌学の発達によってコレラの原因がコレラ菌であると確認されるなかで実施されたものであった。また、検疫は「文明」の技術として、西欧世界から他地域に強制され、同時に、国境で検疫を実施するという意味において、近代国家(ないしは、その統治する植民地)を単位として整備され、内と外を明確に分ける制度となった。

検疫を国際的な文脈で処理しようとする動きも一九世紀半ばからはじまった。一八五一年七月から翌年一月、パリで第一回国際衛生会議(International Sanitary Conference)が開催された。この会議は、コレラのヨーロッパ諸国への感染をどのようにふせぐかを主要な課題としたが、検疫をめぐる各国の主張は平行線をたどり、協定の締結にはいたらなかった。

国際衛生会議は、その後、一八五九年パリ（第二回）、一八六六年コンスタンチノープル（第三回）、一八七四年ウィーン（第四回）、一八八一年ワシントン（第五回）、一八八五年ローマ（第六回）とあいついで開催された。しかし、協定の締結にはいたらなかった。それは、オスマン朝との関係から、厳格な検疫の実施を主張するフランスと検疫の強化が貿易に影響することを懸念し、国内の衛生条件の整備によって感染症を抑制しようとしたイギリスの対立があったからである。

国際衛生会議で最初の協定が締結されたのは一八九二年第七回ベニス会議が最初である。この会議で、コレラ患者の発生したヨーロッパ向け船舶への検疫にかんする協定が締結された［Howard-Jones 1975］。中国は、第五回ワシントン会議に参加したが、それは中国海関からの派遣であった［尾﨑　一九九九］。

一九世紀、東アジアや東南アジアの検疫制度は、①植民地化された地域、②日本、③中国、からなりたっていた。植民地では、各地の植民地行政機構が検疫を実施し、同時に上水道などの衛生インフラの整備や種痘を通じて衛生条件の改善につとめた。医療や衛生事業の制度化は植民地統治と現地社会の関係の構築のための重要なチャネルであり、その制度化こそが植民地化であった。英領マラヤの場合、インドや中国からの契約労働者に対して、一八五八年から検疫が実施された。

日本は、一八五八年に締結された安政条約のもとで、外国船舶への検疫権を制限されていたが、コレラの流行などの感染症の伝播に直面すると、一八七九年「検疫停船規則」、一八八〇年「伝染病予防規則」、一八八二年「虎列剌病流行地方ヨリ来ル船舶停船検査規則」を制定し、不平等条約体制のもとでも主権国家的な検疫の実施にむけてさまざまな努力をはらった。そして、一八九四年の広東省・香港での腺ペストの感染爆発ののち、一八九七年「伝染病予防法」、一八九九年「海港検疫法」を制定し、一八九九年に治外法権の撤廃に成功して、検疫権を回収した［飯島　二〇〇〇、第三章］。

中国海関がはじめて検疫を実施したのは一八七三年のことであった。シャム、マレー半島、オランダ領東インドなどでのコレラの流行に対応する必要に迫られ、まず上海とアモイで検疫が開始された。検疫の実行主体は海関であったが、その運用には外国領事が関与していた。アヘン戦争の結果結ばれた一八四二年の南京条約に明確に検疫権の制限が明示されていたわけではない。しかし、治外法権の拡大解釈によって、外国領事が検疫に関与し、中国側の役人である海関監督と交渉のうえ、各開港場の海関がそれぞれ検疫規則を制定して検疫を実施する体制が導入された。

中国海関が検疫に関与したことは、税関が感染症対策に関与するという意味においてごく普通なことであった。しかし、各開港場を単位として分権的に検疫が実施されたことは、中国海関が検疫の実施主体となった結果であったとはいえ、周辺諸国、とくに日本が条約改正のプロセスとして検疫権を回収し、中央集権的な検疫制度を導入したことと比較すると特徴的であった。

こうした近代中国の検疫体制は、周辺地域に大きな影響を与えた。中国は、商人や出稼ぎ労働者、移民を送出することで、周辺地域に対して勢力圏を形成していたため、中国で感染症が発生すると、それは周辺各地に伝播することが多かったからである。

清朝中国では、一九世紀の段階では、海関が感染症の発生情報を収集し、検疫を実施したことを除けば、政府として感染症対策にとりくむことはまれであった。それは、清朝中国がいわば「小さな政府」として社会事業を民間の善堂や同郷団体、同業団体に担わせていたからである〔飯島・澤田 二〇一〇、第一章〕。こうした政府の関与が小さかったことも周辺地域が中国の感染症対策が十分ではないとして、中国人に対してしばしば差別的な検疫をおこなった理由であった。たとえば、シンガポールなどでおこなわれていた服をぬがせ検診を実施することがそれである。これは、「赤身験体」と呼ばれていた。

以上のように、一九世紀から二〇世紀初期の検疫制度は、主権国家を単位としながら国家権力の発動として運用されるかたちでの制度化が進んだ。清朝中国の場合、帝国と植民地のはざまで――これは、イギリスなどの植民地帝国や日本の植民地帝国としての成長のなかで従属的な地位に置かれた中国という意味でもあり、また、中国的な帝国秩序を維持したという意味でもある――検疫においてはさまざまな問題を内包していたのである。

三　清朝中国と「国際」の文脈

『晩清国際会議档案』は、一八八〇年から一九一一年のあいだに清朝中国が参加した、あるいは参加を要請された国際会議にかかわる文書資料を抄録したものである［中国第一歴史档案館編 二〇〇八］。この資料集に収録されている会議は一四五件にのぼる。収録されている文書の分量が大部なものもあれば、一点のみ収録という会議もある。編集経緯の説明で示されているように、国際会議にかかわる文書資料は総理各国事務衙門（総理衙門）や外務部などの外交文書として整理される方が自然だから、この資料集が一九世紀末から二〇世紀初頭に清朝中国がかかわった国際会議の全貌を示すものとは言い難い。しかし、一四五件の国際会議あるいはそれに類する会議にかかわる文書は、清朝中国が直面した「国際」の文脈を示していると考えることは可能であろう。

その内容をおおまかに分類してみると、**表1**のようになる。資料的な制約があるので蓋然性の範囲だが、数の多いものとしては、医学・衛生（三〇件）、科学技術（一六件）、教育（一二件）、商業・実業振興（一一件）、農学（一一件）、社会

表1　清朝中国のかかわった国際会議の議題

内容	件数	内容	件数
医学・衛生	30	禁煙（アヘン禁止）	1
科学技術	16	軍事	1
教育	12	財政	1
商業・実業振興	11	商標	1
農学	11	人類学	1
社会事業・救貧	10	政治	1
食品管理	6	税則	1
地学・地理学	6	鉄道・道路・建築	1
航海	4	動物学	1
赤十字	4	ハーグ平和会議	1
鉱業	3	法律（刑法）	1
言語	2	郵便	1
歴史学	2	労働	1
		その他	6

出典：［中国第一歴史档案館編 二〇〇八］より作成.

事業・救貧（一〇件）などがあがる。医学・衛生や科学技術が多かったのはこの時期こうした領域で国際会議があいついで開催されていたからである。そしてその目的は技術の国際標準化にあった。その意味では、中国が直面した一九世紀から二〇世紀初頭の「国際」社会とはこうした自然科学的な学知や技術を基礎とするものであったことが確認できる。また、食品管理（六件）や地学・地理学（六件）、赤十字（四件）、航海（四件）、他に件数はすくないが、人類学（一件）、禁煙（アヘン禁止）（一件）、動物学（一件）、鉱業（三件）、歴史学（二件）、ハーグ平和会議（一件）、商標（一件）などの国際会議への対応を迫られていたことは注目される。

四　中国海関のまなざし

中国海関の調査報告を概観することによって、その「まなざし」を確認しておきたい。海関の刊行物は、清朝中国政府が統計の整備に着手するのが二〇世紀初期のことであったことを背景として――例えば、人口統計がとられるようになるのは一九〇八年のことであった――海関資料は、比較的確度の高い数値データとして、特に貿易統計などが歴史研究のための資料として利用されてきた。それは、年度ごとの貿易統計や一〇年ごとの各海関の報告書などの統計シリーズ（Statistical Series）であり、これらを利用して開港場の経済的社会的な状況を検討することが行われてきた。これに類する資料としては商品解説など（Miscellaneous Series）がある。他に海関資料としては、その多様な役割を背景として、海関の職員録や執務要鋼（Service Series, Office Series）、総税務司の指令文書（Inspectorate Series）、郵政関係文書（Postal Series）および特定の主題についての報告書（Special Series）などがある。[3] こうした資料群を利用して、近代中国の貿易、財政、外交および郵政などが検討されてきた。実際、一九世紀半ばから二〇世紀半ばのほぼ一〇〇年間にわたって中国海関が財政、経済、政治、外交などのさまざまな場面で大きな役割をになってき

たことからすればこれは当然のことである。(4)

特定の主題についての報告書(5)(Special Series)のなかには医療報告(Medical Reports)がある。これは、一八七一年から刊行が開始された開港場の衛生状態に関する報告書である。その第一期は同年三月末に公刊され、そこには医療報告の作成に関する総税務司のロバート・ハートの命令文とともに、北京(John Dudgeon)、牛荘(James Watson)、漢口(George Shearen)、上海(George Barton)、寧波(Robert Meadows)などから医療報告が寄せられている。このうち、漢口以外は海関の医療アタッシュによる報告であった。

中国海関の医療アタッシュとしてもっとも著名なのはパトリック・マンソン(Patrick Manson, 一八四四―一九二二)である。マンソンはスコットランドのアバディーンに生まれ、アバディーン大学を卒業すると、中国海関に勤務し、打狗(一八六六―七一)、アモイ(一八七一―九九)の海関に奉職した。一八九九年帰国するとロンドンで熱帯医学校を創設し、「熱帯医学の父」となった[Haynes 2001]。西欧諸国がアジア・アフリカへの進出を開始した時、まず直面するのは当該地域の気候や風土の問題であり、感染症であった。西欧諸国の植民地獲得の歴史は、これを熱帯医学の発達によって克服する過程であった。

医療報告の内容は、全般的な衛生状態、外国人の死亡率や死亡原因、流行している感染症、疾病と季節や風土との関係などで、情報を提供したのは海関のスタッフとともに各国の領事館の医官や開港場で医療伝道にあたっていた宣教師が多かった。海関のネットワークとミッション系のネットワークが交錯していたことは重要である。(6)

五　検疫の制度化

二〇世紀初頭、義和団事件後の天津において衛生局が設置されるまで、中国の政府が医療や衛生に積極的にかかわることはなかった[Rogaski 2004]。そのため、清朝中国での感染症の流行を把握する機関は、事実上、海関であった。海関はコレラの流行を契機として上海とアモイで検疫を開始し、その後、感染症の流行状況などを把握するようになった。感染症の流行状況や開港場の衛生状態を整理した医療報告は海関が中国の社会ともっとも深く交錯した場面を示すものであった。

一九世紀の東アジアや東南アジアにおける検疫のあり方を考えるとき、いくつかの重層的なネットワークがその背景にあったことに留意する必要がある。その一つは、港湾における衛生事業のネットワークである。すなわち、シンガポール、香港、上海、横浜・神戸、そして釜山・仁川、台北・高雄というイギリス植民地主義の「西力東漸」や日本の影響力の拡大の結果として建設された新しい港湾での衛生の制度化である。この面でのモデルを提供したのはシンガポールであったと考えられる[Yeoh 1996]。また、このことは各地での植民地政府と現地社会の関係の問題でもあり、植民地政府がどの程度まで現地社会に介入するかという問題でもあった。イギリス植民地主義の影響下にあったシンガポールや香港などの場合、港湾での衛生事業には関心がはらわれたものの、港湾のヒンターランドである都市社会での衛生事業にはさほどの関心ははらわれなかった。しかし、日本の植民地主義の場合はこれとは異なり、ドイツ型の現地社会にも介入的な衛生事業が展開された。

たいへん興味深いことに中国海関の医療報告には横浜(一八七八—八〇年)、大阪(一八九一年)、ソウル(一八八五、八七、九一、九四年)、仁川(一八九一、九四年)が含まれている。このうち、朝鮮の報告は、清朝中国が日本の影響力を排除して伝統的な関係を維持するため中国海関のメルレンドルフを朝鮮に派遣したことから理解できるが、横浜と大阪に関してはなぜ中国海関の医療報告にこの二都市が含まれたのかは正確にはわからない。但し、医療報告の書き手が領事館の医療アタッシュであったり、宣教師であったことを考えると、中国海関のネットワークが開港場のネットワークであり、近代国家的な領域として確定されたものではなかったからだと考えられる。そのことは、海関の清朝中国の行政機構としての特徴でもあった。

また、中国海関にとっても日本の感染症情報が実際に必要だったと考えられる。コレラの流行が一九世紀後半の日本の検疫制度や公衆衛生制度の確立に大きな影響をあたえてきたことはこれまでも論じられてきた。またコレラが日本に土着化したか否かをめぐって、横浜の事例では、その土着化を指摘する西洋人医師のグループとコレラが外国貿易を通じて中国や台湾、東南アジアからもたらされたとする日本人医師の対立の構図があったことが指摘されている［市川 二〇〇八］。すなわち、文明国標準としてコレラの土着化を否定する日本人医師団と日本への土着化を指摘する西洋人医師団の対立の構図である(7)。

六　中国海関と万国博覧会

中国海関の万国博覧会への参加も清朝中国の国際社会への対応の一側面である。史上最初の万国博覧会である一八五一年のロンドン万国博や一八五五年のパリ万国博でも中国産品が展示され、パリ万国博では会場内の庭園に中国のパビリオンも開設された。こうした中国産品を収集展示したのは上海領事のオールコックで、翻訳官のパークスらに中国産品の収集を命じたのであった。オールコックは、その後、日本公使に転出し、一八六二年のロンドン万国博では日本コーナーを開設した。万国博が開始された段階で清朝政府はこれに関心を示さず、中国産品の収集や展示に尽力したのは中国駐在の列国外交官であった。

一八六〇年代半ばから七〇年代にかけて、いわゆる「同治中興」の時期には、清朝政府も万国博覧会への参加に積極的になった。清朝政府が公的に万国博覧会への参加を政策とするようになったのは一八六七年のパリ万国博である。そして、一八七三年に開催されたオーストリアのウィーン万国博への対応はそれまでとはかなり異なったものであった。しかし、実際にその仕事を進めたのは海関で、清朝政府は総税務司のロバート・ハートにそれを命じた。ハートは清朝政府の命を受けると、一八七二年各開港場の税務司に対して管轄下の貿易や商品に関する情報の提供を命じ、中国海関は絹織物や生糸、綿布などの繊維産品や綿花・桑などの農産品を数多く出品することになった。ウィーン万国博には、ハートは、デトリングなど五人の税務司を派遣している[鈴木 二〇〇七]。

七 日本モデルの登場

中国海関は、清朝中国が国際社会に対応するためのチャネルとなった。それは、海運や電信そして郵政などの面でも顕著であった。しかし、検疫についていえば、一九世紀末になるとそれまでとは異なったモデルに遭遇する。すなわち、一八九九年条約改正を通じて検疫権を回収し、政府主導のもとに衛生の制度化をはかろうとする日本モデルの登場である。

台湾の領有以後の基隆や高雄、そして台北、旅順や大連などの関東州、そして韓国併合にいたる朝鮮半島における日本の影響力の拡大のなかでの仁川や釜山、そして漢城などでの検疫や衛生事業の確立は、日本の国内制度の植民地などへの輸出であった。また、二〇世紀初頭からの中国における衛生改革では近代日本が確立した公衆衛生制度や検疫制度がモデルとしての役割を果たした[飯島 二〇〇九]。

日本は第二次大戦の敗戦まで、公衆衛生や検疫をめぐる制度を、台湾や朝鮮、関東州などの植民地や租借地などで実施した。その特徴は国内で確立した衛生組合などの政府の役割を下支えするような住民の組織化、つまり介入主義的な制度の輸出であった[飯島 二〇〇五]。

しかし、清朝中国が日本モデルを導入するためには外国人税務司制度のもとで運営されていた中国海関のネットワークとは異なった制度を導入する必要があった。そして、それには検疫権を回収することが必要であった。

おわりに

清朝中国や東アジア諸国にとって一九世紀とはいったいどのような時代であったのだろうか。清朝中国が理念としての朝貢と冊封あるいは互市として、また制度としては広州の海関や公行などを通じて貿易を管理するという近世的な秩序は、一九世紀になるとさまざまな挑戦をうけることになった。

アヘン戦争の位置づけをめぐっては、それが清朝中国にとってどのような意味をもつものであったかをめぐって、その理解にかなりの幅がある。すなわち、朝貢から条約へという再編の契機としてこれを理解する立場と、日清戦争にいたって明確となるような体制の危機とくらべればそれは依然として近世的な秩序のなかで処理できる範囲のものであったとする立場があり、両者にはかなりの距離がある。

しかし、ここで想起しなければならないのは、清朝中国がそれをどのように理解したかという問題と同時に、当時の国際的状況がいかなるものであったかということである。その意味では、清朝中国や幕藩体制下の日本や琉球王国、また朝鮮王朝がヨーロッパやアメリカと接触したことは、ウエスタン・インパクトとして王朝体制や幕藩体制と欧米社会の邂逅であったと同時に、ヨーロッパで成立しつつあった主権国家体制との遭遇でもあった。

ウエスタン・インパクトは、軍事的な優劣を明確にすると同時に汽船や鉄道に象徴される近代的輸送技術の導入、憲法、議会、徴兵制などの制度の導入の契機となった。技術的近代化はまず「中体西用」として政策化されたが、結局のところ、清朝中国が近代国家が徴税の対価としてさまざまなサーヴィスを提供するという政府と個人の関係の再編を含意するような「近代性の構造」にも直面せざるを得なかったことにも注意する必要がある。それは「大きな政府」の路線であったが、ヨーロッパ諸国がその道を歩むことになった理由のひとつはコレラの流行などの感染症の流行に対処するための衛生インフラを整備する必要があったからであった。それは、予防医学などの科学技術の革新などをともなうものだったが、そのことはヨーロッパの主権国家間で成立していた国際標準化のインパクトをいっそうきわだたせることになった。

一九世紀という時代のなかで、清朝中国が直面した国際社会の様々な文脈や国際標準化に対応したのは海関であった。税関としての海関がなぜこうした多面的な、むしろ過大とも言えるような役割を担わなければならなかったのであろうか。この点は検疫という面からのみ判断することは避けなければならない。しかし、海関のネットワークが開港場をつなぐネットワークであり、その背景には、東南アジアや東アジアにおけるイギリス植民地主義のプレゼンスやミッション系のネットワークがあったことも留意されるべきであろう。

しかし、日清戦争や義和団事件をへて、清朝中国が本格的な近代化を模索するようになり、そのモデルとして日本の諸制度が導入されると、衛生制度の面での海関のネットワークはしだいにその役割を終えることになったと考えられる。二〇世紀になると、中国でも近代国家の建設が目指され、その方向性はしだいに条約改正や工業化へと収斂していくことになった。海関の医療報告が停刊となったのは、一九一〇年のことであった。

(1) ［山本 一九八二］は両論併記である。なお、［荒野 二〇〇四］は両論併記を廃し、朝鮮ルートを主張している。
(2) 本章では詳しく触れることができないが、上水道の技術移転は、シンガポール、香港、上海を経由して横浜や神戸というルートをたどっている。また、日本が台湾を領有し上水道を整備しようとしたとき、参照したのはシンガポールと香港の事例であった。すなわち、水道の技術移転の背景には、イギリス植民地主義の展開があった。
(3) これらの詳細な解説は、［濱下 一九八九］所収の海関関係資料目録の海関刊行物、六四三—六六九頁、参照。
(4) 紙幅の関係で詳しく触れることはできないが、ここで中国海関をめぐる研究史について述べたい。代表的な研究には、濱下前掲書と［岡本　一九九九］がある。濱下前掲書は海関資料の解題なども含み、海関という機構を通じて中国社会の構造を多面的にとらえようとしたものである。岡本は、明代の制度から説き起こし二〇世紀半ばの国民政府時期まで、中国海関の変遷とその役割を財政関税制度などとの関係から論じたスケールの大きな海関論である。中国の研究史にも若干ふれておく。中国の研究史は、基本的に海関行政権の外国人管理を軸にその歴史を描いてきた［陳　一九八七］。その延長線上において、ロバート・ハートに代表される外国人税務司の役割に関して、帝国主義の中国侵略との関係を強調する場合［汪　一九八七］や国家権力や財政に占める役割に力点を置く［戴　一九九三］場合があるが、行政権の外国人管理を侵略の文脈に位置づけることは共通している。最近の通史的な文献としては、［陳　二〇〇二］がある。

（5）　他に、このシリーズに含まれる報告書としては、アヘン、茶、生糸、ジュート、大豆、毛皮などの商品に関するもので、その関心は、貿易と税制などに集中している。しかし、一八八四年刊行の中国の音楽にかんする報告書(Chinese Music)などもある。

（6）　台湾における長老教会の事例に関して、［蘇　二〇〇九］。

（7）　この問題は、検疫をめぐる政治文化という点からも検討されるべきであろう。実際にはこうした構図は二一世紀においても繰り返されている。最近の新型インフルエンザをめぐる異常とも言えるような検疫の徹底のなかで、結局は海外渡航経験のない人々の新型インフルエンザへの感染が確認されたのであった。端的に言って、日本人にとって感染症は常に外からもたらされるものでなければならないのだが、それはもちろん事実とはいえない。

【文献一覧】

［日本語文献］

荒野泰典 二〇〇四 「コレラのきた道――中国・朝鮮ルートの検証」『立教大学日本学研究所年報』三
飯島渉 二〇〇〇 『ペストと近代中国――衛生の「制度化」と社会変容』研文出版
飯島渉 二〇〇五 『マラリアと帝国――植民地医学と東アジアの広域秩序』東京大学出版会
飯島渉 二〇〇九 「衛生の制度化と近代性の連鎖」飯島渉・久保亨・村田雄二郎編『シリーズ　二〇世紀中国史二　近代性の構造』東京大学出版会
飯島渉・澤田ゆかり 二〇一〇 『高まる生活リスク――社会保障と医療』岩波書店

市川智生 二〇〇八 「近代日本の開港場における伝染病流行と外国人居留地――一八七九年「神奈川県地方衛生会」によるコレラ対策」『史学雑誌』一一七編六号
岡本隆司 一九九九 『近代中国と海関』名古屋大学出版会
尾﨑耕司 一九九九 「万国衛生会議と近代日本」『日本史研究』第四三九号
鈴木智夫 二〇〇七 「万国博覧会と中国」『近代中国と西洋国際社会』汲古書院
チポラ、カルロ・M 一九八八 『ペストと都市国家――ルネサンスの公衆衛生と医師』日野秀逸訳、平凡社(Cipolla, Carlo M. 1976, *Public Health and the Medical Profession in the Renaissance*, Cambridge: Cambridge University Press)
西川武臣・伊藤泉美 二〇〇二 『開国日本と横浜中華街』大修館書店
濱下武志 一九八九 『中国近代経済史研究――清末海関財政と開港場市場圏』汲古書院
福士由紀 二〇〇四 「国際連盟保健機関と上海の衛生――一九三〇年代のコレラ予防」『社会経済史学』七〇(二)
福士由紀 二〇〇九 「一九二〇年代東アジアにおける国際衛生事業と上海――「国際衛生条約(一九一二年)」改正をめぐる動きへの反応を中心に」『社会経済史学』七五(三)
ヘッドリク、D・R 一九八九 『帝国の手先――ヨーロッパ膨張と技術』原田勝正・多田博一・老川慶喜訳、日本経済評論社(Headrick, Daniel R. 1981, *The Tools of Empire : Technology and European Imperialism in the Nineteenth Century*, New York: Oxford University Press)
マクニール、W・H 一九八五 『疫病と世界史』佐々木昭夫訳、新潮社(『疫病と世界史』上・下、中公文庫、二〇〇七年)(McNeill, William Hardy 1976, *Plagues and Peoples*, New York: Anchor Press)
見市雅俊ほか編 一九九〇 『青い恐怖 白い街――コレラ流行と近代ヨーロッパ』平凡社
見市雅俊 一九九四 『コレラの世界史』晶文社
山本俊一 一九八二 『日本コレラ史』東京大学出版会
ルロワラデュリ、E 一九八〇 『新しい歴史――歴史人類学への道』樺山紘一ほか訳、新評論(Le Roy Ladurie, Emmanuel 1973, *Le territoire de l'historien*, Paris: Gallimard)
脇村孝平 二〇〇八 「国際保健の誕生――一九世紀におけるコレラ・パンデミックと検疫問題」遠藤乾編『グローバル・ガバナンスの最前線――現在と過去のあいだ』東信堂

脇村孝平　二〇〇九　「一九世紀のコレラ・パンデミックと南アジア世界――環境史としての疫病史」池谷和信編著『地球環境史からの問い――ヒトと自然の共生とは何か』岩波書店

汪敬虞　一九八七　『赫徳与近代中西関係』人民出版社・北京

蘇芳玉　二〇〇九　「清季台湾地区疾病的治療与観察――外国海関医員的観点」『中央大学人文学報』第四〇期

戴一峰　一九九三　『近代中国海関与中国財政』厦門大学出版社・厦門

中国第一歴史档案館（編）二〇〇八　『晩清国際会議档案』広陵書社・揚州

陳詩啓　一九八七　『中国近代海関史問題初探』中国展望出版社・北京

陳詩啓　二〇〇二　『中国近代海関史』人民出版社・北京

Crosby, A. W. 1972, *The Columbian Exchange: Biological and Cultural Consequences of 1492*, Westport, Conn.: Greenwood Pub. Co.

Haynes, D. M. 2001, *Imperial Medicine: Patrick Manson and the Conquest of Tropical Disease*, Philadelphia: University of Pennsylvania Press.

Howard-Jones, Norman 1975, *The Scientific Background of the International Sanitary Conferences, 1851-1938,* Geneva : World Health Organization.

Rogaski, R. 2004, *Hygienic Modernity: Meanings of Health and Disease in Treaty-Port China*, Berkeley: University of California Press.

Yeoh, B. S. A. 1996, *Contesting Space: Power Relations and the Urban Built Environment in Colonial Singapore*, New York: Oxford University Press.

個別史/地域史Ⅱ

近代インドにおける学問と音楽芸術——オリエンタリズム論

井上貴子

はじめに

「オリエンタリズム」とは、狭義にはオリエンタリスト(以下、東洋学者)の営為を指し示す。もちろん、サイードの『オリエンタリズム』[Said 1978]の定義を考えるならば、この言葉の意味する思考と支配の様式は東洋学という学問分野のみを指すわけではない。彼は、アジアがヨーロッパの「想像」によって歴史的に構築されたという点、東洋学者の営為と植民地支配の拡大とが政治的・イデオロギー的に密接に結びついている点を明確に指摘した。その範囲は古代から現代まで含み、時代的に限定されるわけではない。しかし、植民地化との関連性を重視するなら、想像の東洋が憧れのまなざしでみつめられた段階すなわち「東洋趣味」の時代と、東洋学者の営為が学問分野として制度化された段階すなわち「知の制度化」の時代とでは、植民地に及ぼす影響力の上で大きな違いがある。東洋趣味が、東洋学者の知的欲望を喚起し、ヨーロッパの知の一部を形成する上で重要な役割を果たしたこと、それがヨーロッパのアジア進出の動機にもなったことは確かだろう。しかし、その段階では植民地権力と直接結びついてはいなかった。一方、植民地に関する知識の支配が現実的な植民地運営に役立つと考えた植民地権力は、率先して知の制度化を推進したのである。実はサイードも東洋学という学問分野を第一の問題にしている。

サイードは主に西アジアを取り上げたが、長期にわたって英領下にあり、西洋との関係が常に問われてきた南アジアでは、オリエンタリズムの問題は文学・人類学・歴史学をはじめ多くの研究者の注目を集めてきた。本稿では、南アジアのオリエンタリズム研究の成果をふまえた上で、音楽芸術に焦点をあてて東洋趣味から知の制度化への流れを追う。そのために、まず知の制度化以前の段階として、一八世紀末のイギリス人とインド音楽、インド人と西洋音楽の出会いを取り上げ、次に、ベンガル・アジア協会の創設による知の制度化と東洋学者のインド音楽研究を検討する。最後に、ヨーロッパの知識を学んだインド人知識人による初期の音楽研究を取り上げ、オリエンタリズムに対するネイティヴの反応、オリエンタリズムがナショナリズムに転化する過程について論じる。

一　オリエンタリズムからポストコロニアルへ

一九八〇年代以降の南アジア研究では、サイードに触発された研究が数多く出版されるようになった。なかでも、植民地における国家と社会との関係について論じた人類学者のコーン[Cohn 1997]、インドとヨーロッパの関係を哲学的側面から分析した宗教学者のハルブファス[Halbfass 1988]、ヨーロッパの啓蒙主義時代以降に形成された本質主義的「ヒンドゥー」観を批判的に論じた歴史学者インデン[Inden 1990]らの研究は代表的である。また、主にフーコーの「知と権力」、グラムシの「ヘゲモニーと抵抗」の概念に触発されて、サバルタン研究やポストコロニアル研究へと理論的展開がなされたことは特筆すべきだろう。そこでは、文学・人類学・歴史学等の研究者、植民地支配者、ナショナリストの三者間におけるインド理解をめぐる関係性、植民地へゲモニーと植民地社会で自ら選択的に行動するエージェンシー(行為媒介性、社会的働きかけ)との関係性、政治的領域におけるオリエントとオクシデントの構築と展開、自己の構築における他者との相互依存性あるいは共犯性とその性格などに注目が集まった。また、サイード自身も分析方法として対位法的読解[Said 1993]を提示し、ポストコロニアル理論に重要な貢献をなした。南アジアの主要なポストコロニアル研究としては、植民地支配者とナショナリストの「共犯」と「親交」の関係の背後に潜む「不在としてのインド」を描いたスレーリ[Suleri 1992]、西洋の生み出した二項対立的思考を批判し、文化の雑種性と言語の多義性について論じたバーバ[Bhabha 1994]、脱構築的読解に基づく現状への政治的介入と、その理論的支柱として本質主義の戦略的利用から制度的エージェンシーのありようを考察したスピヴァク[Spivak 1988, 1999]などがある。

一方、『オリエンタリズム』に対する批判も数多い。宗教を切り口としてオリエンタリズムからポストコロニアルへの理論的展開について論じたキング[King 1999]は、それを手際よくまとめている。まず、サイードはフーコーの「言説」「表象」の理論に依拠しながら一貫性に欠けている点である。第二に、自身の記述の整合性に変更をせまるような事例に言及していない点である。第三に、ネイティヴの反応に言及されておらず、ネイティヴの受動性が強調されている点である。しかし、サイードは『文化と帝国主義』[Said 1993]のなかで、これをある程度補完した。第四に、ネイティヴはオリエンタリストの言説を流用してきたのであり、サイードの分析はオリエンタリズムに極端に否定的で一面的だという点である。第五に、文化的政治的に中立な「近代化」と西洋の優位性によって裏書きされた「西洋化」との関係の記述が不十分だという点である。

以上のような批判をふまえ、南アジア研究者の間では、オリエンタリズムからポストコロニアルへと理論的整備がなされていった。ブレッケンリッジらによる論集[Breckenridge & Veer 1993]にはその中で生まれた主要な課題が指摘されている。まず、植民地支配の言説と実践との架橋である。特に、植民地住民の歴史的表象と他者性の問題、植民地の地政学的概念化と支配との関係、初期の東洋学者の研究方法としての経験主義、植民地支配者と被支配者との共犯関係に基づくインド表象、サバルタンの反応と抵抗、内的オリエンタリズム、すなわち独立インドの植民地支配者なき統治などが課題となる。第二に、オリエンタリズムとナショナリズムの関係である。いかにしてオリエンタリズムがナショナリズムへと転化したのか、さらに独立後のトランスナショナルな地勢におけるオリエンタリズムの影響や移民のナショナリズムと現地住民との関係の解明も課題となる。第三に、モダニティとオーセンティシティの関係である。特に文化的アイデンティティが自己と他者との相互参照性・共犯性によって多様に構築される過程の解明が課題となる。最後に、オリエンタリズムと社会科学との相互関係である。社会科学理論における「近代化」とオリエンタリズムは相性が悪い。しかし、現代社会に生きる我々はヨーロッパで育まれた知の体系に基づいて語らざるを得ない。このようなジレンマのなかで、研究者のポジションのとり方、語りのあり方が問われている。

二　音楽研究におけるオリエンタリズム論の展開

文学・美術等に比較してオリエンタリズム論の音楽研究への適用は極めて遅かった。その主たる理由は、サイード[Said 1991]も指摘しているとおり、自律的領域としての「芸術神話」の存在である。特に音楽は他の芸術と比較すると際立って抽象性が高く、特殊な手法に基づいた鳴り響くテクストの内在的な分析が中心で、政治的社会的文脈と架橋するのが困難だった。もう一つは、オリエンタリズムの用法の問題である。東洋趣味の系譜が西洋の音楽語法の拡大に貢献したことが評価されたため、知と権力との相互依存関係やヘゲモニーに着目した研究が生まれにくかった。しかし九〇年代以降、ヨーロッパにとっての「他者」の音楽を研究対象としてきた民族音楽学者たちを中心に、自文化中心主義と文化相対主義、植民地支配と音楽研究との関係が改めて問い直され、学問分野の成立過程そのものに目が向けられるようになると、研究課題も変化していった。インド音楽研究の場合、ヨーロッパ人がインド音楽を実際に耳にし、それに関する知識を得、その音楽語法を流用し、その特徴について語る、すなわち多様な手段によってインド音楽を表象する過程に注目が集まった。

サイードに触発された研究の中で比較的早い時期に書かれたマッケンジーの論考[Mackenzie 1995]は、反サイード、肯定的共感的オリエンタリズムの立場から、「オリエンタリズム」を文化的相互参照と捉えることによる意味の拡張を試みている。しかし、実質的には東洋の音楽語法がいかに西洋音楽を豊かにしたかを論じるもので、結局「不在としての東洋」が浮き彫りになっている。近年ではオリエンタリズムからポストコロニアルへの理論的展開をふまえた論考が次々と出版されている。たとえば、クレイトンとゾンの編による論集[Clayton & Zon 2007]は、オリエンタリズムの歴史に東洋との出会いから表象までを位置づけ、音楽におけるオリエンタリズムの原理的な形式と市場における受容、音楽叙述・舞台・映画音楽における東洋の表象、西洋の観衆のもつ東洋への消費のまなざしなどが論じられている。

確かに鳴り響く音楽それ自体は抽象性が高い。しかし、だからこそ「想像」の東洋の表象が無自覚に埋め込まれるともいえる。また、インド音楽の学術的研究は東洋学の一環として開始されたのであり、特殊なテクスト分析法を生んだ音楽学が学問分野として成立する過程には、「知と権力」「ヘゲモニーと抵抗」という側面が端的に現れている。以下、一八―一九世紀のヨーロッパ人とインド人、インド音楽と西洋音楽の実践と研究における交渉と共犯関係を検討しつつ、オリエンタリズムからナショナリズムへの流れについて考える(1)。

三　東洋学の制度化以前における異文化接触

東洋学が学問分野として制度化される以前から、インドに滞在するヨーロッパ人のなかにはインドの諸芸術に関心をもつ人々が多く存在した。彼らは古代インドの美術や建築などの視覚芸術には憧憬のまなざしをむけ、エキゾティックな美を賞賛したが、聴覚に訴える音楽となると馴染むには時間がかかった。そもそも彼らは当初、本国の音楽生活をそのままインドに持ち込んだのである。しかし一八世紀末ごろになると、ヨーロッパ人とインド人の双方に異文化の音楽に興味をもつ人々が登場して状況は次第に変化していく［井上 二〇〇六、四五―五一頁］。

ヨーロッパ人のインド音楽観の転換点になったのが、一八世紀末にカルカッタを中心に流行したヒンドゥスターニー・エア Hindostanee Air である。これはインド音楽の旋律を収集し、西洋楽器で演奏可能なように五線譜化し、適当な歌詞や伴奏をつけてアレンジされた「西洋と東洋のフュージョン音楽」のさきがけといえるものである［Farrell 1997, pp. 28-44; Woodfield 2000, pp. 149-180］。ヒンドゥスターニー・エアの収集で名高いのがファウク Fowke 家である。当主のジョゼフ Joseph Fowke はマドラス東インド会社の社員として渡印した後、カルカッタで自由商人となった。その娘マーガレット Margaret Fowke はヴァーラーナスィーに旅行して以来、友人のソフィア Sophia Plowden と共にヒンドゥスターニー・エアを収集し、インド人音楽家の協力を得て五線譜化し、それをハープシコードやピアノで演奏した。これらの旋律は、音楽家のバード W. H. Bird によってピアノにアレンジされ、『東洋音楽集 *The Oriental Miscellany*』として一七八九年にカルカッタで出版された。このような流行は一時期のものであったが、ヒンドゥスターニー・エアの楽譜集はイギリスでも出版され、その旋律断片は作曲家たちに使いまわされ、異国情緒をかもし出すものとして伝えられてきた。しかし、ヒンドゥスターニー・エアを収集したのはアマチュアの音楽愛好家で、それを研究に結びつけることはなかった。本格的な音楽研究は東洋学者の手によって着手されることになる。

インド人による西洋音楽の受容の例としては、南インドのタンジャーヴール・マラーター Marāṭhā 王サルフォージー Serfoji 二世（在位一七九八―一八三二）と彼に近い音楽家たちが際立っている。家庭教師であったルター派宣教師シュワルツ C. F. Schwartz（一七二六―一七九八）とジェリック Wilhelm Gericke によってヨーロッパの知識を得たサルフォージーは、西洋音楽にも関心をもち、ピアノやハープを学んだ。彼は、西洋の軍楽隊にならった「タンジョール・バンド Tanjore Band」と称される宮廷音楽隊を創設し、王国に居住するヨーロッパ人を介して多数の楽器や楽譜を購入し、ヨーロッパ人音楽家を宮廷に招いて演奏会を催した。一八〇四年にタンジャーヴール宮廷を訪問し見聞録を書き残したヴァレンティア George Viscount Valentia（一七七〇—一八四四）は、サルフォージーが家来に「英国国歌 God Save the King」や「マルバラ公〔?〕Malbrook」[2]などを演奏させたことや「王は作曲もでき、音楽隊の指導もしている」など西洋音楽に対する理解の深さに言及している[Valentia 1994(1811), pp. 312-313]。サルフォージーがタンジョール・バンドのために作曲した作品の楽譜も残されている。しかし、彼はヒンドゥー教徒であり続け、生涯キリスト教に改宗することはなかったし、在地の学術にも同様に寛大な庇護を与えた。

南インド古典音楽への西洋楽器の導入も、サルフォージーの西洋音楽への傾倒が影響しているだろう。今日、古典音楽の伴奏に不可欠の楽器として定着したヴァイオリンの導入と土着化に貢献した人物としては、バーラスワーミ・ディークシタル Balaswami Dikshitar（一七八六—一八五九）、ヴァラーハッパイヤ Varahappaya（生没年不詳）、ヴァディヴェール Vadivelu（一八一〇—四五）、クリシュナ・バーガヴァタル Krishna Bhagavatar（一八二四—?）の四人が代表的な存在として知られているが、そのうちヴァラーハッパイヤとヴァディヴェールはタンジャーヴール宮廷音楽家であった。また、バーラスワーミの兄で著名な音楽家ムットゥスワーミ Muttusvami Dikshitar（一七七五—一八三五）は、英国国歌をはじめイギリスの旋律にヒンドゥーの神々を讃えたサンスクリット語の歌詞をつけた「ノットゥスワラ・サーヒティヤ *Nottusvara Sāhitya*」[3]と呼ばれる作品群を残した。これはヒンドゥスターニー・エアと同様の実践的なアプローチをインド人側が行った最も初期の事例とみなすことができる[Inoue 2010]。

この時代、タンジャーヴールはイギリスに行政権を奪われてサルフォージー二世は年金生活者となった。インド総督ダルハウジー James A. Broun-Ramsay（Marquis of Dalhousie）（在任一八四八—五六）が、組織的な侵略・併合政策をとるようになると、在地の王侯・領主層は没落していった。タンジャーヴールも次のシヴァージー Shivaji 二世（在位一八三二—五五）を最後に英領となった。彼らは在地の王権からイギリス統治への端境期に生きたのである。しかし、彼らのアプローチをオリエンタリズムに対するネイティヴの反応と解釈することはできない。その活動は収集と実践の側面に限定され、東洋学が学問分野として制度化される過程と同時並行的な出来事であった。この時期の異文化接触は実際の音楽に興味をもち、それに親しむというレベルにとどまっていたといえよう。したがって、ヨーロッパ人がインドの在地の知識を得ることで「エキゾティックな他者」を構築したのと同様に、インド人もヨーロッパを他者として構築する過程にあったと捉えた方がよい。しかも、その方法は双方とも経験主義的で実験的であった。すなわち、ヨーロッパ人はインド人を、インド人はヨーロッパ人をインフォーマントとして利用し、文献を入手して知識を得、それを実践・応用して自らの音楽世界を拡大したのである。

四　東洋学の制度化

想像と憧憬によって喚起される東洋趣味の段階を経て、オリエンタリズムが現実の「西洋によるアジアの支配様式」として顕在化したのは、東洋学という学問分野の制度化によって、西洋がアジアに関する知をアジアに代わって領有したことが重要な契機となっている。本節では、ベンガル・アジア協会の創設者として有名なジョーンズ William Jones（一七四六—九四）を中心に東洋学の制度化について論じる。

一七六五年に東インド会社はベンガルの徴税権を獲得した。会社の書記としてインドに赴任していたヘースティングズ Warren Hastings（一七三二—一八一八）は、七二年にベンガル知事、七四年に初代ベンガル総督に就任し、イギリスの植民地行政の基礎を固めた。彼は植民地をよりよく統治するためには、現地の人々の宗教・慣習にうまく対処し、現地語を学び、現地の法体系を知ることが重要だと考え、東洋学を推進した［Kejariwal 1988, pp. 20–22; Singh 1982, p. 88］。ヘースティングズの考えに基づく植民地統治方針のために、ジョーンズが渡印する十年以上前から何人かの東洋学者がインドに滞在していた。たとえば『アクバル会典あるいはアクバル帝の法 *The Ayeen Akbery, or the Institutes of the Emperor Akber*』(一七七七年)を出版したペルシア語学者のグラッドウィン Francis Gladwin、初めてサンスクリット語から直接ヨーロッパの近代諸語である英語に翻訳された『バガヴァッド・ギーター *Bhagavad gītā*』(一七八五年)を発表し、ジョーンズに先立つサンスクリット学者として名高いウィルキンズ Charles Wilkins(一七四九―一八三六)などがいる。彼らもベンガル・アジア協会創設メンバーであったが、ジョーンズのみが「オリエンタル」「アジアティック」と冠され、東洋学の嚆矢とされる理由は、彼が東洋学の制度化のための恒久的な組織の設立を実現したからであろう。一七八四年、アジア協会発足会議が開催され、ジョーンズは会長に、ヘースティングズは後援者に就任した。八八年に機関誌『アジア研究』が創刊され、ジョーンズの没後に現在の場所(コルカタのパーク・ストリート)に恒久的な研究所が建設された。こうして、ジョーンズの情熱によって誕生したこの協会はサンスクリット学者を多数生み出し、東洋学の隆盛の中心的存在となっていく。

さて、一七八三年、ジョーンズはカルカッタ最高法院の陪席判事としてインドに赴任する船の中で、インドで行うべき一六の研究項目をリスト化した[Kejariwal 1988, p. 29]。その内容は、ベンガル・アジア協会の設立目的である「調査研究の範囲は、地理的にはアジアに限定されるが、その範囲内で、人間が行うあらゆる行為、自然が生み出すあらゆる事象にまで拡大される」という文言からも明らかなように[The Asiatic Society 1984, p. 10]、アジア諸国の自然科学と人文・社会科学の両分野を網羅している。また、ヒンドゥーやイスラームの法体系、ベンガル統治の最良の形態、ムガルやマラーターのようなイギリスが直接敵対する在地勢力に関する知識など、植民地支配者としての「自覚」を示唆する項目も含まれる。一方、聖書や大洪水の記述の証明などの項目は、東洋に「約束の地」を求めた大航海時代以来の憧憬のまなざしと、その起源的な空間の地政学的拡大を象徴する。以上のような項目と共に、「東方民族の音楽」という項目もリストには含まれていた。

ペルシア語やアラビア語に熟達しているジョーンズは、インド赴任当初、サンスクリット語を学ぼうとは思っていなかった。しかし、陪席判事の職務をこなす上で、インド人パンディットを雇い、ウィルキンズに頼っていては正確な判断が下せないので、自らヒンドゥー法に精通する必要があると考え、サンスクリット語を学び始めた。そして、一二世紀の詩人ジャヤデーヴァ Jayadeva の『ギータゴーヴィンダ *Gītagovinda*』の翻訳や『シャクンタラーあるいは運命の指輪、カーリダーサによるインドの戯曲、サンスクリット語とプラークリット語原典からの翻訳 *Sacontalá or the Fatal Ring, an Indian Drama by Cálidás, Translated from the Original Sanscrit and Pracrit*』を発表した。これが、ゲーテをはじめヨーロッパの作家に影響を与えたことはよく知られている。ヘースティングズはヒンドゥー法の研究を重視し、一七七六年には、ペルシア語からの翻訳『ヒンドゥーの法典 *A Code of Gentoo Law*』が出版されていた。しかし、ジョーンズの念願はサンスクリット語から直接英訳したヒンドゥー法要覧の刊行で、死の直前に『ヒンドゥーの法制度——あるいはマヌの法令、クッルーカの注釈による、インドの義務、宗教、民事制度 *Institutes of Hindu Law: or the Ordinances of Manu, According to the Gloss of Culluca, Comprising the Indian System of Duties, Religious and Civil*』を出版したが、全体は未完成のまま亡くなった。

ベンガル・アジア協会を中心とした東洋学は「インドの過去」の再構築に大きな役割を果たし、その知識は植民地支配者のインド認識に決定的な影響を与えた。植民地支配は、従来のインド文化を根底から変えるものではなく、それを理解し、うまく対処することが、統治方針を決定する際に重要だと考えられた。そのため、インドの文化遺産は研究され、保護された。すなわち、「知の支配」が政治的・経済的支配にとって有効だと考えられたのである。むしろ、東洋学者にとっては、異文化に対する旺盛な知識欲が研究への情熱の源泉だったかもしれないが、彼らの研究対象は、主にサンスクリット語で書かれた古代中世の文献だったので、文字文化の主たる担い手であるバラモン男性の世界観がイギリスのインド認識に反映されることとなった。さらに、これらの知識の集積がインド人知識人たちの自己認識にも影響を与え、ナショナリズム感情を喚起することになる。

五　東洋学と音楽学

ジョーンズは東洋学者であると同時に詩人であり、彼の詩には音楽への傾倒がうかがえるし[Singh 1982, p. 172]、ファウク家と親交を結び、インド人音楽家との通訳を務めるなどヒンドゥスターニー・エアの収集にも協力したが、音楽家でもなければ楽器が演奏できたわけでもなく、彼にとって音楽は追及すべきインド文化の一部に過ぎなかったことだろう。しかし、「ヒンドゥーの旋法について——一七八四年に書かれた後大幅に増補 On the Musical Modes of the Hindoos: Written in 1784, and since Much Enlarged」[Jones 1792]は、後に、英語で書かれた最初の本格的なインド音楽研究として知られるようになる。

彼は、自らが創始した比較言語学をあらゆる文化的側面に適用しようとした。音楽研究も例外ではない。彼はサンスクリット語を学ぶ過程で、古代ギリシア語やラテン語、ゲルマン系諸語との類似性を見出し、これらの言語は先史時代の一つの源から派生したと仮定できると主張した。また、安易に諸言語の源を一つの「原始的な言語」に求める従来の語源学を批判し、動詞の語根と文法、人類に共通する親族用語や身体各部の名称、基本的な動作や感情を表す用語などは、外来語が増加しても変化しにくいことに注目し、その類似性を検証した。このように、言語の相互比較における「科学的な方法」を提案したのは彼が最初であった[Singh 1982, pp. 113-142]。これが今日のインド・ヨーロッパ語族概念につながるのだが、言語の歴史を探ることで民族の起源をたどるという意味では、語源学の還元主義を共有している。結局、彼は、比較言語学を通じてヨーロッパの過去の自画像をインドに見出そうとしたのである。たとえば、『アジア研究』創刊号に掲載の論考「ギリシア、イタリア、インドの神々について——一七八四年に書かれた後改訂 On the Gods of Greece, Italy and India: Written in 1784, and since Revised」（一七八八年）では、ラーマとディオニッソス、クリシュナとアポロ、サラスワティーとミネルヴァというようにインドと古代ギリシアなどの神々を印象論的に関連づけている。音楽を論じる際も類似性を安易に指摘する。

彼は「ヒンドゥーの旋法について」のなかで、音楽が人間の身体と精神に与える効果についてはキケロやミルトンを引用し、「古代ギリシア人の考えた音楽の驚くべき効果」が、今日も中国、ペルシア、インドで語られ続けていると指摘する。さらに、ヒンドゥーが描くサンギータ *saṅgīta* と呼ばれる概念、すなわち歌と楽器と舞踊が一体化した「広義の音楽」のもたらす相乗効果については、イタリア・オペラを引き合いに出す。そして、ヒンドゥーの旋法は、ローマ教会で伝承されている古代ギリシアの旋法と比較可能だと主張する。彼は、ペルシアの旋法がサンスクリット語文献に登場することにふれながらも、「ムガルは正確な翻訳もできなかった」「できもしないのに、サンスクリット語がアラビア文字で書けるかのようにふるまった」と評し、それを両者の文化的融合ではなく文化的差異と文化程度の高低に結びつける。すなわち、サンスクリット語文化＝ヒンドゥー文化を称揚し、その後のムスリム支配を文化的衰退の要因とし、インドを理解するためにはヒンドゥーの文献研究が不可欠だと指摘する一方で、ムスリムの貢献を否定的に捉えるのである。後にインド音楽史はサンスクリット語文献を中心に再構築されていくが、ここにその萌芽を見出すことができる。また、反ムスリム親ヒンドゥー的な当時の植民地支配者の感情を反映し、後の分割統治政策へとつながるインド認識も見てとれる。以上、ジョーンズは、インドとヨーロッパの比較では類似性を強調し、ヒンドゥーとムスリムの比較では異質性を強調するのである。

一九世紀に入ると東洋学は急速に研究が蓄積され、ジョーンズへの反論も現れる。ベンガル・アジア協会の総書記を何度か務め、カーリダーサの抒情詩『メーガドゥータ *Meghadūta*（雲の使者）』の翻訳で名高いウィルソン Horace Hayman Wilson（一七八六―一八六〇）は、ヒンドゥーの演劇はあらゆる民族に共通の原理の上に成立しているが、彼ら自身の価値観と歴史の中で育まれた独自性にも着目する必要があると述べてジョーンズを批判した。ただし、ムスリム支配によってヒンドゥーの演劇は衰退したと指摘し、インドの過去のみを見て一方的にそれを称揚すべきではないとも論じている[Wilson 1871, Vol. I, pp. ix–xvii]。

また、ウィラードN. Augustus Willard（生没年不詳）は「ヒンドゥスターンの音楽に関する考察 A Treatise on the Music of Hindoostan」のなかで、ヒンドゥスターンの音楽と古代ギリシアとエジプトの音楽との間に存在する類似性を見出そうと努力したが、それは困難だと述べてジョーンズを批判した[Willard 1834, p. 9]。ジョーンズとウィラードを比較すると、同じ北インド古典音楽を指して、前者は「ヒンドゥー音楽」、後者は「ヒンドゥスターニー音楽」と呼んでいる。すなわち、前者はサンスクリット語文献に書かれた音楽、後者はヒンドゥスターンという地域の音楽として論じた。後者は、実際の音楽に即した記述を試みた点、ヨーロッパとの類似性よりもインドの独自性を強調した点、インドの現状を過去の文明の衰退と捉えた点が特徴だが、ムスリム支配を否定的に捉えた点は両者に共通している。

以上のように、ジョーンズには古代インドのサンスクリット文化を美化する傾向が強かったのに対し、ウィルソンもウィラードも優れたインド文明は過去のものだと捉えている点に注目すれば、そこに進歩史観の影響を指摘することが可能であろう。これは、「文明化の使命」、すなわち進歩したヨーロッパが停滞したインドを支配するための正当化の論理に直接結びつくものである。

六　オリエンタリズムからナショナリズムへ

一八世紀以降ムガル帝国が弱体化すると、音楽家たちはムガルの継承国家に庇護を求めて散らばっていった。その一つ、アワド王国の最後の太守ワージド・アリー・シャー Wājid Alī Shāh（一八二三―八七）がカルカッタに亡命し、五六年にアワドがイギリスに併合され、五八年にインド大反乱によってムガル帝国が滅亡し、イギリスの直接統治が開始されたことは、音楽家たちに決定的な打撃を与えた。彼らは新たなパトロンを求めて新興の大都市に移動した。本節では、一九世紀後半にカルカッタで活躍したインド人音楽学者として有名なS・M・タゴール Sourindro Mohun Tagore（一八四〇―一九一四）を取り上げ、東洋学者の音楽研究に対するインド人の反応、オリエンタリズムの成果がインド人の手で流用され、ナショナリズムへと転化していく論理を追う。

タゴール家はベンガルを代表する名門で、一九一三年にノーベル文学賞を受賞したロビンドロナト Rabindranath Tagore（一八六一―一九四一）や、ベンガル派と呼ばれる美術潮流を代表し、岡倉天心や横山大観など日本の美術界にも影響を及ぼしたオボニンドロナト Abanindranath Tagore（一八七一―一九五一）をはじめ、独立運動期の知識人を輩出した。彼らはジョラサンコ Jorasanko の家系、S・M・タゴールはパトゥリアガタ Pathuriaghata の家系に属する。(4) 両家は一八世紀に分離した。パトゥリアガタのタゴール家は交易事業に成功して巨万の富を築き音楽ホールを建設、ワージド・アリー・シャーと共にカルカッタに移動した音楽家たちの新たなパトロンとなった。また、一八六五年にはパトゥリアガタ・ベンガル劇場 Pathuriaghata Baṅga Nāṭyālaya を設立して古典芸能の普及に努めた［Chatterjee 1996, Vol. I, pp. 220–247］。

S・M・タゴールは、インド音楽を学ぶかたわら、ドイツ人からピアノを学んで西洋音楽の基礎を身につけ、英語で数多くの音楽書を出版し、作曲家としても活躍した。一八七一年にベンガル音楽学校 Baṅga Saṅgīta Vidyālaya、八一年にベンガル音楽研究所 Bengal Academy of Music を設立して音楽教育・研究の普及にも貢献した。その結果、一八七五年にはフィラデルフィア大学から、九六年にはオックスフォード大学から名誉博士号を授与された。欧米の大学から音楽博士号を授与されたアジアの音楽学者は彼が最初である。彼自身が海外に渡航することはなかったが、世界各国にインドの楽器や自身の執筆した音楽書を寄贈した。特にオックスフォード大学のピット・リヴァーズ博物館、ブリュッセル楽器博物館のコレクションは有名である。その際、彼は「ヒンドゥー音楽」とか「ヒンドゥーの楽器」と称した。すなわち、彼の活動は「ヒンドゥー音楽の復興」であり「インド音楽の普及」ではなかった。こうして、東洋学者による「インド音楽はヒンドゥーによって培われた」という認識は、インド人自身によってさらに強化されることになった。

彼の主著『万国音楽史――ヒンドゥー音楽についての様々な独自の論考と共に種々の資料から編纂 *Universal History of Music: Compiled from Divers Sources together with Various Original Notes on Hindu Music*』[Tagore 1896]は、世界各地の音楽の歴史的な鳥瞰図をめざしたもので、世界を「アジア」「アフリカ」「ヨーロッパ」「アメリカ」「オセアニア」の五つの地域にわけ、地域ごとに各国が網羅されている。国別の記述の前に「序論」「国民音楽 National Music」「未開民族 Savage Nations」の三節がある。「序論」は音楽の概論だが、西洋音楽の説明にはサンスクリット語文献を引き合いに出す。「国民音楽」は、「ほとんどの国々は独自の音楽をもっており、その性格は国民的 national といえるだろう」という一文から始まる。それは、「国民的感情の誠実な表現であり、このような表現は外からの影響によって支配されない環境でこそ最もよく表され」、国民音楽の正確な認識を得るためには「上層の人々」によって高度に発展させられた音楽ではなく、「無学な階層」の音楽を観察すべきだと述べる。

インド音楽史は、ヒンドゥー時代・ムスリム時代・イギリス時代に分けて記述されている。これは古代・中世・近代という区分におおむね相当し、ヨーロッパで成立した音楽史学という新しい学問分野をインドに適用した最初の事例として、後のインド音楽史叙述の雛形となっている。「ヒンドゥー時代」の記述は、音楽の神話的起源と「ヴェーダ」の誕生、叙事詩に描かれた音楽、サンスクリット語古典劇と音楽関連文献の紹介である。「ムスリム時代」は、具体的な人物名とともにかなり詳細に記されているが、ムスリムは音楽家を庇護し、新しい形態の歌や楽器を導入したが、理論に関しては独自の著作はなく、サンスクリット語文献の焼き直しにすぎないと述べる。すなわち、理論のヒンドゥー、実践のムスリムと位置づけている。「イギリス時代」は、行政区分に準じた各地の民俗音楽、すなわち「無学な階層」に焦点があてられる。最後に、彼自身が創設したベンガル音楽学校や、彼自身が中心となったヒンドゥー音楽復興運動について述べ、「わが国の政府の助成、友の尽力、インド全人民が示している関心の高さを鑑みれば、ヒンドゥー音楽復興とかつての栄光と純粋性の再生はかなり達成されたとみなしてよい」[ibid., pp. 88–89]と自身の活動の成果に言及して、文を結んでいる。

このように彼の叙述は、ヒンドゥー時代とムスリム時代は一つの音楽体系の変容について語られ、イギリス時代は地方色が強調されている。すなわち、「多様性と統一」という独立インドの国家理念、あるいは「中央と州」という統治形態をすでに懐胎しており、「偉大な過去の物語」の構築を試みた当時の知識人らしい理想主義に満ちている。しかし、「統一」「中央」にあたるのがサンスクリット語文献に基づく「ヒンドゥー音楽」であることに注意すべきだろう。東洋学者に触発されたインド人知識人は、インド音楽の起源と現実の音楽実践との間の連続性を「ヒンドゥー」という言葉で正当化した物語を強化していくのである。さらに、その物語はナショナリズムと手を携え、国民統合の精神的支柱となる一方で、ムスリムの反発や地方の分権意識をも生み出すことになる。

彼は、西洋音楽とインド音楽の関係をめぐってしばしばイギリス人と対立した。特に一八七三年〜七四年の記譜法論争は有名である[Farrell 1997, pp. 66–70; Capwell 1991, pp. 236–237]。この論争は、植民地官僚として赴任し、視学官を務めていたクラーク Charles Baron Clarke（一八三二—一九〇六）が、音楽教育に五線譜を導入すべきだと主張したのに対し、彼を中心とするインド人グループが反発したことに端を発し、西洋音楽とインド音楽の音律をめぐる論争へと発展していった。クラークは西洋の一二平均律を絶対視し、オクターヴを二二に分けるインドの微小な音律の数学的根拠と実践の可能性を疑った。一方、タゴールはクラークの数学主義を批判し、インド音楽では古代から微小な音律が使用され、西洋音楽とインド音楽は異質なのだと主張した[Tagore 1882, pp. 339-397]。タゴールはヒンドゥーの音楽を賞賛した東洋学者の営為を継承するナショナリスト、クラークは西洋音楽の優越性を疑わない植民地主義者だといえよう。この論争は、高等教育への英語の導入をめぐる「オリエンタリスト」と「アングリシスト」の対立を思い出させる。両者ともインドの衰退・停滞・後進性を前提とした「文明化の使命」を共有しながら、「改良の処方箋」に関して、前者は在地の文化に基づくことを主張し、後者はイギリス式を主張した。結局、マコーレー Thomas Babington Macauley(一八〇〇―五九)の「覚書」(一八三五年発表)によって英語導入が決定されたが、彼らの判断も東洋学者の知識の集積の上に成り立っている。音楽教育の場合には、「アングリシスト」の推進した英語教育を受けたインド人知識人が「オリエンタリスト」の役割を務めたのである。こうしてオリエンタリズムはネイティヴに流用され、ナショナリズムへと転化していった。

おわりに

スタッダートーケネディ Gerald Studdert-Kennedy は、キリスト教と植民地支配との思想的関係について論じる中で「ヨーロッパのオリエンタル・ルネッサンスは、インド文明を、主に宗教と宗教体系を中心に組織された社会という点から規定した」と述べる[Studdert-Kennedy 1991, p. 61]。これは、インド音楽を「ヒンドゥー」という枠組みで捉えた東洋学者の音楽観と共通する。また、サイードは「近代の東洋人《オリエンタル》が目に見えて老い衰え、政治的に無能であるという事実に直面したヨーロッパのオリエンタリストは、現在のオリエントの「改良を促進する」ために、失われた過去の古典的オリエントの偉大さを一部なりとも回復することがみずからの義務であると心得た」と述べる[Said 1978(一九八六、八〇頁)]。東洋学者のインド音楽叙述も同様の方向性をもっていた。そして、東洋学者に代わってインド人自身が「ヨーロッパ人がくだしてくれる判断の恩恵」［同右］に基づき「古典的オリエント」すなわちサンスクリット語文献のなかの「ヒンドゥー音楽」の偉大さを回復しようとした。しかし、同時に、後の分割統治につながるヒンドゥーとムスリムの対立構図をなぞってしまった点も指摘しておくべきだろう。

独立インドの音楽観にも東洋学に端を発する知の制度化の影響が色濃く残っている。「オリエンタリスト」の示した「改良の処方箋」は、インド人自身によって変更を加えられ、ナショナリズムへと転化する。そして、独立後のポストコロニアルな文脈のなかで、さらに書き換えられつつ実践されていくのである。

（1）　以下の記述は主に、井上［二〇〇六］に基づく。詳細は、同書の第一章「東洋学の時代――一八世紀末―一九世紀末」［井上二〇〇六、四五―一四五頁］参照のこと。

（2）　中世歌謡の替え歌「マルブルーは戦場へ行ってしまうMalbrough s'en va-t-en guerre」を指すと思われる。マルバラ公のつづりには数種あり、英語圏では「For he's a jolly good fellow」のタイトルでも知られる。スペイン継承戦争を歌ったもの。

（3）　ノットゥは英語のノート（楽音）、スワラはインドの楽音、サーヒティヤは歌詞。楽譜も出版され［Raghavan & Ramachandran 1977］、今日でも子供たちによってよく歌われる。

（4）　この両家はS・M・タゴールの曾祖父の時代に分離した。ジョラサンコ、パトゥリアガタはいずれも両家のあった場所の地名である。

【文献一覧】

Bhabha, Homi K. 1994, *The Location of Culture*, London and New York: Routledge.（『文化の場所――ポストコロニアリズムの位相』本橋哲也他訳、法政大学出版局、二〇〇五年）

Breckenridge, Carol A. & Peter van der Veer eds. 1993, *Orientalism and the Postcolonial Predicament: Perspectives on South Asia*, Philadelphia: University of Pensylvania Press.

Capwell, Charles 1991, "Marginality and Musicology in Nineteenth-Century Calcutta: The Case of Sourindro Mohun Tagore," Bruno Nettl and Philip V. Bohlman eds., *Comparative Musicology and Anthropology of Music: Essays on the History of Ethnomusicology*, Chicago: The University of Chicago Press, pp. 228–243.

Chatterjee, Chhaya 1996, *Śāstrīya Saṅgīta and Music Culture of Bengal Through the Ages*, Vol. I, II, Delhi: Sharada Publishing House.

Clayton, Martin & Bennett Zon eds. 2007, *Music and Orientalism in the British Empire, 1780s–1940: Portrayal of the East*, Burlington: Ashgate Publishing Company.

Cohn, Bernard S. 1997, *Colonialism and Its Forms of Knowledge: The British India*, New Delhi: Oxford University Press. （一九八〇年代の主要論考を収録）

Farrell, Gerry 1997, *Indian Music and the West*, Oxford: Clarendon Press.

Guha, Ranasit, et al. eds. 1982–2000, *Subaltern Studies: Writing on South Asian History and Society*, Vol.1–11, New Delhi: Oxford University Press.

Halbfass, Wilhelm 1988, *India and Europe: An Essay in Understanding*, Albany: State University of New York Press.

Inden, Ronald B. 1990, *Imagining India*, Oxford and Cambridge, MA: Basil Blackwell.

井上貴子 二〇〇六 『近代インドにおける音楽学と芸能の変容』 青弓社

Inoue, Takako 2010, "The Reception of Western Music in South India around 1800," Unpublished Paper, "Orient on Orient: Images of Asia in Eurasian Countries," held at Hokkaido University, July 7–9, 2010.

Jones, William 1792, "On the Musical Modes of the Hindoos: Written in 1784, and since Much Enlarged," S. M. Tagore ed. 1882 *Hindu Music from Various Authors*, Reprint in 1990, Delhi: Low Price Publications, pp. 125–159.

Kejariwal, O. P. 1988, *The Asiatic Society of Bengal and the Discovery of India's Past 1784–1838*, New Delhi: Oxford University Press.

King, Richard 1999, *Orientalism and Religion: Postcolonial Theory, India and "The Mystic East"*, London and New York: Routledge.

Mackenzie, John M. 1995, *Orientalism: History, Theory and the Arts*, Manchester and NY: Manchester University Press.

（『大英帝国のオリエンタリズム——歴史・理論・諸芸術』平田雅博訳、ミネルヴァ書房、二〇〇一年）
Raghavan, V. and P. Ramachandran eds. 1977, *Nottu Svara Sahityas of Muttuswami Dikshitar*, Madras: The Music Academy Madras.
Said, Edward W. 1978, *Orientalism*, NY: Pantheon Books.（『オリエンタリズム』板垣雄三・杉田英明監修、今沢紀子訳、平凡社、一九八六年）
Said, Edward W. 1991, *Musical Elaborations*, NY: Columbia University Press.（『音楽のエラボレーション』大橋洋一訳、みすず書房、一九九五年）
Said, Edward W. 1993, *Culture and Imperialim*, NY: Knopf.（『文化と帝国主義 1・2』大橋洋一訳、みすず書房、一九九八・二〇〇一年）
Singh, Janardan Prasad 1982, *Sir William Jones: His Mind and Art*, New Delhi: S. Chand & Company.
Spivak, G. C. 1988, “Can the Subaltern Speak?” C. Nelson and L. Grossberg eds. *Marxism and the Interpretation of Culture*, Urbana and Chicago: University of Illinois Press.（『サバルタンは語ることができるか』上村忠男訳、みすず書房、一九九八年）
Spivak, Gayatri Chakravorty 1999, *A Critique of Postcolonial Reason: Toward a History of the Vanishing Present*, Cambridge: Harvard University Press.（『ポストコロニアル理性批判——消え去りゆく現在の歴史のために』上村忠男・本橋哲也訳、月曜社、二〇〇三年）
Studdert-Kennedy, Gerald 1991, *British Christians, Indian Nationalists and the Raj*, New Delhi: Oxford University Press.
Suleri, Sara 1992, *The Rhetoric of English India*, Chicago and London: Chicago University Press.（『修辞の政治学——植民地インドの表象をめぐって』川端康雄・吉村玲子訳、平凡社、二〇〇〇年）
Tagore, Sourindro Mohun 1882, *Hindu Music*, 1st edition in 1875, 2nd edition, Reprint in 1994, Delhi: Low Price Publications.
Tagore, Sourindro Mohun 1896, *Universal History of Music: Complied from Divers Sources, Together with Various Original Notes on Hindu Music*, Reprint in 1990, Delhi: Low Price Publications.
The Asiatic Society 1984, *Bicentenary Souvenir 1784–1984*, Calcutta.
Valentia, George Viscount 1994, *Voyages and Travels to India, Ceylon, the Red Sea, Abyssinia, and Egypt, in the Years*

1802, 1803, 1804, 1805, and 1806, 4 Vols. 1st Published in 1811, Madras: Asian Educational Services.

Willard, N.Augustus 1834, "A Treatise on the Music of Hindoostan," S. M. Tagore ed. 1882 *Hindu Music from Various Authors*, Reprint in 1990, Delhi: Low Price Publications, pp. 1–122.

Wilson, Horace Hayman 1871, *Select Specimens of the Theatre of the Hindus*, Vol. I, II, 1st edition in 1827, 3rd edition, Reprint in 1984, New Delhi: Asian Educational Services.

Woodfield, Ian 2000, *Music of the Raj: A Social and Economic History of Music in Late Eighteenth-Century Anglo-Indian Society*, Oxford: Oxford University Press.

トピック・コラム

台湾原住民社会と洋務

張士陽

洋務期の台湾では茶と樟脳が世界市場への主要な輸出品となる。それらの生産地となる山間地は清朝に帰順していない台湾原住民の占有地域との境界地帯だった。漢人開発集団は境界を越えて開発を行うために、民兵を組織し山地の原住民を武力で排除するなどして茶畑を開墾、樟脳の原料である樟木を伐採した。これに対し山地の原住民は銃で武装し、漢人開発集団を攻撃した。一八八五年以降、劉銘伝《りゅうめいでん》は官民共同の山地武力制圧を断行するが、山地原住民は激しく抵抗した。

現代の台湾で台湾原住民とは一六世紀までに、台湾各地に居住するようになったオーストロネシア語系の人々の総称で、二〇前後の言語グループがあった。

清朝は台湾原住民を「番」と総称し、統治対象の主に平地に住む台湾原住民を「熟番《じゅくばん》」、統治対象外の主に山地に住む台湾原住民を「生番《せいばん》」と呼んだ。清朝統治下の台湾には対岸の福建南部や広東東部から閩南《びんなん》系漢族や客家《ハッカ》系漢族が移住した。漢族移民によって西部平原の農業開発が進行した。

一八六〇年代の洋務期にはいると、台湾では淡水・安平・鶏籠《キールン》・打狗《ターコウ》が対外開港し、丘陵地帯で栽培される茶と山地に原生した樟木から抽出される樟脳とが重要な世界市場向け輸出品となった。

漢族の有力者は共同で開発資本を調達して山地への開墾を拡大した。その際に山地原住民の襲撃から防禦するため、隘《あい》（警備施設）を配置し「熟番」や客家系漢族からなる隘丁《あいてい》（武装兵）に警戒させた。一方、山地の原住民は番割《ばんかつ》（境界地帯で非合法な交易を行っていた漢族の冒険的商人）から大量の銃や弾薬を入手し、山地開発を強行する漢族への抵抗を強めた。

一八七四年の日本の台湾出兵は清朝に衝撃を与え、清朝は台湾の海防体制の整備と全島の実効支配をめざした。翌年、沈葆楨《しんほてい》は開山撫番《ぶばん》政策を開始し、その後福建巡撫《じゅんぶ》の丁日昌《ていじっしょう》がこれを引き継いだ。開山とは先ず軍隊が番地（山地の台湾原住民占有地）に至る道路を開鑿し、その後人民に番地の開墾を奨励し村落を形成させ、最後には街を作り役人を置いて統治するというもので、撫番とは①「生番」の清朝への帰順の証として薙髪《ていはつ》させ、平地民との交易を許す。②番社（原住民村落）の戸口・土地調査を実施、村落間の土地争奪を防ぎ、漢人の開発に備えて余剰地を明らかにする。③頭目を選び番社の行政の責任を負わせる。④義学の設置。⑤交易の規制、市鎮を紳士に管理させ、銃・火薬の密貿易を禁止する。⑥授産、焼畑・狩猟から定地耕に転換する、といった内容だった。清朝はこの政策に巨額の経費を投じたが実効は殆ど上がらず、一八八二年以降、山地原住民の抵抗は強まり、樟脳の輸出は最盛期の半分以下に減少した。

清仏戦争の影響で、フランス海軍の攻撃に備えて隘丁の一部が台湾の海防に充てられると、山地原住民は攻勢にでた。その結果一八八四年樟脳の輸出が激減、一八八五年にはほとんど輸出できなかった。同年一〇月、台湾は福建省台湾府から台湾省に格上げされ、初代台湾巡撫となった劉銘伝は兵器機器局、火薬局、樟脳局などを創設し、独立採算に基づく積極的な台湾経営を行い、人口調査と土地調査とによって土地税の増収を図り改革の財源に充てようとした。開山撫番政策では地域エリートとの協力関係を重視し、北部は板橋《ばんきょう》林家の林維源《りんいげん》、中部は霧峰《むほう》林家の林朝棟《りんちょうとう》を起用し彼等の財力と兵力とを利用しようとした。

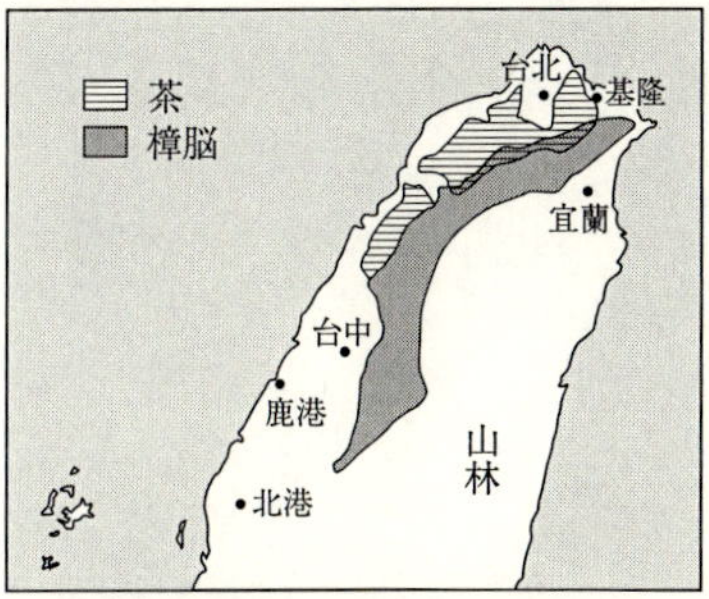

茶と樟脳の生産地域(1860–1895)

一八八六年、撫墾局が設立され林維源が責任者となった。撫墾局は総局の下に八つの局を設け、それぞれの局に若干の分局を置いた。撫墾局の任務は要所に駐屯する兵士と連携して「生番」の帰順工作を行うものだった。北部は林維源を中心に、中部は林朝棟を中心に山地原住民地域への武力侵攻が開始される。林維源は大嵙崁《だいかかん》のタイヤル族への武力侵攻の際にタイヤル族の内部の対立を利用し、また劉銘伝率いる官軍の進軍のための道路開鑿などを行った。一連の武力侵攻で帰順する原住民も相次ぎ、樟脳の生産も一八七〇年代の三〇%ほどまで回復した。

劉銘伝は一八八九年三月、全台湾の「生番」が帰順したとの上奏を行ったが、その後、原住民側の熾烈な抵抗が再燃、同年九月、統帯宜《ぎ》蘭《らん》防勇副将劉朝帯《りゅうちょうたい》が蘇澳《すおう》から五〇里(約二五キロメートル)離れた光立嶺《こうりつれい》地方で原住民の待ち伏せ攻撃を受けて、劉ら二七三名の将兵が全滅する事件が発生した。

さらに劉銘伝が台湾を離任した後、一八九一年四月から一〇月にかけて、大嵙崁・三角湧《さんかくゆう》・双渓口《そうけいこう》一帯で原住民の武装蜂起が相次ぎ、樟脳の生産は再び打撃を受けた。これに対し、林維源と林朝棟はそれぞれ大部隊を率いて武力制圧を行い、各地で激戦が展開され多数の死傷者が出たものの、原住民の抵抗を押さえ込んだ。これにより台湾の樟脳輸出は急増し、日本の輸出量を上回り世界一になった。開山撫番政策によって茶・樟脳の生産は増加、北部台湾の経済的地位が上昇し、この政策に協力することで山間地に新たな土地を獲得した板橋林家(林本源《りんほんげん》)や霧峰林家は台湾有数の資産家一族となった。しかしその背後で山地原住民らのおびただしい血が流されていたのである。

人物コラム

ラーマ五世

増田えりか

タイの現王朝ラタナコーシン朝第五代の王であるラーマ五世(一八五三—一九一〇)はタイの近代化を成し遂げた偉大な君主として、現在もタイ国民に敬愛されている。崩御の一〇月二三日は、祝日「愛する大王の日」とされ、旧国会議事堂前の王の騎馬像に現国王が花輪を捧げる。名門チュラーロンコーン大学の名は、王の親王時代の名に由来している。一八六八年に即位し、五七歳で崩御するまで、日本の明治時代とほぼ重なる約四二年の治世は、列強による周辺諸国の植民地化が進み、英仏の脅威に直面しつつ独立を守ったタイが、近代国家としての体裁を整えていく大変動の時代であった。

王は映画「アンナと王様(一九五六年版「王様と私」)」のモデルとなったラーマ四世の八二人の子供の一人であった。幼少時の王は、宮廷内においてパーリ語、武術、馬術、象術などの伝統的な教育を受けた。教育を授けた人物の中には、宮廷内においてシャム式数学、占星術をも教え、当時の宮廷女性としては型破りな人物であったラーマ三世のウォーラセートスダー王女もいた。また、近隣諸国、さらに世界の情勢に注意深く関心を向け、情報の収集に余念のなかったラーマ四世の教育方針により、一八六二年からの四年間、英国人アンナ・レオノーウェンスから英語と世界情勢について学んでいる。一八八〇年代末に王と会見したある英国人女性は、「王は我々と通訳をはさんで会話したが、私たちの話す英語を完全に理解していた」と述べている。

一八世紀末の王朝成立以来、名門貴族層が権力の中枢を常に占め、その勢力の均衡の上に成り立った国王の権力は絶対的なものではなかった。ラーマ四世は国王の地位を唯一無二の権力者へと引き上げることに力を注いだ。ラーマ五世は王位継承者として父王から政治術、歴史、宮廷習慣などについての教えを直接受け、「どこに行っても父王の写真がなければ穏やかに眠りに入れない」と後年語るほど、四世王の強い精神的影響の下にあった。一五歳で即位した後、父王の遺志を受け継いだ王が生涯を通じて実現に努めたのは、国王を中心とした中央集権国家の確立であった。一八七一年から翌年にかけては、シンガポール、ジャワ、ビルマ、インド等に外遊し、西欧諸国の植民地経営を観察しつつ「シャム(現在のタイ)の国を変化させていくためによい手本になるかを観察した」と語っている。

即位当時は、摂政を務めた有力貴族の意のままに動くお飾りのように実権がなかった、と後に王は回想しているが、一八七三年に成年に達し親政を開始すると、まず税収の国庫へ

ラーマ５世

の集中化を急務と考え財政改革に着手した。その他にも、一八七四年に設立した国政参議会の下で、各省庁に分散していた裁判権を国王の元に置く裁判制度改革、定められた身価によって売買される「タート」身分の漸進的廃止への着手、官立学校の創設などを行なったが、イギリスの介入をあわや招きかねない旧勢力の強い反発にあい、急進的な改革の継続を一旦断念している。

一八八〇年代に入ると、旧勢力の中心人物が相次いで没していったことにより、本格的な内政改革への着手が可能となった。中央官庁の指揮命令系統を国王の下に集結する改革がはかられ、一八九二年には一二省庁制として完成した。また、その二年後に地方行政が内務省の下に一元的に管理される体制が整えられた。従来、首都から遠ざかれば遠ざかるほど国王の直接的な支配力が弱まり、多くは世襲の国主による自律性の高い統治の下に置かれていた地方が、バンコクの直接的な支配下に置かれることとなった。

ラーマ５世

ただし、支配領域の画定は英仏の植民地拡大によって決定された場合も多く、旧来の影響域の多くが失われていった。「この度の領土喪失によって失われた名誉は大きい。悲しみに茫然自失するばかりである」と王は大いに嘆いたが、引き換えにラーマ四世時代に結ばれた不平等条約のうち、領事裁判権の一部制限を英仏より引き出すことには成功した。

五世王時代の諸改革は、四世王の親王・自らの親王のうち、成人したそれぞれ三〇名、一九名の大半をほぼ独占的に政府の要職に置き、王の構想した政策の推進力とすることによって進められた。これほど多くの王族が政府の要職を占めたことは王朝始まって以来未曾有の出来事であった。

王の統治期のあいだに、西欧文明をモデルとして学校、軍隊、警察などの諸組織が創設され、郵便、水道、電信、鉄道等が導入された。また、宮廷のファッションの中にも西欧風が積極的に取り入れられていったが、統治制度に関しては、王は立憲君主制の導入を否定、西欧的な国民国家の形成は後日を待つこととなった。ラーマ五世は、かつて王国の影響域にあって緩やかで重層的な支配の下に置かれていた諸の民が、国王を頂点とした厳格な身分秩序の下に臣民として組み込まれていく過程を情熱をもって主導し、タイに史上初の絶対王政をもたらした国王であった。

個別史／地域史

Ⅲ　地域社会から見る変容過程

個別史／地域史Ⅲ

太平天国における不寛容——もう一つの近代ヨーロッパ受容

菊池秀明

はじめに

本稿が扱うのは一九世紀半ばの中国で発生した太平天国運動（一八五〇—六四年）である。この運動はかつて中国革命の先駆者と称えられ、中国近代史研究の主要なテーマであったが、中国において革命史パラダイムが崩壊すると研究も下火になった。近年は改革・開放政策の恩恵を受けた都市知識人が、客家《ハッカ》（客家語を話す漢族のサブ・グループ）を主とする辺境の移民が起こしたこの運動の破壊性を強調することも少なくない。さらには現政権にとって脅威である法輪功《ほうりんこう》問題と結びつけ、洪秀全が創設した上帝教をカルト宗教と見なす議論も存在する。だがこの運動の実像については現在も未解明の部分が多い。

たとえば太平天国がキリスト教の影響下に生まれた事実は、科挙受験に失敗した洪秀全が見た「幻夢（天上に昇ってこの世を救う使命を与えられたとする夢）」と共によく知られている。だが運動の母体となった上帝会については、その儒教的色彩や民間宗教の影響とくにシャーマニズム（天父天兄下凡）の果たした役割が注目され、「中国化」の側面が強調されることが多かった。かつて筆者も客家の諸習慣が上帝教の教義に与えた影響を指摘したことがある。

それでは結局のところ洪秀全はキリスト教から何を学んだのだろうか？　それは太平天国にいかなる特質をもたら

したのか？ これらの問いについては、更なる考察が必要であろうと思われる。以下では太平天国前期の活動を手がかりに、ユダヤ・キリスト教思想の「不寛容(Intolerance)」が太平天国に与えた影響について分析を進めたい。そしてその歴史的役割を中国近代史の中に位置づけてみたいと思う。(1)

一 洪秀全のキリスト教受容における不寛容——偶像破壊運動の背景

洪秀全のキリスト教受容は、プロテスタントの伝道書である『勧世良言』との出会いから始まった。著者の梁発(広東高明県人)はロンドン伝道会の宣教師モリソンに印刷工として雇われ、一八一六年に洗礼を受けた。洗礼後の彼は「人々に勧めて偶像を投げすて、罪を懺悔させ、唯一の真の神を崇拝」させようと試み、『勧世良言』など多くのパンフレットを作成した。そこで梁発は中国人が「無数の神仏像を造って拝んでいる」ことを取りあげ、「死物に向かって庇護を求めるとは、まことに笑うべきであり、実に哀れむべきである」(巻三)とあるように偶像崇拝に対する厳しい批判を展開した。

偶像崇拝の批判に重点を置いたのは、当時の中国におけるプロテスタント布教に共通して見られた特徴だった。元々中国でプロテスタントの布教が始まったのは、一八世紀後半にヨーロッパ各地とアメリカで広がった福音主義運動(Evangelical Revival)と呼ばれる宗教復興運動がきっかけだった。この運動は個人の回心体験(明確に体験できる激しい心の変化)や敬虔な信仰生活を重んじ、アジア、アフリカへの積極的な布教活動を行ったことで知られる。ロンドン伝道会もその一つで、中国へ最初に派遣された宣教師であったモリソンは中国人アシスタントの回心体験に大きな関心を寄せたという。

だが宣教師たちの熱意にもかかわらず、プロテスタントの中国布教は成功せず、三〇年間で十数名の信者を獲得したに過ぎなかった。その第一の要因は清朝がキリスト教を禁止していたためであり、アヘン戦争後の交渉で開港場での布教が認められたものの、内地布教が正式に許可されたのは一八六〇年の北京条約のことだった。また忘れてならないのは福音主義運動の厳格な姿勢が、中国人が入信するうえで障碍となった事実である。とりわけ全ての人間が罪人であり、イエスの死と復活によってその罪が贖われたとするキリスト教の教義は、異なる文化的背景に生まれ育った多くの中国人にとって理解しがたいものだったと思われる。

こうした現実を前に、宣教師たちは中国社会が「偶像に満ち、偶像崇拝者に取り囲まれた地」であることに着目し、儒、仏、道教に代表される既存の諸宗教を偶像崇拝として批判することに重点を置くようになった。むろんこうした排他的な姿勢は後の仇教運動につながる人々の反発を招き、梁発も初めは「こんな教えがあるものか！　神仏や菩薩の像を拝んではいけないなどと、いったい何という教えなのか。こんなものは間違いなく邪教異端で、誰が信じるだろう！」(『勧世良言』巻六)と受けとめたと回想している。

だが既存の神々を拝むことが破滅につながるという言説は、直截的であるがゆえに強い影響力を持った。科挙に挫折した洪秀全が『勧世良言』の「誰もがこの二像(文昌、魁星の二神)を拝み、幼い頃から勉強を続けているのに、七、八十になっても科挙に合格できない者がいるのは何故か？……。その原因は人々が儒教によって科挙合格の栄誉を求め、ついに惑わされてこの二つの偶像を拝むようになったことにある」(巻二)という主張を読み、「長い夢から醒めた」ようなショックを受けたのはその例である。

『勧世良言』を読んで自ら洗礼を行い、上帝教を創設した洪秀全は、一八四七年に広州にいたバプテスト派の宣教師ロバーツを訪ねた。ロバーツはギュツラフの海外伝道に刺激され、彼の牧師としての能力に疑念を抱いた本国アメリカの海外布教団の反対を押し切って中国に渡った人物である。彼は自派の教義や信念に対するこだわりが強く、直接行動的であったために他の宣教師と齟齬をきたすことが多かったという。

この時洪秀全の「幻夢」体験を聞かされたロバーツは、「コルネリオの見た異象〔「使徒言行録」第一〇章にある、幻で見た天使のお告げに従い洗礼を受けた異邦人の話〕と同じ」という好意的な評価をした。ロバーツは友人に宛てた手紙の中で「彼がすでに学び取っている一つのことは、偶像崇拝が間違っているということである。だからこそ彼はすぐさま偶像を捨て、また他人にもそうするように教えたのだ」(Baptist Banner and Western Pioneer, 一八四七年七月二九日号王慶成論文より転引)と述べている。それは洪秀全が『勧世良言』の影響を受けた結果であり、彼にとって偶像崇拝の否定はキリスト教理解の核心であった。また周囲の証言によれば、洪秀全はキリストによる罪の赦しについて理解が足りなかったという。だがそれは初期信者の多くがぶつかった壁であり、夢の中で天に上り、「至尊の老人」(ハンバーグ『洪秀全の幻想』)と出会ったと語る洪秀全はむしろ明確な回心体験を持つ前途有望な青年と受けとめられた。

さらに洪秀全はモリソンがキリスト教の神であるヤーヴェを「上帝」と翻訳したために、両者は同じものであり、キリスト教は太古の中国でも信仰されていた宗教であると受けとめた。この異文化の受容にあたって中国文化の中にその源流を見いだそうとする傾向は、中国近代におけるヨーロッパ文明の受容過程でしばしば見られた現象であった。しかし漢学者として知られる宣教師エドキンスは、古代中国と西洋の祭祀には共通点が多いと指摘している(中国と西洋の祭祀の異同について)。言いかえれば宣教師たちも上古の時代には西洋、東洋の区別なく「上帝」を崇拝していたという見解を持っていたのであり、洪秀全のキリスト教受容はこれら宣教師たちの見方に影響を受けたと考えられる。

さて洪秀全はロバーツの教会に三カ月ほど滞在し、聖書の全文を読んだ。だが後の彼の著作を見る限り、この時洪秀全が注目したのは『旧約聖書』の前半五書(「創世記」から「申明記」まで)に限られていた。その最大の理由はここにモーセの十戒(「出エジプト記」第二〇章)など、偶像崇拝の否定に関わる部分が含まれていたためであった。また本村凌二氏は岸田秀氏の研究を踏まえ、キリスト教のような一神教は虐げられ抑圧された被差別民の宗教になりやすいと指摘している。広東へ遅れて入植したために周囲から差別を受け、コンプレックスの裏返しとして「由緒正しき正統」にこだわった客家人の洪秀全は、天地創造の物語に始まる旧約の前半部分をこよなく愛したと考えられる。

だが洪秀全の聖書理解が旧約に偏り、新約聖書の「キリストによる罪の赦し」という主題に関心を示さなかった結果、上帝教はユダヤ・キリスト教思想の不寛容に強い影響を受けた。元々旧約は唯一神であるヤーヴェと人間の契約の記録であった。太平天国が刊行した『欽定旧遺詔聖書』によると、ヤーヴェ（皇上帝）は「烈気の上帝」であり、「もし朕を恨む父親がいれば、朕はその罪を三、四代先の子孫にまで問う」（巻二、出麦西郭伝）と述べている。さらに同書巻三の利未書（レビ記）は再び偶像崇拝を禁じたうえで次のように述べている。

> 朕の言葉を聞かず、反抗するならば、朕は激しい怒りをもって立ち向かい、なんじらの罪に七倍の懲らしめを加える。なんじらは自分の息子や娘の肉を食べるようになる。朕はなんじらの聖なる高台を破壊し、香爐台を打ち壊し、倒れた偶像の上になんじらの死体を捨てる。朕の心がなんじらを退けているからだ。またなんじらの町々を廃墟とし、聖所を荒らし、なんじらがそこで献げる宥めの香りを受け入れない（第二六章）。

ここに現れる愛憎激しい皇上帝の姿は、『天兄聖旨』における天父の「朕の性格は天上において烈である」（巻一、戊申年十一月中旬）といったお告げによって信者の間に広まった。李秀成（藤県大黎郷人、後の忠王）が「上帝を拝む者は救われるが、拝まない者は蛇や虎に襲われる」と教えられ、恐怖のあまり「あえて別の神を拝まなかった」（李秀成の供述書）と供述したのはその結果である。またこうした制裁を免れるためには、自らを神の意志の代行人と位置づけ、偶像崇拝を否定する直接的な行動を起こすことが不可欠と考えられた。

さらに読書人出身の洪秀全は儒教の強い影響を受けていた。彼は広西貴県で少数民族の恋愛神だった六烏廟を「淫奔で野合した奴」（『太平天日』）と呼んで排撃の詩を作った。儒教も偶像崇拝に対しては否定的で、正統論の立場から異文化の習慣に対して「男女の関係については甚だ分別がない」（趙翼『簷曝雑記《えんばくざっき》』巻三）といった批判を加えることが多かったためである。これに洪秀全の偏執症《パラノイア》的な傾向や「暗愚で教義にこだわり頑固」（リンドレー『太平天国』四、二六四頁)と評されたロバーツの性格が加わり、上帝教の「邪を斬り、正を留める」という排他的かつ攻撃的な教義が形成されたと考えられる。

結局のところ洪秀全はロバーツから経済的庇護を目当てに入信しようとするライス・クリスチャンであると誤解され、洗礼を拒否されてしまった。失意のなか広西へ向かった洪秀全は桂平県紫荊山《しけいざん》で地道な布教を続けていた親友の馮雲山《ふううんざん》(のちの南王)と再会し、その成果に勇気づけられて付近の廟の神々を打ち壊す偶像破壊運動を開始した。この運動は有力移民を中心とする社会秩序を震撼させ、上帝会が武装蜂起へ向かうきっかけとなったが、それはヘブライズムと儒教という二つの正統論が生み出した産物だったと言えよう。

二　太平軍にみる宗教性と不寛容——全州、南京の虐殺事件をめぐって

一八五〇年に上帝会は「皇上帝を崇めていた」太古の中国へ回帰するべく、清朝の打倒をめざして蜂起した。太平軍は各地で清軍を破り、北上して南京へ向かった。この過程で一つの事件が発生した。一八五二年六月三日の広西全州における住民虐殺である。

簡又文氏が紹介した事件の経緯は次のようである。広西の省都桂林を攻略できずに湖南へ向かっていた太平軍は、初め全州を攻撃する意図はなかった。ところが城内からの砲撃で南王馮雲山が瀕死の重傷を負うと、報復に燃えた太平軍は猛攻撃を加え、城を攻め落として住民を虐殺したという。崔之清氏はこの説に対して疑問を唱え、馮雲山は全州占領後の蓑衣渡《さいと》の戦いで戦死しており、いわゆる「屠城《とじょう》」伝説は太平天国を敵視した文人たちが作り出したフィクションであると述べている。

実際はどうだろうか。台湾の国立故宮博物院に残された周永興なる太平軍兵士の供述書は、六月五日に発生した蓑

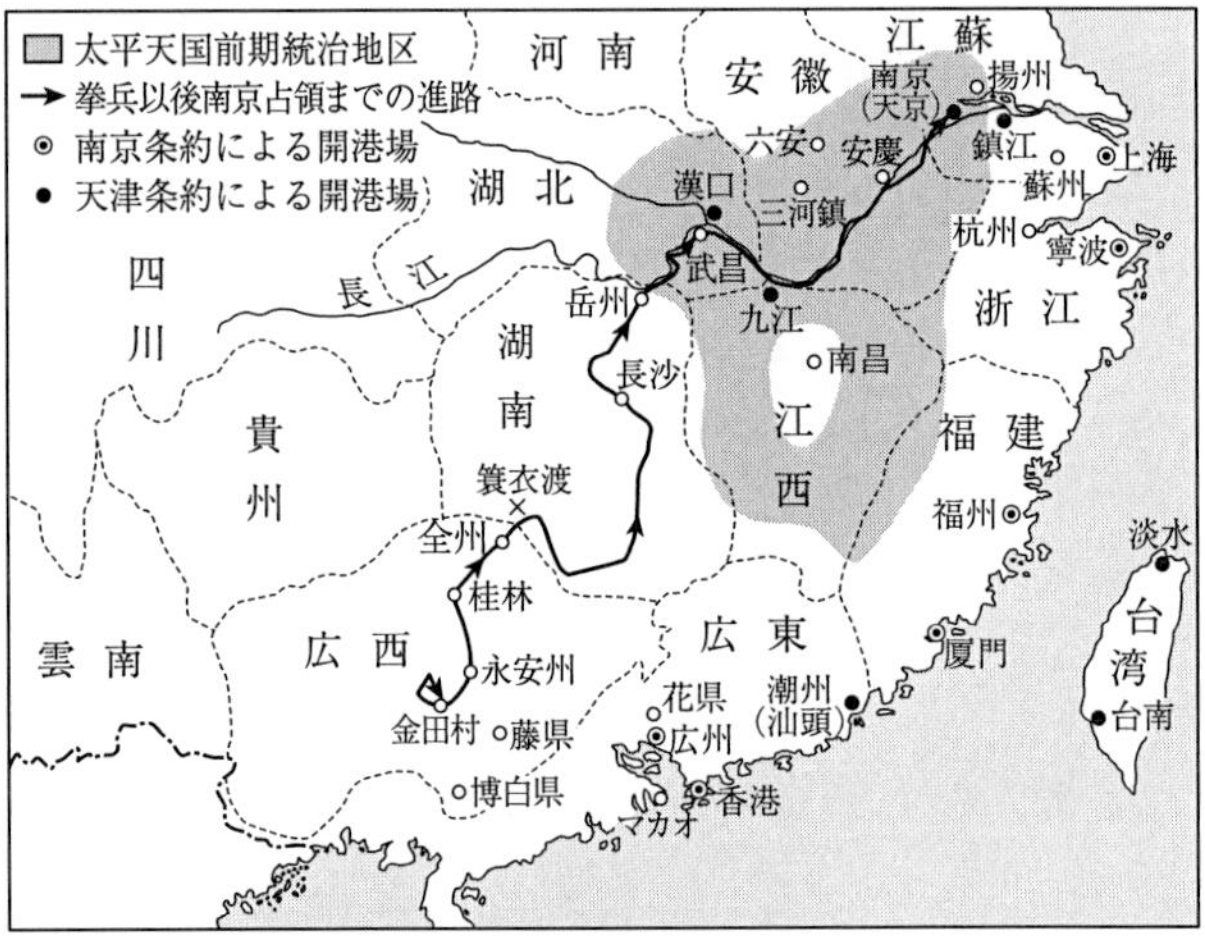

図1　太平天国期の中国南部

衣渡の戦いについて「賊匪は形勢が良くないと見て、西王（蕭朝《しょうちょう》貴《き》）、南王、北王（韋昌輝《いしょうき》）、羅大人（羅大綱）が共に船から岸に登り戦闘を指揮した」と述べている。また翌六日には「西王〔南王の誤り〕が大砲の弾にやられ、傷はとても重かった」「彼はすでに死に、川辺に紅の綾絹に包んで埋葬した」（軍機処檔案〇八四六一三号）と供述しており、ここから馮雲山が負傷、死亡したのが蓑衣渡の戦いだったことがわかる。欽差大臣賽尚阿《サイシャンア》の報告によると全州の死者は一三〇〇名余りで、その殆どが清朝官員とその家族、将兵そして動員された団練（自警団）兵士であった。住民の多くは城の包囲が厳しくなる前に城外へ脱出して無事だったという。

それでは「王を殺された報復に住民を虐殺した」というフィクションはなぜ生まれたのであろうか？　太平軍の全州攻撃は五月二四日から一一日間に及んだが、その戦いは坑道を掘り進めて城壁の爆破を図るなど執拗であった。なぜなら上帝教において清朝官員、将兵およびその協力者は「妖魔」即ち偶像崇拝を行う宗教的な敵とされ、洪秀全も「天は妖魔を誅するために汝〔兵士たち〕を遣わしたのだ。天父天兄が常に顧みてくださる。男も女も悉く刀を持ち……、心を合わせて大胆に妖魔を殺せ」（永安突囲の詔）とあるように、彼らに対する容赦ない殺戮を命じていたからである。

こうした激しい宗教的な情熱は、太平軍が進撃先で行った寺院や廟および神像に対する破壊にも現れた。後に湘軍を組織した曾国藩を「孔子、孟子はあの世で痛哭されていよう」(粤匪を討つべき檄文)と嘆かせたこの行動は、宣教師の戦略や洪秀全のキリスト教理解をベースとした偶像破壊運動の延長であり、「講道理《ジャンダオリー》」と呼ばれた宗教宣伝と共に形骸化しながらも運動末期まで継続された。また太平軍が桂林を攻撃した時には、同じく一神教を奉じるイスラム教徒が城を攻める武器を作って協力したという。つまり全州の守備隊は太平軍の濃厚な宗教性に支えられた敵意に直面し、逃げ場を失って必死に抵抗した結果、徹底的な殺戮にさらされたのである。

だがこうした真剣な戦いぶりは、当時の中国社会にあっては理解を絶するものと受けとめられた。むしろ「正常」だったのは救援の清軍が見せた虚偽と保身であり、全州知州の曹燮培《そうしょうばい》は「各大人は万余の軍がありながら、賊人の心を寒からしめることが出来ない」「もしなお観望して進まず、賊を撃退する計略がないのであれば、早晩必ずや不測の事態が生じるだろう」(民国『全県志』巻九)と指揮官たちの弱腰を非難した。そして一切の妥協を受けつけなかった太平軍の態度――「異常」な現実に人々が与えた解釈こそは、「王の死に怒り、報復のために虐殺した」という物語であったと考えられる。これとよく似た伝説は一八五三年に北伐軍が通過した山西平陽府などでも残されている。

いっぽう太平天国が実際に起こした虐殺事件の中で、最も規模が大きかったのは南京内城の満洲人虐殺であろう。一八五二年末に長江中流域へ進出した太平軍は、五三年二月に十数万の大軍で南京へ攻めよせた。清軍の守備隊は孤立し、三月一九日朝に太平軍が地雷で城壁を爆破すると、防禦体制が混乱して漢人居住区である外城はあっけなく陥落した。この時江寧将軍祥厚《シャンホウ》が率いる約四千名の八旗兵は、満洲人居住区である内城に家族と共に立てこもった。二〇日に始まった太平軍との戦闘は凄惨を極め、城壁の外には死んだ太平軍兵士の死体が積み重なるほどだった。

二一日に南京内城が陥落した時に、囲みを破って脱出した八旗兵はわずか四百名に過ぎなかった。またこの戦いでは旗人女性が城上の警備や後方支援に加わったため、二三日には「生き残った満洲の婦人数千人を、賊はことごとく朝陽門の外へ駆り立てて、囲んでこれを焼き殺した」(金陵省難紀略)とあるように、満洲人女性に対する虐殺が行われた。その後も「捜妖」すなわち一般住民の家に潜伏した満洲人や清朝官員、兵士に対する徹底した捜索が行われ、見つかり次第殺された。長江の岸辺では殺される女たちの「泣き叫ぶ声が天地を震わせた」(養拙軒筆記)という。

結局のところ南京で殺された満洲人の犠牲者は二万とも、三万とも言われるが、正確な数は不明である。簡又文氏はこの事件について「残酷にして人道なき暴行は、上古・中古の時代に行われた戦争の特徴であって、現代文明においては許されざることである」と述べている。同時に彼はまた太平天国が「倒満興漢」の民族主義を掲げ、頑強な抵抗に遭って無数の兵士が死傷したのだから、いったん城が陥落すれば虐殺が起きるのは「自然な人情」だと指摘している。このように虐殺の原因を太平天国の反満思想に求める見解は当時から存在した。一八五三年四月二三日のノース・チャイナ・ヘラルドは太平軍の虐殺行為を報じた後、「これはヨーロッパ人に反感を抱かせるが、激情にかられた中国人は報復をやりすぎたとは決して思っていない。彼らの刑罰の方法が極端に残酷なことで知られているからだ」とあるように、清朝の苛酷な統治こそが太平天国を含む漢人の満洲人に対する憎しみを生み出したのだと分析している。

確かに太平天国は湖南から長江流域へ進出する過程で「天を戴いて胡を討つ檄」などの檄文を発し、「天下は中国の天下であって、胡虜《こりょ》の天下ではない」(頒行詔書)という強烈な漢人中心主義を唱えた。その背後には異民族王朝である清朝の厳しい言論統制のもとで台頭した客家のローカルな愛国主義(パトリオティズム)があり、同時代の朝鮮や日本、ベトナムで清朝がもはや「中華」を代表せず、自分たちこそが華夷秩序の中心であると主張した「小中華」ナショナリズムの代替物としての性格を帯びていた。また太平天国が提起した反満主義は、清朝支持者を含めた中国社会に少なからぬ影響を与えた。南京の陥落原因を分析したある官僚は「満漢の兵勇が不和となって、賊がついに隙に乗じて入った」とあるように、清軍守備隊の間で民族間の摩擦があったことを認めている。

だが太平天国自身の思想的文脈に立ち戻って考えた場合、彼らが清朝を排撃したのは太古の中国が行っていた「上帝」への信仰を失わせ、皇帝の称号を僭称することでヤーヴェを冒瀆してきた歴代王朝の系譜に連なるからであった。また太平軍が満洲人を敵視したのは「胡虜を妖人と見なすのは何故か？　蛇魔閻羅《えんら》妖《よう》は邪鬼である。韃靼《だったん》妖胡はただそれだけを崇拝する。だから現在胡虜を妖人と見なすのだ」と言われたように、彼らが「天条〔十戒〕」の教えに背いた偶像崇拝者であったためだった。

ヘブライズムの伝統において、ヤーヴェは戒めと掟を守らない者には滅びをもたらす裁く神であった。太平天国にとって南京とは「小天堂」即ち約束の地であり、ここに到達するためには偶像崇拝者を一掃しなければならなかった。こうした宗教的な不寛容こそが、鍾文典氏が言うように「金田蜂起以来の大勝利」であったはずの南京攻略戦で「空前の残酷な大虐殺」を生み出した原因だったと考えられる。

もう一つ興味深い事例として、南京で活動していたカトリック教会に対する太平天国の態度を見たい。南京教区司教マレスカの報告によると、三月二一日に南京城内を制圧した太平軍は教会堂に姿を見せた。ちょうど教会では受難週の祈りがささげられていたが、兵士たちは信者が跪いて祈ることを許さず、「天父」を敬うように命令した。そして「三日以内に言うことに従わなければ、全員首を切る」と申し渡して去った。

はたして三月二五日に信者たちが十字架を拝んでいると、突然大勢の太平軍兵士が教会堂に乱入し、大声で威嚇しながらキリストの像を打ち壊し、祭壇をひっくり返した。続いて太平軍は自分たちの祈禱書を信者たちに読むように強要した。一人の伝道師が十戒を解釈した書物を将校に手渡すと、彼は注意深くこれを読んだ後、「君たちの宗教は良い。我々の宗教はとても比較にならない。だが新皇帝はすでに命令を下しており、服従しなければならない。逆らえば命はない」と言った。その後太平軍は一四〇名余りの信者を連行して死刑を宣告した。結局信者たちの抵抗によって死刑は中止になったが、威嚇や暴行などの迫害は続いた。さらに太平軍が下流の揚州や鎮江へ進出すると、これらの地でも同様の事件が発生したという。

ここで「キリストの像」を含めた一切の偶像を認めなかったのは、プロテスタントの影響を受けた上帝会ならではの行動であった。一八六〇年七月二八日のノース・チャイナ・ヘラルドは、太平天国がキリスト教の名を騙った「異端」であるという批判に対して、ヨーロッパにおけるキリスト教の歴史も血なまぐさいものであり、太平軍がかつてのヨーロッパの正統派キリスト教徒と同じように過激な偶像破壊を行っているからと言って、これを非難するのは道理に合わないと論じている。少なくともヨーロッパの宗教戦争を彷彿させるこの事件は、太平天国の宗教性の強さを浮かび上がらせており、一八五九年に香港で数年間キリスト教を学んだ洪仁玕《こうじんかん》が南京へ到達して宗教・社会改革を行おうとした時も、洪秀全はその宗教的部分を『資政新篇』から削除して受け入れようとしなかった。そして彼らの犯した虐殺や排斥行為も身近な他者に対して激しい攻撃性を伴うユダヤ・キリスト教思想の不寛容に規定されていたと考えられるのである。

三　太平天国における粛清と抑圧——周錫能事件と都市住民に対する収奪

一八五一年九月に広西永安州を占領した太平天国はここで王朝体制のひな形を整えた。また永安州時代は東王楊秀清が反対勢力を粛清し、自らの権限を強化する過程でもあった。これを示す代表的な事件が軍帥周錫能《しゅうしゃくのう》による清軍との内通事件である。

この事件の概要は以下のようである。一八五一年六月に周錫能は博白《はくはく》県に戻って金田団営に間に合わなかった信徒たちを動員するように命じられた。彼は故郷で一九〇名を集めたが、清軍の警戒が厳しかったため、壮勇になりすまして永安州郊外へ到達した。そして周錫能は州城に戻り、太平軍と連絡をつけようとした。

ところが一二月二一日に天父ヤーヴェが楊秀清の身体に降臨（これを天父下凡という）し、周錫能は「妖魔のために内攻外応」しようとしていると暴いた。周錫能は初めこれを否定したが、天父の厳しい追及を受けて「妖の頭目に惑わされ、結託してはかりごとをなし、天朝に戻って軍心を誘惑し、外からの攻撃に応じる」つもりだったと供述した。そして周錫能と彼の家族は公開斬首刑に処せられた。

『天父下凡詔書』には処刑を前にした周錫能夫婦が天父の権威をたたえ、人々に自分たちのような誤ちをくり返さないように忠告した部分があるが、いかにも作為的で、そのまま事実とは受けとめられない。周錫能は清軍の陣地で「咸豊妖の舅叔《おじ》」である賽尚阿に会ったと供述している。確かに九月に賽尚阿は上奏の中で「偽軍師周錫能」を殺したと報じたが、それ以外に清朝側の史料からは内応工作の痕跡は見いだせない。

また金田蜂起後に厳しい戦いが続くと、上帝会員の中には「心では頭目を恨み」「逃げ出して官兵や団練を助け、彼を殺してやりたいと思っている」(李進富の供述書)者が少なくなかった。とくに博白県、陸川県は楊秀清らが訪れて天父、天兄下凡を行ったことがなく、彼らがリーダーシップを握ることを快く思わない会員も多かったと推測される。実際に永安州で周錫能が処罰されて以後、陸川県の上帝会首領だった頼世挙(即ち頼九)は太平天国の歴史から姿を消した。同じことは紫荊山で馮雲山の布教活動を経済的に支え、貧しい移民出身だった楊秀清の台頭に「炭焼き野郎が何の威風だ?」と言って反発した大冲《だいちゅう》村曾氏の人々にも当てはまり、曾玉璟《そうぎょくけい》が永安州から帰郷したところを殺されると、彼らの足跡は太平天国の中に見出すことができなくなった。現在周錫能の内応計画が冤罪事件だったのかを確認する術はないが、「天父のあらざるところなく、知らざるところなく、能わざるところなし」と人々に痛感させたこの事件は、不寛容な宗教的専制王朝としての太平天国の性格を決定づけたのである。

こうした内部に対する粛清や厳しい処罰は、すでに挙兵準備の段階で見られた現象だった。同治『潯州府志』は「彼らは妖書に記された教えを厳しく守り、違反した者は家族であろうと殺す」(巻二七)と述べている。とくに厳しかったのはアヘンの吸引や「第七の天条」即ち男女の隔離に関する戒めで、違反者には「雲中雪」と呼ばれる死刑が待っていた。また『天兄聖旨』によると、蕭朝貴に降臨した天兄キリストは会員たちの「乱言」や不適切な態度に細かく干渉して鞭打ちなどの刑を加えた。さらに清軍との戦闘が始まると「敵前で退くことは許さない」という命令が出され、「逃げ出して陣地に戻る者がいれば、頭目が探し出して直ちに殺した。毎回戦うたびに二、三十人が殺されたので、このため皆が必死で戦うようになった」（李進富の供述書）とあるように、多くの会員が処刑されたために皆が命令に服従するようになったという。

よく知られているように、太平軍は楊秀清の「左足を民家の門にふみ入れた者はすぐに左足を切られた」（李秀成の供述書）という厳罰主義のもとで類まれな統率力と高い規律を生み出した。それは決して誇張ではなく、一八五二年に太平軍が湖北を進撃していた時に出された清朝側の報告も「賊はもっぱら誘い脅すことに長けている。一城に至り、一村鎮を通過する度に先に偽示を出して人々を安堵させる。もし食物を買う必要があれば、余分に金を払い、また住民の姓名を掲示して、銀銭や財産を差し出させる。だが厳密に勘定する訳ではなく、ただ与えさえすれば騒ぎを起こさない」とある。これは略奪や放火、殺人が絶えなかった清軍や壮勇（とくに潮州勇）との大きな違いで、「だから人々は兵を仇と見なし、賊に恩を感じるようになった」（雷以諴奏、軍機処檔案〇八七八二二号）と述べている。

ところが太平軍が一八五三年一月に初めての大都市である武昌を陥落させると、住民に対してそれまでとは異なる政策を取った。一月一五日に「安民」の告示が出されて殺戮が止むと、楊秀清は「城内の全ての男女は上帝を拝んで入会せよ」という命令を出し、登記所が設けられて住民の登録と男館、女館への組織化が始まった。これは金田蜂起以来の男営、女営制度を都市住民へ敷衍したもので、人々は男女別々に二五人を一館とする軍事組織に編入されて古参兵士の統制を受けた。

同時に実施されたのは太平天国のもう一つの社会制度である聖庫制で、初め太平軍は進貢公所を設けて人々に金銭、物品の献上を求めた。人々は財産を献げれば徴兵されないで済むと考え、家中の品物を公所へ持ち込んだ。ところが一月二〇日に全住民に城外へ出て入隊せよとの命令が出され、「百姓で城中に住むことを得たのは十に二、三もいなかった」(武昌紀事)とある。人々は進貢が財産を没収するための口実だったことを悟ったが、すでに後の祭りだったという。

ここで行われた都市住民に対する部隊編入と財産没収の手段は巧妙であり、男女だけでなく壮年の者を「正牌」、老人や子供を「牌尾」に分け、病人や障害者を「能人館」「老疾館」へ収容するなど振り分けの方法も系統的であった。また注目すべきはこれらの政策が「専ら城市から奪い、郷民を乱さなかった」とあるように、都市住民をターゲットに進められたという事実である。

蜂起当初の太平軍はその強い宗教性もあって、上帝会員以外の人間に必ずしも軍への参加を強要しなかった。これは湖南へ進出しても変わらず、だからこそ人々は「賊に恩を感じるようになった」。ところが武昌や南京など大都市の攻略が日程に上ると、太平軍は「奪った衣服や品物を貧しい者に分け与え、将来租税を三年間免除するといったデマを流した。村人たちはこれを徳と見なし、富める者も城内が困守しているのを坐視して、一銭たりとも援助しようとはしなかった」とあるように、都市に蓄積された富を奪って農村部に分配し、農村の負担軽減を約束することで、都市を孤立させて攻略を容易にするという戦略を取った。それは「愚かな民はついに賊に買収され、甚だしい場合は賊が至るや争ってこれを迎えた」(『賊情彙纂』巻一〇)と言われたように、農村の支持を獲得して太平軍の進撃を容易にしたが、占領された都市住民に大きな犠牲を強いるものだった。

この太平軍と都市住民との反目は、まず入隊後の苛酷な待遇となって現れた。住民たちのほとんどは「武芸に秀でておらず、鉄砲を撃たせても命中しなかった」とあるように、すぐに戦力となる者はいなかった。また太平軍は彼らに倉庫の穀物を船に積ませるなどの労働を行わせたが、「力が弱くて耐えられない者が少しでも休むと、すぐに鞭打たれた。その屈辱に耐えかね、みずから水に身を投げる者もいた」と記されたように、重労働や不当な扱いに抗議して自殺する者も出た。

さらに女館に収容された女性は多くが纏足をしていたが、不自由な足で「荷物を担ぎ、息子を抱き、娘を連れて、絡繹として街中を進んだ」とある。しかも女館を統率する女性幹部は彼女たちへの苛立ちを隠さず、「華やかな服を着ていたり、かんざしや腕輪をしているとすぐに賊婦に奪われた」(武昌紀事)という。こうした情況は南京でも同じであったが、太平天国の統治下で二人の娘を失った汪士鐸は次のように述懐している。

賊はもともと山地の人で、その婦人にとって耕作や機織り、染色は日頃手慣れた仕事であったから、金陵〔南京のこと〕の婦人が出来ないということがわからなかった。そこで自分ができることは、他人もきっと出来るだろうと思って、米を担ぎ、稲をつき、竹を伐り、竹を削り、濠を掘り、石をかつぎ、麦を刈り、稲を取り入れ、塩を背負い、水を運ぶといった仕事は、各自が考えて骨を折ることを要求した。また纏足は不便なので、纏足をやめるように強要した。ところが小さくなった足は最早大きくならないことに気づかなかった。このため人々はそれを暴虐だと喧しく騒ぎたてた。

しかしこれは江蘇の婦人だけが苦しみとするのである、安徽の女性だったら元々当然のことで、不思議ではないと見なすだろう。男子に重い荷物を背負わせ、力の要る一切の荒々しい仕事をやらせるのも同じことである。これは江蘇では人の仕事が十等級に分かれているからだが、安徽の男であれば当然のことと見なすだろう。だから賊に従うことを願う者には徽州、寧国、池州三府の人が多い。江蘇の人間は貧しい農村の出身者でも参加したがらない。これはその社会のあり方がそうさせたのである。

これに加えて汪士鐸は「水郷〔江蘇をさす〕と山郷の人は、天と地のようにはっきり分かれている」と述べた後、古代の偉大な君主はみな「性情が中庸」を得ている平原の出身者であり、水郷や山郷からは生まれないと断じている(『乙丙日記』巻三)。現代の中国において深刻な都市と農村の格差は、太平天国も直面した課題だったのであり、辺境の下層移民であった太平軍の将兵には都市住民の習慣や発想が理解できなかった。自分たちの伝統にこだわる客家の屈折した自己主張は、他の漢族サブ・グループの文化に対する包容力を欠いていたのであり、主観的にはどれほど正統なる中華王朝を復興したつもりでも、それが都市住民を初めとする江南の人々に受け入れられることはなかったのである。

そしてユダヤ・キリスト教思想の不寛容が太平天国に与えた影響とは、こうした狭隘で排他的な客家の主張に正当性を与え、これを強化したことにあった。それは抑圧された者の救済論であったがゆえに、虐げられた山郷の民の羨望と怨嗟を後押しする役割を果たした。この不寛容な情熱に裏打ちされた都市住民に対する収奪を端的に示すのは、一八五三年二月二日に行われた「選妃」であった。この日、洪秀全らは武昌の美しい娘六〇名余りを後宮に入れ、女性幹部たちも館内の美しい娘を献上した。また翌三日には太平天国暦の正月が盛大に祝われ、「将校たちは芝居の衣装に身を包み、鐘や太鼓の音が鳴り響くなど、武昌城内はあたかも一大劇場と化した」(武昌紀事)という。それまで富と無縁であった辺境の民は、全知全能の神のもとで都市の祝祭空間を独占的に享受することにより、失われた歴史を埋め合わせしようとしたのである。

おわりに

本稿は太平天国におけるキリスト教の影響について、ユダヤ・キリスト教思想の不寛容を手がかりに分析を加えた。この一神教の不寛容こそは宣教師の思想に影響を受けた上帝教の特徴であり、太平天国に排他的かつ攻撃的な性格を刻みこんだ。

また宗教的不寛容という太平天国の特質は、世俗化されたキリスト教であるマルクス主義と多くの共通点を持っていた。例えば清朝官員や満洲人に対する容赦なき殺戮は、共産党や国民党が「反革命」のレッテルを貼られた人間に対して行った暴行と重なる。また永安州における古参会員の粛清は、整風運動によって政治的権威を確立した延安時代の毛沢東を彷彿させる。さらに洪秀全と楊秀清の権力闘争の結果もたらされた一八五六年の天京事変が、文化大革命とよく似た構造を持っていることは言うまでもない。

それではこれら暴力すら伴う宗教的情熱は、どこに由来するものだろうか？　その一つは中国社会がその中にひめた荒ぶる力であろうが、筆者は同時にそれが近代ヨーロッパの特質の一つだったと考える。

福音主義運動の流れをうけた一九世紀のプロテスタント宣教師たちは、福音とヨーロッパ近代文明を異教の地に伝えることを使命と考えた。そこでキリスト教は「知性」であり、異教徒を「無知の闇」から文明へ導くことが美徳と考えられた。むろん宣教師の中には、異教徒の中にこそ純粋な人々が存在すると考える人々もいた。しかし多くの者にとってヨーロッパ近代文明の優位は疑う余地のないものだった。そして一八六〇年に太平軍が上海近郊に進出すると、彼らは太平天国の非キリスト教的側面に非難を浴びせ、列強の軍事的介入を容認していくことになる。

このように考えると、太平天国とマルクス主義の排他的な宗教的情熱は、ヨーロッパ近代がもたらした負の側面であったことがわかる。こうした問題にカルト宗教の烙印を押したり、改良運動の枠に収まらない歴史を排除してしまう中国や日本の中国近現代史像は、近代社会の宗教性に対する問いを欠いていると言わざるを得ないだろう。また本稿の考察によって、太平天国の破壊性を強調する現代中国における議論が、都市知識人による農村への無理解や蔑視に支えられていることも明らかとなった。異質な他者を寛容な眼差しをもって理解することは、近代初頭の中国に止まらない我々の課題なのである。

（1）　本稿で引用した史料の多くは並木頼寿ほか編『新編　原典中国近代思想史』「1　開国と社会変容」に収録してある。また同書、解説の筆者による「第三章、太平天国――民衆反乱の連鎖と体制再編」も併せて参照されたい。

【文献一覧】

菊池秀明 一九九九「太平天国と歴史学――「客家ナショナリズム」の背景」濱下武志等編、岩波講座『世界歴史』第二〇巻、アジアの近代・一九世紀、岩波書店
菊池秀明 二〇〇八『清代中国南部の社会変容と太平天国』汲古書院
倉田明子 二〇〇九「中国における初期プロテスタント布教の歴史――宣教師の「異教徒」との出会いを通して」国際基督教大学アジア文化研究所編『アジア文化研究』三五号
並木頼寿ほか編 二〇一〇『新編 原典中国近代思想史』「1 開国と社会変容」岩波書店
本村凌二 二〇〇五『多神教と一神教――古代地中海世界の宗教ドラマ』岩波新書
リンドレー著、増井経夫・今村与志雄訳 一九六四『太平天国――李秀成の幕下にありて』一―四、平凡社東洋文庫
簡又文 一九六二『太平天国全史』上冊、香港猛進書屋
鐘文典 一九九二『太平天国開国史』広西人民出版社
王慶成 一九九三「洪秀全与羅孝全的早期関係」『太平天国的文献和歴史――海外新文献刊布和文献史事研究』社会科学文献出版社、三九八頁
崔之清主編 二〇〇二『太平天国戦争全史』一、太平軍興(一八五〇―一八五三)、南京大学出版社
中国近代史資料叢刊 一九五二『太平天国』一―八、神州国光社
中国第一歴史檔案館編 一九九〇―二〇〇一『清政府鎮圧太平天国檔案史料』一―二六、光明日報出版社および社会科学文献出版社

個別史／地域史Ⅲ

清末中国沿海の変動と制度の再編

村上　衛

はじめに

日本の中国近代社会経済史研究においては、清末研究と中華民国史研究、あるいは一九世紀史研究と二〇世紀史研究の間には大きな断絶が存在する。その原因の一つに、一九世紀中葉以降に国家、とりわけ中央政府の役割が減退する清末と比較して、民国期、なかでも国民政府時期には国家の役割が拡大していくため、後者が政府の役割を重視することがある。一九三〇年代以降については今日まで残存する行政檔案が多く、それらの檔案史料に基づく実証研究は、そうした傾向を後押ししている。かかる研究状況を反映しつつ、二〇世紀前半、近代国家的な統治権力は次第に社会の末端に浸透し、それが二〇世紀後半の社会主義化、国家権力の肥大化と末端への浸透に繋がっていったという見方がされている[飯島 二〇〇九、八―一〇頁]。事実、日中戦争期の戦時体制を経、一九四九年以降の社会主義化により、中国はヒト・モノ・カネの流動性を著しく抑制した国家体制となる。したがって、民国期から中華人民共和国期にかけての連続性を強調する近十数年の民国史研究の傾向は、説得力をもつ。

しかしながら、一九七〇年代末以降の改革開放政策による流動性の高まりにともない、統制力の強い国家体制は大きな変革を迫られている。グローバリゼーションの進展もあり、今後の中国は一層流動性の高い社会になり、国家の役割も自ずと異なっていくだろう。

ひるがえって清末民初期以前をみれば、中国の社会の流動性は極めて高かった。そして、これに制度的な枠をはめることによって秩序を維持しようとした明代初期の「固い」体制は、前近代では例外的な体制であった[岸本 一九九五、一五―一七頁]。

つまり中国においては社会の流動性の高いのが常態であり、明代初期や二〇世紀中葉からの三―四十年間は、流動性を抑制する試みが一時的に行われ、失敗した特殊な時代とみなすこともできるかもしれない。したがって、長期的な視野をもちつつ中国を理解する場合には、流動性が高い社会における国家権力の役割の検討も重要になる。ただし、長期的な視野をもつとしても、英語圏のグローバル・ヒストリー研究の一部が強調するような一八世紀の中国の中核地域における経済水準の高さ[Pomeranz 2000]を、現在の中国の経済発展と直接結びつけることはできない。やはり、一九世紀から二〇世紀の歴史を丁寧に追っていくことも必要である。

本稿でとりあげる清末の中国は、その時期の中でも現在と並んで急速に流動性の高まる時代であった。そのうえ一九世紀後半から第一次世界大戦までの時期は、グローバリゼーションの進展という点でも現在と共通する。そして本章の対象とする沿海部こそが、中国においてもっとも流動性が高い地域であった。

そこで本稿では、沿海のヒト・モノ・カネの管理に関する清朝の制度を概観したうえで、一八世紀末以降に流動性が高まる中での中国沿海、とりわけ開港場における社会・経済的変動と、それに対する中央・地方政府や欧米諸国の制度的な対応を検討したい。

一　清代中期の好況と制度の動揺

清朝の開放的体制

一六世紀の銀の大量流入を一因とする「好況」のもたらした社会の流動化の中で、明朝初期に成立した「固い」体制は崩壊した。続く清朝は税制の簡素化や世襲的固定的な業務集団の解体など、社会の流動化に対応しうる柔構造的性格をもち、対外的には開放的な国家であった〔岸本 一九九五、二二一—二三六頁〕。

清朝の開放的な体制を支えていたのはモノの出入りを管理する制度、なかでも海上貿易管理体制である。一六八四年、海上貿易を基盤に抵抗していた鄭氏が降服すると、清朝は海上貿易を厳しく制限する海禁を解除した。そして、海関によって、中国商人、欧米船による貿易および朝貢貿易すべての海上貿易が管理されるようになり、海関は仲介商人である牙行《がこう》に徴税と管理を請け負わせた。広州の洋行も牙行の一種であり、広州ではそのほか澳門引水《マカオいんすい》（水先案内人）や買辦《ばいべん》、通事なども牙行と同様の役割を果たして貿易を管理した〔岡本 一九九九、六〇—七七頁／Van Dyke 2005, pp. 19-91〕。このような牙行に依存した管理体制をとった清朝は貿易の総額・総量や貴金属の輸出入を厳格に統制するどころか、ほとんど把握しなかった。また本書の「朝貢と互市」で論じられる互市の議論で主張されているように、貿易への参入の自由も存在した〔岩井 二〇〇九、五〇—五二頁〕。したがって、日本や朝鮮などの他の東アジア諸国と比較してきわめて緩やかな貿易管理体制であった。

かかる体制の下、一八世紀前半には廈門《アモイ》における対東南アジア貿易を中心として対外貿易が回復し、一八世紀後半以降、広州における対欧米貿易を中心として対外貿易は急速に伸張した。この対外貿易により一七世紀と一八世紀を通じて銀は一貫して中国に流入し、一八世紀半ばには資金が農村に流れ込んで農村を中心とした好況をもたらした

［岸本 一九九七、一七三―二一二頁］。

農村の景気の拡大は商品作物栽培を発展させ、国内貿易の拡大をもたらした。沿海でも華北・東北産の肥料用の大豆・大豆粕、江南産の綿花・綿布、華南産砂糖を交換する沿海部の物流も増大した。そして福建・広東船と江南の沙船がこの貿易を担っていた［宮田 二〇〇六、一五―二二、八〇―八六頁］。かかる国内流通の発展の背景には、モノの移動に対する統制、とりわけ課税が非常に軽く、緩やかであったことがあるだろう。

農村部における景気の拡大の中で、中国の人口は推計では一七〇〇年ごろの約一億五千万人から一九世紀半ばに約四億三千万人になるまで急増した。この人口増大を支えたのが主として西南内陸部への移民であった。一方、内陸への移民に比べれば小規模であったが、沿海部においても、福建省南部や広東省東部から台湾への移民、山東省から遼東への移民といった人口稠密地域から新開地を目指す海上ルートのヒトの移動が存在した［曹 一九九七、一五一―一八、三一六―三七三、四七二―四八一頁］。これらのヒトの移動は、上記の沿海の海上貿易および商品作物栽培の拡大と連動した形で進展していた。

また、海外へのヒトの移動をみると、宋代以来、海上貿易ルートにのって福建・広東から東南アジアへの商人の移民が存在した。しかし一七世紀から労働者の移動が始まり、一八世紀後半以降になると東南アジアの錫鉱山開発などによって労働者の移動も本格化する。これら国内・海外の海上ルートによる移民は清朝によっていずれも禁止されるか、強く規制されていたが、実際にはそうした規制は機能せず、移民は増大し続けた。

以上のように清朝は、ヒトとモノの移動について、国内・国外ともにほとんど統制も把握もせず、国外とのカネの移動についても統制しようとしなかった。このような清朝の緩やかな体制のもとで、世界的な貿易の拡大と連動しつつ、一八世紀を通じてヒト・モノ・カネの流動性は高まっていった。しかし、次第に既存の制度ではこうした状況に対応することは困難となっていく。

制度の崩壊

清朝の体制を動揺させたのは、まずモノの動きである。欧米向け茶貿易の発展は、その代価としての銀に代わるインド産アヘン流入の増大を招き、広州とその周辺における欧米船貿易の拡大が止まることはなかった。しかし、牙行などはそうした貿易の増大に対応することができず、負債を抱えてあいついで倒産し、広州における貿易管理システムは形骸化していく[岡本 一九九九、九五―一〇九頁]。

貿易の変動はカネの移動にも変化をもたらした。アヘン貿易の拡大や世界的な銀産出の変化により、一八二〇年代以降、中国からの銀の流出が進んだ。銀の流出は中国全体の社会秩序の混乱を招き、一九世紀中葉の危機につながっていく[Lin 2006, pp. 115–142]。

かかる銀流出の原因がアヘン貿易にあると考えられたため、広州だけでなく清朝中央においてもアヘン貿易に関する議論が活発化した。一八三六年に提起された弛禁論は批判を受けて否定され、一八三八年には厳禁策が採用されることになった[井上 二〇〇四、一七〇―二九二頁]。そこで清朝は中国沿海部全域におけるアヘン貿易抑制を図った。しかし、アヘンが禁制品であるために、清朝は従来のように牙行に徴税を行わせて取引を管理させることができなかった。さらに牙行に対する取締り強化は牙行を回避したより零細な取引の増大を招いて失敗に終わった。こうして、清朝による貿易管理体制は完全に崩壊した。そして中国人の取引を管理できない清朝政府は、外国人商人所有のアヘン没収に至り、それがアヘン戦争をもたらす[村上 二〇〇三、二二九―二四六頁]。

沿海部では、カネ・モノの管理だけではなく、ヒトの管理も崩壊していた。清朝はアヘン貿易取締りの際も保甲制度の再編や、会館を利用してアヘン貿易を行う居留民を統制しようとしたが、天津・上海などにおける同郷会館の居留民に対する統制力はそもそも十分ではなかった[村上 二〇〇三、二四六―二四九頁]。また、アヘン戦争の際にも、イギリスの協力者とみなされた「漢奸」対策として、清朝は沿海住民の統制を図り、団練・郷勇の編成と港湾封鎖を行ったが、これも失敗に終わった［村上 二〇〇四a、三―二五頁］。

つまり、清朝は一八世紀以降のヒト・モノ・カネの流動化の高まりの中で、すでにアヘン戦争前にいずれの管理にも失敗していた。あるいはもともとほとんど管理できていないのがアヘン貿易問題やアヘン戦争で露呈したといってもよい。このように、一七世紀末―一八世紀に形成されてきた従来の制度が崩壊、ないしは対応できなくなる事態、これこそが中国沿海の近代のはじまりであった。新しい時代に、かかる制度の再編は必然であった。

注目すべきは、これが世界的な変動と連動していたことである。欧州における一八世紀までの重商主義下における各東インド会社をはじめとする特許会社によるアジア貿易の体制は、世界貿易の拡大にともなう私貿易商人の成長と「自由貿易」の主張の高まりの中で終焉を迎えつつあった。中国における制度の崩壊も、まさにこの私貿易商人と中国沿海の人々が広州以外の地で結びついたことによって引き起こされたのである。来るべき体制はこれらの商人や沿海の人々と彼らの動かすモノ・カネを把握するものでなくてはならなかった。

二　開港と制度の再編

開港場体制の確立

開港後も、清朝がヒト・モノ・カネの動きをほとんど把握できない状況は続いた。開港場周辺での欧米人商人と中国人商人による密輸は横行し、沿海部における広東人などの海賊活動も活発になって貿易そのものを脅かした。対外貿易が拡大した上海には広東人や福建人が多数流れ込んだが、こうした人々が結集していったのは小刀会という秘密結社であった。そして、これは清朝地方政府と対立し、一八五三年に反乱を引き起こした。ほぼ同時期に、廈門や広州附近などでは秘密結社の小刀会や天地会などが反乱を引き起こして開港場を占領ないし攻撃し、開港場貿易そのものに脅威を与えた。

沿海の混乱は、清朝のみならず、開港場における貿易の発展を期待していた列強にとっても望ましいものではなかった。そこで、清朝地方官僚とイギリス領事の地域的な協調のもとで、イギリス海軍を利用して海賊鎮圧が進められた。これによって、沿海の大規模な海賊活動は終息を迎え、開港場における外国船貿易の安全は確保された［村上 二〇〇四b、八〇―九八頁］。上海小刀会の反乱に対しても、一八五五年に清朝はフランス軍の力を利用してその鎮圧に成功した。さらに清朝は英仏など列強の力を借りつつ一八六〇年代初頭の太平天国の二度にわたる上海攻撃を撃退、中国最大の貿易港となった上海の安全確保に成功する。その他の開港場付近の反乱はすでに一八五〇年代半ばに鎮圧されており、開港場を脅かす存在はなくなった。その結果、安全な開港場にヒト・モノ・カネが集中していく。

開港場に集中していくモノの動きの把握については、小刀会の反乱を契機に上海の海関において外国船貿易に対する関税徴収機構に外国人税務司を導入することによって進んだ。これによって正確な課税と厳格な徴税が行われるようになり、大規模な密輸や脱税は不可能になって多額の税収が確保された。上海において成功をおさめたこの外国人税務司制度は、アロー戦争後、全開港場に拡大する［岡本 一九九九、一七九―二一九、二五三―二九三頁］。かくして、清朝はモノの移動を出入り口でほぼ正確に把握する手段を初めて入手したのである。

開港によって外国人商人が開港場に進出し始めたことにより、ヒトの移動の範囲も拡大した。開港後、華人移民は従来の東南アジア移民に加え、南北アメリカなど、東南アジア以外の地域への移民、いわゆる苦力《クーリー》貿易が急速に拡大した。その原因は奴隷貿易の廃止と黒人奴隷解放にともなうプランテーションなどの労働力不足と、ゴールドラッシュや鉄道建設をはじめとするインフラ整備などによる新たな労働力需要の高まりにあった［園田 二〇〇九、一三一―一六八頁］。しかし、こうした東南アジア以外への移民は魅力に乏しく、募集に困難をきたした。そこで外国人商人から移民募集を請け負ったリクルーターである客頭が誘拐・詐欺などの不法行為を行ったため、地域社会の反発を招いた。これに対して、清朝地方官僚と外国領事が共同で対処し、外国領事が開港場において移民管理を進めることで、苦力貿易は抑え込まれ、以後、華人移民は東南アジアへ集中していく〔村上 二〇〇九b、七—二八頁〕。こうして、開港場の周辺社会が安定し、海外へのヒトの移動は主として中国人とそのネットワークのみによって行われることになった。かくして開港場体制はヒト・モノを出入り口で把握する体制として機能するようになった。

内地秩序の再編と都市民の統制

開港場体制の成立の一方で、開港場の租界をとりまく内地の秩序の再編も進んでいた。一八五〇年代、太平天国などの反乱に対応する地方の軍事費捻出のために、各省は商品の移動を把握して課税する釐《り》金《きん》を採用した。これは商品流通の発展に対応した税制の変革であり、地方の行財政自立につながるものであった〔岩井 二〇〇四、一二八—一三七頁〕。こうして、モノの移動の把握は進んだが、その課税は流通経路、生産地市場、消費地市場に対応した釐《り》卡《そう》を設けるなど〔濱下 一九八九、四〇五—四一〇頁〕地方政府によるきめの細かい対応によってはじめて可能になった。

この釐金などの諸税は開港場においては、特定の取引を特定の商人や、同郷同業団体である会館・公所に担わせる代わりに、その課税を請け負わせる形で徴収された。一八六〇年代以降に同郷同業団体の再編が進み、また新たな団体が多数成立するのは、開港場都市の発達およびこれが一因である。外国人商人は、こうして形成されてきた有力同郷同業団体と清朝地方政府官僚の市場統制力によって租界に押し込められる状況に陥り〔本野 二〇〇四、一四—一二四頁〕、内地のモノの動きに直接関与することはできなかった。

一九世紀中葉の混乱を引き起こす原因となったカネの動きをみてみると、不平等条約によって「自由貿易」を強制されていた以上、清朝は貴金属の輸出入といったカネの動きの統制はできなかった。とはいえ、一八五〇年代後半からは、生糸・茶の輸出増大による中国側の出超拡大によって、銀の流入が進み、銀不足の問題はひとまず解決する。
開港後、銅銭や流入する外国銀貨（銀元）に加え、外国植民地銀行の銀行券などが参入したため、中国は雑種幣制とも言われる複雑な貨幣制度となった。しかし、対地域外決済と対内流動性を取り結ぶ本位貨幣が形成されないという清代中期以来の状況に変わりはなかった［黒田 一九九四、一〇八—一一五頁］。こうした中国固有の貨幣制度が、外国人商人や一九世紀中葉に設立された外国植民地銀行による中国経済支配を阻害した。例えば上海では、香港上海銀行が輸出入貿易に不可欠な信用構造の安定を図るために在来の金融機関で資本規模の小さい銭荘への融資を行わざるを得なかった。つまり、植民地銀行は中国金融市場を支配するどころか、はるかに困難な状況に置かれていた［本野 二〇〇四、一四、五〇—九六頁］。結局のところ、中国固有の経済制度に妨げられ、外国人商人や外国植民地銀行が内地におけるモノ・カネを把握することはなかったのである。

開港場貿易の拡大は、開港場へのヒトの流入を招いた。その中でも上海・漢口・天津の発展は著しかった。こうした開港場都市への人々の移動は、寧波人が上海への移民を故郷と出稼ぎとの間におけるリクルート・ネットワークと運棺ネットワークに依拠して行ったように、伝統的な同郷ネットワークと近代的な交通輸送手段の発達に支えられて行われた［帆刈 一九九四b、一—二三頁］。

開港場都市に流入した人々の統制は、従来のように保甲制度や会館・公所に委ねられていたが、かかる手法では把握できない人々は多かった。また、団練の編成による人々の統制は非常時にしか有効ではなかった。そこで天津では、地元有力者が出資し、本来消防組織である火会が、地域防衛の任にもあたり、貧しい人々を糾合して人口流入の激しい天津の社会統合・安定化に寄与していた。そして、火会は、宣教師らの地域社会における活動に対して敵対的な、排外的傾向をもっていた［吉澤 二〇〇二、六六—八九頁］。したがって、この組織は人々の統制だけでなく、欧米人の浸透に対抗する役割も果たしていたといえる。

開港場におけるヒトの統制では、一八五〇年代から拡大してきた外国人が行政権をもつ租界の役割も重要である。上海では租界が一八四五年に成立し、そこに小刀会の乱や太平天国の乱にともない中国人が流入して急速に人口が拡大したために、外国人だけではなく中国人を含めた統治が必要となり、共同租界では工部局、フランス租界では公董局が行政機関の役割を果たした。その他の開港場においても、同様の外国人による行政機関が設けられ、その下には警察組織が設置されて治安維持にあたった。

このような租界当局は清朝地方政府よりも社会に対して介入的であったから、再編された中国人団体との摩擦も生じた。例えば上海に移住した寧波人達が設立した四明公所は殯舎での遺体安置、義塚への埋葬などの遺体処理といった慈善活動により、社会をタテに統合していた。これに対して四明公所の所在するフランス租界公董局は公衆衛生という近代的な観点から遺体の排除を要求し、衝突が発生した〔帆刈　一九九四a、六七―九三頁〕。双方はそれぞれ開港場におけるヒトの管理の面で相互補完関係にあったとみてよいが、一方で、中国人団体が租界行政を介入させない領域を確保していたことも注目される。

以上のように、当該期は、一八世紀以来の流動性の高まりに対応した制度の導入・再編が進められた。一九世紀中葉、沿海では開港場を中心とする体制が、海賊掃討、外国人税務司制度の導入、華人移民の管理、租界行政などにみられるように、清朝による欧米諸国・欧米人への「業務委託」によって成立した。この「業務委託」が機能したことによって、出入り口でのモノとヒトの把握が進み、一九世紀初頭以来、規制されることなく拡大してきた欧米貿易商人と中国沿海の人々の活動が統制されることになった。こうして開港場体制が確立すると、後背地の社会も開港場貿易の発展にともなって安定した。以後、沿海部が中国統治の不安定要因となることはなかったから、これは中国史上、大きな変化であった。

また内地では、危機に対処する財政的必要から地方政府がモノの動きに課税することで、地方政府と中国人商人団体が結びつく制度が再編された。こうした経済体制や、様々な社会団体の存在、貨幣制度にみられるような中国固有の経済制度ゆえに、内地のヒト・モノ・カネの動きに対する外国人の関与は抑制された。

このような制度再編によって、ヒト・モノ・カネの流動性が生みだした一九世紀中葉の危機はまず沿海部において克服された。安定した開港場における貿易の発展によって、清朝中央・地方の政府はそれぞれ関税・釐金といった財源を確保して清朝を脅かす諸反乱の鎮圧に成功、清朝体制は約半世紀続くことになる。

三　世紀転換期における制度の動揺と再編

アジア間競争の激化と経済制度の動揺

一九世紀中葉に再編された体制は、一九世紀末近くになると再び動揺するが、それは開港場体制のもとで発展し続けたモノの動きが大きく影響していた。一八八〇年代以降、世界的な貿易の拡大と連動しつつ、中国の貿易は拡大したが、国内外の市場におけるアジア諸国・諸地域産品との競争は激化し、中国産品は苦戦を強いられた。

まず、紅茶では、イギリス市場をめぐってインド茶やセイロン茶との競争が始まり、緑茶ではアメリカ市場をめぐって日本茶と競争し始めた。しかし、中国茶は品質改善に失敗したこともあり、一八八〇年代以降、イギリス市場・アメリカ市場の双方において競争に敗れて衰退する［陳　一九八二、二二一―二五六頁］。

茶と並ぶ主要な輸出産品である生糸についても一八七〇年代以降、日本糸との競争が始まって価格が下落した。一八八〇年代中頃になると中国糸は欧州向け、日本糸はアメリカ向けを主体としたが、アメリカにおける力織機による絹織物業の急速な発展によって日本製糸業は大きく発展し、中国製糸業に差をつけた［曽田　一九九四、四一―九〇頁］。

砂糖も、華南において農村手工業規模で生産された砂糖は、一八九〇年代以降、ジャワやフィリピンなどの機械製原料糖との競争となり、外国市場を失っただけでなく、東南アジア産原料糖を香港で製糖した精製糖の輸入が急増して国内市場の多くを失った〔ダニエルス 一九八四、二一一—五〇頁〕。

かかる競争で中国産品が苦戦したのは、まず中国における貨幣制度に原因がある。中国は自由な市場経済ゆえに遊休資金が分散され、核となる資金在庫が存在しないために、地域工業化のための資本蓄積は困難であった〔黒田 二〇〇三、一七六—一七七頁〕。また、当時の中国は投下資本に対する危険回避制度が欠如していたうえ、中国の経営出資形態が、株主が債務に対して無限責任制度を負う合股制度であったことも問題であった〔本野 二〇〇四、一三〇—一四五頁〕。したがって、大規模資本投資によって機械化や品質改善を行い、競争力を高めることは困難であり、むしろそうした方策をとるリスクを回避する傾向が強かった。

このような貿易の変動は、一九世紀中葉に再編された内地の制度を動揺させた。とりわけ、特定の商品の取引と徴税請負によって形成された官僚と中国人商人団体の関係は再編を迫られた。さらに、一八八〇年代以降、中国人の買辦、地主、商人が外国人のもつ子口半税特権や在華外国企業の株主有限責任制といった不平等条約特権に惹きつけられていくことによって商人団体の団結が崩壊し、地方政府による商人統制は動揺した。一方で、清朝中央政府が地方政府に代わり商会を通じて中国人商人団体を支配しようとする試みも失敗に終わった〔本野 二〇〇四、一二六—二〇九頁〕。結局のところ、開港場における商人の把握は、地方政府と結びついた商人団体の再編によって進められていく。

ヒトの移動拡大と制度的対応

この時期は、モノの移動だけではなく、ヒトの移動においても大きな変化がみられた。とりわけ、植民地化された東南アジアの開発にともない、一八七〇年代以降、第一次世界大戦にいたるまで、香港・廈門・汕頭などの華南諸港から東南アジア移民は増大していく。そしてこの移民増大の背景には、移民仲介業者の移民網、本国に送金する送金網、華僑通商網があった［杉原 一九九六、二九九—三一九頁］。こうした移民拡大の中で、茶・砂糖などの商品作物の輸移出が衰退した華南においては華僑送金が大幅な入超を補塡し、華僑送金による後背地の形成が進んだ［村上 二〇〇〇、六〇—六一頁］。これはモノからヒトへの「輸出品」の転換によって地域が貿易の変動に対応したことを示す。

ヒトの移動の活性化は、その管理を困難にさせるが、それは清朝だけでなく、移民を受け入れる植民地を支配する列強、とりわけイギリスにとっても難題となった。例えば、中国に来た東南アジア華人は自らの生命・財産の保護や不平等条約特権の利用を図り、イギリス籍などの外国籍を主張する問題が生じた。イギリスはこうした華人の行動を抑え込もうとしたが、それは成功せず、さらに華人は台湾籍民などの別の身分を獲得することも目指した［村上 二〇〇九a、一四八—一七九頁］。

華人を政府が管理することが困難である以上、華人自身も、その対応を迫られることになる。シンガポールにおける華人商業会議所の設立の背景にもシンガポールで負債を抱えて中国に逃亡する華人への対策があったように［篠崎 二〇〇四、四八—五〇頁］、急速なヒトの移動の拡大は、地縁・血縁・業縁関係を超えた華人団体の設立を促していく。

開港場都市への人口流入も引き続き進んでいた。これらのヒトを管理して治安を維持するためには、従来からの治安組織である保甲制度は欠陥があったから、光緒新政の動きの中で新たな制度の導入が始まった。天津では義和団事件以来の社会秩序の危機的様相を収拾するとともに、都市の発展の中で要請された行政の社会統制機能の拡大のために直隷総督袁世凱によって巡警（警察）が創設された。巡警は従来の知県による統治の性格である、管理者的・調停者的・教化者的特質をもつだけでなく、迷信を否定する「文明」的志向をもっていた。さらに、この巡警組織を通じて捐（寄付）を雑業層に課すことで、都市下層民に対する統制を強めて、都市の秩序維持も図られた。こうした都市管理の強化には近代欧米・日本と共通する趨勢がみうけられるだけでなく、捐のような中国社会固有の論理も利用されていた［吉澤 二〇〇二、一五八—二二〇頁］。つまり、近代的組織が、中国社会特有の性格を具備しつつ、ヒトの統制を試みていたといえる。

また、開港場とその間における情報伝達の革新は、より広範なヒトのまとまりを生み出し、ヒトの統制に寄与した。たとえば一九〇五年のアメリカによる移民制限を契機とする反米ボイコット運動は、広州・上海・天津などの開港場都市において愛国運動として展開された。そしてこの運動は、本籍地ごとに分立した社会編成を乗り越え、同業同郷団体をまとめた地方支配体制をつくる契機となった［吉澤 二〇〇三、四七—八六頁］。

一方、流動性の拡大は、地縁血縁関係に基づくヒトの移動の増大であったから、それは必ずしも本籍地アイデンティティの衰退とはならない。例えば、上海における下層寧波人にみられるように、都市化が地縁原理に基づく結集へと向かわせることもあった［帆刈 一九九四b、八〇—八五頁］。そして先述の反アメリカ運動でも広東人の人的つながりによる同郷関係の活性化が愛国運動を支えていた［吉澤 二〇〇三、八五—八六頁］。したがって、ヒトの移動が維持される限り、同郷組織の重要性も失われなかったのである。もっとも、開港場都市への流入者の増大にともない、商人以外の労働者などの広範な人々を含むような同郷会などの同郷組織や、多様な業種に対応した同業団体の編成も必要となってきていたのは当該期の大きな変化である［根岸 一九五三、一九九—二〇三頁／小浜 二〇〇〇、三三五—三三九頁］。

このように、一九世紀末にかけての貿易の変動の衝撃によって内地の秩序は再編の必要性に迫られた。さらに、都市に流れ込むヒトや、国境を超えて移動するヒトに対応した制度も必要になり、もはや既存の制度再編や外国人への業務委託では不十分で、新たな制度導入の必要性も高まっていた。かかる時期に進められた光緒新政においても、ヒト・モノを把握する制度の再編は試みられたが、新たな制度はいずれも地方において形成・再編され、改革は中央政府による支配強化には直結しなかった。かくして海関を通じたルートを除いて拡大するヒト・モノ・カネの流れを十分に把握できないまま、清朝は滅亡する。

おわりに

本稿では、一八世紀から二〇世紀初頭にかけてのヒト・モノ・カネの流動性の高まりに対して、一九世紀中葉と一九世紀末に制度の再編・形成が繰り返されてきたのをみた。その中で、条約港体制と内地の制度という二重の制度が形成された。これが、内地と海外、「華」と「夷」を分かつ境界を希薄化させた清代の貿易管理体制［岡本 一九九九、七七頁］との大きな違いであろう。

開港場体制は、外国人への業務委託によってはじまり、ヒト・モノ・カネを出入り口およびその周辺地域で一定程度管理する役割を果たしていた。この制度は一旦導入されるとその効率性故に機能し続け、貿易の拡大によって一九世紀末の変動をひきおこしつつも、そのシステムは半世紀維持されることになる。

一九世紀中葉に内地において再編されたのは、地方官僚と商人団体が徴税を通じて結びつくという旧来の原理に基づいた、従来よりも経済に対して介入的な制度であった。こうした制度や在来の社会・経済の制度が機能して、外国の影響力は開港場に封じ込められた。そして、かかる制度が一九世紀末に流動性の高まりによって動揺し、再編を余儀なくされたのは、これまでの制度再編の歴史の再現ともいえる。

したがって、当該期に政府によるヒト・モノ・カネの把握が一方的に進展することはなかった。一九世紀末に商人団体は再編を迫られてモノに対する把握は弛緩したし、ヒトの移動の増大が、逆に華人の把握を困難にしていくこともあった。開港場体制は流動性を促進するがゆえに、統制が困難になる領域も次々に生まれてきたのである。こうした状況に対応するために巡警のような近代的制度も導入されたが、これも中国固有の機能を吸収しており、単に西欧・日本の近代的制度を移植した訳ではない点に注意が必要である。

しかし、流動性の高まる時代が終わりを迎えたことによって、ヒト・モノ・カネを管理することが容易になってきた。まず、グローバリゼーションの動きは第一次世界大戦で急停止させられ、大戦後に再開したものの、大恐慌によって終わりを告げる。グローバリゼーションの本格的再開は二〇世紀末まで待たなければならない。

この間、中国においては国民党・共産党のような大衆運動を利用しつつヒトを束ねる組織が形成され、それらの政党が中心となって形成した政府による日中戦争、国共内戦時の戦時体制によって統制は強化される。その後の社会主義体制はその戦時体制を引き継いだ。しかし、ヒト・モノ・カネの移動を極端に制限する体制は三〇年ともたなかった。

現在、世界的に再び流動性が高まっている。この状況は歴史的に流動性の高い社会に対応した制度を作り上げてきた中国にとって有利であり、それが経済発展につながっている。逆に、一六世紀末以降、流動性の低い社会を構築してきた日本などは、一九世紀後半から二〇世紀までの経済発展にはうまく適応できたが、現在の変化への対応は遅れている。とはいえ、中国においても、財産権の制限や戸籍制度をはじめとする流動性を抑制する制度が残存している。そして中央政府にとっては、ヒト・モノ・カネの動きをある程度捕捉することも重要であるから、中国にとってもさらなる制度の再編が今後の課題であろう。

【文献一覧】

井上裕正　二〇〇四　『清代アヘン政策史の研究』京都大学学術出版会
飯島渉　二〇〇九　「総論　近代・近代化・近代性」飯島渉・久保亨・村田雄二郎編『シリーズ二〇世紀中国史』「2　近代性の構造」東京大学出版会
岩井茂樹　二〇〇四　『中国近世財政史の研究』京都大学学術出版会

岩井茂樹　二〇〇九　「帝国と互市――一六―一八世紀東アジアの通交」籠谷直人・脇村孝平編『帝国とアジア・ネットワーク――長期の一九世紀』世界思想社
岡本隆司　一九九九　『近代中国と海関』名古屋大学出版会
岸本美緒　一九九五　「清朝とユーラシア」歴史学研究会編『講座世界史２　近代世界への道――変容と摩擦』東京大学出版会
岸本美緒　一九九七　『清代中国の物価と経済変動』研文出版
黒田明伸　一九九四　『中華帝国の構造と世界経済』名古屋大学出版会
黒田明伸　二〇〇三　『貨幣システムの世界史――〈非対称性〉をよむ』岩波書店
小浜正子　二〇〇〇　『近代上海の公共性と国家』研文出版
篠崎香織　二〇〇四　「シンガポール華人商業会議所の設立（一九〇六年）とその背景――移民による出身国での安全確保と出身国との関係強化」『アジア研究』五〇巻四号
杉原薫　一九九六　『アジア間貿易の形成と構造』ミネルヴァ書房
曽田三郎　一九九四　『中国近代製糸業史の研究』汲古書院
園田節子　二〇〇九　『南北アメリカ華民と近代中国――一九世紀トランスナショナル・マイグレーション』東京大学出版会
ダニエルス、クリスチャン　一九八四　「中国砂糖の国際的位置――清末における在来砂糖市場について」『社会経済史学』五〇巻四号
根岸佶　一九五三　『中国のギルド』日本評論新社
濱下武志　一九八九　『近代中国経済史研究――清末海関財政と開港場市場圏』東京大学東洋文化研究所
帆刈浩之　一九九四ａ　「近代上海における遺体処理問題と四明公所――同郷ギルドと中国の都市化」『史学雑誌』一〇三編二号
帆刈浩之　一九九四ｂ　「清末上海四明公所の「運棺ネットワーク」の形成――近代中国社会における同郷結合について」『社会経済史学』五九巻六号
宮田道昭　二〇〇六　『中国の開港と沿海市場――中国近代経済史に関する一視点』東方書店
村上衛　二〇〇〇　「清末廈門における交易構造の変動」『史学雑誌』一〇九編三号
村上衛　二〇〇三　「閩粤沿海民の活動と清朝――一九世紀前半のアヘン貿易活動を中心に」『東方学報』（京都）七五冊

村上衛 二〇〇四ａ 「清朝と漢奸――アヘン戦争時の福建・広東沿海民対策を中心に」森時彦編『中国近代化の動態構造』京都大学人文科学研究所

村上衛 二〇〇四ｂ 「一九世紀中葉、華南沿海秩序の再編――イギリス海軍と閩粤海盗」『東洋史研究』六三巻三号

村上衛 二〇〇九ａ 「清末厦門における英籍華人問題」森時彦編『二〇世紀中国の社会システム』京都大学人文科学研究所現代中国研究センター

村上衛 二〇〇九ｂ 「一九世紀中葉厦門における苦力貿易の盛衰」『史学雑誌』一一八編一二号

本野英一 二〇〇四 『伝統中国商業秩序の崩壊――不平等条約体制と「英語を話す中国人」』名古屋大学出版会

吉澤誠一郎 二〇〇二 『天津の近代――清末都市における政治文化と社会結合』名古屋大学出版会

吉澤誠一郎 二〇〇三 『愛国主義の創成――ナショナリズムから近代中国をみる』岩波書店

陳慈玉 一九八二 『近代中国茶業的発展与世界市場』中央研究院経済研究所

曹樹基 一九九七 『中国移民史 第六巻 清 民国時期』福建人民出版社

Lin, Man-houng 2006, *China Upside Down: Currency, Society, and Ideologies, 1808–1856*, Cambridge, Mass. and London: Harvard University Asia Centre.

Pomeranz, Kenneth 2000, *The Great Divergence: China, Europe, and the Making of the Modern World Economy*, Princeton and Oxford: Princeton University Press.

Van Dyke, Paul A. 2005, *The Canton Trade: Life and Enterprise on the China Coast, 1700–1845*, Hong Kong: Hong Kong University Press.

個別史／地域史Ⅲ

オランダ領東インドにおける植民地化とイスラーム

菅原由美

はじめに

一九世紀、オランダ領東インドでは、植民地体制下にありながら、メッカ巡礼者の数が緩やかに上昇を続け、二〇世紀に入ると、その傾向はさらに加速した。同時に、モスクやイスラーム寄宿塾の数も増加を続け、同地域のイスラーム化は前世紀に見ないスピードで進んでいった。また、宗教教師たちの指導の下、オランダ支配に対する抵抗運動が頻発した。抵抗運動はすべて初期段階で植民地政府に鎮圧されたものの、宗教活動の活発化はオランダ人を十分に警戒させた。

インドネシアの近代史はこれまで、オランダ行政文書を主な史料として、西洋教育派エリートの政治活動のみに焦点が当てられた叙述がなされてきた。一九—二〇世紀に農村で起こっていた様々な抵抗運動やイスラーム化は、インドネシアの近代化に積極的な意味をもつものとしては記述されず、特にジャワにおいては、むしろ近代社会への過渡期に生じた「前近代的」運動として位置づけられた。しかし、同地では、植民地化の進展によってジャワ社会の宗教アイデンティティを失うことを恐れた宗教指導者と、植民地政府内での地位保守のためにイスラームを遠ざけ、世俗化を選択した現地人官吏たちとの間で、激しい衝突が生じていた。この争いはオランダの加勢により、現地人官吏側に軍配が上がり、特にイスラーム指導者による激しい抵抗は、武力によって押さえつけられ、その後二〇世紀に入り、西洋教育を受けたエリートのなかから、インドネシアを一つにする民族主義運動を目指す人々がでてくる一方で、在野のイスラーム指導者たちは彼らとは協同せずに、国家に取り込まれない道を選択していった。官吏と在野の宗教指導者間の確執は解消されないまま、インドネシアは独立を迎え、クリフォード・ギアツ C. Geertz が表現した三つのグループ、すなわちプリヤイ priyayi（官吏）・サントリ santri（宗教人）・アバンガン abangan（農民）をジャワ社会に誕生させた［Geertz 1960］。リックレフス M. C. Ricklefs によれば、この確執を生み出し、強固なものとしたのは、オランダによる植民地支配であり、彼は、インドネシア近代史はオランダによる植民地支配と再イスラーム化の二つの要因から考察する必要があることを述べているが［Ricklefs 2007］、従来の研究ではこの二つの要因を十分に関連づけて考察されてはこなかった。

以上の研究史を踏まえ、本稿では、植民地体制下で生じたジャワの現地人官吏と宗教指導者の確執に対し、オランダ植民地政策がどのような影響を及ぼし、その結果、この三者の関係がどのようなものになっていったのかという点について、一つの事例を通して考察することを目的とする。事例としては、一八四〇―一八五〇年代に中部ジャワ北海岸プカロンガン（Pekalongan）理事州バタン（Batang）県カリササック（Kalisasak）村（現バタン県リンプン郡カリサラック村 Kabupaten Batang, Kecamatan Limpung, Desa Kalisalak）を中心に宗教活動をおこなった宗教指導者アフマッド・リファイ（Ahmad Rifa'i/Ripangi）の逮捕・追放処分に関わる経緯を取り上げる。アフマッド・リファイはジャワ語で多くのイスラーム諸学の教科書を執筆し、村民のイスラーム教育をおこなったが、その教科書のなかには、植民地統治や現地人官吏に対する彼の批判的視点が多く書き込まれており、彼はその叙述を通して、植民地社会のなかで、人々がどのように生きていくべきかを説いた。リファイの逮捕騒動は、ジャワでの運動としてはめずらしく、様々な史料が残されており、植民地下ジャワ社会に生じていた亀裂とオランダ植民地政府の関与の仕方を見ていく上で、十分な史料が残っている事例である。それが、本事例を検討する理由である。

本稿で用いる主な史料は、オランダ植民地文書とリファイの著書である。植民地文書は、オランダの国立公文書館(Nationaal Archief/旧 Algemeen Rijksarchief: ＡＲＡ)の植民地文書とインドネシアの国立公文書館(Arsip Nasional Republik Indonesia: ＡＮＲＩ)の東インド政庁総務局文書である。リファイの著書は、現在もプカロンガンで信徒たちによって写本され続けているが、今回用いるものは、オランダのライデン大学附属図書館(Universiteitsbibliotheek Leiden)およびインドネシアの国立図書館(Perpustakaan Nasional Republik Indonesia)所蔵のものとする。

まず、事件の経緯を説明し、次にオランダ植民地政府の対処についてみていく。その後、この事件に対する現地人官吏側の行動と主張について史料から考察し、最後に植民地期に形成されていった三者の関係について考察することとする。

一　アフマッド・リファイ事件概要

アフマッド・リファイは前述の通り、一九世紀半ばに、ジャワの北海岸、プカロンガン理事州の農村部で、ジャワ語でイスラームに関する教育活動をおこなっていた宗教指導者であった。メッカ帰りのハッジ、アフマッド・リファイはオランダ人に支配され、宗教倫理が荒廃したジャワ社会を嘆き、正しいイスラームの知識を人々に伝え、社会を救済することを目指した。リファイは中東で得た知識をもとに、「アラビア文字表記のジャワ語」(ペゴン pegon)で多くの教科書を執筆し、それらを用いて布教をおこなった。当時ジャワのイスラーム寄宿塾では通常、アラビア語で執筆された教科書が用いられ、ペゴンは教科書の欄外または行間に挿入される翻訳や解釈に用いられていた。ジャワの人々は、たとえアラビア語のコーランの読誦はできたとしても、アラビア語そのものは理解してはいなかった。また、ジャワには、アラビア文字以前にジャワ文字が存在していたが、この文字による読み書きができたのは、行政に携わるほんの一握りの人間のみであった。

そうしたなかで、リファイは平易なジャワ語(ンゴコ体ngoko)を多用し、コーランやハディース、その他のアラビア語文献からの引用とその翻訳・解説をとりまぜ、新しい教科書を作り上げた。彼は大小60冊以上の教科書を書いた。これらの本はキタッブ・タラジュマ(kitab tarajumah)、すなわち「翻訳の書」と呼ばれ[Kartodirdjo 1973, p. 125]、人々に広く受け入れられ、運動の範囲は発祥村だけではなく、中部・西部ジャワにまで広がった。バタンやプカロンガン以外では、とくにスマラン(Semarang)、ウォノソボ(Wonosobo)、チルボン(Cirebon)で弟子が増えていった。

リファイの著した教科書の内容は非常に多岐にわたり、イスラームとは何かという基本的な知識を説くものから、結婚・商売・礼拝・財産相続・断食・屠殺等のムスリムの日常生活に直結した事項について、詳細に説明したもの、そして、法学・神学・神秘主義の解説書等が存在した。リファイの著書は、韻文形式で書かれたものが多く、信徒たちは教科書を暗誦しながら、イスラームについて学んだ。しかし、彼の著書の内容に、オランダ政府に従う現地人首長層や宗教役人に対する批判が多く含まれ、官吏たちには従わないようにと民衆に命じる内容になっていたことが、官吏たちの怒りに触れた。

リファイにとって、当時のジャワはイスラーム法を守らない乱れた社会であった。社会の乱れの原因は、カーフィル(異教徒)がこの国(ジャワ)を統治していたためであるが、リファイの批判の矛先は、むしろ現地人官吏となったプリヤイ(現地人首長層)と彼らに従う宗教役人たちに向けられていた。宗教役人とは、文字通り、宗教に関連する専門的職務を遂行し、民衆に対しては、都市のモスクで結婚儀礼の進行や財産相続の仲介をおこなっていた。この宗教役人の任免権は、プリヤイの最高位にいるブパティbupati(県知事)に属していたため、彼らは事実上、プリヤイに従属していた。対照的に、主に、村落にはキヤイ(kyai)と呼ばれる在野の宗教教師がおり、寄宿塾を営んでいた。当時、このキヤイの数は非常に多く、植民地政府は彼らの活動を監視することを現地人官吏に命じていたが、その数さえも正確には把握できていなかった[*Koloniaal Verslag* 1857]。

著書のなかで、リファイは繰り返しプリヤイと宗教役人のことを非難した。リファイが彼らを批判する理由は、第一に、彼らがイスラーム法すべてに従うのではなく、自分たちの都合のいいようにイスラーム法を解釈し、取捨選択をおこなっていることであった。イスラームとはすべてを神に委ねるという意味であるにもかかわらず、都合のよい取捨選択をおこなっている、それどころか、彼らはイスラーム法を侮辱する行為を平気でおこなっているとして、彼らを偽信徒(kafir munafiq)と呼び、断罪している。第二に、リファイの考えでは、本来は現地人の首長であるプリヤイが武器を手に取り、オランダに対し戦いを挑むべきであるのに、また、彼らにはその力があるのに、それをしていないこと、第三に、本来は、プリヤイはウラマー ulama(宗教文学者)に教えを請わなければならない立場であるにもかかわらず、逆にプリヤイが宗教役人を従わせてしまっていること、これらの宗教役人は、ただプリヤイに従っているだけで、宗教者としては間違っていると、プリヤイと宗教役人を強く非難した。リファイは、本来、社会を導く立場にいるプリヤイや宗教役人がその役割を果たしていないために乱れてしまったジャワ社会を、民衆に対する正しい宗教教育を徹底化することによって、救済することを目指し、教育活動を開始した。ここでリファイにとって重要であったのは、民衆にわかりやすい教育をおこなうこと、イスラームの基礎的知識を完全に覚えさせること、プリヤイや宗教役人に対して妥協をさせないことであった。

民衆に対する影響力を懸念した現地人官吏は、記録で確認できる範囲では、一八四八年から、植民地政府にリファイの追放を何度も要求し続けた。しかし、この要求は当初、彼らの期待通りには通らず、彼らは業を煮やした。両者の争いの決着は長い間つくことはなく、政府が重い腰を上げたのは、一八五七年に英領インド大反乱が起きてからのことであった。このニュースによって、宗教指導者に対する危機感を強めた政府は、一八五九年にリファイの逮捕と追放を決定し、リファイが記した教科書及び手紙の多くはオランダ政府により没収された。しかし、一部はリファイ追放後も運動を続けた弟子たちによって密かに保管され、彼らの宗教活動は続いた。この弟子達の活動は現在も続いている。次に、オランダの関与について、インド反乱の前後に分けてみていくこととする。

二　一九世紀前半の東インドにおけるオランダの対イスラーム政策

一九世紀、植民地政府は原住民の、宗教に先導された反乱を恐れる一方で、ジャワのイスラームが純粋なものではなく、シンクレティックなものであると考えていたために、東インド住民のキリスト教化は容易に進むであろうという楽観的な見方も同時に持っていた。とはいえ、イスラームに対する基本的な知識の欠如から、オランダの対イスラーム政策は当時一貫したものではなく、常に揺れ動いていた。

一九世紀初頭、オランダ政府は東インド住民のメッカ巡礼に対し、旅券の発行に一一〇ギルダーもの高額な料金を課し、違反者に対する罰金制をとることにより、メッカ巡礼の規制をおこなっていた[Suminto 1985, p. 9]。しかし、巡礼者に関するこの二つの規則は実際には現地の人々には理解されていたとは言えず、裁判においてもしばしば違反者は無罪とされた。一八四八年、新憲法の成立によりオランダ本国での宗教の自由が保証され、これに準じて、「自由派」に類別される当時の総督ファン・トゥイスト(A. J. Duymaer van Twist在職期間一八五一—一八五六年)が、植民省大臣の反対を押し切り、一八五二年五月に東インドの住民に対し、旅券の発行を無料とする決定を承認させた。これによって東インド住民は、メッカ巡礼に赴く際、地方首長への報告のみが義務として課された。しかし、この巡礼規制撤廃に対しては今後の影響を懸念する声が東インドの官吏から出されていた。この声に応え、一八五四年、この規制撤廃後の各地の状況経過の報告を提出するように要請する極秘内閣令が出され、各地から報告書が提出された

[ARA. Geheim Kabinet Missive 1853. 1. 31. 13]。このときのプカロンガンからの報告書は、要約すると以下のようになる[ARA. Vb. 1854.11. 30. No. 498 Geheim. Pekalongan]。

現段階においては、まだ何も心配する状況は起きていない。イスラームの儀式や教義は当地域ではそれほど厳格に遵守されてはおらず、ハッジも民衆に大きな影響力を持っているとは言えない。しかし、規制撤廃以降ハッジの数が増加しつつあることは確かであり、そのことにより発生する可能性のある問題が幾つか考えられる。

第一に、ハッジが増加し、より民衆に近い存在になった場合に、彼らが民衆に新たな思想を吹き込む可能性は否定できない。反抗的な首長がハッジに肩入れした場合に、民衆はその視野の狭さと信じやすい性質から、彼らとともに行動を始める可能性がある。

第二に、先頃、現地人首長のこれまでの恣意的な行政に対して政府は厳しい制限を設けた。これまで首長は比較的裕福な者に賦役を免除し、その分をより貧しい者たちに背負わせていたが、これが不可能となった。ハッジもメッカからの帰国後は特権階級に属していたが、この改正により彼らも不利益を被ることになった。今のところまだ何の不満も表出されていないが、今後ハッジが増加し、これまでの恩恵に与れないことを知ったときに、不満を持つ中・上流階層の人々とともに、貧しい者を扇動して騒ぎをおこすことも考えられる。

第三に、ハッジがこれ以上増加しても、既に彼らが就くことができる宗教関係の役職はすでに飽和状態にあり、帰国後の彼らの地位を確保できない。このことが彼らの不満につながることが考えられる。

第四に、巡礼者の増加は農業労働力の流出を意味する。これまで高価な旅券の入手が困難であった比較的貧しい人々までも巡礼を行うことができる可能性が増大した。しかしながら、彼らは同時に貴重な農業労働力である。

この報告書は、「これらのことは全て危惧であり、実際に起こるかどうかを証明することはできない」と最後にまとめられていた。この時点においては、どの地域においても、目立って心配するような事象は見られないとする報告が並び、報告書は官吏たちの危惧を述べるにとどまり、巡礼規制撤廃を変更する根拠にはなり得なかった。そのため、植民地政府は、各地の現地人官吏に対し、ハッジの行動に常に注意を怠らないようにという指示をだすのみにとどまった。

実は、一八五三年に提出された「一八五一年東インド政治情勢概観(Algemeen Overzicht van de staatkundige gesteldheid van Nederlandsch Indië over 1851)」[ARA. Ministerie van Koloniën, Geheim Verbalen 1853. 5. 27. No. 225]のプカロンガン州の頁には、アフマッド・リファイに関する記事が小さく出ているが、この事件と巡礼問題は結びつけられなかったようである。

プカロンガン:この地域は平穏。〔中略〕ただし、隣接するバグレン州の知事によると、カリサラックのアフマッド・リファンギ〔リファイ〕というハッジがプカロンガン州内の現地人首長らに彼の宗教の説教を行っており、彼の手紙の中には狂信的な教えと〔政府に対する〕侮辱的な表現が著されている。従って彼は後に追放すべき人間となるだろうと指摘されている。プカロンガンの州理事官は同地域のブパティに彼の行動を常に監視するように命じ、スマランとバグレンのブパティに対しても注意を呼びかけている。しかし、このハッジが本当に害悪をもたらすことはないであろうと考える。

つまり、この時点では、植民地政府は、現地人官吏と在野の宗教指導者の争いを知りながらも、特に介入する姿勢を見せてはいなかったのである。

三　英領インド大反乱によるオランダの対イスラーム政策への影響

ところが、一八五七年の英領インド原住民による大反乱のニュースは、オランダ本国の国会討議において蘭領東インド住民の巡礼問題を再燃させた。このニュース後のオランダ本国における国会内外のやりとりについては、ジャケットの論文が詳細に説明している。巡礼規制撤廃に反対していた議員により、東インドにおける農民の抗議運動の増加と公式統計上の巡礼者数の急激な増加が説明され[Jaquet 1980, pp. 310–311]、植民省大臣は反乱が起きるところには必ずハッジが存在すると指摘し、すでにあらゆる手段で東インドの人々に知れ渡っているインドの反乱のニュースがさらに人々を煽っているのではないかと危惧した。これに対し、自由派議員はメッカ帰りの人間は確かに現地において聖人のように見られるが、数の増加とともにその聖性も薄れるものと思われること、メッカ帰りの人間のほとんどが元の職場に戻り、宗教教育に携わる者はわずかであること、統治法(Regeringsreglement)により宗教の自由が保障されている限り、政府は巡礼を規制することができないと反論を行った[Jaquet 1980, pp. 289–294]。

東インド総督は東インドでも反乱の兆しがないかどうか調査を開始した。このとき、総督は一八五七年に受けていた報告の中から、それまでほとんど問題にされてはいなかったプカロンガンのアフマッド・リファイについての報告を取り上げ、これを例に、各地のハッジ、とくに政府の役職についてないハッジの地域内での地位に関する詳細な報告書の提出を各地の県知事へ要請した[Jaquet 1980, pp. 297–299]。その回状には、近年現地人のあいだに熱狂的なイスラーム指導者が現れ、人々に狂信的な教えを説いたり、オランダ政府を批判したりしていること、今のところ大きな被害は出ていないが、地方政府に特別な警戒を要求すること、現地人首長たちにもこの件に注意を向けるように指示することが書き添えられていた。しかし、調査の結果として、この植民地政府の要請に応えた各地域からの報告のなかで[ANRI. AS. 1858. 10. 2 Geheim LaHb]、総じて、現在ハッジの影響について危惧する点は存在しないことが示された。この報告書の概要はオランダ本国にも送られた。

しかし、この報告書を読んでなお、政府書記官ドゥ・ワール(De Waal)は当時英領インド、トルコ、ジェッダなど、世界各地で起きていたムスリムによる行動に対して恐怖を覚えていた。そこで今後さらに巡礼者が増加する可能性を指摘し、また世界的状況を考慮に入れた上での巡礼規制強化に関する政府の対応を望んだ[ARA. Vb. 1859. 3. 8. No. 38: Brief van de Gouvernementssecretaris L. J. W. de Waal. 1858. 10. 2]。これを受けてさらに、植民省大臣はイスラームの専門家に助言を求めた。ケイゼル(S. Keijzer)はコーランには「それにふさわしい者が巡礼を行うこと」という教えがあるため、十分な知的能力と金銭的余裕のない者は巡礼者にはふさわしくないと考えることが可能であり、そのイスラームの教えに従ったかたちで巡礼を規制することが可能であることを大臣に示した。そして、巡礼規制積極派の要望は結局、一八五九年七月六日に、様々な条件付きで巡礼許可を出す新たなハッジ条例(Hadji Ordonnantie)というかたちで具体化した[ARA. Geheim Oost Indische Besluiten. 1859. 7. 6 LaY1]。

この巡礼規制問題の議論において、リファイは、狂信的イスラーム信仰者の典型的な例として取り扱われ、「人々をそそのかし、現地人首長に対する忠誠心を人々から奪った」ハッジであるとしてしばしば説明された[ARA. Vb. 1860. 4. 30. No. 129]。そして、リファイの例と併せ、各地方州知事に、現地人首長に以下のことをよく認識させるように指示が出された。すなわち、巡礼者が増加すると、巡礼者自身が旅の困難に身をさらすだけでなく、彼らの不在により近親者に生活上の困難が降りかかり、それが社会全体にまで及ぶ。またハッジが増加することによって政府宗教役人や首長自身がその存在を脅かされる可能性が存在する。メッカ帰りの者が持つハッジというタイトルは宗教義務終了の記念にすぎない。よって、ハッジに何の社会的特権も与えてはならない。同じジャワ人に課せられる耕作や賦役を免除しないように、不正を生じさせないように注意をすること、また、彼らがそのタイトルを利用して行う可能性のある不正や詐欺について常に注意し、すべてを政府に知らせること、以上が東インド評議会(Raad van Nederlandsch Indië)から指示された[ARA. Vb. 1860. 4. 30. No. 129]。

リファイの名は狂信的指導者の典型例として用いられ、まるで彼の問題がこれまで大きな懸念材料であったかのように語られた。しかし、実際の経緯を見てみると、むしろ、リファイの処分は巡礼規制問題の議論にあわせるように唐突に決定されたように見える。前述の通り、リファイの存在は、一八五一年には確認されていたが、その時点では危険視されていなかった。別の報告書によれば、リファイは一八四八年に一度逮捕され、五一年にも厳重注意を受け、一八五五年隣州バグレン州ルドック県にて実際に彼が書いた著作が見つかり押収されていた。そのため、バタン県のブパティはリファイを出身地のスマランへ送り戻すようプカロンガン州理事に懇願した。しかし、追放に十分な理由が存在しないことから、これは総督ファン・トゥイストによって拒否された[ANRI. AS. Bt. 1855. 6. 2 No. 3]。一八五七年にもトゥガルにおいて同様に彼の著作が見つかり、押収されたがこれも重い処分を受けることはなかった。現地人官吏には十分に危険視され、幾度も追放処分を政府に要求してきていたが、これがかなえられることはなかった。

しかし、前述の巡礼規制問題の議論と平行して、次第にこれまで首長達の訴えがほとんど無視されてきたリファイ追放の問題についても改めて報告書が提出され、リファイの問題性がより明確に指摘され始めた。一八五八年一一月一三日、プカロンガン州理事は再び、新たな東インド総督パウド(C. F. Pahud)にリファイ追放処分を請求した[ARA. Vb. 1859. 7.15 No. 37]。パウドは前総督と比較してより保守的であると評される人物であったが、この訴えは理由が不十分であるということから、東インド議会からいったん拒否された。しかし同時に東インド議会からは、証拠となる著作の翻訳または要約が必要であるというコメントが出された。そのため、一八五八年一二月に秘密裏に現地語専門官であるA・B・コーヘン・ストゥアート(A. B. Cohen Stuart)に五五年・五七年に押収したテキストの分析が依頼され[ARA. Vb. 1859. 7. 15 No. 37]、当時スラカルタに駐在していた彼のもとに、政府第一秘書官(Eersten Gouvernements Secretaris)の密書によって、アフマッド・リファイの著書と、バタンのブパティによる報告書の翻訳が届けられた。コーヘン・ストゥアートは、ジャワ宮廷文学について研究をおこなったジャワ語文献の収集家として有名である。彼のコレクションは現在、オランダ、ライデン大学附属図書館と、ジャカルタのインドネシア国立図書館に保管されている。依頼内容は、リファイの著書が実際にブパティの報告通り、大変危険な性格のものであるかどうかを確かめることであった。

ブパティの報告によると、押収された二二冊の著書のうち八冊に、はっきりとプリヤイに対し悪意のある叙述がなされており、残りの一四冊にもそれほどはっきりしたものではないが、やはりプリヤイを侮蔑する表現が含まれているということであった。ブパティはこの八つの著書に関し、抜粋訳を作った。ブパティが提出した訳は著書のなかで最も攻撃的な部分から幾つかを抜粋したものであり、原文に比してだいぶ短い訳が付されていた。コーヘン・ストゥアートはこのことから、リファイが自分で引用した文章を完全に理解していない、または勝手な解釈を付け加えていると政府に思わせる意図がブパティ側にあるのではないかと見た。一方、リファイの著書とコーラン原典を読む限り、リファイは引用した原典には正確な訳をつけており、誤訳は特に見あたらないとしている。彼はリファイの著書には確かに政府やプリヤイを侮辱する表現が多々見受けられるが、ブパティが言うように、リファイが彼独自の教義を教えており、正しいイスラームの教義に相反するものであるとして告訴する根拠はないと判断している。しかし、リファイの著書を単なるアラビア語文献の訳本として、リファイを無罪放免とした場合、アラビア語にジャワ語の解説をつけたという新たな方法を通して、たとえ著者が意図していなかったとしても、無知な大衆によってその著者に権威を与えてしまう可能性があることを否定できないとした。内容の大部分は、特に悪意はなく、純粋に道徳を教授する傾向にあるが、現世の権威に対する攻撃の表現が著書全体に貫かれており、宗教法に基づく戦いが狂信的精神に繋がりうることも否定できない、ブパティや宗教役人の意見によれば、リファイの著書を野放しにしておけば、彼が徐々にではあるが、ジャワの現秩序を覆す存在へと成長する可能性は考えられる。従って、リファイの著書はブパティからの批判を受けるのに十分な理由があると思われるとコーヘン・ストゥアートは結論付けた。また、政府は公の秩序に反しない限りにおいて、個人の宗教の自由を保証しているが、実際に事件が起こった場合には、処罰は当方の宗教(キリスト教)が要求しているという理由によって許されるのではないかと意見を付している。

このコーヘン・ストゥアートの意見書は総督に提出され、一八五九年四月に新プカロンガン州理事が再びバタン県の現地人官吏からの要求を受けたという形で、リファイの追放処分を総督に要求した。追放理由は以下の通りである。第一点目に、リファイはその宗教的信念へのプライドの高さ故に、現地人首長らの言うことを聞かず、政府の宗教役人を侮辱し、彼らの怒りに触れていること、二点目に彼の教えに対する追随者が明らかに増えつつあること、三点目に自分の宗教慣習と異なっていることを理由に、この地域で公の宗教役人がおこなっている礼拝を妨害すること、四点目に二度と騒ぎを起こさないという約束をすぐに反古にすること、以上の点がとくに問題となり、この地域の平穏な状況を乱していると報告された[ARA. Vb. 1859. 7. 15. No. 37: Brief van Resident. Zeer geheim. Pekalongan. 1858. 11. 13; Brief van Resident. Zeer geheim. Pekalongan. 1859. 3. 15]。

つまり、現地人首長層の権威への影響を理由として、リファイの追放を要求したのであるが、この請求はこれまで幾度となく却下されてきたものと何も変わりはなかった。しかし、今回は東インド政庁の最高裁判所(Hoog-gerechtshof van Nederlandsch Indië)により、リファイ追放を具体化させる法的手続きのために、次の助言がなされた[ARA. Vb. 1859. 7. 15. No. 37: Consideratien en advies van den procureur generaal bij het Hoog gerechtshof van NI. 1859-3-28.]。すなわち、統治法一一九条の宗教の自由に抵触する危険性はあるが、社会秩序への危険性の点からリファイ追放の手続きをとることを薦める。そしてそのためにまず、リファイ本人を呼び出し、事情聴取を行い、記録をとる必要があるとした。こうして、これまで遅々として進まなかった前回までの請求とは異なり、一八五九年五月六日にはリファイはプカロンガン州知事及び現地人官吏の目前に呼び出され、事情聴取が執り行われた[ARA. Vb.1859. 7. 15. No. 37: Proces Verbaal. 1859. 5. 6; Steenbrink 1984]。しかし、そこで、質問・確認された基本的事実は非常に簡単なものであった。事情聴取の内容は東インド議会での審議後、一八五九年五月一九日付けで出されたリファイ追放の総督決定の参考資料として、本国に送付された。こうして、植民地政府の対イスラーム政策の急変により現地人官吏による長年の要求は実を結び、リファイは「狂信的イスラーム指導者」として、追放処分となった。

四　現地人官吏の威信

在野のキヤイ対現地人官吏の争いは、オランダの加勢により決着した。しかし、現地人官吏側の威信は必ずしもそれで保たれたわけではなかった。

一九世紀後半、現地人官吏はオランダ植民地体制下で生き残りを図るため、植民地政府とジャワ社会の間に立ち、適当なバランスを保っていなければならなかった。現地人官吏は、植民地政府に対しては従順で、宗教的にはムスリムではありながらも、「狂信的」ではないことを示し、ジャワ社会に対しては、ジャワ社会の首長として、自分たちの行いが宗教的にも正しいことを証明する必要があった。そのような彼らにとって、リファイのような在野のキヤイは自分たちの権威を脅かす存在であった。その危険な存在からの攻撃に対し、現地人官吏たちは植民地政府の武力だけを頼みにするのではなく、自己の正当性も主張する必要があった。

それゆえ、リファイからの批判に対しても、政治的にも、宗教的にも自分たちに正当性があることを主張していた。バタン県ブパティが政府に提出した二点の報告書(一八五九年四月二四日 No. 290、四月二六日 No. 296)には、リファイの罪状が以下のようにまとめられている[ANRI. Bt. 1859. 5. 19 No. 35; Steenbrink 1984]。①アラビア語を理解していない人々を対象に、ジャワ語の教本を執筆しているが、その内容が正しいものであるという証拠が存在しない。事実、宗教知識のあるものは彼に師事していない。②周囲のウラマー達を侮蔑し、全ての者にリファイに師事するように説いている。③彼の執筆した著書の中に、「正しい宗教知識を所有していない者」、つまりは彼に師事していない者は本当のムスリムではないと記述している。④全てのモスクは「正しい宗教知識を所有していない者」、つまりは彼に師事していない者に従って、礼拝を行っているため、正しい礼拝を行っていないと語っている。⑤彼の著書の中で全てのプリヤイと王を侮蔑している。⑥彼の教えに従う場合には、結婚の儀式をもう一度彼の目前で執り行わせているという情報を入手した。彼が正しいとしなければ、結婚は無効であるとしているという。⑦彼はすでに何度も他の宗教指導者達と異なっている教えを、人々に説くことを禁じられているにも関わらず、これに従っていない。以上の理由から、リファイは追放に値すると結論づけられている。つまり、リファイは、自分だけが正しいイスラーム指導者であると主張しているが、他の宗教指導者たちから支持されていない、彼が正しいイスラームの知識を持っているという証拠はないと、リファイの宗教的正当性を否定している。その上で、周囲の宗教活動を阻害する行動をとるリファイを、社会の安寧を揺るがす存在であるとして、現地人首長として政府に追放を提案し、地域社会を守ったと主張した。

この主張は、政府に対する報告書のなかだけではなく、その後文学作品にまで発展した。宮廷文学の一つ『チャボレックの書(Serat Cabolek)』の様々なバージョンのなかに、スマランのブパティ、ラデン・アディパティ・パンジ・スルヨクスモ(Raden Adipati Panji Suryakusuma)の命により写本されたものがある。この写本は後年一八八五年にファン・ドルプ社から出版され、さらに一九八一年にインドネシアの教育文化省によって出版されているのだが[Soebardi 1975; Hadisutjipto & Hadisuprapta 1981]、この版には、本編の他に、アフマッド・リファイ事件に関する物語が付け加えられている。その物語の中に、リファイは世の中の秩序と安寧を乱す悪党キヤイとして登場する。物語は、プカロンガンのブパティが、宗教役人の力を借りて、この悪党の悪事を公衆の面前で暴き、悪事を認めさせた上で、逮捕するという勧善懲悪ものである。

この物語では、ブパティの宗教的・政治的正当性が繰り返し主張されている。まず物語は、以下のように始まる。「プカロンガンでは、ブパティの権威と高潔で慈悲深い態度に敬服して誰も悪事を働こうとはしなかったため、くには平和で栄えていた。また、それゆえにこのブパティは植民地政府だけでなく、全てのオランダ人に大変信頼されていた。」そして、リファイを捕らえる最後の場面では、オランダ人州理事官が、ブパティが宗教の平穏を守っていることに感謝している。最後に、統治法(Parentah Kanjeng Gupernur/Regeringsreglement)第一一条によってブパティは護符を持ったり、あやしい呪いを唱え、人々を騙す団体または人物に惑わされたりしないように人々をよき方向に指導していくことが望まれていること、第一四条にそのような疑わしい人物を発見した場合にはブパティは直ちにその人物を捕らえ、報告書と共に理事官に引き渡す義務があることが述べられて[Hadisutjipto & Hadisuprapta 1981, VII 30-36]、この物語は終わっている。つまり、この物語を通して、現地人官吏の長、ブパティは、自分がオランダ植民地政府により信頼され、ジャワ人の社会と宗教を守っている立場にあることを声高に主張し、この主張の中では、リファイのような在野のキヤイは「怪しい」宗教を広める危険な存在であり、彼らはむしろ現地人官吏の統治に正当性を与える存在となっている。リファイが著書の中で批判していたように、実態としては、現地人官吏のイスラーム離れはオランダ人との付き合いのなかで、顕著になっていったが、彼らは宗教上もジャワ社会の長であることをその後も変わらずに主張し続けることによって、その威信を保とうとした。こうした主張を民衆たちがどのように受け止めたかということについては、残念ながら史料から読むことは難しい。しかし、在野のキヤイや彼らに従う者たちには空しく響いたであろうことは想像するに難くない。

おわりに

前述の通り、アフマッド・リファイ追放後も、弟子たちは彼の著作を使って、秘密裏に宗教活動を続け、西部ジャワから中部ジャワ一帯に彼の弟子たちは活動範囲を広げていった。弟子たちの活動が再度、植民地政府に報告されるのは二〇世紀に入ってからであり、その時政府や現地人官吏に対するあからさまな批判を行動によって示すことはなかったため、危険性はないとして、政府もそれ以上彼らを取り締まることはなかった。しかし、実際には、弟子たちが使用していた教科書は以前と変わりはなく、現地人官吏や彼らに従う宗教官吏に対する批判精神はまったく途絶えていなかった。批判精神を持ちながらも、政府に積極的にかかわることをやめ、自らの「正しい」宗教生活を歩むことを選択していた。これはリファイの残した教えでもあった。彼らは、次第に周囲からプティハン putihan と呼ばれる存在の一部に変わっていった。プティハンとは、インドネシア語のプティ putih「白」の変化形で、「白装束の人々」を意味する。すなわち、ギアツが呼んだところの「サントリ」（宗教人）である。

リファイ事件後も、抵抗運動や反乱はジャワ各地で起きていたが、政府により簡単に鎮圧されることが多かった。しかし、次第に、植民地統治に反旗を翻すことのない、政府や現地人官吏に関わらないかたちで宗教活動を続けていく集団が増えていった。二〇世紀に入ると、中東からの影響を持つ様々なイスラーム神秘主義教団（タレカット tarekat）の活動が東インドで盛んになり、植民地政府はこれらの活動に対しても神経を尖らせた。時に、サイード・ウスマン Othman ibn Abdallah ibn Aqil ibn Jahja（Said Uthman）のようなウラマーに依頼し、タレカットや「正しい」宗教活動のあり方について多数、出版物を出し、安易にタレカットに組みしないように人々に訴え、宗教的正当性は政府にあることを訴える姿勢を維持した。そうした政府の活動が社会にどれほど影響力をもったかは定かではないが、幾つかの例を除き、タレカットの方は、政府には関わらず、宗教生活を全うする道を選んでいった。

ジャワにおける現地人官吏と在野のキヤイたちの対立は、オランダ植民地統治によって実体化し、植民地政府の加勢により官吏に対する批判は押さえ込まれた。キヤイたちは表面的には穏健化したが、この対立関係はインドネシアの独立に際しても解消されることはなく、その後もインドネシア史における火種となっていった。しかし、「一つのインドネシア」の誕生を強調してきたインドネシア近代史叙述においては、この対立についてあまり触れられてきていない。オランダ植民地期のイスラームの展開についての研究を通して、インドネシア近代史叙述の問題点をさらに明らかにしていくことが可能であろう。

【文献一覧】

菅原由美　二〇〇三　「一九世紀中葉オランダ植民地体制下のプリヤイのイスラーム論――ジャワ北海岸におけるアフマッド・リファイ運動をめぐる言説を分析して」『東南アジア――歴史と文化』三二号、三―二七頁

Djamil, Abdul 2001, *Perlawanan Kiai Desa: Pemikiran dan Gerakan Islam KH. Ahmad Rifa'i Kalisalak*, Yogyakarta

Geertz, C. 1960, *The Religion of Java*, Chicago.

Gobee, E & Adriaanse, C.(eds.)1965, *Ambtelijk adviezen van C. Snouck Hurgronje, 1889–1936*, The Hague.

Hadisutjipto, Sudibjo Z. & T. W. K. Hadisuprapta, (eds.) 1981, *Serat Cabolek: Proyek Penerbitan Buku Sastra Indonesia dan Daerah*, Jakarta.

Hisyam, Muhamad 2001, *Caught between Three Fires: The Javanese Pangulu under the Dutch Colonial Administration 1882–1942*, Jakarta.

Jaquet, F. G. P. 1980, "Mutiny en Hadji-ordonnantie: Ervaringen met 19e Eeuwse Bronnen." Bijdragen tot de Taal-, Land- en Volkenkunde, 136(2/3), pp. 283–312.

Kartodirdjo, Sartono 1966, *The Peasants' Revolt of Banten in 1888: Its Conditions, Course, and Sequel: A Case Study of Social Movements in Indonesia*, 's-Gravenhage.

Kartodirdjo, Sartono 1973, *Protest Movements in Rural Java: A Study of Agrarian Unrest in the Nineteenth and Early Twentieth Centuries*, Singapore.

Keijzer, S. 1860, *Onze Tijd in Indië*, 's-Gravenhage .

Keijzer, S. 1871, *De bedevaart der Inlanders naar Mekka: Volledige Beschrijving van Alles wat op de Bedevaart en de Bedevaart-gangers uit Nederlandsch-Indië Betrekking Heeft*, Leiden.

Ricklefs, M. C. 2007, *Polarizing Javanese Society: Islamic and Other visions (c.1830–1930)*, Leiden.

Soebardi, S., ed. 1975, *The Book of Cabolek: A Critical Edition with Introduction, Translation and Notes: A Contribution to the Study of the Javanese Mystical Tradition*. Bibliotheca Indonesica KITLV 10, the Hague.

Steenbrink, K. A. 1984, *Beberapa aspek tentang Islam di Indonesia Abad ke-19*, Jakarta.
Suminto, Aqib 1985, *Politik Islam Hindia Belanda: Het Kantoor voor Inlandsche Zaken*, Jakarta
Sutherland, Heather 1979, *The Making of a Bureaucratic Elite: The Colonial Transformation of the Javanese Priyayi*, Singapore

〈史料〉
Koloniaal Verslag. 1852–63.'s-Gragenhage:[Ministerie van Kolonien]
所蔵：Nationaal Archief/旧Algemeen Rijksarchief, The Hague -The Netherlands（ARA）
Geheim Kabinet Missive 1853. 1. 31 No. 13.
Geheim Verbalen 1853. 5. 27 No. 225
Geheim Oost Indische Besluiten 1859. 7. 6. LaY1.
Verbalen（Vb）1851. 8. 27. No.220; 1854. 11. 30 No. 498; 1859. 3. 8 No. 98; 1859. 7. 15 No. 37; 1860. 4. 30 No. 129
所蔵：Arsip Nasional Republik Indonesia, Jakarta-Indonesia（ANRI）
Algemeen Secretaris（AS）, Besluiten(Bt): 1855. 6. 2 No. 3; 1859. 5. 19 No. 35; 1858. 10.2 Gehaim LaHb
Arsip Daerah Bagelen: Politiek Verslag Bagelen. 1855–1858.
Arsip Daerah Banyumas: Politiek Verslag Banyumas. 1855–1858.
Arsip Daerah Pekalongan: Politiek Verslag. 1855–1859
Ahmad Rifa'i 1839. "Syarihul Iman"
1848. "Abyanal Hawaij"
1849. "Riayahtul Himmah"

個別史／地域史Ⅲ

ロシア極東と満洲における国境の形成——ヒトとモノの移動の観点から

左近幸村

はじめに

一九世紀半ば、ロシア帝国はそれまで清朝の版図であったアムール川左岸、ウスリー川右岸に領土を獲得し、現在までその地を保持しつづけている。この地域はロシア語でプリアムーリエ（アムール川沿いの地の意味）と呼ばれるが、本稿の課題は、ロシアがプリアムーリエを獲得した後いかに支配権を確立していったかを、主にヒトとモノの移動という観点から描くことである。それは、この地域において国境が可視化されていく過程を描くこととも言えるだろう。プリアムーリエは確かに一九世紀半ば、露清間の条約によってロシア領となったものの、首都ペテルブルグから遠く離れ人口もきわめて希薄であった同地は、周辺のアジア地域と強い結びつきを保つことで経済発展を模索せざるをえなかった。このようにロシアは一方的に東アジアにウェスタンインパクトを与えたわけではなく、ロシア極東という地域に視点を向けてみると、むしろ周辺地域から多くの「イースタン」インパクト〔原 二〇〇八、二七頁〕を被っていたことが近年の研究で明らかになっている。帝政ロシアのロシア極東統治の課題は、「イースタン」インパクトをいかに払拭するかということだったと言っても、過言ではない。

そのことを端的に示すのが、ロシア極東の関税制度をめぐるロシア国内の議論である。一九世紀半ばから、ロシア極東の港からの輸入品は基本的に無関税となっており、清朝との国境にも五〇露里（一露里は約一〇六七メートル）の無関税地帯が設定されていた。この制度によりロシア極東は東アジアとの経済的結びつきを強めたのであるが、シベリア鉄道が着工された一九世紀末より、無関税制度の廃止が模索されるようになる。日露戦争後、無関税制度は実際に廃止されるが、このことはロシア極東と東アジアの経済関係の転機を示す、象徴的な出来事といえる。

このような形で国境は可視化されていったわけであるが、ここで留意すべきは、国境が可視化されていったからと言って、国境を越えるヒトやモノの移動が減少するとは限らないということである。むしろ本稿が論じるように、ロシア極東の統治体制が整備されていくにつれ、国境を越える移動もますます盛んになるという現象も起こりうる。

かつて石田興平は、一九世紀末以降の満洲（中国東北地方）においてはロシアと日本の帝国主義的投資が中国人移民の流入を促し、結果的に満洲の中国化を促進したと論じたが［石田 一九六四］、ロシアの投資が中国人などのアジア系移民の流入を促したという点では、ロシア極東も同じである。ただしロシア極東は、現在に至るまでロシア領である。その分岐点としては、ロシア極東には多くのロシア人移民も流入したが、満洲には結局、そのような移民が実現しなかったということが挙げられる。またそれと関連して、日露戦争で負けたことにより、ロシア帝国が満洲よりもロシア極東の統治権を確立することに専念したということも［Ремнев 2004, С. 488-517］、挙げられるだろう。

近代資本主義が主権国家システムによる制度や機関の提供を前提としている以上［籠谷 二〇〇九、五頁］、国家権力の強化による国境の可視化と、それを跨ぐ経済活動の活発化の同時進行という現象は近代世界のいたるところで見られたのであり、ロシア極東に限った話ではない。ただ多くの地域では、「自由貿易主義」を掲げるイギリス帝国の影響が顕著だった。近年の東アジア近代史研究の中でも、イギリス帝国と東アジアの関係の研究がひときわ重要なテーマとなっている理由の一つは、ここにあると思われる。これに対し本稿は、イギリス帝国の影響が直接及ばなかったロシア極東で、ロシア帝国がもたらした制度や機関が地域経済にどのような影響を与えたかを、描くことになる。

本稿は、プリアムーリエを「ロシアの土地」たらしめた移民問題に着目する。まずロシア系、次にアジア系移民の流れを概観した上で、農村社会における両者の関係、続いて農村社会の問題と深く結びついた穀物流通の問題を取りあげる。最後に、シベリア鉄道の敷設により、世紀が転換した後それらにどのような変化が生じたか、生じなかったかを見る。

本稿はロシア側の史料に依拠している。一般に中国人と訳されるКитаецが漢人のみを指す言葉なのか、満洲人なども含む清の臣民全体を指す言葉なのか、不明な場合も多いので、ここでは慣例に従い一括して中国人と訳してある。日付は旧暦である。

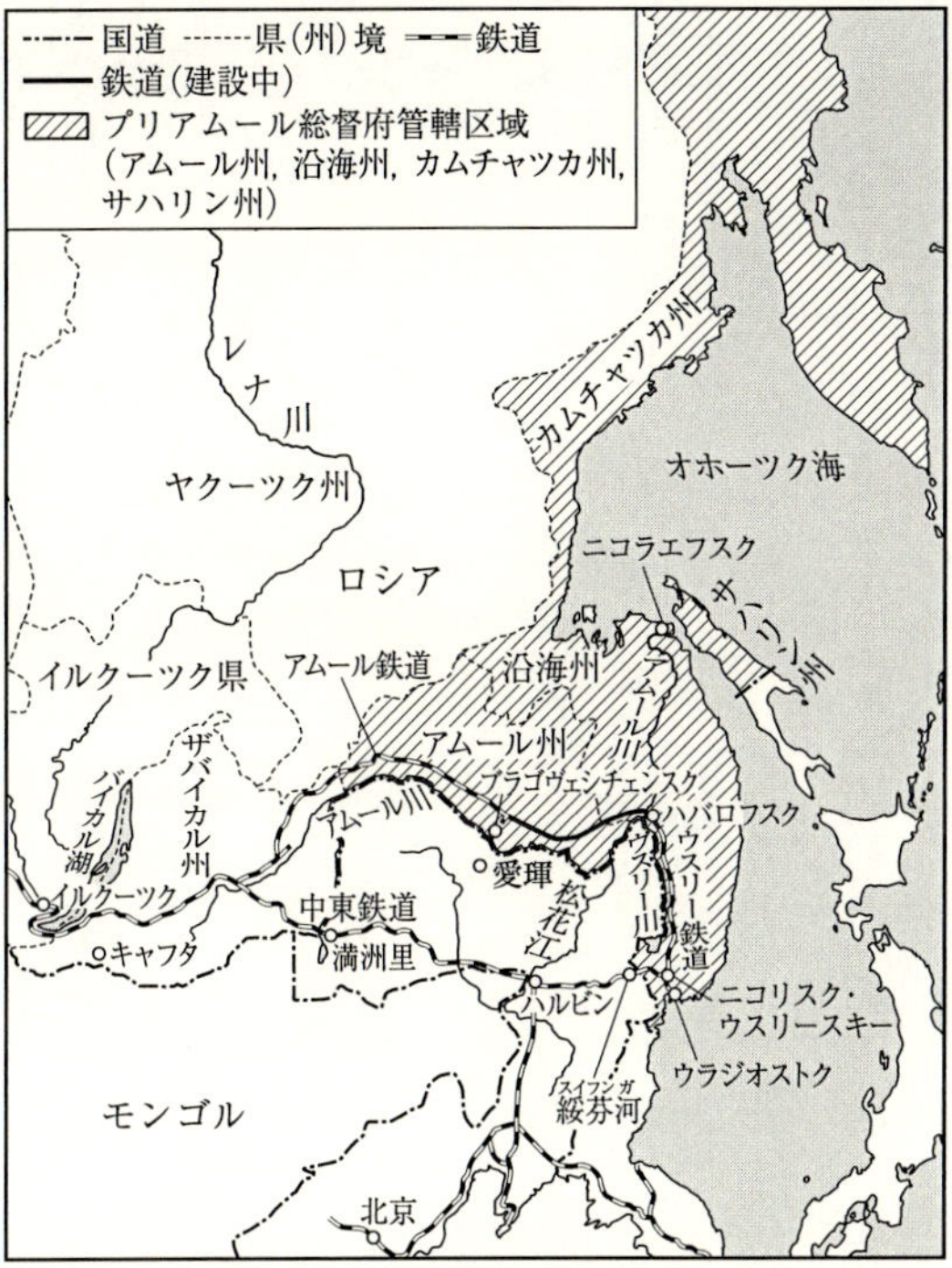

図1 1914年のロシア極東とその周辺
左近幸村「キャフタからウラジオストクへ——国境地帯における貿易構造の変化と関税政策」左近幸村編『近代東北アジアの誕生——跨境史への試み』北海道大学出版会2008年，112頁より一部改訂して転載.

本稿では、ロシア極東を沿海州、アムール州、ザバイカル州の三州を包括する概念として使用する。この三州は、一八八三年までは東シベリア総督府によって統括されていたが、翌年三州を領域とするプリアムール総督府が独立する[1]。沿海州とアムール州のみを指す場合は、プリアムーリエという語を用いる。プリアムール総督府下の行政区画は日露戦争後に大きく変更され、一九〇六年にザバイカル州が隣のイルクーツク総督府に編入、一九〇九年には沿海州からカムチャツカ州が分離したほか、サハリン島がサハリン州になる。以後本稿では、沿海州といった場合、一貫して**図1**の沿海州の範囲を指すものとする。

一　ロシア極東に向かうヒトの流れ

ロシア人移民の流れ

ロシアのヨーロッパ部（以下、欧露と表記）からシベリア・極東方面へ向かったヒトの流れについては、多くの研究がなされている。ここでは青木恭子のまとめにしたがって、帝政期の移住の傾向を押さえておく［青木 二〇〇九］。移住は原則として許可制であり、集団で移住することが求められた。政府としては、できるだけ労働力と資金のある世帯を優先的に移住させることで、入植を成功させようと目論んでいた。だがもちろん、許可を受けずに移住を試みるものは後を絶たなかった。

一八八〇年代中ごろまではウラルを越える移住そのものが本格化しておらず、ウラル以西内での移動が多かった。一八九一年のシベリア鉄道の着工を機に、ロシア政府はウラル以東への移住を積極的に推進するようになる。一八九五年には、農民のシベリアへの移住は望ましいものであるとする政府の公式見解が出された。日露戦争以後には、政府が定める移住の条件も大幅に緩和され、シベリア鉄道の全線開通と相まって、貧農も含めた多くの移民がシベリア・極東に押しよせることになった。

近年、帝政ロシアのシベリア統治に関する言説の分析を進めているアナトーリ・レムニョフによれば、農民のシベリアへの入植は経済的意義だけでなく、ロシア帝国全体の統治構造やイメージにかかわる、政治的意義があったという［Ремнев 2004, С. 39–56］。多数のロシア人農民が入植し根付くことによって、その地は初めて「ロシアの土地」たりえると、当時の多くの支配者や知識人は考えていた。

次にプリアムーリエに焦点を絞ってみる。シベリアの中でもアムール州と沿海州は特に人口の希薄な地域であった。一八八五年の時点で、アムール州の人口は六万二〇〇〇人、沿海州の人口は七万四七〇〇人を数えたが、ロシア人はそれぞれ四万六〇〇〇人、四万一一〇〇人であった。アムール州に隣接するザバイカル州の同時期の人口が五一万八八〇〇人であり、三州の広さにそれほど大きな差がないことを考えると、アムール州と沿海州の人口密度の低さが窺われるだろう。またアムール州には中国人が一万四五〇〇人、朝鮮人が七〇〇人、先住民(異族人)が八〇〇人、沿海州には中国人が一万三〇〇〇人、朝鮮人が七八〇〇人、先住民が一万二〇〇〇人というように、ロシア人以外の住民が多かったことも特徴である[Корф. С. 7. 10]。

アムール州と沿海州の自費での入植に際しては、一八六一年の法令で、兵役免除のほか、一戸当たり一〇〇デシャチーナ(一デシャチーナは一・〇九二ヘクタール)以下の土地が無料で二〇年間貸与され、しかもその間に一デシャチーナにつき三ルーブル払えば土地を買いうけることができるなどの特典が与えられたが(*Полное собрание законов*. No. 36928)、入植がそれほど進展しなかったことは上記の数値からも明らかである。さらにプリアムーリエの特徴は、同様の特典を外国人にも認めて、人口増加を図ったことである。(3) これに応えたのは特に朝鮮人であり、沿海州南部に多く移住した。

シベリア鉄道が開通する以前、プリアムーリエまで農民たちが達する方法として、河川や馬車を利用してシベリアを横断する以外に、オデッサからウラジオストクまで船に乗っていくという方法があった。これは一八七九年以降、オデッサとロシア極東を四〇日程度で結んだ義勇艦隊を利用するものである(定期航路としての就航は一八八〇年、移民の輸送開始は一八八三年)。これ以降、沿海州への移民に関しては海路による入植が主流を占めるようになった。

だが義勇艦隊は、移民のみを運んだわけではない。むしろ数の上から見れば、流刑囚と軍隊の輸送が主な役目だったといえるだろう。流刑囚の輸送数は一八九二年を頂点に減っていくが、軍人に関しては、一八九四年に五七〇一人だったのが、翌九五年には一万一〇四人とほぼ倍増しており、一九〇一年には二万八〇八五人に達している。この年の移民の輸送数は六五七六人である[Поггенполь 1903, C. 237]。日清戦争以降ロシアが満洲への関与を深めていく中で、義勇艦隊が果たした役割は大きかったと言える。

移民の数から見た大きな変化は、やはり一九〇五年のシベリア鉄道の全線開通である。一九〇七年には沿海州に四万人近い移民が押しよせている。これはそれまでで最も移民の流入数が多かった一九〇〇年の、四倍近い数字であっ(Закревский 1911. Приложение, No. 4)。またこの背景には、一八九六年末以降、他の地域への入植には義務づけられていた先遣隊の派遣が、プリアムーリエに関しては免除されていたということもある。ただしこの特例措置は、一九〇七年をもって中止される[青木 二〇〇九、三七、四一頁]。そのため、沿海州への移民は一九〇八年には一万二〇〇〇人へと落ちこむが、それでも日露戦争前に比べれば十分多い数字である。

では次に、清や朝鮮からロシア極東へのヒトの流れを概観する。

中国・朝鮮人移民の流れ

一九世紀後半は、満洲も大きな変化を経験した時期だった。そこで、ロシアとの関係に着目した近年の中国史の研究に依拠しながら、満洲の変容を簡単にまとめてみる。

満洲においても大幅な人口増加を引きおこすことになったのは、シベリア鉄道の一部である中東(東清)鉄道の建設であった。しかし鉄道建設以前の一九世紀半ばから末にかけても、やはり二倍以上と見られる大幅な人口増加を満洲は経験している。荒武達朗が指摘しているのは、南から徐々に人口が増加していったわけではなく、むしろロシアとの国境沿いに飛び地のような形で、人口の流入が見られたということである。荒武はその要因として、ロシア極東の後背地としてこれらの地点が機能したのではないかと見ている[荒武 二〇〇五]。

清朝は長らく満洲への漢人の自由な流入を禁止していた(封禁政策)。実際には禁令を破って吉林や黒龍江方面に向かう漢人は後を絶たなかったが、統治体制に大きな変更を迫るほど大きな問題にはならなかった。

しかし一八六〇年代からは漢人のみならず、満洲やロシアの沿海州に移住する朝鮮人が目につくようになった。それ以前にも、豆満江(図們江)を越える朝鮮人がいなかったわけではないが、一時的なものであり、移住を目的としたものではなかった。だが一九世紀後半の朝鮮人の越江は、そのまま いついてしまう例が目立った。本来清朝政府も朝鮮政府もこのような自由な越江を認めていなかったが、解決策は容易に見つけだせなかった。特に、当初人口不足で農業の担い手を求めていたロシアは、朝鮮人の送還に消極的であった。そこで一八七七年に吉林将軍に就任した銘安は、当時満洲に流入していた漢人や朝鮮人を取り締まるのではなく、むしろ彼らを利用して開墾を進めることを主張した。またロシアに対抗するため、軍備の増強を図った。塚瀬進によれば、銘安の改革は、満洲において国境の重要性が増したことへの対応であった[塚瀬 二〇〇八]。銘安の改革はロシア側を刺激し、一八八四年のプリアムール総督府導入の契機になった[松里 二〇〇八]。

このように国境を越えるヒトの移動にどのように対応するかという問題を通じて、八〇年代にロシア極東や満洲において国境の可視化が進んでいった。一八八二から八三年にかけて清朝と朝鮮のあいだで結ばれた一連の章程、一八八四年の露朝修好通商条約、一八八六年の琿春界約、一八八八年の露朝陸路通商章程などもその例と言える。だがここで重要なのは、このような取り決めが国家間で結ばれたからといって、その後ヒトの移動が減少したというわけではないということである。各国は一定程度のヒトの移動があることを前提とし、それをどのように管理していくかが課題となっていくのである。

本書において岡本隆司が論じているように、一八八〇年代には朝鮮以外にも、ベトナムや琉球など、清と周辺諸国の関係に変化が起こっている。満洲における統治体制の変化、国境の可視化も、これらの流れの中で捉えられるべき問題であろう。

二　プリアムーリエの農業

農村におけるロシア人移民とアジア系移民の関係

では次に、ロシア人の入植がどのように行われたのかを、具体的な事例に即して見てみよう。ここで取りあげるのは、ウラジオストクの北一〇〇キロメートルほどの地点に位置するニコリスコエ村、現在のウスリースク市である。ニコリスコエ村を取りあげるのは、史料状況が比較的良いということのほかに［Крюков 1896; Бережников 1898 (1); Троицкая 2003］、この村が街へと発展する経緯が、当時のロシア極東の経済状況をよくあらわしているということがある。

ニコリスコエ村は、一八六六年に主にアストラハンから、六六戸の家族が入植したことによって始まった。一八九五年の時点でロシア人が三一五家族、二一四八人住んでおり、これはもちろん村としてかなり大きいほうである。村民の土地利用について見てみると、土地を貸与せず、すべてを自ら耕作しているのは全世帯のうちの一一・一％にすぎない。自分たちでの耕作と土地の貸与を併用しているのは三七・七％である。二四・二％、つまり全世帯の四分の一は、直接土地を耕作せず、土地の貸借料で収入を得ているという。残りの四分の一ほどの世帯は、大工や運送業などの非農業従事者である。

土地の貸与は、基本的に中国人や朝鮮人に対して行われた。耕作地面積の割合を見てみると、ロシア人が自ら耕したのは三〇七八デシャチーナであり、貸与されたのは三三七七デシャチーナである。中国人や朝鮮人の農業における影響力の大きさが窺われるだろう。

ニコリスコエ村が建設された付近には、もともと中国人が住んでいたが、ロシア人移民は彼らを排除する形で入植をすすめていった。どの程度スムーズに中国人がロシア人に土地を明け渡したのか、詳細は不明だが、ロシア側が影響力を強化するきっかけになったのではないかと思われるのが、一八六八年のマンズ戦争である。これは、ウラジオストク近郊における沙金採掘をめぐって、中国人とロシア官憲の間で起こった大規模な衝突であり、東シベリア総督はウスリー地方に戒厳令を出した。この時、満洲に戻る途中の中国人の一団が、その通り道にあったニコリスコエ村を襲撃し、村民は避難を余儀なくされた。軍隊が出動したことで、中国人の襲撃はすぐに鎮圧されたが、これ以来ニコリスコエ村は、南ウスリーにおけるロシアの軍事拠点の一つとなったのである。

だが土地を奪われた中国人は、その後もニコリスコエ村に残り、むしろ仕事を求めて新たに中国人が流入するようになった。それにとどまらず、七〇年代からは朝鮮人の流入も目立つようになった。こうしたアジア系移民の流入の大きな要因となったのが、土地の耕作をはじめとする労働力の需要である。

こうした土地の貸与は、一八八四年にプリアムール総督府が創設され、中国人や朝鮮人に対する管理が強化されても進んでいった。一八八五年には沿海州の中国人に、翌年にはアムール州の中国人に、滞在許可証の取得が義務づけられるようになった[Петров 2003, С. 250–260, 869–870]。初代プリアムール総督のA・H・コルフ(在一八八四—一八九三年)は一八八四年に、それまで免除されていたパスポートの携帯と査証を中国人に義務付けたが、中国政府の協力が期待できないため、代わりにロシア側が滞在許可証を発行することになったのである。一八八九年にはこの規定が朝鮮人にも拡大される。このような滞在許可証の規定が中国人の管理にどの程度有効だったか疑問も多いが、国境の規制強化の一環であることに変わりはない。

土地を中国人や朝鮮人に貸して耕作させるというのは、ニコリスコエ村に限らず、ロシア極東で広く見られた現象だった。ただ朝鮮半島に近い沿海州では、朝鮮人に土地を貸与することが多かったのに対し、アムール州では朝鮮人の数が少なく、基本的に中国人に貸与することが多かった。ロシア住民は主に黒海沿岸から来ており、気候や土壌が全く違う土地で耕作の仕方が分からなかった。そこで比較的環境に慣れている中国人や朝鮮人に土地を貸して、耕作させるという方法を取っていたのである。ただし貸すといっても現金によるやり取りはまれで、もっぱら現物による取引だった。土地を貸与したロシア人のほうは、自分で新たな土地の開墾を行って土地を広げるという例も見られた。

ニコリスコエ村は、その農業生産力を背景に、沿海州における製粉業の中心地となった。そして同村が一八九八年にニコリスク・ウスリースキーという街に昇格することを後押ししたのが、鉄道の敷設である。九七年にウラジオストク—ハバロフスク間がウスリー鉄道で結ばれ、これにより沿線のニコリスコエ村も両都市と結ばれることになった。またロシアが満洲を貫通する鉄道の敷設権を得たことで、ニコリスコエ村はロシア極東と、満洲・シベリアの結節点となることが期待されたのである。

以上見てきた中国人や朝鮮人への土地の貸与は、もちろんロシア政府の側からしてみれば、望ましいことではなかった。前述のように、ロシア人移民の入植は単なる経済的な開拓ではなく、「ここはロシアの土地である」という政治的メッセージが込められていた。だが実際には、入植したロシア人移民が中国人、朝鮮人の流入を促すというパラドックスが見られたのである。それでも一九世紀の間は、パスポートや滞在登録証で中国人、朝鮮人の管理を試みることはあっても、彼らへの土地の貸与が法律で禁じられることはなかった。

穀物の流通状況

次に、プリアムーリエにおける農産物、特に穀物の流通状況を見てみよう。代表的な購買者は、プリアムール総督府の兵站部、金山(4)、酒造業者であった。このうち兵站部は、単に農民から大量の穀物を買っていたわけではなく、穀物価格の調整を目的とした農業経済政策としての側面を持っていた。また、アムール州で不作だった一八八五年には、ブラゴヴェシチェンスク市が、ウラジオストクの軍の備蓄から三万プードの小麦粉を送ってもらうなど[Лазарев, С. 2]、非常時には州の枠を越えた穀物の供給も行われた。

しかし一九世紀後半の同地の農業生産力は十分ではなく、他の地域から輸入しなければならなかった。一八八五年ごろで、毎年平均して約一二〇万プード(一プードは一六・三八キログラム)の未加工の穀物が輸入されていた。輸入元の内訳は、ザバイカル地方―二〇万プード、欧露―二五万プード、中国と日本―七〇万プード、アメリカ―五万プードである[Корф, С. 39]。

補足しておくと、欧露方面から穀物が輸入できるようになったのは、義勇艦隊の就航によるところが大きい。また同時期の、沿海州やアムール州の軍務知事が書いた上奏文の記述を踏まえると、「中国と日本」の大部分を占めるのは満洲産だと思われる。

本来、沿海州とアムール州の穀物の不足分は、ザバイカル州が補うはずであった。その計画がうまく運ばなかった主要な理由は、コストの高さである。ザバイカル州からニコリスコエ村まで運んだ場合、一プードあたり二ルーブル三〇コペイカであるが、オデッサから同地へ運ばれた穀物が二ルーブル一〇コペイカを上回ることはなかった[Корф, С. 39]。より近距離で人口の多いブラゴヴェシチェンスクは、アムール川沿い、すなわち露中国境の自由貿易地帯に位置することもあって満洲との結びつきが強く、同地の穀物市場には満洲産というライバルが存在した。さらに、ザバイカル州の農業は年によって出来不出来の差が激しく、安定した供給が望めないということがあった。特に一八八〇年代後半から九〇年代前半にかけては、不作の年が多く、沿海州とアムール州は外国からの輸入、中でも最も近い穀倉地帯である満洲からの輸入に頼るようになっていったと考えられる。

未加工の穀物に加えて、アメリカと欧露から製粉済みの穀物が輸入されていた。残念ながら詳細な量は分かっていないが、半値近いアメリカ産のほうがより多く出回っていたと思われる。そこで一九世紀末には、大規模な製粉業者たちからアメリカ産の製粉済み穀物に対する課税の要求が出るほどであった[Бережников 1898(2), C. 32-33]。ただしこの課税が実現するのは、一九〇一年の自由港制の廃止を待たなければならない。

このように一九世紀後半、満洲への「依存」が進展していった。しかし一九世紀の時点ではまだ、次に見る満洲穀物に対する課税論は本格的に議論されていない。むしろ標的はアメリカ産の製粉済み穀物である。日露戦争後、ロシア極東の統治政策の方針と関連して、満洲穀物に対する課税問題が大きな議論の的になったことと対照的である。一九世紀と二〇世紀におけるこのような対称性は、先に見た中国人、朝鮮人に対する姿勢と通じるものがある。

三　シベリア鉄道の完成とその影響

ロシア極東と周辺のアジア諸国の経済関係にとって大きな転機となったのは、一八九一年のシベリア鉄道の着工であろう。義勇艦隊により四〇日間程度で結ばれていた欧露とロシア極東が、今度は一週間程度で結ばれる見込みとなった。だが鉄道は、ロシア国内を結びつけただけではない。ロシア極東とアジアもより密接に結びつけたのである。それはまず鉄道建設の時点で起こった。一八九一年には、ウラジオストクとハバロフカ(九三年にハバロフスクに改称)を結ぶウスリー鉄道の建設が始まったが、この建設には中国人を中心とする多くのアジア系労働者が従事した。九一年の時点で全労働者の三割以上がアジア系労働者であったが、最も多かった九五年には七割近く、一万人以上のアジア系労働者が建設に従事したと言われる。中国人の雇用にはロシア政府も積極的に関与し、北京公使に労働者輸送のための船のチャーターまで指示した[Петров 2003, C. 499-507]。

よく知られているように、日清戦争ののちロシアは満洲の鉄道の敷設権を得た。このことにより、シベリア鉄道は完成に向けて一気に近づいた。それを受けて一九〇〇年にはロシア極東の自由港制廃止が決定する(施行は翌年から)。鉄道建設と自由港制の廃止を推進したС・Ю・ヴィッテは、早くも一八九四年に、ロシア極東の経済状態を調査する一団を派遣している。調査を統括したН・П・ザブギンは、北京と東京にも訪れ、アジアとの関係を重視する姿勢をアピールして見せた。ザブギンの訪日を受けて、シベリア鉄道完成後にロシア極東の物流が活性化すると見こんだ日本政府は、一八九六年に日露間の直通定期航路を創設して、環日本海地域の貿易へ一層力を入れるようになる[麓二〇〇八]。

このように海路では物流の再編が起きつつあったが、清との国境地帯にあった自由貿易地帯は廃止されなかったため、満洲方面からの輸入は途絶えることがなかった。関税政策としての不徹底さは明らかであり、一九〇三年には国境の自由貿易地帯について、政府内で審議されている。だがこのときは、統一した見解を出すことができなかった。審議の内容は多岐にわたったが、穀物流通への影響を審議する段階においては、沿海州とザバイカル州の軍務知事が自由貿易地帯の保持を主張している(РГИА Ф. 560. Оп. 28. Д. 858. Л. 227)。興味深いのは、満洲から多くの穀物を輸入していた沿海州の知事のみならず、ザバイカル州の知事も自由貿易地帯の維持を望んだことである[5]。

ザバイカル州をめぐる議論は、ロシアの鉄道建設が物流にもたらした影響を端的に示すものであった。すでに述べたように、ロシア極東における関税障壁の形成を強く後押ししたのは、シベリア鉄道の建設であった。だがその支線である、満洲を横断する中東鉄道の存在は、ロシア極東と満洲の結びつきをより緊密にした。それは東側の終着駅であるウラジオストクだけでなく、西側のザバイカル方面にも言えることだった。こうしてザバイカル州は、西シベリア産穀物の市場として期待されるとともに、満洲産の穀物の市場にもなったのである。この議論は、日露戦争後の自由貿易地帯廃止論争でも繰りかえされる。

このように二〇世紀に入り、ロシア極東において関税障壁の形成が試みられたが、その試みは日露戦争によって一度中断してしまう。一九〇四年、日露戦争が開始されると、物資の輸入のためにロシア極東の自由港制は復活することになった。同時に、国境の自由貿易地帯廃止の案も一度流れてしまう。

日露戦争後、再度関税障壁の形成が試みられ、一九〇九年には自由港制が廃止、一九一三年一月一日には中国との国境の自由貿易地帯も廃止される(6)。また一九一〇年六月二一日付で、ロシア極東において外国人を官業に雇用することを規制する法律が出される。これは鉱山などでの雇用のみならず、農民が行っていた中国人、朝鮮人への土地の貸与も対象にしたものであった。前述の農民による土地の貸与の問題に対し、ロシア政府はこの時点でやっと本格的な規制に乗りだしたと言える。

もちろんこれらの法律はすんなりと可決されたわけではなく、地元を中心に根強い反対意見があった。またこれらの法律が地域経済に実際に与えた影響については、第一次世界大戦の勃発も踏まえて、今後慎重な検討が必要だろう。これまで見てきたように、当時のロシア極東経済は、アジア系労働者の存在なくして成りたたなくなっていた。たとえば一九一三年には、沿海州を七つの地区に分けて耕作地の貸与状況が調べられたが、平均して沿海州の耕作地の六八・八パーセントが朝鮮人に、一一・七パーセントが中国人によって耕作されているという調査結果が出た。最も割合が高い沿岸地区では、九割以上が朝鮮人か中国人によって耕作されている[Петров 2003, С. 439-440]。他の官業においても、アジア系労働者が不可欠であることは明らかであり、結局、第一次世界大戦の勃発を受けて一九一〇年の雇用法は「一時停止」される。

おわりに

これまで見てきたように、一九世紀半ばにロシア帝国はアムール川左岸とウスリー川右岸を獲得したものの、その地域は経済的には周辺のアジア地域と強い結びつきを保っていた。国境を跨いだヒトとモノの流れは、ロシア革命が勃発するまで拡大していく。それは量的なものだけでなく、地理的にも拡大し、以前からロシア領であったザバイカル州も巻きこんだのである。

ではこうしたアジアとロシア極東の関係の緊密化を、ロシア帝国の無力さと捉えていいかというと、一概にそうとは言えない。確かにロシア極東とアジアの関係は、ロシア帝国にとって解決困難な問題であった。だがロシア人移民の増加やシベリア鉄道の建設によって、ロシア極東と中央の関係が強化されていったことも、まぎれもない事実なのである。

問題は、こうした中央との関係を強化するための政策が、同時に周辺アジア地域との関係も強化してしまったということである。大量に送りこまれたロシア人移民は、慣れない土地で耕作の仕方が分からず、朝鮮人や中国人に耕作をゆだねざるをえなかった。シベリア鉄道建設に伴うウスリー鉄道の建設も、多くの中国人労働者がロシア極東に流入する原因となった。中東鉄道の敷設権を得たことでシベリア鉄道の完成は早まったが、同時に以前にも増して、満洲から沿海州とザバイカル州に穀物が流れこむことになった。

一九一〇年の時点で、沿海州には六万五四〇九人、アムール州には三万二七四〇人の中国人がいたとされる[Петров 2003, С. 158]。本論で引いた一八八五年の数字と比べると、中国人の増加は明らかである。しかしプリアムーリエにおけるロシア人の割合も、一九〇六年には七五・九八%だったのが一九一四年には八一・八八%まで増加している[Кабузан 1985, С. 153]。中国人をはじめとする多くのアジア系移民が流入しつつも、日露戦争後、プリアムーリエは確実に「ロシアの土地」となりつつあったのである。

本稿ではカネの流れに言及することができなかったが、同様のパラドックスはカネの流れにおいても確認できる。二〇世紀初頭、一九一四年までルーブル紙幣が国境を跨ぎ、東アジアにおいて流通するという現象が見られたが[石

川 二〇〇六］、これもアジアとロシア極東の緊密化の一例と言えるだろう。だがそのきっかけとなったのは、最初の自由港制廃止であった。また東アジアにおけるルーブル流通を支えた構造的背景として、「雑種幣制」と呼ばれる東アジアの在来の貨幣制度に加えて、一八九〇年代にロシア国立銀行がロシア極東に進出し、露清銀行が開業したことも挙げられるだろう。

近代東アジアにおける北の境界は、このような「ウェスタン」と「イースタン」の両インパクトの相互作用の中で形成されていった。それが本書で扱われている東アジア全体の近代化とどのような関連性を持っているのか、今後解明していく必要があるだろう。

（1）　その過程と、ロシア極東という地域概念の問題については［松里 二〇〇八］。

（2）　帝政期の一ルーブルの価値を説明するのは容易ではないが、日露戦争の頃、一ルーブル一円で相場が推移していたという話は参考になると思われる［石川 二〇〇六、七一、七三頁］。

（3）　一八八二年に法令が更新された際、この規定は削除される。これは、後述する八〇年代の国境の可視化の一環と捉えられる。

（4）　金山の開発も、多くの中国人労働者を引きよせる要因となった。

（5）　この場でのアムール州軍務知事の見解は不明であるが、同じころ、ブラゴヴェシチェンスクでは自由貿易地帯の廃止を容認する動きも見られた［*Приамурские ведомости* 1903］。

（6）　紙幅の関係上ここでは詳述しない。その経緯については、［原 二〇〇三・二〇〇五／Беляева 2003］。

【文献一覧】

青木恭子 二〇〇九 「帝政末期のアジアロシア移住政策をめぐる一考察――移住を許可された世帯の分析」『ロシア史研究』八四号

荒武達朗 二〇〇五 「一八七〇―九〇年代北満洲における辺境貿易と漢民族の移住」『アジア経済』四六巻八号

石川亮太 二〇〇六 「近代東アジアのロシア通貨流通と朝鮮」『ロシア史研究』七八号
石田興平 一九六四 『満洲における植民地経済の史的展開』ミネルヴァ書房
籠谷直人 二〇〇九 「一九世紀アジアの市場秩序」籠谷直人・脇村孝平編『帝国とアジア・ネットワーク——長期の一九世紀』世界思想社
塚瀬進 二〇〇八 「中国東北統治の変容——一八六〇—八〇年代の吉林を中心に」左近幸村編『近代東北アジアの誕生——跨境史への試み』北海道大学出版会
原暉之 二〇〇三 「日露戦争後のロシア極東——地域政策と国際環境」『ロシア史研究』七二号
原暉之 二〇〇五 「巨視の歴史と微視の歴史——『アムール現地総合調査叢書』（一九一一—一九一三年）を手がかりとして」『ロシア史研究』七六号
原暉之 二〇〇八 「近代東北アジア交易ネットワークの成立——環日本海圏を中心に」左近編『近代東北アジアの誕生』
麓慎一 二〇〇八 「国際的環境から見た日露間の航路形成」左近編『近代東北アジアの誕生』
松里公孝 二〇〇八 「プリアムール総督府の導入とロシア極東の誕生」左近編『近代東北アジアの誕生』
Российский государственный исторический архив (РГИА) Ф. 560. Оп. 28. Д. 858.
Бережников, М. 1898 (1), “Обозрение фабрично-заводской промышленности Приморской области в 1896 г.”, *Записки Приамурского отдела Императорского Русского географического общества*, Т. 4. Вып. 2, Хабаровск.
Бережников, М. 1898 (2), “Обозрение фабрично-заводской промышленности Амурской области в 1896 г.”, *Записки Приамурского отдела Императорского Русского географического общества*, Т. 3. Вып. 3, Хабаровск.
Беляева, Н. А. 2003, *От Порто-франко к таможне. Очерк региональной истории российского протекционизма*, Владивосток.
Закревский, В. А. 1911, *Земское хозяйство в связи в общественным и административным устройством и управлением в Амурской и Приморской областях*, СПб.
Кабузан, В. М. 1985, *Дальневосточный край в XVII — начале XX вв. (1640–1917). Историко-демографический очерк*, Москва.
Корф, А. Н. Всеподданнейший отчет Приамурского Генерал-Губернатора за 1884 и 1885 гг.
Крюков, Н. А. 1896, *Опыт описания землепользования у крестьян-переселенцев Амурской и Приморской областей. Записки Приамурского отдела Императорского Русского географического общества*, Т. 2, Вып. 2, Москва.

Лазарев, П. С. Всеподданнейший отчет военного губернатора Амурской области за 1885 г.

Петров, А. И. 2003, *История китайцев в России. 1856–1917 годы*, СПб.

Поггенполь, М. 1903, *Очерк возникновения и Деятельности добровольного флота за время 25-ти летнего его существования*, СПб.

Полное собрание законов Российской империи, Собр. 2, Т. 36, Отд. 1, 1861, СПб.

Приамурские ведомости, 16. 03. 1903, Хабаровск.

Ремнев, А. В. 2004, *Россия Дальнего Востока. Имперская география власти XIX — начала XX веков*, Омск.

Троицкая, Н. А.（ред.）2003, *Никольск-Уссурийский: страницы истории. Документы и материалы*, Владивосток.

トピック・コラム

結ばれなかった講和条約
――英緬戦争期ビルマの対イギリス認識

岩城高広

英緬戦争とは、一八二四―八五年にかけて、イギリス(インド政庁)とビルマ(コンバウン朝)との間におきた三次にわたる戦争をいう。イギリスは、一次戦争(二四―二六年)でビルマの沿岸部(アラカン、テナセリム両地方)、二次戦争(五二年)で南部一帯(ペグー地方)を領有した。コンバウン朝は、内政改革や他の西欧諸国への接近により植民地化に対応したが、八五年、イギリスが王都マンダレーに入城(三次戦争)、翌年ビルマ全土は英領インド帝国に併合された。一次戦争後、両国間には講和条約(ヤンダボー条約)が結ばれたが、二次戦争後の交渉は、ビルマがイギリスの示した条約案を受けいれず不調に終わった。このコラムでは、なぜ講和条約が結ばれなかったのか、ビルマ王の対イギリス認識と関連づけながら考えてみようと思う。ビルマが講和を結ばなかった理由には、領土喪失や交渉相手が英国王ではなくインド総督だったことへの抵抗感があげられようが、伝統的な対外認識・関係、安全保障といったものに着目すると、べつの解釈も導けると思うからである。

ビルマ王にとって、一次戦争は、イギリスが自分たちと並ぶ大国であり、「友邦」として関係をとり結ぶ存在であることを認識する経験であった。戦争のさなか、ビルマ王は、仏教の栄える地を破壊している異邦人の外道たちを掃討せよという檄を飛ばしている。一次戦争は、形式的にもせよ、聖戦という一面を有していたのである。しかし、イギリス軍に王都のある内陸部まで攻め込まれると、聖戦の大義は挫折する。ヤンダボー条約締結を記したビルマ語文献をみると、一転して、イギリスはビルマにとっての友邦であるとされている。一次戦争に先立つ時期、諸王の王として周辺諸国に君臨すると主張したビルマ王が、友邦とみなしていたのは清朝くらいで、友邦とは、ビルマと肩を並べる大国、強国と認識された存在であった。いったん友邦となれば、使節の交換によって友誼を確認し、紛争が生じても、話し合いによって事態を収拾することをよしとした。また、清朝との間にシャン地方の諸国が存在したように、大国と大国との間には一種の緩衝があり、互いの勢力が必要以上に接近しない状況もみられた。このような文脈で考えると、ヤンダボー条約における沿岸部割譲は、ビルマ王にとっては、イギリスとの間に緩衝地帯を設定する行為であったともいえるのではないだろうか。

ラングーン港におけるイギリス人船長の扱いをひとつのきっかけに起こった二次戦争でイギリスは、南部の要港、諸都市を制圧して休戦宣言を発した。条約締結の準備を始めたイギリスの交渉相手は、即位したばかりのミンドン王であった。交渉のなかで、ビルマ側代表は、講和条約は休戦宣言の内容にもとづいたものとすべしと主張した。そして休戦宣言では、イギリスが併合した地域をペグー地方(ビルマ文では「タライン国」)とし、かつ、これ以上ビルマ侵略の意思はないと表明しているのに対し、条約案(ビルマ文)では、国境線が、休戦宣言で想定されたところよりも内陸に設定されていると、両者の矛盾を指摘している。イギリス側代表はそれでも条約署名を迫ったが、果たされなかった。このとき、ビルマ側が署名をしなかった背景には、友邦として関係を再構築したいというミンドン王の意思が働いていたのではないだろうか。

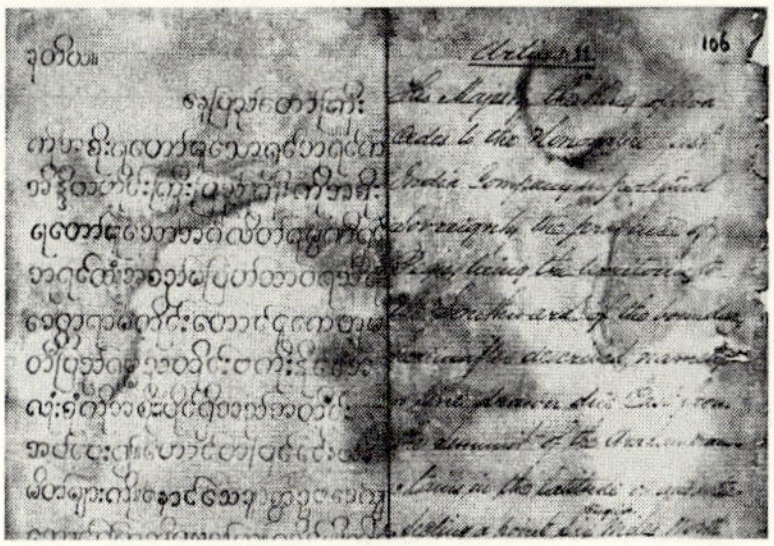

二次戦争後，イギリスが示した講和条約案の一部分(左側がビルマ文)．ミャンマー国立公文書館所蔵．

　条約を結べば、両国が緩衝地帯なしに隣接することになり、友邦どころではなくなるが、友邦として共存できれば、侵略の危機も遠ざけられると読んだのであろう。結局、これをもってしても事態を動かすことはできず、イギリスの主張どおりに国境線が設定されてしまう。

　右のように書くと、伝統的認識から抜け出せなかったビルマ王というイメージが浮かび上がってきそうだが、そうとばかりもいえない。英緬戦争以前から、ビルマの王都には諸外国から商人、宗教者などが来住し、なかには王にとりたてられて、諸外国との仲介役となる者もいた。上述の和平交渉にも、カトリック神父がビルマ側代表団に同行している。こうした人びとの果たした役割を過小評価すべきではなかろう。伝統的認識を硬直したものだと考える必要はないし、ミンドン王にも複数の選択肢があったはずである。ただ、簒奪に近い形で王位に就いたばかりのミンドン王には、早期に政権の安定を図る必要があった。それゆえ、より多くの支持を獲得し、自己の地位や権力を強化するためには、対英交渉において、伝統的な対外関係の枠組に依拠することが効果的かつ最善と判断されたのだろう。

　講和条約は結ばれなかったが、両国はその後も、使節の派遣や通商条約の締結をおこなっている。他方でミンドン王は、新王都マンダレーの建設、仏教振興、内政改革などに着手した。英緬関係の文脈からみれば、これらの施策は、新たに出現した「隣国」のもたらす脅威への対抗策といえよう。と同時に、このような自己再編成を通じて、ビルマの王権は、時代の変化に対応した、新たな友邦関係のあり方を模索しつづけていたのかも知れない。

人物コラム

トーマス・ラッフルズ

生田　滋

シンガポールの建設者トーマス・スタンフォード・ラッフルズ（一七八一―一八二六）の生涯とその業績については、これまでにも数多くの研究が発表されており、わが国でも一九四三年に信夫清三郎によるすぐれた伝記が発表されている。たしかにイギリス東インド会社に臨時雇いとして採用され、やがてペナン商館に勤務し、その間にマラッカ市の破壊を途中で中止させたこと、ジャワ副知事時代に試みた革新的な植民地統治、一時帰国の際の盛大な歓迎と『ジャワ史』の出版、スマトラのベンクーレン副知事時代のシンガポール植民地の建設、そして帰国後の会社との激しい争いとその突然の死といった彼の経歴を一瞥するだけでも、その波乱に満ちた生涯に魅了されてしまう。その結果として、これまでに書かれた彼の伝記は多かれ少なかれ彼の生涯の「神話化」ないしは「非神話化」の試みであるといっても過言ではない。

ただここで「当時の」イギリス東インド会社の立場に立って考えてみると、彼の行動の範囲は会社にとっていわば二次的な重要性しかない「東方諸島」、すなわち現在でいう南アジア群島部に限定されている。このためもあって、彼はこの地域の重要性を会社に対して絶えずアッピールし続けていたということができる。それは同時に臨時雇いからスタートした彼自身の宣伝活動でもあったのである。しかし彼の行動そのものは、ジャワにおける軍事行動や土地の支配、さらにはシンガポールを港税を徴収しない自由港にしたことなど、経費節減、収益拡大という当時の会社の至上命題とは完全に相反するものであった。また彼が主張する自由貿易は、一八一三年に廃止されたとはいえ、会社の基本的性格であるインド貿易の独占に対する挑戦であった。彼がジャワから帰国した際の朝野を挙げての盛大な歓迎は、会社にとっては好ましいものではなかったのである。このため会社は彼をはやばやとスマトラのベンクーレンという「僻地」に、副知事として体よく追いだしたということができる。

それではラッフルズは「東方諸島」をどのように理解していたのだろうか。

彼の著作や書簡を読むと、彼が「東方諸島」の自然と人間に魅了されていたことがわかる。つまり彼はこの地域では人々が豊かな自然の中で自然と調和しつつ生活していると考えていたように思われるのである。彼はこの地域に住むマレー系の諸民族を、いまだ文明に汚染されない「高貴な野蛮人」に対応するものとして、かれらに対して親近感を抱いていた。一方、この地域に進出している中国人やアラブ人は、かれらを悪にいざなう邪悪な存在であるとして、かれらに対する嫌悪感を隠していない。そしてこの「高貴な野蛮人」に対してイギリスにおいて達成された「法と秩序」を教えこみ、かれらを真の意味で「文明化」することによって「理想の楽園」を建設するというのが、自分たちイギリス人の義務である、というのが彼の考えであったに違いないのである。

しかし彼の行動には批判を招く点もいくつかある。とくに彼がパレンバンとシンガポールで行ったように、外交交渉の際に、相手側に交渉相手として都合のよい傀儡的な支配者を擁立し、彼との間に条約を締結するといったような手段は、いずれの場合も時間的な制約があったとはいえ、彼はこの地域の住民を自分の「理想の楽園」を建設するための「手段」として利用したのだと批判されても仕方のないことである。

トーマス・ラッフルズ

ラッフルズはインドから東南アジアに輸出していたアヘンの害毒についてよく認識していた。彼はさまざまな機会にアヘン窟の開設を禁止している。実は会社はこれらのアヘン窟から多額の税金を徴収していたのである。しかしラッフルズはシンガポールでもアヘン窟の開設を認めず、当然のこととして、会社の重要な財源を失わせることとなった。

彼はジャワで副知事として在勤中に、日本貿易を再開し、長崎のオランダ商館を接収しようと試みたが、その企ては成功しなかった。そのためもあって、彼は日本に対してある程度の関心を抱いていたようである。しかし彼が中国に対して強い関心を持っていたようには思われないし、彼がイギリス人カントリー・トレーダーが行っているアヘン貿易についてどのような意見を持っていたのかははっきりしない。あるいは彼は要領よく口をつぐんでいたのかもしれない。

東南アジア史の立場から考えると、ラッフルズのジャワ統治とシンガポール植民地の建設、そしてその結果としての一八二四年の英蘭条約の締結は蘭領東インド史と英領マラヤ史、つまりそれの継続としてのインドネシア史とマレーシア史の出発点となっている。両者ともにラッフルズの理想を受け継いだはずであったが、それが現実のものとなった時には、ラッフルズが考えていたそれとは似ても似つかないものであった。

■岩波オンデマンドブックス■

岩波講座 東アジア近現代通史 第1巻
東アジア世界の近代 19世紀

2010年12月7日 第1刷発行
2019年5月10日 オンデマンド版発行

発行者 岡本 厚

発行所 株式会社 岩波書店
〒101-8002 東京都千代田区一ツ橋2-5-5
電話案内 03-5210-4000
https://www.iwanami.co.jp/

印刷/製本・法令印刷

ISBN 978-4-00-730880-2 Printed in Japan